विष्णुकान्त शास्त्री

विष्णुकान्त शास्त्री का जन्म 2 मई, 1929 को कलकत्ता में हुआ था। उन्होंने एम.ए., एल-एल.बी. की उपाधि प्राप्त की। 1953 से कलकत्ता विश्वविद्यालय के हिन्दी विभाग में प्राध्यापक रहे। आचार्य के पद से 1994 में अवकाश ग्रहण किया।

उनकी प्रमुख कृतियाँ हैं—'कवि निराला की वेदना तथा अन्य निबन्ध', 'कुछ चन्दन की कुछ कपूर की', 'चिन्तन मुद्रा', 'अनुचिन्तन' (साहित्य समीक्षा); 'तुलसी के हिय हेरि' (तुलसी केन्द्रित निबन्ध); 'बांग्लादेश के सन्दर्भ में' (रिपोर्ताज); 'स्मरण को पाथेय बनने दो', 'सुधियाँ उस चन्दन के वन की' (संस्मरण एवं यात्रा वृत्तान्त); 'अनन्त पथ के यात्री : धर्मवीर भारती', 'भक्ति और शरणागति' (विवेचन); 'शान और कर्म' (ईशावास्य प्रवचन); 'जीवन पथ पर चलते-चलते' (काव्य)।

देश-विदेश की विविध साहित्यिक संस्थाओं में व्याख्यान, विविध साहित्यिक सम्मानों एवं पुरस्कारों से समादृत। 1977 से सक्रिय राजनीति में प्रवेश। 'जनता पार्टी' के सदस्य के रूप में पश्चिम बंगाल विधानसभा में विधायक (1977-1982); प. बंगाल प्रदेश भाजपा के दो बार अध्यक्ष, भाजपा के राष्ट्रीय उपाध्यक्ष (1988-1993); संसद सदस्य, राज्यसभा (1992 से 1998) पदों पर आसीन रहे। हिमाचल प्रदेश और उत्तर प्रदेश के राज्यपाल रहे।

17 अप्रैल, 2005 को उनका निधन।

तुलसी के हिय हेरि

विष्णुकान्त शास्त्री

लोकभारती पेपरबैक्स

पहला पुस्तकालय संस्करण
लोकभारती प्रकाशन द्वारा
1990 में प्रकाशित

लोकभारती पेपरबैक्स में
पहला संस्करण : 2024

लोकभारती पेपरबैक्स : उत्कृष्ट साहित्य के लोकप्रिय संस्करण

लोकभारती प्रकाशन
पहली मंजिल, दरबारी बिल्डिंग, महात्मा गांधी मार्ग,
प्रयागराज-211 001
द्वारा प्रकाशित

वेबसाइट : www.lokbhartiprakashan.com
ईमेल : info@lokbhartiprakashan.com

शाखाएँ : 1-बी, नेताजी सुभाष मार्ग, दरियागंज, नई दिल्ली-110 002
अशोक राजपथ, साइंस कॉलेज के सामने, पटना-800 006
1, अनमोल सोराबजी संतुक लेन, धोबी तलाव, मरीन लाइंस, मुम्बई-400 002

बी.के. ऑफसेट
नवीन शाहदरा, दिल्ली-110 032
द्वारा मुद्रित

मूल्य : ₹299

TULSI KE HIYE HERI
by Vishnukant Shastri

ISBN : 978-81-19996-57-5

अनुक्रम

दिवंगता पत्नी

सुदर्शना इन्दिरा

को

जिसने मुझे बनाने के प्रयास में अपने को मिटा दिया

विवृति

भारतीय जीवन-दृष्टि को रूपायित, व्याख्यायित और परिष्कृत करनेवाले मध्य युगीन कवि-चिन्तकों में तुलसीदास का स्थान बहुत ऊँचा है। अत्यन्त विषम परिस्थिति में भी कटुता, निराशा, संकीर्णता आदि नकारात्मक मनोवृत्तियों से वे मुक्त रहे। उन्होंने पूर्ण उत्तरदायित्वबोध के साथ समग्र भारतीय परम्परा और जनता से अपना तादात्म्य कर भारतीय संस्कृति के उज्ज्वल पक्षों को अपने साहित्य में चित्रित किया। इसीलिए वे आज भी अत्यंत प्रेरणाप्रद हैं।

आधुनिक चुनौतियों को स्वीकारने और उनके योग्य प्रत्युत्तर देने के लिए स्वाधीन भारत के विचारक, कवि, मनीषी सम्पूर्ण जगत् के श्रेष्ठ विचारों, भावों तथा विविध क्षेत्रों में किये गये नये-नये प्रयोगों से परिचित हों, अपनी आवश्यकताओं के अनुरूप उन्हें एक बड़ी सीमा तक अपनायें, यह तो काम्य है किन्तु इस प्रक्रिया में वे आत्मविस्मृत अनुकरणकर्ता मात्र हो जायें, यह इष्ट नहीं है। मेरी यह मान्यता है कि व्यक्तियों की ही तरह समाज और देश भी यदि अपनी आधारभूत विशेषताओं को सुरक्षित रखकर आधुनिकता को अपनायें तभी उसमें कुछ सर्जनात्मक योग दे सकते हैं। ऐसा कर पाने के लिए अपनी संस्कृति के मूलभूत तत्त्वों के साथ समरस होना अनिवार्य है। हिन्दी के द्वारा ही यदि भारतीय संस्कृति को समझने और उसे आयत्त करने का आग्रह हो तो आज भी तुलसी साहित्य ही उसका सबसे समर्थ माध्यम है। स्वभावतः विद्वान और भावुक जन अपनी-अपनी दृष्टियों से तुलसी साहित्य का अनुशीलन करते रहते हैं। तुलसी और उनके साहित्य के विविध पक्षों पर प्रभूत विवेचनात्मक लेखन के बावजूद मुझे लगता रहा है कि अभी और बहुत गुंजाइश है उन पर लिखने की, लिखते रहने की। इसी बोध से अनुप्रेरित हो मैं तुलसी साहित्य पर लिखने की धृष्टता करता रहा हूँ। मेरा यह दावा कतई नहीं है कि मैंने तुलसीदास को ठीक-ठीक समझ लिया है। सचमुच 'गहि न जाइ अस अद्भुत बानी' है उनकी। मेरा अनुभव यही है कि तुलसी साहित्य के अनुशीलन और विवेचन की प्रक्रिया में मेरी मति, रति और कृति पवित्र होती रही है। मुझे लगता रहा है कि आज की सबसे बड़ी सांस्कृतिक व्याधि...भीतरी खोखलेपन को बाहरी पदार्थों से भरने की निरर्थक चेष्टा...का निराकरण तुलसी साहित्य में निरूपित जीवन-दृष्टि को अपनाकर किया जा सकता है। यह स्वीकार करना चाहता हूँ कि तुलसी के सभी मुख्य ग्रंथों का आधार लेने पर भी इन लेखों की केन्द्रीय प्रेरणा 'विनयपत्रिका' ही है। विनयपत्रिका के बारे में कवि की स्वीकारोक्ति है 'हिये हेरि तुलसी लिखी'। इसीलिए इस ग्रंथ का नाम है 'तुलसी के हिय हेरि'।

इस ग्रंथ में कुल 17 निबन्ध हैं। इनमें से 9 निबन्ध पुराने हैं अर्थात् मेरे पूर्ववर्ती प्रकाशित ग्रंथों में संकलित हो चुके हैं। अब तक तुलसी सम्बन्धी अपने लेखन को सहज सुलभ बनाने की दृष्टि से इन सबको एकत्र संकलित कर देना मैंने उचित समझा है। इस अवसर पर कृतज्ञतापूर्वक स्मरण करता हूँ अपने गुरु ब्रह्मीभूत स्वामी अखण्डानन्द सरस्वती को, जिनकी कृपा से तुलसी और उनके राम को समझने की दिशा में कुछ अग्रसर हो पाया।

पं० गोरेलाल शुक्ल, डॉ० भगीरथ मिश्र, डॉ० सिद्धनाथ शर्मा, श्री लल्लनप्रसाद व्यास, डॉ० शुकदेव प्रसाद सिंह सदृश विद्वज्जनों का आभारी हूँ जिनके स्नेहपूर्ण आग्रह से इस संकलन के कई निबन्ध लिखे गये।

कामना है कि सुधी पाठकों की सम्मतियों के आलोक में इन निबंधों में विद्यमान त्रुटियों को दूर कर पाऊँ।

श्री रथ यात्रा —विष्णुकान्त शास्त्री

आषाढ़ शुक्ला प्रतिपदा

श्री सं० 2046

कलकत्ता

आधुनिकता की चुनौती और तुलसीदास

आधुनिकता की प्रवृत्ति ही है कि जो कुछ पुराना है, परंपरा-प्राप्त है, उस पर प्रश्न चिह्न लगाना, उसे बदले हुए परिवेश और जीवन-मूल्यों में अपने अस्तित्व की सार्थकता को प्रमाणित करने की चुनौती देना।[1] मूलतः इसके पीछे सच को झूठ से अलगाने की प्रेरणा रहती है, जो निश्चय ही स्वागत योग्य है। किन्तु कई बार नवीनता का दंभ अविवेकपूर्वक परंपरा मात्र को खारिज कर देने की उग्र घोषणा करता है। सवाल उठता है, क्या सचमुच पूरी परंपरा खारिज की जा सकती है? दूसरी तरफ परंपरा के नाम पर 'परंपरावाद' की डुगडुगी पीटनेवालों की भी कमी नहीं है। जहाँ परंपरा समाज में अंतर्निहित उन आचारों और सिद्धांतों की समष्टिगत संज्ञा है, जिन्होंने अपने अटूट सिलसिले द्वारा पीढ़ी-दर-पीढ़ी भिन्न-भिन्न परिस्थितियों और नये-नये जातीय अनुभवों में भी समाज को अपनी अस्मिता बनाये रखने की क्षमता प्रदान की है और इसी क्रम में जो बार-बार व्याख्यायित एवं मूल्यांकित होती हुई अपने स्वरूप को खोये बिना रूपांतरित—विकसित होती चलती है, वहाँ परंपरावाद अतीत के आचारों और विश्वासों को अपरिवर्तनीय मानकर उनका गौरवगान करता है, उन्हें तद्वत् सुरक्षित रखकर यह माँग करता है कि समाज को आज भी वही, वैसे ही करना चाहिए, जो जैसे अतीत में किया जाता था। स्पष्ट है कि परंपरावाद आधुनिकता की चुनौती के उत्तर में अपना जड़-कवच ही सामने कर सकता है, जिसके धुर्रे उड़ा देना आधुनिकता के लिए सहज है। क्या परंपरा को भी आधुनिकता इसी प्रकार छिन्न-भिन्न कर सकती है और क्या उसे शुभ माना जा सकता है? फिर एक बात और है। चुनौती क्या आधुनिकता ही परंपरा को दे सकती है, परंपरा आधुनिकता को नहीं दे सकती? हवा में इन सवालों पर बहस करने की जगह आज के भारतीय संदर्भ में आधुनिकता के समक्ष तुलसीदास को रखकर विचार करने पर अधिक संगत निष्कर्ष पर पहुँचा जा सकेगा।

चूँकि आधुनिकता की अवधारणा कुछ विशिष्ट मूल्यों से युक्त गतिशील प्रक्रिया के रूप में की जाती है अतः यह भी स्वाभाविक है कि अलग-अलग देशों में उसका रूप थोड़ा-थोड़ा अलग-अलग हो। औद्योगिक दृष्टि से अत्यंत विकसित अमेरिका जैसे अपेक्षाकृत रूप से नये देश की आधुनिकता सांस्कृतिक दृष्टि से समृद्ध किन्तु औद्योगिक आर्थिक दृष्टि से पिछड़े, भारत जैसे प्राचीन देश की आधुनिकता के समान

---

1. एनसाइक्लोपीडिया ऑफ सोशल साइंस, खंड 9, 10, पृ० 564 ।

कैसे हो सकती है? कोई देश किसी दूसरे देश की नकल करके आधुनिक नहीं बन सकता। आधुनिकता कोई वस्तु नहीं है कि उसे खरीदा या उधार लिया जा सके। आधुनिकीकरण के बाह्य निदर्शकों अर्थात् कल-कारखानों, रेलों, हवाई जहाजों आदि को विकसित देशों से आयातित कर कोई देश जिस तरह वस्तुत: आधुनिक नहीं हो जाता उसी तरह आधुनिक वेश-भूषा पहन कर, ट्रांजिस्टर, फ्रिज, टेलीविजन आदि-आदि आधुनिक वस्तुओं से अपना घर सजा कर ही कोई व्यक्ति आधुनिक नहीं बन जाता। आधुनिकता तो एक विशेष प्रकार की दृष्टिभंगी है, जिसे अपनी संस्कृति की पृष्ठभूमि में विचारपूर्वक अंगीकार कर अपने आचरण में उतारना पड़ता है। इसका अर्थ यही है कि व्यक्ति को (और देश को भी) सचेत रूप से कुछ नवीन मूल्यों का सहभागी बन कर और उनके प्रतिकूल पड़नेवाली रूढ़ियों का परित्याग कर स्वयं आधुनिक होना पड़ता है, बल्कि होते रहना पड़ता है। आधुनिकता के पीछे जिन वैज्ञानिक-औद्योगिक उपलब्धियों की शक्ति है, उनके बिना कोई राष्ट्र आज के संसार में सम्मानपूर्वक जीवित नहीं रह सकता। अत: पारंपरिक समाजों को भी परंपरा और आधुनिकता के टकराव को एक बड़ी हद तक आधुनिकता के पक्ष में समंजित करना पड़ता है। भारतीय संदर्भ में इस टकराव में तुलसीदास की स्थिति कहाँ है, इसकी विवेचना के पहले आधुनिक दृष्टिभंगी की कुछ सामान्य विशेषताओं को समझ लेना चाहिए।

आधुनिक दृष्टिभंगी को उसके बहुमुखी और कहीं-कहीं पारस्परिक विरोधी तत्त्वों के कारण परिभाषित करना कठिन काम है; फिर भी उसके कुछ प्रमुख लक्षण तो हैं ही जिनमें अग्रगण्य है, नवीन अनुभवों एवं परिवर्तनों के लिए तत्परता। इसके मूल में दो प्रधान प्रेरक तत्त्व हैं। (1) व्यक्तिगत स्तर पर 'उपलब्धि-कांक्षा' (नीड फॉर एचीवमेंट) और (2) सामूहिक स्तर पर 'सामुदायिक' कल्याण भावना।[1] विज्ञान और औद्योगिकी इस परिवर्तन के माध्यम हैं। इन्हीं के प्रभाव के कारण वह बौद्धिक अधिक है, श्रद्धालु कम। इन्हीं के बलबूते पर आधुनिक मनुष्य जगत् को भाग्य या व्यक्तिगत सनक के अधीन न मानकर परिगण्य और निर्भर-योग्य मानता है। इन्हीं के सहारे वह योजनाबद्ध रूप से परिवेश को नियंत्रित करने की क्षमता अर्जित करता है। फलत: वह अतीत की तुलना में वर्तमान या भविष्य के प्रति तथा परलोक की तुलना में इहलोक के प्रति अधिक उन्मुख और समय-सचेतन है। उसके लिए दुनिया बहुत छोटी हो गयी है। अत: वह बृहत्तर क्षेत्र की व्यापक समस्याओं के प्रति उदासीन नहीं रह सकता, उनके प्रति अपना स्वतंत्र मत व्यक्त करना वह

1. देखिये, मायरान वीनर द्वारा संपादित ग्रंथ 'मॉडर्नाइजेशन' के अंतर्गत डेविड सी० मैक्लेलैंड का 'इंपल्स टु मॉडर्नाइजेशन' शीर्षक लेख विशेषत: पृ० 29 तथा 35-36 तथा आधुनिक दृष्टिभंगी के अन्य तत्त्वों के लिए उसी पुस्तक का ऐलेक्स इनकेलेस लिखित 'द मॉडर्नाइजेशन ऑफ मैन' शीर्षक लेख।

अपना लोकतांत्रिक अधिकार मानता है। अपनी एवं अन्यों की मानवीय गरिमा के बोध के कारण वह 'योग्यतानुपाती न्याय' (अर्थात् पुरस्कार कार्य के अनुरूप होना चाहिए किसी की विशिष्ट जाति, स्थिति या पदमात्र के अनुरूप नहीं) का समर्थन करता है। निश्चय ही इस तालिका को और बढ़ाया जा सकता है किन्तु अपने विवेचन की पीठिका के लिए मैं इसे यथेष्ट समझता हूँ।

यह भी स्मरण रखना चाहिए कि स्वाधीनता के पूर्व स्वाभिमानी भारतीय बौद्धिकों का आधुनिकता से संबंध प्रेम-घृणा का था। आधुनिकता के द्वारा विकास की अपार संभावनाएँ यदि उन्हें आकृष्ट करती थीं तो अंग्रेज शासकों के माध्यम से उपलब्ध होने के कारण उनके शोषण, अत्याचार, स्वेच्छाचार के प्रति घृणा का प्रचुर अंश आधुनिकता की ओर मुड़ जाता था। थोड़े से नक्कालों की बात छोड़ दी जाये तो तत्कालीन अधिकांश भारतीय विचारकों ने आधुनिकता को इस मानसिक प्रतिरोध के कारण आंशिक रूप से ही ग्रहण किया था। इसी के साथ-साथ प्राचीन भारतीय गौरव और सांस्कृतिक उत्कर्ष को भी चित्ताकर्षक रूप से भारतीय जनता के समक्ष उन्होंने रखा था, जिसके फलस्वरूप भारतीय पुनर्जागरण के एक प्रमुख परिणाम के रूप में 'संस्कृतीकरण' की प्रक्रिया व्यापक स्तर पर नवोदित एवं उदीयमान वर्गों को प्रभावित कर सकी थी। स्वाधीनता के बाद यह मानसिक प्रतिरोध शिथिल हो गया। राष्ट्रीय प्रयोजन एवं अंतर्राष्ट्रीय प्रभाव भारत के आधुनिकीकरण के पक्ष में थे। स्वभावत: भारतीय शिक्षित वर्ग का आधुनिकता के प्रति अवरुद्ध आकर्षण अब वेगपूर्वक उसकी ओर उन्मुख हुआ। सामान्य जन इस परिवर्तन से इतने चकित हुए कि यह शिकायत आम हो गयी कि अंगेजों के जाने के बाद भारत में बेतहाशा अंग्रेजियत बढ़ गयी है। वस्तुत: यह अंग्रेजियत न होकर एक हद तक आवश्यक और वांछित 'आधुनिकीकरण' की प्रक्रिया है जिसे कुछ समाजशास्त्री 'पश्चिमीकरण' की संज्ञा देते हैं। सामान्यत: 'पश्चिमी' से पश्चिमी यूरोप और अमेरिका का बोध होता है। अत: यह नाम मुझे अपर्याप्त लगता है। नये भारत पर पश्चिम के साथ-साथ रूस का (और कुछ अंशों में चीन का) प्रभाव भी है जो इस नाम से स्पष्ट नहीं होता।

जो हो, इस तथ्य से इंकार नहीं किया जा सकता कि आज के भारत के शक्तिशाली वर्ग (और उदीयमान वर्ग भी) तेजी से 'पश्चिमीकरण' की ओर झुकते जा रहे हैं जबकि संस्कृतीकरण की प्रक्रिया का सम्मान और प्रभाव कम होता जा रहा है। सांप्रतिक भारतीय स्थिति दो कारणों से मुझे शोचनीय लगती है। एक तो हमारा औद्योगिकीकरण और आर्थिक विकास निरुद्ध-सा हो गया है, दूसरे स्वाधीनता के बाद वैचारिक-सांस्कृतिक क्षेत्र में ऐसा कोई मूलगामी, तेजस्वी कार्य नहीं हुआ है जिसके द्वारा पुनर्मूल्यांकित, पुनर्व्याख्यात भारतीय परंपरा के संदर्भ में आधुनिकता की परीक्षा कर उसके अनुकूल तत्त्वों का संग्रह और प्रतिकूल तत्त्वों का त्याग किया जा

सकता। पहली बात के कारण एक ओर तो हमारी साधारण जनता गरीबी और अभावों के शिकंजों को तोड़कर आधुनिक युग में प्रवेश ही नहीं कर पा रही है, दूसरी ओर हमारा छोटा-सा तथाकथित प्रबुद्ध आधुनिक वर्ग अति औद्योगिक राष्ट्रों की मनःस्थिति को (उनकी अपेक्षाओं, आवश्यकताओं, सुविधाओं को) अपनाता चला जा रहा है, जिसका वैध पोषण यहाँ की वस्तुस्थिति से नहीं हो पाता। अतः अवैध पद्धति से यह वर्ग उपलब्ध राष्ट्रीय साधनों को अपने हित में प्रयुक्त करता है। इसीलिए हमारे देश के प्रशासनिक, राजनीतिक, आर्थिक, शैक्षणिक आदि सभी क्षेत्रों में जितना भ्रष्टाचार और खोखलापन आज है उतना कभी नहीं था। दूसरी बात के कारण नयी पीढ़ी परंपरा से विमुख और सतही अर्थ में आधुनिक होती चली जा रही है। पर अवज्ञापूर्वक नकार देने मात्र से परंपरा से छुटकारा नहीं मिलता, न नयी-नयी काट के कपड़े पहनकर और बाल बढ़ाकर आधुनिक हुआ जा सकता है। भीतर छिपी हुई हीनभाव-पीड़ित परंपरा और ऊपर से ओढ़ी हुई अविवेचित आधुनिकता लिये आज की अधिकांश नयी पीढ़ी दोनों की विकृतियों की शिकार बनती है। इसका दोष इतना उसका नहीं, जितना उस सम्मोहित बुद्धिजीवी वर्ग का है जिसने आजादी के बाद परंपरा और आधुनिकता का तालमेल बैठाने के अनिवार्य कर्त्तव्य की अवहेलना की है।

इस स्थिति में आजादी की लड़ाई के समय गांधी जी को 'रामराज्य' स्थापित करने की प्रेरणा देनेवाले, स्वाधीनता के सैनिकों में 'पराधीन सपनेहुँ सुख नाहीं' की चेतना जगानेवाले, निराला, रामचन्द्र शुक्ल आदि को सर्जनात्मक साहित्यिक प्रतिमान जुगानेवाले तुलसीदास को यदि आज की नयी पीढ़ी का एक अंश पाठ्यक्रम से निकाल देने की माँग करे, तो बहुत आश्चर्य नहीं किया जा सकता। परंपरा-प्रेमियों के बाहर तो तुलसीदास तभी टिकेंगे जब वे न केवल आधुनिकता की चुनौतियों को झेलेंगे बल्कि उसकी कुछ प्रमुख कमियों की ओर इंगित करते हुए उन्हें दूर करने के उपायों का निर्देश भी कर सकेंगे।

आधुनिकता के पहले लक्षण 'नवीन अनुभवों एवं परिवर्तनों के लिए तत्परता' के प्रति 'तुलसी-दृष्टि' का आज क्या रुख होना चाहिए, इसका निर्णय अपने समय में परिवर्तन के प्रति तुलसी के रुख के आधार पर ही किया जा सकता है। अपप्रचार के कारण तुलसीदास को साधारणतः संरक्षणशील, परंपरावादी अर्थात् अपरिवर्तनवादी माना जाता है। सच्चाई यह है कि तुलसीदास मध्यकाल में भारतीय संस्कृति के सबसे बड़े सर्जनात्मक पुनर्व्याख्याकार थे। केवल तत्त्व-विवेचन या केवल साधना में प्रवृत्त न होकर उन्होंने 'रामचरित' को अपने 'कल्प-भेद' को दृष्टिगत रखते हुए, अपनी मति, अपनी समुझि, निजी 'मानस' के अनुसार प्रस्तुत कर भारतीय संस्कृति का पुनर्नवीकरण कर दिया था। इस क्रम में परंपरा के प्रति श्रद्धा रखते हुए भी उन्होंने उसमें कितने परिवर्तन कर दिये थे, यह देखकर आश्चर्य होता है। श्रीराम को ब्रह्म

या अवतार उनके पहले भी माना जाता था। तुलसी की अपनी 'समुझि' ने उनके अपूर्व शील पर बल दिया जिसके फलस्वरूप वे मानव मात्र की—चरम उपेक्षित जन की भी पीड़ा का निवारण करनेवाले, उनके दुःख-कष्ट से विकल हो जाने वाले, उनके लिए अपनी स्वतंत्रता तक को विसर्जित कर देनेवाले, उनके प्रेम पराधीन 'नातेदार' बन गये। स्वाभाविक ही है कि तुलसी की राम-कथा में न सीता-निर्वासन को स्थान मिल पाया, न शम्बूक-वध को। उसका माध्यम भी देववाणी न रह पायी, लोकभाषा हो गयी। इतिहास साक्षी है कि अपरिवर्तनवादी परंपरा के उस समय के ठेकेदारों ने तुलसीदास का कड़ा विरोध किया था, जाति-पाँति संबंधी उनकी उदारता के कारण, दुरूह ज्ञानमार्ग एवं पेचीदे कर्मकांड से 'सूधे मन' और 'भोले भाव' वाली भक्ति को श्रेष्ठ ठहराने के कारण, वादमुक्त धर्म-समन्वय के कारण। स्पष्ट है कि तुलसीदास का परंपरा-बोध स्थितिशील या जड़ न होकर विकासशील और संग्रह-त्यागवादी था। इसका अर्थ यह हुआ कि आधुनिकता की पहली माँग तुलसी-दृष्टि को सिद्धांततः स्वीकार है। व्यवहार में संग्रह-त्याग का आधार क्या होना चाहिए, इसमें मतभेद की पूरी गुंजाइश है किन्तु मतभेद तो आधुनिकता का भूषण है, दूषण नहीं।

जहाँ तक 'उपलब्धिकांक्षा' और 'सामुदायिक कल्याण'-भावना का सवाल है तुलसी की दृष्टि उनका समर्थन करते हुए उनकी दिशा के बारे में विशिष्ट मत रखती है। 'उपलब्धिकांक्षा' का अर्थ है, पहले से श्रेष्ठ, पहले से सुखद, पहले से कम परिश्रम में विविध क्षेत्रों में प्रचुर उपलब्धियों द्वारा अपनी सार्थकता और सफलता को प्रमाणित करने की भावना। यह प्रवृत्ति आधुनिक मनुष्य की ऐसी अदम्य मनोवैज्ञानिक आवश्यकता बन गयी है कि इसकी पूर्ति के लिए वह प्रचंड संघर्ष और उद्यम करता है। उपलब्धिकांक्षा की प्रबल अनुप्रेरणा के फलस्वरूप ज्ञान, विज्ञान, औद्योगिकी, राजनीति, अर्थनीति आदि के क्षेत्रों में जितनी प्रगति बीसवीं शताब्दी में हुई है, उतनी मानव जाति के पूरे इतिहास में नहीं हुई थी। इन उपलब्धियों का सुफल उच्चवर्ग के मुट्ठी भर लोगों तक सीमित न रहकर समाज के दुर्बलतम अंग को भी मिले, सामुदायिक कल्याण की यह चेतना भी आधुनिक मानसिकता का प्रमुख तत्त्व है। फलतः सामुदायिक कल्याण के लिए जितनी बड़ी-बड़ी योजनाएँ शिक्षा, चिकित्सा, जीविका, उन्नयन आदि क्षेत्रों में आज क्रियान्वित की जा रही हैं, उतनी अतीत में कभी नहीं की गयी थीं। तुलसीदास इनके विधायक पक्षों का स्वागत करते। तुलसी स्वयं वैरागी थे किन्तु पूरे समाज को वैरागी नहीं बनाना चाहते थे। रामचरित सुनकर, राम से जुड़कर व्यक्ति में 'उपलब्धिकांक्षा' जागे, वह 'कपटी, कायर, कुमति, कुजाती, लोक बेद बाहेर सब भाँती'[1] होता हुआ भी 'भुवन-भूषण' बने,

1. मानस 2/196/1।

'बुधि-बिबेक बिग्यान निधाना' हो जाये, उसे देखकर लोग कह उठें 'कवन सो काज कठिन जग माहीं, जो नहिं होइ तात तुम्ह पाहीं'[1] और वह सचमुच असंभव को संभव कर दिखाये, यह सब तुलसीदास को अभीष्ट था। तभी उन्होंने कहा था, 'समर बिजय रघुबीर के चरित जे सुनहिं सुजान। बिजय, बिबेक, बिभूति नित, तिन्हहिं देहिं भगवान।'[2] व्यक्ति विजयी हो, विभूति-सम्पन्न हो यह तो ठीक, पर वह विवेकी भी हो, राम से जुड़ा भी हो अन्यथा अंततोगत्वा न वैयक्तिक कल्याण तुलसी की दृष्टि में संभव है, न सामुदायिक कल्याण। सुरसरि के समान सबका हित चाहने वाले तुलसीदास राम को लिखित अपनी वैयक्तिक अर्जी 'विनयपत्रिका' में भी लोक-कल्याण की भावना से विगलित होकर कह उठे हैं : 'दीन दयालु दुरित, दारिद दुख दुनी दुसह तिहुँ ताप तई है। देव दुआर पुकारत आरत सब की सब सुख हानि भई है।'[3] सामुदायिक कल्याण का अपना आदर्श उन्होंने 'रामराज्य' की परिकल्पना में व्यक्त किया है। आधुनिक दृष्टि के साथ तुलसी इस बात पर तो सहमत हैं कि 'नहिं दरिद्र सम दुख जग माहीं'[4] किंतु वे इसके विलोम को सच नहीं मानते, प्राचुर्य को ही सर्वोपरि सुख करार नहीं देते। उनकी मान्यता है, 'संत मिलन सम सुख जग नाहीं'। भौतिक प्राचुर्य के पीछे पागल उपलब्धिकांक्षा के निषेधक पक्षों को, गलाकाट प्रतिस्पर्धा को, अतिशय परिग्रह को, अनियंत्रित भोग-लालसा को, सफलता के अनैतिक साधनों को तुलसीदास का समर्थन प्राप्त नहीं हो सकता। इसी तरह अपने राष्ट्र के सामुदायिक कल्याण के नाम पर दूसरे राष्ट्रों का शोषण और उसके लिए विश्वयुद्ध तक का उपक्रम तुलसी को अस्वीकार्य है। उनकी दृष्टि में यह रावणी परम्परा है।

विज्ञान और औद्योगिकी के प्रति तुलसीदास का रुख निषेधक होता, ऐसा मानने का कोई कारण नहीं है। अपनी पौराणिक शैली में उन्होंने अयोध्या, जनकपुर, लंका आदि की जैसी समृद्धि का चित्रण किया है, विशेषत: पवन, वरुण, कुबेर, अग्नि, काल, आदि की वशवर्तिता का जो संकेत उन्होंने दिया है, उससे ऐसा तो नहीं लगता कि ये दैवी-प्राकृत शक्तियाँ यदि मानव-कल्याण में नियोजित हों तो उन्हें आपत्ति होगी। विज्ञान के संबंध में दो ऐसी गलतफहमियाँ फैली हुई हैं जिनसे कुछ लोगों ने यह मान लिया है कि वह धर्म-विरोधी है। पहली तो यह कि वह मूल्य-निरपेक्ष है और दूसरी यह कि वह नास्तिकतावादी है। वास्तव में बात ऐसी नहीं है। विज्ञान-निर्मित वस्तुओं का उपयोग मानवता का द्वेषी कर रहा है या प्रेमी, इस संबंध में विज्ञान भले कुछ न कह सके, लेकिन वह अपने विकास के लिए कुछ मानवीय

1. मानस 4/30/5
2. वही 6/121/6
3. विनयपत्रिका 139/1-2
4. मानस 7/121/13।

मूल्यों से युक्त समाज की माँग अवश्य करता है। जिस समाज में सत्य की निश्छल, निर्भय खोज, व्यक्ति-स्वाधीनता, परमत-सहिष्णुता, विमति-प्रकाशन, चिंतन एवं वाणी के स्वातंत्र्य, न्याय, सम्मान, मानव-गरिमा एवं आत्मगौरव जैसे मूल्यों का समादर न हो, उसमें विज्ञान का विकास नहीं हो सकता।[1] चूँकि मध्यकालीन ईसाई धर्म के असहिष्णु अधिकारी चिंतन-स्वातंत्र्य एवं अनुरूप मूल्यों को दंडित किया करते थे अत: पश्चिम में धर्म को विज्ञान का विरोधी मान लिया गया। भारत में कभी किसी चरक, सुश्रुत या आर्यभट्ट, वराहमिहिर आदि को कोपरनिकस, गैलीलियो आदि की तरह दंडित नहीं किया गया। 'सत्य मूल सब सुकृत सुहाए', 'धरम न दूसर सत्य समाना',[2] 'पराधीन सपनेहुँ सुख नाहीं', 'उत्तर प्रति-उत्तर मैं कीन्हा',[3] 'नर तन सम नहिं कवनिउ देही',[4] 'जिन्हकें रही भावना जैसी, प्रभु मूरति तिन्ह देखी तैसी',[5] 'जौ अनीति कछु भाषौं भाई, तौ मोहि बरजहु भय बिसराई'[6] जैसी उक्तियों के द्वारा तुलसी ने जिन मूल्यों को स्वीकृति मध्यकाल में दी थी वे उन मूल्यों के काफी निकट हैं, जिन्हें आज का विज्ञान अपने विकास के लिए आवश्यक मानता है। भारत में वैज्ञानिक चिंतन और पौराणिक कल्पना दोनों का सह-अस्तित्व चलता रहा है। तुलसीदास पुराण-शैली के रचनाकार हैं फलत: वैज्ञानिक चिंतन के विरोधी हैं, यह मानने का कोई कारण नहीं है।

बहुतेरे उग्र आधुनिकतावादियों ने विज्ञान की दुहाई दे-देकर यह भ्रम फैला रखा है कि नास्तिकता आधुनिकता का अनिवार्य तत्त्व है। एस अर्धविक्षिप्त दार्शनिक नीत्शे की उक्ति 'ईश्वर मर गया' वे इस जोशोखरोश के साथ दुहराते हैं कि लगता है, उन्होंने ईश्वर की लाश बरामद कर ली है। सच्चाई यह है कि विज्ञान न नास्तिकता का समर्थन करता है, न आस्तिकता का, यह विषय ही उसका नहीं है। यह अधिकृत रूप से कहा जा सकता है कि उन्नीसवीं सदी तक का विज्ञान कार्यकारण की अखंडनीय शृंखला एवं तर्कणापरकता पर जिस अडिग निष्ठा के कारण जगत् को स्वयंचालित, स्वयंपूर्ण यंत्र के समान मानता था वह सापेक्षता एवं क्वांटम सिद्धान्तों के आविष्कार के बाद डगमगा-सी गयी है। विज्ञान अब जितना ज्यादा जानता जा रहा है, ब्रह्माण्ड उसके लिए उतना ही रहस्यमय होता जा रहा है। अत: सर्वज्ञता का औद्धत्य त्याग कर वह विनम्र होता जा रहा है। गेब्रिअल मार्सल, किर्केगार्द; टी०एस० इलियट, गिन्सबर्ग जैसे आधुनिक दार्शनिकों और साहित्यिकों

---

1. देखिये, डॉ० जे० ब्रोनॉस्की कृत 'साइंस ऐंड ह्यूमन वैल्यूज' पुस्तक, विशेषत: पृ० 75
2. मानस 2/88/6, तथा वही 2/95/5
3. वही 7/111/14
4. वही 7/121/9
5. वही 1/241/4
6. वही 7/43/6।

की ही तरह वैज्ञानिकों में भी आइंसटीन, विलियम जेम्स, ह्वाइटहैड जैसे आस्तिक भी हुए हैं। हाँ, यह जरूर सच है कि आधुनिकता के कारण ऐहिकतापरक राज्य संबंधी कार्यों में चर्च या सांस्थानिक धर्म का हस्तक्षेप अनुचित माना जाता है। किन्तु व्यक्तियों या समूहों के निजी क्षेत्रों में धर्म की कल्याणकारिणी भूमिका स्वीकारने वाले आधुनिकों की कमी नहीं है। अतः अपनी आस्तिकता के कारण ही तुलसीदास आधुनिकों के लिए वर्ज्य नहीं ठहरते।

यह कहा जा सकता है कि तुलसी ने बुद्धि की तुलना में श्रद्धा को अधिक महत्त्व दिया है जो आधुनिकों को स्वीकार्य नहीं है। निवेदन है कि जिस प्रकार राजा जनक के भोग में योग छिपा था उसी प्रकार तुलसी की श्रद्धा में बुद्धि का उन्नत रूप अंतर्निहित है। वास्तविक श्रद्धा तो श्रत्......सत्य को धारण करनेवाली मनोवृत्ति है जो किसी के प्रति तभी उत्पन्न होती है, जब उसके महत्त्व की अनुभवसिद्धि प्रतीति हो जाये। तुलसी न स्वयं अंधश्रद्धालु थे, न दूसरों को बनाना चाहते थे। इसीलिए उन्होंने वेष, वचन या प्रचारात्मक प्रशंसा के कारण ही किसी पर श्रद्धा कर बैठने वालों को मूढ़ कहा है। 'तुलसी देखि सुबेषु, भूलहिं मूढ़ न चतुर नर। सुन्दर केकिहि पेखु, बचन सुधा सम असन अहि।'[1] हृदय कपट, बर बेष धरि, बचन कहैं गढ़ि छोलि। अबके लोग मयूर क्यों क्यों मिलिए मन खोलि।'[2] 'बचन बेष क्यों जानिए, मन मलीन नर नारि। सूपनखा, मृग, पूतना, दसमुख प्रमुख बिचारि।'[3] कपटपूर्ण वेष और वचन के खोखलेपन को इस प्रकार उजागर करनेवाले तुलसीदास ने मिथ्या प्रचार से आकृस्ट जनता के आचरण की निंदा करते हुए लिखा है, 'लही आँख कब आँधरे बाँझ पूत कब ल्याय ? कब कोढ़ी काया लही ? जग बहराइच जाय।'[4] सिर्फ इतना ही नहीं, अंधविश्वासी मूर्ख जनता से प्राप्त सम्मान का अभिमान करनेवालों को भी तुलसी ने मूढ़ माना है और इससे उनके आत्मज्ञान और गौरव के निश्चत रूप से नष्ट हो जाने की बात लिखी है, 'तुलसी भेंड़ी की धँसनि, जड़-जनता-सनमान। उपजत ही अभिमान भो, खोवत मूढ़ अपान।'[5] तुलसी ने श्रद्धा करने के पूर्व बार-बार परीक्षा लेने पर बल दिया है, 'जौ तुम्हरे मन अति संदेहू, तौ किन जाइ परीछा लेहू',[6] 'पारबती पहिं जाइ तुम प्रेम परिच्छा लेहु',[7] 'मैं करि प्रीति-परीक्षा देखी',[8] केवल

---

1. मानस 1/161-ख
2. दोहावली 332
3. वही 408
4. वही 496
5. वही 495
6. मानस 1/52/1
7. वही 1/77
8. वही 2/15/7।

परीक्षा लेने के लिए ही नहीं, परीक्षा देने के लिए भी तुलसी ने तैयार रहने को कहा है क्योंकि प्रभु भी भक्त को अंगीकार करने से पहले उसकी परीक्षा लेते हैं; 'उमा काल मर जाकीं ईछा, सो प्रभु जन कर प्रीति परीछा',[1] 'कृपा सिंधु मुनि मति करि भोरी, लीन्हीं प्रेम परीच्छा मोरी',[2] इस पर भी यदि कोई तुलसी को अंधश्रद्धा का प्रचारक या अंधश्रद्धालु कहे तो उसकी बलिहारी है। डंके की चोट पर तुलसी की घोषणा है, 'जाने बिनु न होइ परतीती'[3]। अतः स्पष्ट है कि उनका श्रद्धा-विश्वास ज्ञान पर, अपरोक्ष अनुभव पर आधारित था, भेड़ियाधसान पर नहीं। परीक्षित, अनुभूत महत्त्व के प्रति श्रद्धा न रखना मनुष्यत्व से वंचित होना है।

तुलसीदास ने बुद्धि की भी उपेक्षा नहीं की है। बुद्धि जानने, समझने और विचारने की शक्ति है, उसकी उपेक्षा कर कोई भी बड़ा काम कैसे किया जा सकता है। भारतीय चिंतन, मनन, दर्शन में ही नहीं, धर्म साधना में भी बुद्धि को गौरवपूर्ण स्थान प्राप्त है। गायत्री और गीता की परम्परा को आगे बढ़ानेवाले तुलसीदास ने शिव-कृपा से हृदय में उल्लसित 'सुमति' से रामचरितमानस की रचना की है 'संभु प्रसाद सुमति हियँ हुलसी, रामचरित मानस कबि तुलसी',[4]। श्रीराम का सुयश जल तुलसी की मेधारूपी मही पर बरस कर कानों के माध्यम से मानस-सरोवर में भरा था जिसके अत्यंत सुंदर श्रेष्ठ संवादरूपी घाटों का निर्माण उन्होंने बुद्धि से विचार कर किया है।[5] किन्तु 'समुझि न परइ बुद्धि भ्रम सानी',[6] 'बिषय समीर बुद्धि कृत भोरी'[7] जैसी उक्तियों से यह भी स्पष्ट लगता है कि तुलसीदास की दृष्टि में विषयग्रस्त बुद्धि निर्भरयोग्य नहीं है क्योंकि तब वह तर्क के स्थान पर कुतर्क कर उचित को अनुचित और अनुचित को उचित सिद्ध करने की कुचेष्टा करने लगती है। आखिर मंथरा की बुद्धि के कारण ही कैकेयी ने राम को वन भेजा था, 'कुबरिहि रानि प्रानप्रिय जानी, बार बार बड़ि बुद्धि बखानी',[8]। इसीलिए तुलसीदास ने बुद्धि की तुलना में विवेक को कहीं अधिक महत्त्व दिया है। विवेक अंतःकरण की वह शक्ति है जिसके द्वारा यथार्थ ज्ञान होता है, भले और बुरे की पहचान होती है, भले की ओर प्रवृत्ति होती है, 'अस बिबेक जब देइ बिधाता, तब तजि दोष गुनहि मनु

1. मानस 6/102/3
2. वही 7/113/2
3. वही 7/89/7
4. वही 1/36/11
5. वही 1/36
6. वही 1/134/6
7. वही 7/118/7
8. वही 2/23/1।

राता'[1] विषय-लिप्त बुद्धि सत् को असत् से अलग ही नहीं कर पाती तो सत् की ओर प्रेरित कैसे कर सकती है। बुद्धि विवेकयुक्त हो तभी कल्याणकारिणी हो सकती है। इसी दृष्टि से तुलसी ने कई स्थानों पर बुद्धि को विवेक के साथ-साथ प्रयुक्त किया है, 'जस कछु बुधि बिबेक बल मेरे, तस कहिहउँ हिय हरि के प्रेरे',[2] 'सीता केरि करेहु रखवारी, बुधि बिबेक बल समय बिचारी',[3] 'पवन तनय बल पवन समाना, बुधि बिबेक बिग्यान निधाना'[4] आदि। तुलसीदास विवेक को इतना आवश्यक समझते थे कि वेदानुकूल भक्ति-मार्गों में भी उसे ही ग्राह्य बताते थे, जो विवेक-वैराग्य-युक्त हो, 'श्रुति सम्मत हरि भक्ति पथ, संजुत बिरति बिबेक'।[5] तुलसीदास की दृष्टि में वास्तविक बुद्धिमान—बुध वही है जो बिबेकी हो, जो रोष और राग से रहित, निर्मल बुद्धि-संपन्न हो, 'बुध सो विवेकी बिमल मति, जिनके रोष न राग'[6] कितने आधुनिक बुद्धिजीवी इस कसौटी पर खरे उतर सकते हैं, यह कहना मुश्किल है।

कुछ लोगों का कहना है कि तुलसी 'वेदमार्गानुयायी' होने के कारण अपने अनुभव या चिंतन को 'निगमागमसम्मत' बना कर ही कह सकते थे अर्थात् वे पुराने निर्णयों द्वारा बँधे थे और आनेवाले युगों के लोगों को भी उसी ढाँचे में बाँध गये हैं। इसमें संदेह नहीं कि तुलसी वेदों का बहुत आदर करते थे। उन्होंने स्पष्ट कहा है, 'अतुलित महिमा वेद की, तुलसी किये बिचार। जो निंदत निंदित भयो बिदित बुद्ध अवतार।'[7] अपनी परंपरा के उत्स के प्रति श्रद्धा रखना उचित ही है खास कर जब वह अखिल धर्मों का मूल भी हो। किन्तु इसका यह मतलब भी नहीं कि तुलसी वेदों के अक्षरों से बँधे हुए थे। तुलसी ने चरम मूल्य राम को माना है, वेदों को नहीं। उनके अनुसार चारों वेद तो श्रीराम की सहज साँस भर हैं, 'जाकी सहज स्वास श्रुति चारी'[8] अतः श्रीराम से जुड़ कर वेद का अतिक्रमण कर जाना उनकी दृष्टि में सुसंगत है। तभी तो 'लोक बेद बाहेर सब भाँती' होते हुए भी निषादराज 'भुवन भूषण' हो गया था। इसी मान्यता के अनुरूप उन्होंने कहा है कि वेद मार्ग से तो राम अगम दुष्प्राप्य हैं, जबकि सच्ची लगन से वे सुगम हैं, 'निगम अगम, साहेब सुगम राम

1. मानस 1/7/1
2. वही 1/31/3
3. वही 3/27/8
4. वही 4/30/4
5. वही 71/00-ख
6. दोहा 356
7. दोहा 464
8. मानस 1/204/5।

साँचिली चाह'।[1] केवल राम को प्राप्त करने अर्थात् साधना के क्षेत्र में ही नहीं, लौकिक निर्णयों में भी वे वैदिक निर्देश के साथ-साथ अन्य सूत्रों को भी विचारार्थ दृष्टिगत रखने का आग्रह करते हैं, 'करब साधुमत, लोकमत, नृपनय, निगम निचोरि।'[2] निर्णय के खरेपन की कसौटी प्रस्तुत करते हुए वशिष्ठ जी ने कहा था कि भरत की प्रार्थना सुनने के अनंतर सज्जनों के मत, लोकमत, राजनीति और वैदिक सिद्धान्त के सार के अनुरूप ही श्रीराम अपना निर्णय करें। स्पष्ट है कि वैदिक सिद्धान्तों की समयानुकूल व्याख्या (और पूरकता भी!) तुलसी को अभीष्ट थी। विशिष्ट स्थितियों में वे लोक को वेद से भी अधिक महत्त्व देने के पक्ष में हैं, 'जगत बिदित बात ह्वै परी समुझिए धौं अपने लोक कि बेद बड़ेरो'।[3] यह समझ रखना चाहिए कि तुलसी संत हैं, पुरोहित नहीं। पुरोहित कर्मकांड और परंपरा का अनुगामी होता है, वह उन सब विधियों से चिपका रहने के लिए करीब-करीब विवश है जो उसे पूर्वजों से उत्तराधिकार सूत्र से प्राप्त होती है। संत का उन विधियों में कोई निहित स्वार्थ नहीं होता। वह सब धर्मों और मूल्यों के आदि स्रोत से जुड़ा होता है अतः जनहित की दृष्टि से प्रचलित विधियों में परिवर्तन करने में संकोच नहीं करता। तुलसी ने संतों की महिमा गायी है, पुरोहितों की नहीं। उनकी दृष्टि में पौरोहित्य तो अत्यंत निम्न स्तर का कर्म है, 'उपरोहित्य कर्म अति मंदा।'[4] यह ठीक है कि उन्होंने ब्राह्मण के गौरव को भी अक्षुण्ण रखना चाहा है क्योंकि वे यह मानते थे कि श्रुति, स्मृति, इतिहास, पुराण, तंत्र, दर्शन आदि-आदि प्राचीन भारतीय ज्ञान-विज्ञान को धारण करनेवाले तपस्वी, धर्मनिष्ठ ब्राह्मण-समाज की यदि रक्षा नहीं की गयी तो इस परंपरा का विलोप हो जायेगा, 'कलिमल ग्रसे धर्म सब, लुप्त भए सद्ग्रंथ।'[5] इसीलिए उन्होंने श्रुतिधारी, निगम-धरम-अनुसारी, विरक्त, ज्ञानी, विज्ञानी, ब्राह्मण को भगवान् का प्रिय बताया है।'[6] साथ ही उन्होंने बिना किसी लागलपेट के यह भी कहा है, 'सोचिअ बिप्र जो बेद बिहीना, तजि निज धरमु बिषय लयलीना'[7] अधः-पतित 'श्रुतिबेचक' ब्राह्मणों को क्षोभ के साथ धिक्कारते हुए उन्होंने यह भी लिखा है, 'बिप्र निरच्छर लोलुप कामी, निराचार सठ बृषली स्वामी।'[8] इतनी गालियाँ तो कबीर ने भी ब्राह्मणों को नहीं दी हैं। इसके बावजूद वे चाहते थे कि

1. मानस दोहा 80
2. वही 2/258
3. वि० प० 272/8
4. मानस 7/48/6
5. वही 7/97-क
6. वही 7/86/5-6
7. वही 2/172/3
8. वही 7/100/8।

'यवन महा महिपाल' के साम, दाम, भेद हीन केवल 'कराल दंड' के शासन-काल में भी प्राचीन ज्ञाननिधि को प्राणों की बाजी लगा कर बचानेवाले ब्राह्मणों के प्रति सामाजिक श्रद्धा बनी रहे ताकि उनका योगक्षेम चलता रहे, वे जीवित रहें और युगों से संचित सांस्कृतिक धरोहर की रक्षा कर सकें। इतिहास ने सिद्ध किया है कि तुलसी की दृष्टि ठीक थी। सैकड़ों वर्षों तक राज्य का उत्पीड़न झेल कर भी सामाजिक संरक्षण के सहारे ही ब्राह्मणों के माध्यम से यह सांस्कृतिक निधि आधुनिक भारत को प्राप्त हो सकी है। स्वतंत्र भारत में अन्य समाजों की तरह ही हिंदू समाज भी अपना सामाजिक विधान अपनी आवश्यकता के अनुरूप बदले यह स्वाभाविक है। किंतु क्या तुलसी के युग में यह संभव था ? तुलसी पर ब्राह्मणशाही स्थापित करने का आरोप लगानेवालों को इस पर विचार करना चाहिए। यह तथ्य भी उन्हें याद रखना चहिए कि ब्राह्मण के प्रति श्रद्धा ज्ञापित करते हुए भी तुलसी ने आदर्श मानव के रूप में संत को ही प्रस्तुत किया है और उसे किसी जाति-पाँति में सीमित नहीं किया।

आधुनिक दृष्टि परलोक की चिंता न कर इहलोक में, इसी जीवन को सुखी बनाने के लिए सतत संघर्ष की प्रेरणा देती है। मनुष्य के दु:ख-कष्ट के लिए वह भाग्य को नहीं, अज्ञान एवं सामाजिक दुर्व्यवस्था को जिम्मेदार मानती है। तुलसी ने भाग्य और परलोक को स्वीकारते हुए भी उद्योग और इहलोक के महत्त्व को भली-भाँति प्रतिपादित किया है। सामाजिक दुर्व्यवस्था........रावणी अत्याचार के विरुद्ध संघर्ष उन्हें भी अभीष्ट है। राम-रावण के युद्ध के माध्यम से उन्होंने बाहर और भीतर चलनेवाले शुभ और अशुभ के द्वंद्व में शुभ का समर्थक, राम का सैनिक बनने की जबर्दस्त प्रेरणा दी है। पूरे मध्यकाल में वे शायद अकेले संत हैं जिन्होंने राम का नाम जपने पर जितना जोर दिया है, उतना ही जोर दिया है राम का काम करने पर। 'राम काज लगि तव अवतारा'[1] राम का काम करने के लिए ही तुम्हारा जन्म हुआ है, यही उनका संदेश है। राम का काम क्या है? तुलसी ने बताया है कि श्रीराम के अवतार के अनेक हेतुओं में एक प्रमुख हेतु है 'सज्जनों की पीड़ा हरना तथा असुरों का संहार करना'। प्रभु ने भुजा उठाकर प्रतिज्ञा की थी कि मैं पृथ्वी को निशाचरहीन कर दूँगा, 'निसिचर हीन करउँ महि भुज उठाइ पन कीन्ह।'[2] ये निशाचर न तो 'कोउ मुखहीन, बिपुल मुख काहू, बिनु पद कर कोउ बहु पदबाहू' जैसे किंभूत, किंमाकार काल्पनिक जीव हैं, न किसी खास देश-काल या जाति-धर्म तक सीमित हैं। तुलसी की व्याख्या के अनुसार परपीड़क हिंसक दुराचारी ही निशाचर हैं,

'बरनि न जाइ अनीति, घोर निसाचर जो करहिं।
हिंसा पर अति प्रीति, तिन्ह के पापहिं कवन मिति।'

---

1. मानस 4/30/6
2. वही 3/9।

बाढ़े खल बहु चोर जुआरा। जे लंपट पर धन पर दारा॥
मानहिं मातु पिता नहिं देवा। साधुन्ह सन करवावहिं सेवा॥
जिन्हके यह आचरन भवानी। ते जानेहु निसिचर सब प्रानी॥[1]

क्या ऐसे निशाचर आज भी नहीं हैं? और फिर तुलसीदास की कल्पना केवल विध्वंसक ही नहीं है। दुष्टों के दमन पर ही वे नहीं रुकते, इस लोक में ही (किसी साकेत या बैकुंठ में नहीं) रामराज्य की स्थापना की विधायक कल्पना भी वे प्रस्तुत करते हैं जिसका आदर्श है—

अल्प मृत्यु नहिं कवनिउ पीरा। सब सुंदर सब बिरुज सरीरा॥
नहिं दरिद्र कोउ दुखी न दीना। नहिं कोउ अबुध न लच्छनहीना॥
सब निर्दम्भ धर्म्मरत पुनी। नर अरु नारि चतुर सब गुनी॥[2]

आदि। क्या हम ऐसा विषमता-रहित समाज बना सके हैं? यदि नहीं, तो राम का काम अभी शेष है। फिर 'राम काज कीन्हें बिनु मोहि कहाँ विश्राम'[3] की मान्यता का अनुयायी सब कुछ भाग्य भरोसे छोड़ कर सत् और असत् के संघर्ष में तटस्थ कैसे रह सकता है? प्रबल विघ्नों के सम्मुखीन होने पर भी वह उनसे साहसपूर्वक जूझता रहेगा क्योंकि तुलसी का उपदेश है, 'राम सुमिरि साहस करिय, मानिय हिये न हारि।'[4] उसकी दृष्टि में तो भाग्य की दुहाई देते रहनेवाले कायर और आलसी हैं। 'कादर मन कहुँ एक अधारा, दैव-दैव आलसी पुकारा।'[5] राम की शक्ति से शक्तिमान होकर वह रावणतुल्य अत्याचारी के सामने भी तन कर कह सकता है, 'मैं तव दसन तोरिबे लायक।'[6]

तुलसी के लिए रामभक्ति का अर्थ है राम की सेवा। उनका दृढ़ सिद्धान्त है 'सेवक सेव्य भाव बिनु भव न तरिअ उरगारि।'[7] सेवा तो कर्मठता के बिना हो ही नहीं सकती। फिर तुलसी ने इस भ्रांति के लिए भी कोई अवकाश नहीं छोड़ा है कि प्रभु की सेवा अवतार काल में या मंदिरों में ही हो सकती है। उन्होंने स्वयं श्रीराम के मुख से अपने अनन्य सेवक की व्याख्या इस प्रकार करवाई है :

---

1. मानस 1/183-1/184/1-3
2. वही 7/21/5-7
3. वही 5/1
4. रामाज्ञा प्रश्न 5/1/3
5. मानस 5/51/4
6. वही 6/34/1
7. वही 7/11।

सो अनन्य जाकें असि, मति न टरइ हनुमंत।
मैं सेवक सचराचर, रूप स्वामि भगवंत॥[1]

चराचर जगत् को प्रभु का व्यक्त रूप समझ कर उसकी सेवा का अर्थ ही है इसी लोक और इसी जन्म में समष्टि-हित के लिए प्राणपण से प्रयास करते रहना। इसीलिए नरक, स्वर्ग, बैकुंठ की चिंता छोड़कर तुलसी ने साफ कह दिया कि मुझे तो इसी संसार में राम के सेवक का जीवन बहुत अच्छा लगता है—

को जानै को जैहे जमपुर, को सुरपुर परधाम को।
तुलसिहिं बहुत भलो लागत, जग-जीवन राम गुलाम को॥[2]

भाग्य और परलोक की धारणाओं का उपयोग भी तुलसी ने इसी सेवा-मूलक भक्ति भावना की पुष्टि के लिए किया है, मनुष्य को आलसी बनाने, हौए के रूप में डराने या सब्जबाग दिखाकर लुभाने के लिए नहीं। यह सही है कि तुलसी 'भावी' को प्रबल मानते हैं (आज भी बहुत से मनोविज्ञानी, अर्थशास्त्री और इतिहासज्ञ अपने-अपने ढंग के 'नियतिवाद' की चर्चा करते हैं) पर वे यह भी बताते हैं कि वह अनुल्लंघनीय नहीं है। उनकी निश्चित मान्यता है कि राम के जगमंगल गुण-समूह भाग्य के कठिन, प्रतिकूल लेख को भी मिटा देने में समर्थ हैं, 'मेटत कठिन कुअंक भाल के।'[3] नारद ने भाग्य को बदल देने की विधि हिमालय को बताते हुए कहा था, 'जौ तपु करै कुमारि तुम्हारी, भाविउ मेटि सकहिं त्रिपुरारी।'[4] यह भाग्य पर पुरुषार्थ की विजय की असंदिग्ध स्वीकृति है। 'तप सुखप्रद दुख दोष नसावा'[5] के निर्देश को स्वीकार करने के सुफल के रूप में ही गिरिजा-शंकर का विवाह एवं कार्त्तिकेय का जन्म हुआ जिनके लिए तुलसी ने लिखा, 'जग जान षन्मुख जन्म, कर्मु, प्रताप, पुरुषारथु महा।'[6] इस महापुरुषार्थी के प्रताप का गुणगान करनेवाले को यदि कुछ आधुनिक बुद्धिजीवी 'भाग्यवाद का प्रचारक' बतायें तो कोई क्या कर सकता है। तुलसी की राय में परलोक भी सँवरता है साधन-धाम, मोक्ष के द्वार इसी 'मानुष तनु' के द्वारा किये गये सत्कर्मों से। उनके मतानुसार मानव शरीर का फल विषय-भोग न होकर 'सकल सुख खानी' भक्ति है अतः उसी के सुलभ सुखद मार्ग पर चलना चाहिए 'जौ परलोक इहाँ सुख चहहू।'[7] जो ऐसा नहीं करता 'सो परत्र दुख पावइ

---

1. मानस 4/3
2. विनयपत्रिका 155/9-10
3. मानस 1/32/9
4. वही 1/70/5
5. वही 1/73/2
6. वही 1/103/छ-1
7. वही 7/45/1।

सिर धुनि धुनि पछिताइ, कालहि, कर्महि ईश्वरहि मिथ्या दोष लगाइ।'[1] परलोक में दु:ख मिलने पर काल, कर्म, ईश्वर को दोष देना गलत है क्योंकि चूक तो अपनी ही है।

यह सच है कि सैद्धांतिक स्तर पर तुलसी ने काल के ऐतिहासिक सरल-रैखिक प्रत्यय के स्थान पर पौराणिक चक्रवत् आवर्त्ती चतुर्युगीन प्रत्यय को उसके दार्शनिक पक्ष के साथ स्वीकारा है और यह भी सच है कि इसीलिए उन्होंने अतीत को—सत्ययुग को ही सर्वाधिक गौरव दिया है। यह आधुनिक दृष्टि को अस्वीकार्य है, इसमें कोई संदेह नहीं। किन्तु व्यावहारिक स्तर पर समय सचेतनता की दृष्टि से वे अद्‌भुत रूप से आधुनिकों के साथ हैं। आधुनिक जीवन-पद्धति का एक बड़ा तत्त्व है समयनिष्ठा! और तुलसीदास की मान्यता है, 'लाभ समय को पालिबो, हानि समय की चूक, सदा बिचारहिं चारुमति सुदिन, कुदिन, दिन दूक'[2] सामर्थ्य रहते हुए भी ठीक समय पर ही ठीक काम करना चाहिए, तुलसी ने इस सिद्धान्त की पुष्टि में श्री राम का उदाहरण देते हुए लिखा है, 'समरथ कोउ न राम सों तीय-हरन अपराधु, समयहि साधे काज सब समय सराहहिं साधु।'[3] समग्र कल्प की दृष्टि से होगा सत्ययुग सर्वगुण-संपन्न युग, पर अपने छोटे-से जीवन में बीते हुए समय की तुलना में आनेवाला समय कितना अधिक महत्त्वपूर्ण है, इसका संकेत देते हुए तुलसी ने कहा है, 'न करु बिलंब, बिचारु चारुमति बरष पाछिले सम अगिलो पल'[4] देर न कर, सुबुद्धि से सोच कि पिछले वर्षों के समान (मूल्यवान) है अगला पल। बचे हुए जीवन के एक-एक क्षण को इतना महत्त्व देना आज भी सुसंगत है।

मध्ययुग में बड़े पैमाने पर परिवेश को नियंत्रित कर पाना या अंतर्राष्ट्रीय समस्याओं की सटीक जानकारी रखकर उनके प्रति अपनी निश्चित धारणा बना पाना, बड़े-बड़े प्रशासकों के लिए भी कठिन था अत: भौतिक साधनहीन सन्त से इसकी अपेक्षा करना ही अनुचित है। ध्यान देने की बात यह है कि भक्ति-साधना में लीन रहते हुए भी वे समसामयिक, पारिवारिक, सामाजिक, आर्थिक, राजनीतिक स्थितियों के प्रति कितने सचेत थे और कितनी दुविधाहीन भाषा में उन्होंने उनके बारे में अपनी प्रतिक्रिया व्यक्त की है। समाज में व्याप्त विशृङ्खलता, आडंबर, पाखंड, अनाचार का विस्तृत चित्रण उन्होंने मानस के कलिकाल वर्णन में, कवितावली के उत्तरकांड के कुछ छंदों में एवं दोहावली के कुछ दोहों में किया है। ब्रह्मज्ञान की छौंक हर बात में देनेवाले भी किस प्रकार एक कौड़ी के लिए नीच-से-नीच कार्य कर सकते हैं, किस प्रकार काम, क्रोध, लोभ में रत नर-नारी किसी भी सीमा तक

1. मानस 7/43
2. दोहावली 444
3. वही 448
4. विनयपत्रिका 24/7।

दुराचार करके, गाल बजाकर पंडित, मिथ्यारंभ कर संत, दंभ कर आचारी कहला सकते हैं, इसका उन्हें मर्मन्तुद ज्ञान था। वाणी में विचार और शरीर पर आचार की झलक देनेवालों के मन में, कार्यों में छल-ही-छल भरा देख कर उन्होंने यह मार्मिक प्रश्न किया था कि अंतर्यामी को ठग कर कोई कैसे सुख पा सकता है, 'बचन बिचार, अचार तन, मन करतब छल छूति, तुलसी क्यों सुख पाइये अंतर्जामिहि धूति'[1] आर्थिक स्थिति की भयंकरता का उनका चित्रण हृदय को झकझोर देनेवाला है, 'खेती न किसान को, भिखारी को न भीख, बलि, बनिक को बनिज न चाकर को चाकरी। जीविका-विहीन लोग सीद्यमान सोच बस कहें एक एकन सों, कहाँ जाई, का कारी।'[2] इसी छंद में उन्होंने दारिद्र्य को सारी दुनिया को ग्रस लेनेवाला रावण बताकर उसके दलन की प्रार्थना श्रीराम से की थी, 'दारिद दसासन दबाई दुनी, दीनबंधु दुहित-दहन देखि तुलसी हहा करी।' इसी तरह महामारी और अकाल के प्रकोप के समय भी वे जन-सामान्य के मंगल के लिए प्रभु से आर्त्त स्वरों में प्रार्थना कर उठे थे। पीड़ितों के प्रति जितनी सहज और सच्ची थी उनकी सहानुभूति और करुणा; उत्पीड़कों के प्रति उतना ही उग्र था उनका रोष और क्षोभ। निर्भीकतापूर्वक उन्होंने लिखा था कि भूप प्रजासन[3] (प्रजा-भक्षी) और भूमि-चोर[4] हो गये हैं, दिन में डाकुओं और रात में चोरों[5] के उत्पात से जीवन दूभर हो गया है। प्रजा के दुखी होने पर राजा को परलोक में नरक मिलेगा (जासु राज प्रिय प्रजा दुखारी, सो नृपु अवसि नरक अधिकारी।[6]) कहकर ही उन्होंने छुट्टी नहीं पा ली, यह भी कहा कि जो राज्य करते समय अकारण कुचाल, कुसाज, कुठाट, करते हैं वे अपने पूरे सहायकों के साथ रावण और दुर्योधन की तरह इसी लोक में समूल नष्ट हो जायेंगे, 'राज करत बिनु काज ही, करैं कुचालि कुसाज, तुलसी ते दसकंध ज्यों जइहैं सहित समाज। राज करत बिनु काज ही ठटहिं जे कूर कुठाट, तुलसी ते कुरुराज ज्यों जइहैं बारह बाट।'[7] स्थापित अत्याचारी राजसत्ता के खिलाफ दीन हीन-दुःखी जनता का पक्ष ग्रहण करने का तुलसी का यह नैतिक साहस क्या आधुनिकता-विरोधी, मध्ययुगीन बोध है?

तुलसीदास के अनुसार मानव को विशेष गरिमा प्राप्त होती है, चौरासी लाख योनियों में मानव योनि के कर्मयोनि होने के कारण, उसी के 'भव बारिधि कहुँ

1. दोहावली 411
2. कवितावली 7/97/1-4
3. मानस 7/98/2
4. कवितावली 7/177/3
5. दोहावली 239
6. मानस 2/71/6
7. दोहावली 416-417।

बेरो'[1] हो सकने के कारण। अन्यथा जीव रूप में तो सीय-राममय होने के कारण सभी उनके लिए वन्दनीय हैं, 'आकर चारि लाख चौरासी, जाति जीव जल थल नभ बासी। सीय राम मय सब जग जानी, करउँ प्रनाम जोरि जुग पानी।'[2] मानव शरीर पाकर भी जो राम से स्नेह नहीं करते, तुलसी की दृष्टि में 'तिन्हतें खर, सूकर, स्वान भले'[3] आधुनिक दृष्टि 'राम से स्नेह' की न सही 'मानवता' से स्नेह की अपेक्षा तो रखती ही है, जिसके अभाव में आधुनिक साहित्यकारों को भी मनुष्य भेड़िया, सुअर, कुत्ता, चूहा, केंचुआ जैसा लगने लगा है।

जहाँ तक 'योग्यतानुपाती न्यायी' का अर्थात् विशिष्ट स्थिति, जाति या पद मात्र के कारण नहीं, कार्य के कारण, पात्रता के अनुरूप पुरस्कार, पद या पारिश्रमिक आदि देने का प्रश्न है, मुझे लगता है कि तुलसीदास बहुत दूर तक इसका समर्थन करते। सामान्यत: वे यही मानते थे कि 'करम प्रधान बिस्व करि राखा, जो जस करइ सो तस फल चाखा'[4] मोटे तौर पर यह योग्यतानुपाती न्याय का भारतीय प्रतिरूप है। फिर भी दोनों एक नहीं हैं। भारतीय कर्म-सिद्धांत दुधारी तलवार है। एक ओर तो इससे सत्कर्मों को प्रेरणा मिलती है, उनके फलों के भोग का नैतिक अधिकार प्राप्त होता है; दूसरी ओर इसी से पूर्वजन्म, पुनर्जन्म और प्रारब्ध की धारणाएँ पुष्ट की जाती हैं जिनका दुरुपयोग कुछ स्वार्थी लोग निष्क्रियता के समर्थन के लिए, यथास्थिति को बनाये रखने के लिए कर सकते हैं। आधुनिक दृष्टि इसके पूर्वार्ध को तो स्वीकार करती है, उत्तरार्ध को नहीं। तुलसी पूर्वजन्म, पुनर्जन्म और प्रारब्ध को मानते हुए भी पतित यथास्थिति का समर्थन कतई नहीं करते, यह उनके पूरे साहित्य से स्पष्ट है। व्यक्ति और समाज दोनों को पतन से उत्थान की ओर जाने की राह बताने का कर्तव्य उन्होंने निभाया है। हार कर भागता हुआ निकम्मा कायर भी यदि लौट कर जूझने लगे तो वीर कहलाता है, 'राड़उ राउत होत फिरि कै जूझै'[5] यह कहकर व्यक्ति को अपनी स्थिति सुधारने की और 'सुनहु सकल पुरजन मम बानी'[6] के द्वारा समाज को सामूहिक मंगलमय विकास करने की प्रेरणा उन्होंने दी है। अत: वे कर्म सिद्धांत के तेजस्वी रूप का समर्थन करते हैं। व्यवहार में किसी का हक मार कर किसी के अनुचित पक्षपातयुक्त पोषण की दुर्नीति का वे विरोध करते हैं। उन्होंने साफ कहा है, मुखिया तो मुख के समान होना चाहिए जो अकेला भोजन करते हुए भी समान अंगों का विवेकपूर्वक अर्थात् उनकी आवश्यकता और कार्य के अनुरूप पोषण

---

1. मानस 7/44/4-7
2. वही 1/8/1-2
3. कवितावली 7/40/1
4. मानस 2/219/4
5. विनयपत्रिका 176/12
6. मानस 7/43/3।

करता है, 'मुखिया मुखु सो चाहिए, खान, पान कहुँ एक। पालइ, पोषइ सकल अंग तुलसी सहित बिबेक॥'[1] किन्तु वे यह भी मानते थे कि मनुष्य अपने ही पुरुषार्थ से अपना चरम विकास नहीं कर सकता, उसके लिए भगवत्कृपा आवश्यक है। भगवान् की कृपा अहैतुकी होती है। कृपा योग्यता-अयोग्यता का विचार नहीं करती, इसका मतलब सिर्फ यही है कि कृपा सिद्धांत को माननेवाला न कर्त्तृत्व के अहंकार से ग्रस्त हो, न साधनहीनता की निराशा से पस्त। उसमें किसी प्रकार की ढिलाई भी न आये। अपने कर्त्तव्य-कर्म के एकांगी कठिन मार्ग पर चलना शुरू कर तुच्छ सुखों के प्रलोभन से क्षण-क्षण पर विश्राम करना अनुचित है क्योंकि तुलसी के मतानुसारअपना भला अपनी ओर से अपने 'नेम' के निर्विघ्न निबाह में है —

एक अंग मग अगम गवन करि, बिलमु न छिन छिन छाहैं।
तुलसी हित अपनो अपनी दिसि, निरुपधि नेम निबाहे।[2]

कर्म की दृष्टि से योग्यतानुपाती न्याय का समर्थन, भगवत्कृपा की दृष्टि से उसका अतिक्रमण तुलसी की मान्यता को अधिक कल्याणकारी बनाता है, ऐसा मैं मानता हूँ।

आधुनिक दृष्टि से श्रेष्ठ माने जानेवाले कुछ प्रमुख लक्षणों के संदर्भ में तुलसी की मान्यताओं के इस संक्षिप्त परीक्षण से यह स्पष्ट है कि दोनों में कुछ बातों में समानता और कुछ बातों में पर्याप्त अंतर होते हुए भी, ऐसा मौलिक विरोध नहीं है कि दोनों में संवाद ही न हो सके। कृषिमूलक अर्थव्यवस्था पर आधारित सामंतशाही मुगल युग में उत्पन्न तुलसीदास की कुछ स्थापनाएँ अतीतोन्मुखी हैं और कुछ अपने युग के सांस्कृतिक, सामाजिक, राजनीतिक परिवेश को दृष्टिगत रखकर की गयी हैं। स्वभावत: ऐसी स्थापनाएँ आधुनिक औद्योगिकता की पूँजीवादी तथा राज्य नियंत्रित वर्गवादी अर्थव्यवस्थाओं के संघात के गतिचंचल युग के अनुकूल नहीं हो सकतीं। आखिर तब से अब तक के मानव-अनुभवों और वैज्ञानिक चेतना एवं आविष्कारों ने हमारे परिवेश को, हमारी सामाजिक-राजनीतिक आशा-आकांक्षाओं को, हमारे औचित्य-बोध को बहुत कुछ बदल भी तो दिया है। इसका अर्थ यह है कि जिस तरह तुलसी ने अपनी प्राप्त परंपरा से 'संग्रह-त्याग' किया था, उसी तरह हम लोग भी तुलसीदास से (जो अब स्वयं परंपरा के पुष्ट अंग बन गये हैं) 'संग्रह-त्याग' कर सकते हैं। इसके लिए सत्य और सर्वहित जैसे तत्त्वों से ही निर्मित कसौटी का उपयोग किया जाना चाहिए। इन्हीं को दृष्टिगत रखकर कहा जा सकता है कि तुलसी द्वारा समर्थित जन्मना स्थिर वर्णव्यवस्था (शूद्र एवं अस्पृश्य मानी जानेवाली जातियों के प्रति सामाजिक अन्याय जिसका अभिन्न अंग है) नारी की अतिशय नियंत्रित

1. मानस 2/315
2. विनयपत्रिका 65 (9-10)।

भूमिका, राजतंत्र, काल की चतुर्युगी चक्रवत् पुनरावर्ती धारणा, अतीत (सत्ययुग) को ही सर्वश्रेष्ठ मानने के फलस्वरूप इतिहास की ह्रासोन्मुख संकल्पना जैसी बातें अब अमान्य हैं। कट्टर तुलसी-भक्तों को यह स्मरण रखना चाहिए कि परंपरा से (और तुलसी से भी) हमारा संबंध सिर्फ अनुकरण का नहीं, उसके दाय के स्वस्थ विकास का होना चाहिए। इस क्रम में आज के लिए अहितकर या अनुपयोगी तत्त्वों की छँटाई पीले पत्तों और सूखी डाली की छँटाई के समान ही समाज-वृक्ष के लिए कल्याणकर है। साथ ही यह भी सच है कि ये और इन जैसी कुछ और बातें तुलसी कि विचारधारा के गौण अंश हैं।

तुलसीदास की विचारधारा का विपुलांश आज भी वरणीय है। श्रीराम (सगुण या निर्गुण ब्रह्म, अवतार, विश्वरूप, चराचर व्यक्त जगत् या चरम मूल्यों की समष्टि और स्रोत—उनका जो भी रूप आपकी भावना को ग्राह्य हो) के प्रति समर्पित, सेवाप्रधान, परहित-निरत, आधि-व्याधि-रहित जीवन; मन, वाणी और कर्म की एकता; उदार, परमत सहिष्णु, सत्यनिष्ठ, समन्वयी दृष्टि; अन्याय के प्रतिरोध के लिए वज्र-कठोर, प्रेम-करुणा के लिए कुसुम कोमल चित्त; गिरे हुओं को उठने, और बढ़ने की प्रेरणा और आश्वासन; भोग की तुलना में तप को प्रधानता देनेवाला, विवेकपूर्ण, संयत आचरण; दारिद्र्यमुक्त, सुखी, सुशिक्षित, समृद्ध, समतायुक्त समाज; साधुमत और लोकमत का समादर करनेवाला प्रजा-हितैषी शासन—संक्षेप में यही आदर्श प्रस्तुत किया है तुलसी की 'मंगल करनि, कलिमल हरनि' वाणी ने। क्या आधुनिकता इसको खारिज कर सकती है?

और फिर आधुनिकता को क्या यह आदर्श चुनौती नहीं दे सकता? क्या यह उससे नहीं पूछ सकता कि आधुनिक प्राचुर्य-युक्त समाज बाहर से जितना भरा-भरा लगता है, भीतर से उतना ही खोखला क्यों है? भौतिक समृद्धि के साथ-ही-साथ मनुष्य की बेचैनी, छटपटाहट, हताशा क्यों बढ़ती जा रही है? आज की उद्धत बौद्धिकता परंपरागत मूल्यों के खंडन में सफल होने का जैसा दावा करती है, वैसा दावा हृदय को अवलंब दे पानेवाले किसी विश्वास के निर्माण के लिए क्यों नहीं कर पाती? लोकतन्त्र का मुखौटा लगाये पूँजीवादी व्यवस्था हो या समाजवादी रामनामी ओढ़े वर्गवादी, दलीय तानाशाही, क्यों ऐसा है कि दोनों खेमों में झूठ, फरेब, दमन, प्रलोभन पर आधारित हृदयहीन शासनतंत्र पनप रहा है और विचार की वाणी का दम घोंटा जा रहा है। विज्ञान की सहायता से इंद्रियों को सुख देनेवाले एवं अहं को तृप्त करनेवाले पदार्थों के द्वारा अपने को संतुष्ट करने की अंधाधुंध चेष्टा करनेवाला, आज का स्नायविक तनावग्रस्त मानव दूसरों से क्यों कटता और अकेला पड़ता चला जा रहा है? कहीं ऐसा तो नहीं है कि उन्नीसवीं सदी के बहुतेरे आधुनिक चिंतकों ने ईश्वर को—श्रद्धा को नकार कर, उनके स्थान पर मनुष्य को—तर्क को प्रतिष्ठित करने का जो आग्रह किया था, उसका यह दुष्परिणाम है? बीसवीं शताब्दी के दो-दो

विश्वयुद्धों में एवं उनके बाद भी छोटे-बड़े युद्धों, संघर्षों एवं शांतिकाल को तीसरे विश्वयुद्ध की भूमिका के रूप में ग्रहण करने की कुचेष्टाओं के परिप्रेक्ष्य में मनुष्य का जो हृदयहीन, स्वार्थपर, घृणित रूप उभरा है उसने मानववादी चिंतकों द्वारा निरूपित मानव के उदात्त रूप के प्रति मोह भंग कर दिया है। संतों का स्थान न वैज्ञानिक ले सके, न साहित्यिक, न कलाकार, राजनीतिक नेता का तो कोई सवाल ही नहीं उठता। इसी के फलस्वरूप मानव के प्रति बहुत से विचारकों की आस्था नष्ट हो गयी है और उन्हें जीवन अर्थहीन लगने लगा है। व्यवहार में दिन-प्रतिदिन बढ़नेवाली पदार्थलिप्सा और विचार में अविश्वासजनित रिक्तता आज के मानव की सबसे बड़ी सांस्कृतिक समस्या है।

अत्यधिक समुन्नति के भौतिक दुष्परिणामों की ओर भी विचारकों का ध्यान जाने लगा है। नगरों में बढ़ती जनसंख्या, गंदगी, ट्राफिकजाम, वायु, नदियों, समुद्रों का प्रदूषण, जंगली जीवन का नाश, प्राकृतिक संपदा का अंधाधुंध अपव्यय, त्वरित परिवर्तमान जगत् में जमने के पहले ही उखड़ती नयी परंपराएँ एवं विचारधाराएँ, अधिकाधिक स्पर्धा, यांत्रिक जीवन, शोर, भीड़, सामाजिक-पारिवारिक जीवन का विघटन, आत्मनिर्वासन, कंक्रीट और लोहे की एकरसता आदि भी तो आधुनिकता की ही देन है।[1] यह सच है कि भारत अभी इतना पिछड़ा है कि उसे औद्योगिकीकरण को अभी बढ़ाना ही होगा किंतु क्या यह भी उचित नहीं है कि इन परिणामों के प्रति सतर्क रहते हुए हम अपना विकास अपनी आवश्यकताओं और परंपराओं के अनुरूप करें, नहीं तो हिप्पी, नशाखोरी, बढ़ती-मनोविकृतियाँ, बड़ी संख्या में तलाक, आत्महत्याएँ हमसे भी बहुत दूर नहीं रहेंगी।

आज तुलसीदास होते तो जरूर पूछते कि भाई, मानव को सुखी बनाने के लिए वैज्ञानिक उपलब्धियों द्वारा परिवेश को मानव प्रकृति के अनुकूल बनाने चले थे न तुम, अब वैज्ञानिक उपलब्धियों के द्वारा परिवर्तित और विजित परिवेश के अनुकूल मानव प्रकृति को ढलने के लिए विवश कर उसे क्यों अधिकाधिक दुखी बनाते चले जा रहे हो? 'लिखत सुधाकर गा लिख राहू'[2] की भूल क्यों दुहरा रहे हो! मनुष्य की आवश्यकताएँ और प्रौद्योगिकी (सुपर टेक्नोलॉजी) की आवश्यकताएँ परस्पर विरोधी भी हो सकती हैं—असमाधेय होने की सीमा तक, यह तुम क्यों नहीं समझ पाते? तुम हम पर आरोप लगाते हो न कि हम लोगों ने परलोक की चिंता के कारण इहलोक की और अतीत-भक्ति के कारण वर्तमान की उपेक्षा की थी, अब तुम लोग अंतरिक्ष-विजय की आतुरता में धरती की और स्वर्णिम भविष्य की रम्य कल्पना के मोह में वर्तमान की उपेक्षा क्यों कर रहे हो? जिन्होंने ईश्वर को मानने से इंकार किया

---

1. देखिए श्री ई० जे० मिशान लिखित पुस्तक 'टेक्नालॉजी एंड ग्रोथ, द प्राइस वी पे'
2. मानस 2/55/2।

उन्होंने क्या अपनी पूजा-भावना को भी समाप्त कर दिया? ऐसा नहीं हुआ, ईश्वर के स्थान पर मानव, राष्ट्र, विचारधारा, नेता आदि को पूज्य मानकर उन्होंने व्यावहारिक जीवन-दर्शन गढ़े। क्या उनके परिणाम शुभ रहे? क्या बाहरी हजार परिवर्तनों के बावजूद मूलभूत मानवीय प्रकृति भीतर से करीब-करीब अपरिवर्तित ही नहीं है, और क्या 'अमृतत्व' की उसकी तलाश को खारिज कर उसकी पूर्णता का विधान किया जा सकता है?

ये प्रश्न आधुनिकता के प्रबल समर्थकों को भी सोचने के लिए विवश कर देंगे। पर तुलसीदास से हमारा संबंध केवल विश्वचिंतन या मानवीय भावबोध के स्तर का नहीं है। हमारा जातीय मानस जिन तत्त्वों से गठित हुआ है, उनके वे अपूर्व ज्ञाता हैं। हमारे जातीय मानस के विविध स्तरों और कहीं-कहीं परस्पर विरोधी दिशाओं के जानेवाले उसके भावों को उन्होंने भलीभाँति समझ कर उनका समाहार अपने साहित्य में—मुख्यत: रामचरितमानस में किया है। इसीलिए मानस इतना लोकप्रिय और सम्मान्य हो सका है। यह सच है कि इन चार सौ वर्षों में हमारे जातीय मानस की जटिलता और बढ़ी है, उस पर नयी पर्तें और चढ़ी हैं। फिर भी हिन्दी में अब भी तुलसी का ही कृतित्व ऐसा है, जिसके द्वारा भारत के जातीय मानस की मौलिक संरचना को समझा जा सकता है और उसके बहुत बड़े अंश को तृप्त किया जा सकता है। अत: तुलसीदास आज भी हम लोगों के लिए अपरिहार्य हैं। आज भी उनका आदर्श एक बड़ी सीमा तक हम लोगों के लिए दिशा-निर्देशक है।

पश्चिमी विचारकों की तेज-तर्रार युक्तियों तथा आधुनिक कवियों के विलक्षण शिल्प से प्रभावित बहुत से फैशनपरस्त आधुनिक भारतीयों को भी तुलसी की शैली, शब्दावली, विचार-पद्धति अनाकर्षक लग सकती है, किन्तु संग्रह-त्याग क्या बाह्य कलेवर के आधार पर ही किया जा सकता है? यह सवाल मेरा नहीं तुलसीदास का है :

मनि भाजन मधु, पारई पूरन अमी निहारि।
का छाँड़िय, का संग्रहिय, कहहु बिबेक बिचारि।[1]

मणि के पात्र में शराब हो और मिट्टी की परई में अमृत, तो क्या अमृत का त्याग कर, पात्र की चमक-दमक से प्रलुब्ध होकर शराब को स्वीकार कर लेना विवेक का सूचक होगा? सर्जनात्मकता का सच्चा प्रमाण तो मणि-पात्र में अमृत की प्राप्ति द्वारा ही दिया जा सकेगा। क्या हम ऐसा प्रमाण देने की चुनौती स्वीकारने की हिम्मत रखते हैं?

■

1. दोहावली 351।

तुलसीदास के राम

राम तो एक ही हैं और वे सबके हैं, फिर तुलसी के राम का क्या मतलब? बात यह है कि राम तत्त्वत: तो एक ही हैं किंतु सबके होते समय वे हर एक की भावना के अनुरूप ही उसके होते हैं। जैसे एक ही दीपशिखा अलग-अलग रंग के शीशों के द्वारा देखी जाने पर अलग-अलग रंग की दिखाई पड़ती है वैसे ही एक राम अपने भक्तों के परितोष के लिए उनके भावानुरूप उनके अंत:करणों में अनंत रूपों में प्रकट होते हैं। ये भक्त अपनी-अपनी दृष्टि, भावना और क्षमता के अनुरूप उनका गुणगान करते हैं। तुलसी ने इस मान्यता को सिद्धांत और व्यवहार दोनों स्तरों पर स्वीकार किया है। उन्होंने एक ओर 'जथा अनंत राम भगवाना, तथा कथा कीरति गुन गाना'[1] कहा है तो दूसरी ओर धनुष यज्ञ में पधारने पर श्रीराम को भिन्न-भिन्न व्यक्तियों ने किस प्रकार भिन्न-भिन्न रूपों में देखा, इसका सरस वर्णन भी किया है 'जिन्ह कें रही भावना जैसी, प्रभु मूरति तिन्ह देखी तैसी'[2] का व्यावहारिक उदाहरण भी प्रस्तुत किया है। तो तुलसी के राम का अर्थ हुआ तुलसी की भावना के अनुसार तुलसी-साहित्य में चित्रित राम।

यह स्मरणीय है कि बिलकुल नये चरित्र की अवतारणा करने की तुलना में बहुमान्य पुराने चरित्र को नया संस्कार दे पाना बहुत कठिन कार्य है जो बहुत बड़ी प्रतिभा द्वारा ही संभव है। तुलसी राम का रूप अंकित करने में सर्वथा स्वतंत्र नहीं थे। एक तरफ उन्हें श्री वाल्मीकि रामायण से राम का पुरुषोत्तम रूप प्राप्त हुआ था जो समस्त मानवोचित गुणों से युक्त था। वाल्मीकि के राम गांभीर्य में समुद्र, धैर्य में हिमालय, वीर्य में विष्णु, प्रियता में चंद्रमा, क्रोध में कालाग्नि, क्षमा में पृथ्वी, त्याग में कुबेर एवं सत्य में द्वितीय धर्म के सदृश थे।[3] दूसरी तरफ अध्यात्म रामायण से उन्हें ब्रह्म राम की धारणा मिली थी, जिसका मानवीय रूप बहुत मर्मस्पर्शी न था। पौराणिक परंपरा दशरथ-सुत राम को विष्णु का अवतार मानती थी। कबीर आदि भक्त सगुण साकार दशरथ-सुत राम को ब्रह्म या विष्णु का अवतार मानने से इन्कार करते थे। 'दशरथ सुत तिहुँ लोक बखाना, राम नाम का मरम है आना' कहकर वे राम को तत्त्वत: निर्गुण निराकार और व्यवहारत: सगुण निराकार मानकर उनकी

---

1. मानस 1/114/4
2. वही 1/241/4
3. वा॰ रा॰ 1/1/17-18।

भक्ति का उपदेश देते थे। तुलसी परंपरा को अक्षुण्ण रखते हुए ही उसका समयानुकूल विकास करना चाहते थे अत: उन्होंने लोक विश्वास को विचलित करनेवाली कबीर की स्थापना का प्रबल विरोध कर पुनः प्रतिपादित किया 'सोइ दसरथ सुत भगत हित कोसलपति भगवान'।[1] राम को ब्रह्म मानकर तुलसी ने राम संबंधी पूर्ववर्ती धारणाओं एवं कथाओं को इस प्रकार समेट लिया है कि सहसा यह प्रतीत ही नहीं होता कि इस प्रक्रिया में उन्होंने राम के रूप को स्थान-स्थान पर अपना मौलिक सर्जनात्मक स्पर्श देकर उसे पहले से बहुत बदल दिया है, कहीं अधिक उदात्त, करुण, कोमल और मानवीय बना दिया है।

परिवर्तन रूप में ही होता है, स्वरूप में नहीं। बहुरूपिया अपना रूप ही बदलता है, स्वरूप नहीं बदलता, चाहे तो भी नहीं बदल सकता। रूप बदलते रहने पर भी 'स्वत्व' बना रहता है किन्तु यदि किसी तरह किसी का स्वरूप बदल जाये तो 'वह' वह नहीं रहता, कुछ और हो जाता है। तुलसीदास ने श्रीराम का स्वरूप तो 'औपनिषदिक ब्रह्म' का ही स्वीकारा है किन्तु उनके रूप में वैविध्य की गुंजाइश भी रहने दी है ताकि भिन्न-भिन्न रुचियों की परितृप्ति हो सके। श्रीराम के स्वरूप की ओर संकेत करते हुए तुलसी ने लिखा है, 'राम स्वरूप तुम्हार, बचन अगोचर बुद्धि पर। अविगत, अकथ, अपार नेति, नेति, नित निगम कह।'[2] जो वाणी और बुद्धि से परे है, जिसको न जाना जा सकता है, न बखाना जा सकता है, वेद भी जिसे नेति, नेति (वह ऐसा नहीं है, ऐसा नहीं है) के द्वारा व्यंजित करते हैं, उसमें कोई परिवर्तन भी नहीं किया जा सकता। ब्रह्म के विधिमुख स्वरूप-लक्षण को भी तुलसी ने राम पर घटाया है, 'राम सच्चिदानंद दिनेसा, नहि तहँ मोह-निसा लवलेसा', 'राम ब्रह्म व्यापक जग जाना, परमानन्द परेस पुराना।'[3] राम और ब्रह्म में अभेद बताते हुए भी वे शुष्क वेदांतियों की तरह राम (ब्रह्म) को निष्क्रिय निरपेक्ष नहीं मानते, न यही मानते हैं कि उनका सगुण साकार रूप मायाविशिष्ट अतएव तात्त्विक दृष्टि से मिथ्या है। उनके लिए यह कल्पना असह्य है कि प्राणियों के दुःख, कष्ट, शोक आदि से राम अप्रभावित रह सकते हैं। उनकी तो मान्यता है, 'ऐसे राम दीन हितकारी, अति कोमल, करुणानिधान, बिनु कारन पर उपकारी।'[4] जब वे देखते हैं, 'व्यापकु एकु ब्रह्म अविनासी, सत चेतन घन आनंद रासी। अस प्रभु हृदय अछत अबिकारी, सकल जीव जग दीन दुखारी।'[5] तो वे कह उठते हैं, 'अंतर्जामिहु ते बड़ बाहरजामि हैं राम, जे नाम लिये ते। धावत धेनु पन्हाइ लवाइ ज्यों बालक बोलनि कान किये

1. मानस 1/118
2. वही 2/126
3. मानस 1/116/5,8
4. वि० प० 166/1-2
5. मानस 1/23/6-7।

तें।'[1] अर्थात् अंतर्यामी राम से भी बड़े 'बाहरजामी' राम हैं, जो नाम लेने पर उसी तरह संकट हरने के लिए दौड़े आते हैं जिस तरह बछड़े की पुकार सुनने पर हाल की ब्याइ गाय थन में दूध उतारती हुई दौड़ी आती है। भक्ति के इस आवेश में भी वे इतने सावधान हैं कि तात्त्विक दृष्टि से निर्गुण निराकार और सगुण साकार में कोई अंतर नहीं मानते। सगुण-निर्गुण की अभिन्नता को समझाते हुए उन्होंने कहा है, 'अगुन, अरूप, अलख, अज जोई, भगत प्रेम बस सगुन सो होई। जो गुन रहित सगुन सोइ कैसे, जलु हिम उपल बिलग नहिं जैसे।'[2] जिस प्रकार जल और बर्फ में कोई तात्त्विक अंतर नहीं है उसी प्रकार भक्तों के प्रेमवश निर्गुण निराकार ही सगुण साकार बन जाता है, उन दोनों में भेद कहाँ। 'निज इच्छा निर्मित तनु माया गुन गोपार'[3] तथा 'चिदानंदमय देह तुम्हारी, बिगत बिकार जान अधिकारी।'[4] कहकर तुलसी ने उपनिषद् और तंत्र को मिला दिया है एवं राम के साकार रूप को मायाविशिष्ट नहीं माना है। अर्थात् राम के निर्गुण और सगुण दोनों रूपों को तात्त्विक दृष्टि से सत्य बताया है। इस प्रकार तुलसी के राम ज्ञानियों के ब्रह्म और भक्तों के भगवान् के अद्भुत समन्वय हैं जो निशाचरों-अन्यायियों को नष्ट कर दीनों का दुःख हरने के लिए भक्तों को सुख देने के लिए मानव रूप धारण करते हैं।

तुलसी की मौलिकता उनकी इसी समन्वित दृष्टि में है। 'नानापुराण निगमागमसम्मत' राम कथा लिखते समय उनकी मौलिकता उस मकड़ी की तरह नहीं हो सकती थी जो अपने ही पेट से जाला निकालती है। वह उस मधुकर की मौलिकता की तरह है जो विविध पुष्पों से संचित किये गये रस को मधु में बदल देता है। श्रीराम के चरित्रांकन के संदर्भ में उनकी मौलिकता उनके चरित्र की विशिष्ट रेखाओं को उभारने में, कुछ खास पहलुओं पर बल देने में है। श्रीराम के गुणों का गान हजारों वर्षों से कविगण करते चले आ रहे थे। उनके बल, वीर्य, पराक्रम, प्रताप सौंदर्य, ज्ञान, ऐश्वर्य, बुद्धि, धृति, धर्मज्ञता, सत्यनिष्ठा, नीतिमत्ता, प्रतिभा आदि सद्गुणों की प्रशंसा करते हुए ही नारद जी ने वाल्मीकि को उनके चरित्र का अवलंबन कर आदि काव्य लिखने की प्रेरणा दी थी। ऐसे 'सर्वगुणोपेत' चरित्र में तुलसी ने वह विशेषता जोड़ी या यों कहिए कि उस विशेषता को सर्वप्रमुखता दी जिसकी व्याप्ति इन सभी गुणों में है, जिसके कारण ये गुण और चमक उठे, और गमक उठे। तुलसी ने अपने से पूछा, क्या ये गुण साधारण दीन-हीन जनों को सहज ही आकृष्ट करने में, आश्वस्त करने में समर्थ हैं? और उन्हें लगा कि ये गुण श्रीराम के प्रभाव को महिमामंडित तो करते हैं किन्तु उन्हें साधारण जनों की पहुँच के बाहर

1. कविता० 7/129/1-2
2. मानस 1/116/2-3
3. वही 1/192
4. वही 2/127/5।

भी रखते हैं। किस गरीब की हिम्मत है कि वह रावण-विजेता, महाप्रतापी, चक्रवर्ती श्रीराम के निकट जा सके, अपने मन की बात उनसे कह सके। फिर राम धराधाम पर आये ही क्यों? वे तो दीनों-दुखियों के लिए, निर्बलों, गरीबों के लिए, पापियों, पतितों के लिए ही आये थे। यदि वे ही उनके रोबदाब से आतंकित होकर दूर रह गये और श्रीराम तक केवल ऋषियों, मुनियों, ज्ञानियों, धर्मात्माओं, सबलों, श्रीमंतों, सभासदों, सामंतों की ही पैठ हो सकी तो उनके अवतार का उद्देश्य ही विफल हो जायेगा। तुलसी स्वयं पीड़ित थे और उनका देश, उनका समाज भी पीड़ित था। तुलसी का दैन्य केवल वैयक्तिक भाव मात्र नहीं था उसमें सामाजिक व्यथा भी समायी हुई थी। जो 'दीन, सब अंगहीन, छीन, मलीन, अघी अघाइ' थे, वे कैसे भरोसा पायें, कैसे ग्लानिमुक्त हों, कैसे जीवन को चरितार्थ करें, यही तुलसी की प्रधान समस्या थी। दीन-हीन, पतित, शंकित समाज के प्रतिनिधि के रूप में तुलसी की उक्ति है—

जो करनी आपनी बिचारौं तौ कि सरन हौं आवौं।
मृदुल सुभाव सील रघुपति को, सो बल मनहिं दिखावौं॥[1]

श्रीराम के मृदुल स्वभाव और शील को सर्वोपरि महत्त्व देना ही तुलसी की वह अपूर्वता है जिसके चलते तुलसी के राम पूर्ववर्ती कवियों के द्वारा अंकित राम से भिन्न हो गये हैं। अपने मृदुल स्वभाव के कारण श्रीराम दुखियों के दुःख दूर करने के लिए करुणा-कातर हो उठते हैं, शरण में आने पर पापी-से-पापी व्यक्ति को अपना बना लेते हैं, अमीरों की उपेक्षा कर गरीबों पर कृपा करते हैं। प्रभु का यह रूप उन सबको आशान्वित करता है, जीने का और आत्म-विकास का आधार देता है, जो जमाने से पिटकर या अपनी गलतियों, भूलों से घबराकर निराश हो बैठे हैं। तुलसी को राम का बड़प्पन धनुर्भंग, लंकाविजय या चक्रवर्तित्व में उतना नहीं दिखता, जितना उनके इस रूप में दिखता है। तभी उल्लसित स्वरों में उन्होंने कहा है, 'रघुबर रावरि यहै बड़ाई, निदरि गनी, आदर गरीब पर करत कृपा अधिकाई।'[2] उनकी महत्ता इसमें है कि वे अहल्या, केवट, शबरी आदि पर स्वयं जाकर भरपूर कृपा करते हैं और फिर भी उसे कम मानने के कारण संकुचित होते रहते हैं। अहल्या को शापमुक्त कर सद्गति देने का गौरवबोध तुलसी के राम नहीं करते, इसी का पश्चात्ताप करते रहते हैं कि ऋषिपत्नी को चरण से छूने की विवशता थी, 'सिला साप-संताप बिगत भई परसत पावन पाँउ, दई सुगति सो न हेरि हरष हिय चरन छुए पछिताउ'[3] कैसा शील स्वभाव था प्रभु राम का कि ब्रह्म की तुलना में केवट-मीत और बानर-बंधु कहे जाने पर वे अधिक हर्षित होते थे, 'सहज सरूप कथा

1. वि० प० 142/18-20
2. वही 165/1-2
3. वही 100/7-8।

मुनि बरनत रहत सकुचि सिर नाई, केवट-मीत कहे सुख मानत, बानर-बंधु बड़ाई!'[1] बड़ों का बड़प्पन बड़ों से व्यवहार करने में नहीं झलकता, छोटों से अपनापन निभाने में निखरता है। 'तुलसी के श्रीराम' बिधि हरि संभु नचावनि हारे' हैं, वाल्मीकि उनकी वंदना करते हुए कहते हैं, 'तेउ न जानहिं मरम तुम्हारा, और तुमहिं को जाननिहारा'[2] किन्तु 'मागी नाव न केवटु आना, कहइ तुम्हार मरमु मैं जाना'[3] की प्रेमलपेटी अटपटी ढिठाई पर रीझनेवाले भी हैं। तभी तुलसी मुदित होकर कहते हैं, 'ठाकुर अतिहि बड़ो, सील सरल सुठि। ध्यान अगम सिवहू भेंट्यो केवट उठि॥'[4] और शबरी के प्रसंग में तो तुलसी ने हद कर दी है। राम के सिवाय कौन है इस दुनिया में जो सचमुच दाता है। दानव हो या देव, अहीश हो या महीश या कोई और ही क्यों न हो, श्रीराम ही सबकी बाजी रखते हैं, सबके माध्यम से देकर उन्हें दानी बनाते हैं किन्तु इतने बड़े होने पर भी शबरी के बेर बिना खाये उनकी भूख नहीं मिटती। तुलसी की पंक्तियाँ हैं—

> **दानव, देव, अहीस, महीस, महामुनि तापस सिद्ध समाजी।**
> **जग जाचक दानि दुतीय नहीं तुम ही सब की सब राखत बाजी।**
> **एते बड़े तुलसीस तऊ सबरी के दिये बिनु भूख न भाजी।**
> **राम गरीबनेवाज! भये हौ गरीबनेवाज, गरीबनेवाजी॥**[5]

केवल इतना ही नहीं, उसके बाद श्रीराम की पहुनाई कहाँ-कहाँ नहीं हुई, माता कौशल्या ने भी उन्हें खिलाया, सास जी सुनयना ने भी उन्हें जिमाया, गुरुपत्नी अरुंधती ने भी भोजन कराया, इष्टमित्रों, प्रिय स्वजनों की तो बात ही जाने दीजिए, किन्तु तुलसी के श्रीराम को लगा कि जो स्वाद शबरी के बेरों में था, वह और कहीं नहीं मिला, 'घर, गुरुगृह, प्रिय सदन, सासुरे भइ जब जहँ पहुनाई, तब तहँ कहि सबरी के फलन की रुचि माधुरी न पाई।'[6] राम के शील के भरोसे ही तुलसी ने डरे हुओं, टूटे हुओं को अभय का मंत्र देते हुए कहा था, 'तुलसिदास परिहरि प्रपंच सब नाउ राम पद कमल माथ; जनि डरपहि तो से अनेक खल अपनाये जानकीनाथ!'[7] पतन का कोई गर्त इतना गहरा नहीं हो सकता जहाँ राम की करुणा न पहुँचती हो, कोई पाप इतना बड़ा नहीं हो सकता जो राम की कृपा से धुल न सकता हो, अतः मत डरो, अपने समस्त प्रपंचों को छोड़कर शरणागतवत्सल राम की ओट गहो...वे तुम्हारे

---

1. वि० प० 100/9-10
2. मानस 2/127/2-3
3. वही 2/100/3
4. वि० प० 135/4/1-2
5. कविता० 7/95
6. वि० प० 164/7-8
7. वही 84/7-8।

जैसे अनेकों पापियों को अपना चुके हैं। सच तो यह है कि गरीबों से नाता जोड़नेवाले, ठुकराये हुओं को अपनानेवाले, पतितों को पावन करनेवाले राम को जिस प्रकार तुलसी ने उजागर किया है, उस प्रकार उनके पहले या बाद किसी दूसरे ने नहीं किया। अत: स्वाभाविक ही है कि जनता के इस सबसे बड़े भाग के मर्म को जितना तुलसी ने छुआ, उतना और और कोई नहीं छू सका।

भक्त की दृष्टि से ही नहीं, कवि की दृष्टि से भी विचार करने पर यह लगेगा कि शील पर बल देने के कारण घटनाओं को बिना बदले तुलसी ने श्रीराम के चरित्र की रंगत को किस खूबी के साथ बदल दिया है। वाल्मीकि रामायण के दो-तीन प्रसंगों से तुलसी द्वारा चित्रित उन्हीं प्रसंगों की तुलना करने पर यह बात साफ हो जायेगी। वाल्मीकि के राम पिता की आज्ञा का पालन कर वन तो जाते हैं किन्तु उनके मन में कैकेयी के प्रति क्षोभ और संदेह जागे बिना नहीं रहता। वे लक्ष्मण से कह उठते हैं, 'क्षुद्रकर्मा हि कैकेयी द्वेषादन्यायमाचरेत्॥ परदद्याद्धि धर्मज्ञ गरं ते मम मातरम्।'[1] अर्थात् यह क्षुद्रकर्मा कैकेयी द्वेष के कारण और भी अन्याय कर सकती है, हे धर्मज्ञ लक्ष्मण तुम्हारी और मेरी माता को विष तक दे सकती है। यह ठीक है कि इतने बड़े विपर्यय के कारण महापुरुषों का विक्षुब्ध हो उठना भी अस्वाभाविक नहीं कहा जा सकता किन्तु यह भी ठीक है कि ऐसे वचनों से शील की हानि तो होती ही है। तुलसी के राम इस विपर्यय को 'अति लघु बात' मानते हैं और सहज भाव से कैकेयी से कहते हैं, 'सुनु जननी सोइ सुत बड़भागी, जो पितुमातु बचन अनुरागी'[2] वन जाते समय ही नहीं, चित्रकूट में भी और अयोध्या लौटकर भी राम का कैकेयी के प्रति अन्यथा भाव नहीं होता। यह सोचकर कि कैकेयी अम्बा अपने आचरण के कारण लज्जित और संकुचित न हों, चित्रकूट में श्रीराम उनसे सर्वप्रथम मिलते हैं और उन्हें आश्वस्त करते हुए काल, कर्म और विधाता को दोषी ठहराते हैं, 'प्रथम राम भेंटी कैकेई, सरल सुभाय भगति मति भेई।', 'पग परि कीन्ह प्रबोध बहोरी। काल, करम बिधि सिर धरि खोरी।'[3] इसी तरह अयोध्या लौटने पर 'प्रभु जानी कैकेयी लजानी। प्रथम तासु गृह गए भवानी।', 'ताहि प्रबोधि बहुत सुख दीन्हा। पुनि निज भवन गवन हरि कीन्हा।'[4] वाल्मीकि ने भी चित्रकूट में कैकेयी के प्रति राम का औदार्य दिखाया है किन्तु तुलसी के राम के शील के साथ उसकी कोई बराबरी नहीं। तुलसी ने तो यहाँ तक लिख दिया, 'कैकेयी जौ लों जियति रही...मानी राम अधिक जननी ते जननिहु गँस न गही।'[5] इसका अर्थ यही है कि

1. वा० रा० 2/54/18
2. मानस 2/41/7
3. वही 2/244/7-8
4. वही 7/10/1-2
5. गीतावली 7/37।

तुलसी के राम किसी के भूल करने पर दण्ड नहीं, भूल सुधारने का अवसर देते थे और सुधर जाने पर उसे भूल के लिए लज्जित भी नहीं करते थे।

इसी तरह वाल्मीकि ने चित्रकूट में पिता की आज्ञा के पालन में श्रीराम की दृढ़ता ही विशेष रूप से दिखाई है। राज्य-स्वीकार के लिए भरत के बार-बार आग्रह करने पर भी वाल्मीकि के राम दो टूक यही उत्तर देते हैं कि पिता के सत्य के पालन के लिए मैं 14 वर्ष वनवास करूँ और तुम राज्य भोगो, यही हम लोगों का कर्तव्य है।[1] अभीष्ट तुलसी के राम को भी यही है किन्तु वे भरत के स्नेह की अवमानना भी नहीं कर सकते। उनके शील की सबसे कठिन परीक्षा चित्रकूट में ही हुई है। 'बड़ो नेम ते प्रेम' माननेवाले तुलसी ने साहस और सहृदयता का प्रमाण देते हुए यहाँ भी शुष्क नियम से शील को बड़ा दिखाया है। पिता के आदेश पालन के नियम को भरत के प्रेम पर निछावर करते हुए तुलसी के राम की मार्मिक उक्ति है, 'तात तुम्हहि मैं जानउँ नीके। करौं काह असमंजस जी के॥ राखेउ रायँ सत्य मोहि त्यागी। तनु परिहरेउ पेम पन लागी॥ तासु बचन मेटत मन सोचू। तेहि तें अधिक तुम्हार सँकोचू॥ ता पर गुर मोहि आयसु दीन्हा। अवसि जो कहहु चहउँ सोइ कीन्हा॥ मन प्रसन्न करि सकुच तजि कहहु करौं सोइ आजु। सत्यसंध रघुबर बचन, सुनि भा सुखी समाजु॥'[2] अपने मन के असमंजस को प्रकट करते हुए भरत को निर्णय का पूरा अधिकार दे देना, भरत के प्रति कितना गहरा विश्वास एवं अपना प्रेमपारतंत्र्य अभिव्यक्त करना है, इसे सहृदय ही समझ सकते हैं। मानस के चित्रकूट प्रसंग के कारण श्रीराम और भरत के चरित्र की दीप्ति न जाने कितनी बढ़ गयी है। परिणाम एक जैसा होते हुए भी मानस का चित्रकूट प्रसंग कहीं अधिक मानवीयता और मनोवैज्ञानिक गहराई लिये हुए है।

लंका विजय के बाद वाल्मीकि के राम सीता के साथ जिस प्रकार परुष भाषण करते हैं, उस प्रकार तो तुलसी के राम रावण के साथ भी नहीं करते। विश्वास ही नहीं होता कि श्रीराम सीता से कह सके थे कि 'मैंने मित्रों के बल की सहायता से रण में जो दारुण पराक्रम किया था, वह तुम्हारे लिए नहीं अपने अपवाद को दूर करने के लिए, अपने प्रसिद्ध वंश की मर्यादा की रक्षा के लिए किया था। तुम्हारे चरित्र पर संदेह होने के कारण तुम्हें देखकर तो मुझे नेत्ररोगी को दीपशिखा देखने के समान ही कष्ट हो रहा है। अतएव मेरी आज्ञा है कि दसों दिशाओं में तुम जहाँ जाना चाहो, चली जाओ, मुझे तुमसे अब कोई प्रयोजन नहीं! तुम जिस किसी दूसरे को चाहो, स्वीकार कर लो।'[3] आदि-आदि।

---

1. वा० रा० 2/107/7-9
2. मानस 2/264/5-8
3. वा० रा० 6/115/15-24।

तुलसी न तो परंपरागत रामकथा से सीता की अग्नि परीक्षा को बाद दे सकते थे, न श्रीराम से सीता के लिए इस प्रकार के कठोर वाक्य कहला सकते थे। अतः उन्होंने कल्पना की कि राक्षसों के वध में प्रवृत्त होने के पूर्व श्रीराम ने सीता जी से कहा था,'तुम्ह पावक महुँ करहु निवासा, जौ लगि करौं निसाचर नासा।' तदनुकूल 'प्रभु पद धरि हिय अनल समानी।' 'निज प्रतिबिंब राखि तहँ सीता, तैसइ सील रूप सुबिनीता।'[1] लंकाविजय के बाद प्रभु के परुष भाषण के साथ इस प्रसंग को जोड़ते हुए तुलसी ने इतना ही लिखा, 'सीता प्रथम अनल महुँ राखी, प्रगट कीन्हि चह अंतर साखी॥ तेहि कारन करुनानिधि कहे कछुक दुर्वाद।'...[2] वाल्मीकि के राम के कठोर वाग्बाणों को तुलसी ने 'कछुक दुर्वाद' में ही समेट लिया है और उसके लिए भी एक युक्ति दी है, जो भले ही आज के विचारकों को अतिप्राकृत लगे, किन्तु उससे राम की शील-हानि का यथासंभव परिहार करने का प्रयास उन्होंने किया है।

अपने प्रभु के शील की महिमा को एक अन्य कठिन परिस्थिति में भी तुलसी ने दिखाया है। मेघनाद से युद्ध करते समय जब 'लखनलाल' घायल होकर गिरे तो राम बिलख उठे, उनके हृदय की आशा शिथिल हो गयी। लक्ष्मण के न बचने पर अपना शरीर भी छोड़ देने का निश्चय कर लेने पर जो विचार उन्हें सबसे ज्यादा व्यथित कर रहा था, वह निरवलंब कौशल्या अम्बा के प्रति मोह या भगवती सीता के प्रति 'छोह' नहीं था। वे यही सोच-सोचकर दुःखी हो रहे थे कि मैं शरणागत विभीषण की कोई व्यवस्था नहीं कर सका, 'माई को न मोह, छोह सीय को न, तुलसीस कहैं मैं विभीषण की कछु न सबील की। लाज बाँह बोले की, नेवाजे की सँभार सार साहेब न राम से, बलैया लेउँ सील की।'[3]

मेरा विश्वास है कि अग्निपरीक्षा के बाद भी लोकापवाद के भय से सीता का परित्याग तुलसीदास को राम के शील के विरुद्ध लगा होगा। अतः उन्होंने मानस में उसे बाद ही दे दिया। इसी तरह शूद्र होने के कारण शम्बूक तपस्या नहीं कर सकता और करने पर श्रीराम को उसका सिर ही काटना पड़ेगा, यह बात भी तुलसी के गले के नीचे नहीं उतरी होगी। उनके राम तो केवल ऊँची जातिवालों के नहीं थे, वे तो सबके थे...उनका तो बाना था, 'भगतिवंत अति नीचउ प्रानी, मोहि प्रानप्रिय असि मम बानी'[4] फिर वे तपस्यारत शूद्र का वध क्यों करने लगे? मानस में शम्बूक-बध को भी इसीलिए स्थान नहीं मिला।

---

1. मानस 3/24/1-4
2. वही 6/108
3. कविता० 6/52
4. मानस 7/86/10।

श्रीराम के निरूपण में तुलसी की दूसरी बड़ी विशेषता मैं यह मानता हूँ कि उन्होंने राम के सगुण साकार दशरथनंदन रूप के प्रति अपनी प्रबल आस्था व्यक्त करते हुए भी उनके अन्य रूपों का निषेध नहीं किया। भक्त अपनी श्रद्धा के अनुसार उनके निर्गुण निराकार रूप को या उनके अन्य किसी रूप को भी भज सकता है। मानस में भी मंदोदरी ने रावण को समझाते समय 'बिस्व रूप रघुबंसमनि करहु बचन बिस्वासु' कहकर श्रीराम के विश्वरूप का बड़ा प्रभावोत्पादक वर्णन किया है।[1] तुलसीदास यह भी नहीं मानते थे कि केवल मूर्तिपूजा के द्वारा ही रामभक्ति हो सकती है। उन्होंने श्रीराम से हनुमान को उपदेश दिलाते हुए कहलाया है कि मेरा अनन्य सेवक वही है जिसकी ऐसी बुद्धि कभी नहीं डिगती कि मैं सेवक हूँ और यह चराचर जगत् मेरे स्वामी का व्यक्त रूप है। 'सो अनन्य जाकें असि मति न टरइ हनुमंत। मैं सेवक सचराचर रूप स्वामि भगवंत।'[2] इसी तरह तुलसीदास सेवक-सेव्यभाव पर बल देते थे किन्तु यह भी मानते थे कि राम से बहुत से रूपों में जुड़ा जा सकता है। राम किसी को किसी नाते अपना लें, या कोई किसी भी नाते से राम का हो जाय, मंगल ही मंगल है। 'ब्रह्म तू हौं जीव, तू ठाकुर हौं चेरो। तात, मात गुरुसखा तू सब बिधिहितु मेरो॥ तोहि मोहि नाते अनेक मानिये जो भावै। ज्यों-त्यों तुलसी कृपालु, चरन सरन पावै।'[3] अपने इष्ट रूप और भाव के प्रति सुदृढ़ विश्वास के बावजूद अन्यों को अपनी प्रकृति के अनुरूप राम को भजने की खुली छूट देना, तुलसी को असांप्रदायिक बनाता है जो मध्ययुग की सांप्रदायिक संकीर्णता में बहुत विलक्षण बात है।

अपने मलिन मानस मुकुर में पड़नेवाले तुलसी के राम के धुँधले प्रतिबिंब को दृष्टिमंदता के कारण अब तक मैं स्वयं ठीक-ठीक नहीं देख पाया हूँ। तुलसी ने यह पंक्ति मेरे जैसों के लिए ही लिखी थी, 'मुकुर मलिन अरु नयन-बिहीना, देखहि राम रूप किमि दीना।[4] तो दूसरों के निकट उसे कैसे स्पष्ट कर सकता हूँ। फिर भी 'निजगिरा पावनकरन कारन' किये गये इस प्रयास के पीछे प्रेरणा यही रही है कि तुलसी के 'निरूपम न उपमा आन राम समान रामु' की कुछ झलक जनसामान्य को दिखा सकूँ।

■

1. मानस 6/15
2. वही 4/3
3. विनयपत्रिका 79/5-8
4. मानस 1/115/4।

राम का नाम ही नहीं, राम का काम भी

'परशुराम की प्रतीक्षा' में दिनकर ने भारतीय जनता की भक्तिजनित अकर्मण्यता पर क्षोभ प्रकट करते हुए कहा है, 'दो उन्हें राम तो मात्र नाम वे लेंगी'।[1] वास्तव में यह क्षोभ बहुत पुराना है। भक्ति का आवरण डाल कर तमोगुणी आलस्य बहुत बार सत्त्वगुणी स्थैर्य के रूप में अपने को प्रचारित करता है और इस प्रकार धर्मग्लानि को मिटाने के स्थान पर बढ़ाता है। विष्णुपुराणकार ने इसी मनोवृत्ति की भर्त्सना करते हुए कहा था—

अपहाय निजं कर्म, कृष्णकृष्णेतिवादिनः।
ते हरेर्द्वेषिणः पापाः धर्मार्थंजन्म यद्धरेः॥[2]

अर्थात् अपने कर्म को त्याग कर केवल कृष्ण-कृष्ण रटनेवाले तो हरि के द्वेषी और पापी हैं क्योंकि हरि का जन्म ही धर्म (की स्थापना) के लिए होता है। सामाजिक कर्तव्य को भक्ति के साथ जोड़नेवाली यह परंपरा मध्यकाल में बहुत दुर्बल हो गयी थी। कुछ दूर तक इसके लिए सामयिक परिस्थितियाँ भी उत्तरदायी थीं पर ऐसा लगता है कि संसार-विमुख होकर वैयक्तिक भाव-साधना में निरत रहने की विधि पर आचार्यों द्वारा अधिक जोर दिये जाने के फलस्वरूप भी सामाजिक कर्तव्यों के प्रति अवहेलना बुद्धि दृढ़ हुई थी। 'हरेर्नाम, हरेर्नाम, हरेर्नामैव केवलम्, कलौ नास्त्येव, नास्त्येव, नास्त्येव गतिरन्यथा'[3] अर्थात् कलियुग में हरिनाम को छोड़कर और कोई दूसरी गति है ही नहीं, मध्य युग में यह प्रायः सर्वमान्य सिद्धांत बन गया था। भक्ति को कर्म, ज्ञान और योग से श्रेष्ठ मानने के कारण[4] बहुत से भावुक भक्त उनका तिरस्कार करने लगे थे। इस एकांगदर्शिता से सामाजिक समग्रता को क्षति पहुँच रही थी। इसी पृष्ठभूमि में तुलसी का उदय हुआ था।

तुलसी ने इस परिस्थिति को पहचाना था। राम का नाम उनका भी सबसे बड़ा संबल था किंतु वे राम के काम को भी नहीं भूले थे। मध्यकालीन भक्तों में उनके सदृश बहुत कम विचारक थे जिन्होंने राम के नाम और काम दोनों पर जोर दिया हो। इसका सर्वप्रधान कारण उनका यह विश्वास था कि 'सेवक सेव्य भाव बिनु भव न

---

1. परशुराम की प्रतीक्षा (प्र० सं०), पृ० 24
2. लो० तिलक कृत गीता रहस्य के दशम मुद्रण के पृ० 525 पर उद्धृत
3. देवर्षि नारद द्वारा कथित एवं चैतन्य महाप्रभु द्वारा प्रचारित
4. सातुकर्मज्ञानयोगेभ्योऽप्यधिकतरा। —नारदीय भक्ति-सूत्र, सं० 25।

तरिअ उरगारि'[1] जहाँ ज्ञान, योग एवं शांत भाव की साधनाओं में निर्वैयक्तिकता पर बल दिया जाता है वहीं सख्य, वात्सल्य एवं माधुर्य भाव की साधनाएँ बहुत अधिक वैयक्तिक हैं। इन दोनों स्थितियों में जगत् को प्रायः विस्मृत कर दिया जाता है। दार्शनिक दृष्टि से जगत् को मिथ्या या सत्य मानना अलग बात है, व्यावहारिक दृष्टि से उसकी उपेक्षा ज्ञानियों और वैयक्तिक साधना पर बल देनेवाले भक्तों ने समान रूप से की है। तुलसीदास ने तात्त्विक दृष्टि से जगत् को सत्य माना था या मिथ्या, इस पर विवाद हो सकता है किंतु यह निर्विवाद सत्य है कि वे जगत् को 'सीयराममय' मानते थे। फलतः व्यवहार में वे उसकी सेवा करना अपना धर्म समझते थे। इसीलिए उन्होंने श्रीराम से कहलाया था कि मुझे सेवक प्रिय हैं और उनमें भी अनन्यगति सेवक। अपने अनन्य सेवक का लक्षण बताते हुए तुलसी के राम कहते हैं—

सो अनन्य जाकें असि मति न टरइ हनुमंत।
मैं सेवक सचराचर रूप स्वामि भगवंत॥[2]

अर्थात् जो दृढ़तापूर्वक इस चराचर जगत् को प्रभु का व्यक्त रूप मानकर इसकी सेवा में रत रहता है वही (श्रीराम का) अनन्य भक्त है। सेव्य के रूप में समस्त व्यक्त जगत् रूपी राम को स्वीकारने का अर्थ ही है कर्मठतापूर्वक 'हेतु रहित परहित निरत' रहना। यह व्याख्या श्रीराम ने ही की है। जटायु ने तो राम के लिए ही प्राण दिये थे किंतु प्रभु ने उसकी सराहना करते हुए कहा था, 'परहित बस जिन्ह के मन माहीं, तिन्ह कहुँ जग दुर्लभ कछु नाहीं।'[3] इसका सीधा-सादा अर्थ यही है कि तुलसी ने श्रीराम के सगुण साकार अवतारी रूप को स्वीकार करते हुए भी उन्हें इतिहास और भूगोल से नहीं बाँधा है। 'देस, काल, दिसि बिदिसहु माहीं। कहहु सो कहाँ जहाँ प्रभु नाहीं।'[4] कहनेवाले तुलसीदास की मान्यता है कि राम की सेवा अर्थात् राम का काम करने का अवसर 'सबहि सुलभ सब दिन, सब देसा'। फिर भी यह सच है कि कोई विरला भाग्यवान ही राम का काम कर पाता है अधिकतर लोग तो राम के काम का बहाना करके रावण का ही काम करते रहते हैं क्योंकि उनके हृदय में तो काम, क्रोध, लोभ, मोह का अँधेरा छाया रहता है। इसीलिए, तुलसी केवल कर्म पर जोर नहीं देते, बाहर-भीतर उजाला करनेवाले राम नाम के जप पर भी जोर देते हैं—

राम नाम मनि दीप धरु, जीह देहरी द्वार।
तुलसी भीतर बाहेरहुँ जो चाहसि उजिआर॥[5]

---

1. मानस 7/119-क
2. वही 4/3
3. वही 3/31/9
4. मानस 1/185/6
5. वही 1/21।

इसका अर्थ यही है कि तुलसीदास के लिए कर्म-चेतना स्वतंत्र न होकर भक्ति का अनिवार्य अंग है। कर्म विपथगामी न हो जाये इसके लिए आवश्यक है कि वह भक्ति द्वारा (जिसका आधार नाम जप है)[1] अनुशासित हो और भक्ति नितांत वैयक्तिक भावसाधना (जिसकी विकृति बहुत आसान है) के कारण निष्क्रिय न हो जाये इसके लिए उसे चराचर जगत् के रूप में अभिव्यक्त प्रभु की सेवा में नियोजित कर दिया जाये, यही तुलसीदास का अभिप्राय ज्ञात होता है।

तुलसी ने राम नाम की अमित महिमा का बार-बार गान किया है, केवल मानस में ही नहीं, अपनी समस्त कृतियों में। मानस के बालकांड में नामवंदना के दोहों में उन्होंने भाव-भरी युक्तियों से सिद्ध किया है कि राम का नाम उनके निर्गुण-सगुण दोनों रूपों से श्रेष्ठ है। प्रभु के ये दोनों रूप 'अगम' हैं किंतु नाम-जप से दोनों 'सुगम' हो जाते हैं अत: स्पष्ट है कि नाम ने इन दोनों को अपने बलबूते से अपने वश में कर रखा है। सच्चिदानंद ब्रह्म तो सभी जीवों के हृदय में विद्यमान है, फिर भी जग के सभी जीव दीन-दुखी हैं। नाम के निरूपण एवं नाम के यत्न से या यों कहें नाम के अर्थ पर मनन करते हुए उसके निरंतर जप से अंत:स्थित ब्रह्म प्रत्यक्ष होकर जीव के दु:ख-कष्ट दूर कर उसे उसी प्रकार परमानंदमय बना देते हैं जिस प्रकार रत्न से उसका मूल्य प्रकट होकर व्यक्ति के अभावों को दूर कर उसे इच्छित वस्तुएँ प्रदान करने में समर्थ है। प्रभु श्रीराम ने अवतार ग्रहण कर ताड़का, खरदूषण, कुंभकर्ण, रावण आदि कुछ निशाचरों का वध किया और अहल्या, शबरी, गीध, सुग्रीव, विभीषण आदि कुछ भक्तों को निवाजा किंतु उनके नाम ने तो कवि के समस्त कलुषों को नष्ट कर असंख्य भक्तों को निवाजा है। घोर कलिकाल में तो राम का नाम ही एकमात्र कल्पवृक्ष है। अत: तुलसीदास का निष्कर्ष है—

नहिं कलि करम न भगति बिबेकू। राम नाम अवलंबन एकू॥[2]

तुलसी ने राम नाम की ओट लेते समय विनयपूर्वक यह कहकर कि कलि में कर्म, भक्ति और विवेक (ज्ञान) रह ही नहीं जाते अत: एकमात्र राम का नाम ही अवलंब है, उन साधनों का न तिरस्कार किया है, न निषेध। वे जानते हैं कि जैसे भूमि में ही सब बीज अंकुरित हो सकते हैं, आकाश में ही सब नक्षत्रों का निवास है वैसे ही राम नाम समस्त धर्मों का आकर है—

जथा भूमि सब बीज मै नखत निवास अकास।
रामनाम सब धरम मै जानत तुलसीदास॥[3]

1. मानस 1/22/6
2. वही 1/27/7
3. दोहावली 29।

अतः वे निश्चिंत हैं कि रामनाम ही जापक के अंतःकरण में समयोचित आवश्यक धर्मों की प्रेरणा देता रहेगा।

इसमें संदेह नहीं कि श्रद्धासहित नामजप करते रहनेवाले भक्त के मन में उस मनोवैज्ञानिक रक्षाकवच के प्रभाव से अद्भुत सात्त्विक गुणों का उत्कर्ष होता है और वह क्रमशः नामी के गुण, कर्म, शील, स्वभाव की ओर आकृष्ट होता जाता है, जिसके फलस्वरूप वह पहले से अच्छा मनुष्य बनता है। फिर भी रामनाम की इस महिमा को आधुनिक विचारक अपने-अपने संस्कारों के अनुरूप स्वीकार या अस्वीकार कर सकते हैं। प्रश्न अभी उसकी सत्यता या असत्यता का नहीं है, वह अलग विचार्य विषय हो सकता है। अभी प्रश्न तो यह है कि मध्यकाल के अन्य संतों-भक्तों की तरह नाम-महिमा का गान करने के बाद तुलसी भी क्या उन्हीं की तरह केवल निर्वैयक्तिक या अतिशय वैयक्तिक साधनाओं में लीन हो गये? रामनाम नींव सही, उस पर उन्होंने अपनी साधना का भवन कैसा उठाया? यहीं अपनी समाजोन्मुखी वैयक्तिक साधना के कारण तुलसी अन्य संतों, भक्तों से पृथक् हो जाते हैं। उसका एक प्रमाण यह भी है कि उन्होंने राम के नाम पर जितना बल दिया है, राम के काम पर भी उतना ही बल दिया है। उनके आदर्श भक्त चरित्र एकांत में साधना ही नहीं करते, राम का काम सिद्ध हो, इसके साधन भी बनते हैं।

तुलसी ने राम के काम पर कितना जोर दिया है, यह इन उद्धरणों से स्पष्ट हो जायेगा। निषादराज को जब यह लगता है कि भरत संभवतः श्रीराम पर आक्रमण करने की योजना बनाकर चित्रकूट जा रहे हैं तब वे राम के काम आने की भावना से भरत से युद्ध कर मृत्यु तक का वरण करने के लिए तैयार होकर कह उठते हैं, 'समर मरनु पुनि सुरसरि तीरा, रामकाजु छनभंगु सरीरा।'[1] सुग्रीव सीता की खोज के लिए वानरों को भेजते समय 'रामकाजु अरु मोर निहोरा'[2] कहकर उत्साहित करते हैं। किसी भी सत्कार्य के लिए दूसरे को प्रवृत्त करते समय हिंदीभाषी जन इस कथन को आज लोकोक्ति की तरह व्यवहृत करते हैं। श्रीराम के कार्य के लिए शरीर-त्याग करनेवाले जन तुलसी की दृष्टि में अनन्य रूप से धन्य, बड़भागी और हरिपुर के अधिकारी हैं, तभी उन्होंने अंगद से कहलवाया था, 'कह अंगद बिचारि मन माहीं, धन्य जटायू सम कोउ नाहीं। राम काज कारन तनु त्यागी, हरिपुर गयउ परम बड़ भागी।'[3] हनुमान को सागर लाँघने के लिए अभिप्रेरित करते हुए जामवंत ने कहा था, 'राम काज लगि तव अवतारा।'[4] प्रभु का कार्य संपन्न किये बिना सच्चे प्रभु-भक्त विश्राम कैसे कर सकते हैं? हनुमान की यह उक्ति उनकी भावना की निश्छल

1. मानस 2/190/3
2. वही 4/22/6
3. वही 4/27/7-8
4. वही 4/30/6।

अभिव्यक्ति है, 'राम काजु कीन्हें बिनु मोहि कहाँ बिश्राम।'[1] राम का कार्य जिससे सधे, भक्त वही करता है, व्यक्तिगत मान-अपमान का विचार उसे नहीं रहता। हनुमान मेघनाद के हाथों बंदी बनकर रावण की सभा में इसीलिए उपस्थित हुए थे कि शायद उनके समझाने से रावण को सद्बुद्धि आ जाये। उन्होंने द्विधाहीन शब्दों में कहा था, 'मोहि न कछु बाँधे कर लाजा, कीन्ह चहउँ निज प्रभुकर काजा।'[2] कार्य सिद्ध होने पर भक्त उसका श्रेय स्वयं नहीं लेता, प्रभु की कृपा को देता है और साधन बन पाने के कारण अपने जन्म को सफल मानता है। उसकी मान्यता है, 'प्रभु की कृपा भयउ सबु काजू, जन्म हमार सुफल भा आजू।'[3] राम के काम आ जाना ही भक्त के जीवन की चरितार्थता है, इसे तुलसी ने लक्ष्मण को शक्तिबाण लगने के प्रसंग के माध्यम से गीतावली में बहुत खूबी से उभारा है। हनुमान से लक्ष्मण के घायल होने का संवाद सुनकर सुमित्रा माता की जो मनःस्थिति हुई उसे तुलसी ने इन शब्दों में अंकित किया है—

सुनि रन घायल लषन परे हैं।
स्वामिकाज संग्राम सुभट सों लोहे ललकारि लरे हैं॥
सुवन सोक संतोष सुमित्रहि रघुपति-भगति बरे हैं।
छिन-छिन गात सुखात छिनहि छिन हुलसत होत हरे हैं॥[4]

स्वामी राम के लिए प्रतिपक्षी सुभट से संग्राम में ललकार कर भिड़ने और लोहा लेने के कारण लक्ष्मण गंभीर रूप से घायल हो गये हैं, यह सुनकर सुमित्रा माता को शोक और संतोष दोनों हुए। पुत्र मुमूर्षु है, जब यह विचार मन में आता तो उनका शरीर सूख जाता किंतु जब उनके मन में यह भाव आता कि प्राणों को संकट में डालकर आज लक्ष्मण राम की भक्ति में खरा सिद्ध हुआ तो उनका शरीर उल्लसित हो हरा हो उठता। इसी पद में तुलसी ने सुमित्रा माता से शत्रुघ्न को यह आज्ञा दिलाई है कि अब वे जाकर लक्ष्मण का स्थान लें। सुमित्रा माता के दिव्य चरित्र का किंचित् आभास दे पाने के कारण यह पद तो महिम्न है ही, इस दृष्टि से भी मैं इसका महत्त्व मानता हूँ कि इससे यह बिलकुल साफ हो जाता है कि लक्ष्मण की तरह श्रीराम के कार्य के लिए प्राणों को संकट में डालनेवालों के लिए ही यह कहा जा सकता है कि वे 'रघुपति भगति बरे हैं।'

प्रश्न उठ सकता है कि मानस के अनुसार क्या है राम का काम और आज का मनुष्य उसे कैसे संपन्न कर सकता है? यह स्मरण रखना चाहिए कि मानस जीवन

---

1. मानस 5/1
2. वही 5/21/6
3. वही 5/30/4
4. गीतावली 6/13/1-4।

के प्रति एक विशिष्ट मूलभूत दृष्टि निरूपित करनेवाला काव्यग्रंथ है, किसी सरकार या राजनीतिक दल के कार्यक्रम को शब्दबद्ध करनेवाला दस्तावेज नहीं। कार्यक्रम बदली हुई परिस्थितियों में बदले जा सकते हैं या पुराने पड़ जा सकते हैं। मानस की दृष्टि धर्मपरायण (अर्थात् कर्त्तव्यपरायण), मर्यादावादी (अर्थात् सामाजिक चेतना-सम्पन्न), आस्तिक (अर्थात् सत् चित् और आनंद के चरम मूल्यों के प्रति आस्थायुक्त), दास्य भाव के भक्त (अर्थात् चराचर जगत् रूपी प्रभु की परम प्रेमपूर्वक सेवा करने वाले अनन्य सेवक) की दृष्टि है, जिसका लक्ष्य है ऐसे विषमतारहित समाज की सृष्टि करना जिसमें सब सुंदर हों, सब नीरोग हों, सब निर्दंभ और धर्मरत हों, चतुर और गुणी हों, गुणज्ञ और पंडित हों, ज्ञानी और कृतज्ञ हों, जिसमें कोई भी दरिद्र-दुखी-दीन न हो; अबुध, लक्षणहीन और कपटी न हो। इसीलिए यह मानते हुए कि राम के जन्म के अनेकानेक हेतु हो सकते हैं तुलसी ने गीतोक्त हेतुओं को दुहराते हुए कहा है कि जब-जब धर्म की हानि होती है, अभिमानी, अधम, असुर अवर्णनीय अनीति करने लगते हैं; विप्र, धेनु, देवता और धरती को कष्ट देने लगते हैं, तब-तब प्रभु विविध शरीर धारण कर सज्जनों की पीड़ा हरते हैं, असुरों को मारकर देवताओं और श्रुतियों की मर्यादा की रक्षा करते हैं। यह ठीक है कि वैयक्तिक साधना पर बल देनेवाले आचार्यों की यह स्थापना भी उन्हें स्वीकार है कि भक्तों के साथ लीला करने के लिए, उन्हें सुख देने के लिए प्रभु अवतार ग्रहण करते हैं पर सामाजिक मंगल विधान को भी वे अवतार के प्रमुख कारणों में से एक मानते हैं। इसीलिए निशाचरों द्वारा भक्षित ऋषियों की अस्थियों का समूह देखकर करुणार्द्र हो उनके राम भुजा उठाकर अपना यह वज्र संकल्प घोषित करते हैं कि मैं पृथ्वी को निशाचर विहीन कर दूँगा, 'निसिचर हीन करउँ महि भुज उठाइ पन कीन्ह।'[1] इस संदर्भ में यह भी स्मरणीय है कि निशाचर से तुलसी का अभिप्राय काल्पनिक योनिविशेष से न होकर समाज के अत्याचारी व्यक्तियों से था। तुलसी ने बहुत स्पष्ट शब्दों में लिखा है—

बरनि न जाइ अनीति, घोर निशाचर जो करहिं।
हिंसा पर अति प्रीति, तिन्ह के पापहि कवन मिति॥
बाढ़े खल बहु चोर जुआरा। जे लम्पट पर धन पर दारा॥
मानहिं मातु पिता नहिं देवा। साधुन्ह सन करवावहिं सेवा॥
जिनके यह आचरन भवानी। ते जानेहु निसिचर सब प्रानी॥[2]

ऐसे निशाचरी अन्याय का प्रतिरोध कर रामराज्य (सामाजिक न्याय पर आधारित राज्य) की स्थापना के कार्य से जो जुड़ता है वह किसी भी देश या किसी भी काल में

1. मानस 3/9
2. वही 1/183-184/1-3।

क्यों न हो, राम का काम करता है। राम का काम केवल ध्वंसमूलक नहीं है, इसे बराबर याद रखना चाहिए। अन्याय के विध्वंस के साथ-साथ व्यक्ति और समाज दोनों के आधिभौतिक, आधिदैविक और आध्यात्मिक स्तरों पर उन्नयन का कार्य भी राम का काम है। मेघनाद से युद्ध करते हुए लक्ष्मण भी राम का काम कर रहे थे और अयोध्या में बैठे न्याययुक्त राज्यसंचालन कर भरत भी राम का ही काम कर रहे थे। कभी-कभी मन में यह भावना जागती है कि लंका के मोर्चे पर लड़नेवाले ही राम के सच्चे सेवक थे। औरों की बात तो जाने दीजिए, लक्ष्मण के घायल होने का समाचार पाकर स्वयं भरत ने यह परिताप व्यक्त किया था, 'अहह दैव मैं कत जग जायउँ, प्रभु के एकहु काज न आयउँ।'[1] इस भावपूर्ण उक्ति का यह अर्थ नहीं है कि भरत प्रभु के किसी काम नहीं आये थे। यह तो प्रभु के अधिकाधिक काम में आने की लालसा की अभिव्यक्ति मात्र है। कुछ लोग अपने भोलेपन के कारण पूछ बैठते हैं कि भरत के मन में यदि इतना ही परिताप था तो वे तत्काल युद्ध में भाग लेने के लिए लंका चले क्यों नहीं गये? वे भरत रघुबर के 'अगम सनेह' को नहीं जानने के कारण ही ऐसा कहते हैं। 'सब तें सेवक धरमु कठोरा'[2] माननेवाले भरत उस समय भी 'अग्यासम न सुसाहिब सेवा'[3] के सिद्धांत का पालन करने के कारण ही आयोध्या में अपने कर्त्तव्य पर अडिग रहे। तुलसीदास ने गीतावली में इस प्रसंग में भरत के अंतर्द्वंद्व का मार्मिक चित्रण इस प्रकार किया है—

आयसु इतहि स्वामि-संकट उत, परत न कछू कियो है।
तुलसिदास बिहर्‌यो अकास सो कैसे के जात सियो है।।[4]

भरत ऊहापोह में पड़े सोच रहे हैं कि इधर स्वामी की आज्ञा है 14 वर्षों तक अयोध्या में रहकर राज्य संचालन करने की, उधर स्वयं स्वामी संकटग्रस्त हैं, कुछ करते नहीं बनता, मानो आकाश फट गया हो, वह कैसे सिया जाये! फिर भी; अपनी भावनाओं पर पत्थर रखकर भी वे आज्ञापालन में ही रत रहते हैं, युद्ध के मोर्चे पर नहीं चढ़ दौड़ते। उनके इस सूक्ष्म कर्त्तव्य-ज्ञान को समझकर ही हनुमान की यह दशा हो गयी थी, 'धनि भरत! धनि भरत! कहत भयो मगन मौन रह्यो मन अनुराग रयो है।'[5] भरत अपने इस आचरण से यही दर्शाते हैं कि महत् कार्य की सिद्धि उस कार्य में रत व्यक्तियों द्वारा उसके बड़े-छोटे, आकर्षक-अनाकर्षक सभी अंगों को महत्त्व देकर गुरुजनों द्वारा प्रदत्त, सहज प्राप्त या स्वयं स्वीकृत कार्यांश को अनुशासनपूर्वक करते रहने से ही हो सकती है। अतः पताका के दंड की भाँति स्वयं

1. मानस 6/60/3
2. वही 2/203/7
3. वही 2/301/4
4. गीतावली 6/10/7-8
5. वही 6/11/8।

प्रसिद्धिपराङ्मुख रहकर भी अपने कर्तव्य का पालन करते रहना राम के सेवकों का सहज लक्षण होना चाहिए। अग्रिम मोर्चे पर रहकर यश प्राप्त करने की दुर्बलता उनमें नहीं होनी चाहिए।

फिर सच बात तो यह है कि मोर्चा कहाँ नहीं है! हर व्यक्ति अपने-अपने क्षेत्र में काम करते समय मोर्चे पर ही तो खड़ा है। यहाँ तक कि हर एक के मन में भी राम-रावण युद्ध चल रहा है। यदि व्यक्ति काम, क्रोध, लोभ, मोह का शिकार होकर विषय-वासना की तृप्ति को ही अपना परम ध्येय मान बैठता हैं तो मुँह से वह चाहे कुछ भी कहे, वास्तव में वह रावण के पक्ष में लड़ता है। तुलसीदास ने प्रत्येक व्यक्ति के वपुष ब्रह्माण्ड में चलनेवाले राम-रावण युद्ध का चित्रण करते हुए स्पष्ट कहा है, 'मोह दसमौलि, तद्भ्रांत अहंकार, पाकारिजित काम विश्रामहारी। लोभ अतिकाय, मत्सर महोदर दुष्ट, क्रोध पापिष्ठ, बिबुधांतकारी॥[1] अपना मोह (अज्ञान) ही रावण है, अहंकार ही कुंभकर्ण है, काम ही इंद्रजेता मेघनाद है, लोभ, मत्सर और क्रोध ही रावण के सेनानायक अतिकाय, महोदर और बिबुधांतक है। इसी तरह उसी पद में आगे कहा गया है कि यम-नियम आदि ही देवता हैं, मोक्ष के साधन ही राम की सेना के भालू-बंदर हैं, ज्ञान ही सुग्रीव है, वैराग्य ही हनुमान है। मोहग्रस्त व्यक्ति जब अपने भीतर के मोर्चे पर ही हार जाता है तब वह राम का काम कैसे कर सकता है। राम का काम तो अपने सद्गुणों को जगाकर अपने कर्त्तव्य कर्म में सेवा भाव से रत रहना ही है। अपने मोर्चे पर सफलता पानेवाले को प्रभु जो काम उचित समझेंगे, सौंपते चले जायेंगे। लक्ष्मण को भक्तियोग का उपदेश देते समय प्रभु ने उसका प्रथम साधन ही इसी भाव को बताया था। 'प्रथमहिं बिप्र चरन अति प्रीती, निज-निज धरम-निरत स्रुति रीती।'[2] अपनी स्वस्थ परंपरा के प्रति श्रद्धावान् रहकर जो व्यक्ति अपना कर्तव्य कर्म करता रहता है, उसी के मन में विषयों के प्रति विराग होता है और तभी श्रीराम के धर्म के प्रति अनुराग संभव हो सकता है। स्पष्ट है कि तुलसीदास नामजप के प्रति श्रद्धालु होते हुए भी निष्क्रियता के नहीं, कर्म को अपने में समेट लेनेवाली भक्ति के प्रचारक थे। तभी उन्होंने जंगमतीर्थराज संत समाज के संगम में यदि राम-भक्ति को गंगा और ब्रह्मविचार को सरस्वती कहा था तो बिधि निषेधमय कर्म की कथा को यमुना बताकर उसे ही कलिकाल का मल दूर करने में समर्थ बताया था।[3] इसी प्रकार 'सोचिअ गृही जो मोह बस करइ करम पथ त्याग'[4]

1. विनयपत्रिका 57/7-8
2. मानस 3/16/6
3. मुद मंगल मय संत समाजू, जो जग जंगम तीरथ राजू।
   राम भक्ति जहँ सुरसरिधारा, सरसइ ब्रह्म बिचार प्रचारा।
   बिधिनिषेधमय कलिमल हरनी, करम कथा रबिनंदनि बरनी॥ मानस 1/2/7-9
4. मानस 2/172।

कहकर तुलसीदास ने गृहस्थों को तो अनिवार्यतः कर्म करते रहने का अर्थात् श्रीराम के अनुकूल कर्म करते रहने का निर्देश दिया है।

तुलसी के उपास्य श्रीराम स्वयं सैकड़ों संकट झेलकर भी अपने कठिन कर्त्तव्य-कर्म का निर्वाह करते रहे। तुलसीदास ने बहुत उत्साह के साथ उनके दिव्य कर्मों का—मर्यादापूर्ण चरित का गुणगान किया है और बार-बार उनकी इस महिमा की ओर अपने पाठकों का ध्यान आकृष्ट किया है। राजतिलक के बाद वंदना करते हुए चारों वेदों के माध्यम से तुलसी ने दंडकारण्य के कंटकों से छिदे श्रीराम के चरण-युगल का भजन करने की प्रेरणा दी है—

ध्वज, कुलिस, अंकुस, कंजजुत बन फिरत कंटक किन लहे।
पद कंज द्वंद्व मुकुंद राम रमेस नित्य भजामहे।[1]

श्रीराम के चरण अपने कर्त्तव्य-कर्म की पूर्ति में काँटों से छिदें और उनके भक्त निष्क्रिय रहें, यह कैसे संभव है? कर्मरत उपास्य की यह बाँकी छवि भक्तों को भी राम के काम के लिए केवल पैरों में नहीं, रोम-रोम में काँटे छिद जायें तो भी कर्त्तव्य-पथ पर बढ़ते जाने के लिए अभिप्रेरित करती रहेगी। इसी स्तुति में वेदों ने यदि एक ओर 'जपि नाम तव बिनु श्रम तरहिं भवनाथ सो समरामहे' कहकर नामजप के महत्त्व को स्वीकारा है तो 'मन, बचन, कर्म बिकार तजि तव चरन हम अनुरागहीं' कहकर मन-वाणी और कर्म की एकता एवं निर्विकारता पर भी जोर दिया है। तुलसीदास ने यदि विनयपत्रिका में कहा है—

प्रिय रामनाम तें जाहि न रामो।
ताको भलो कठिन कलिकालहुँ आदि मध्य परिनामो।[2]

तो गीतावली में यह भी कहा है—

नित नये मंगल मोद अवध सब, सब बिधि लोग सुखारे।
तुलसी तिन्ह सम तेउ जिन्हके प्रभु तें प्रभु-चरित पियारे।[3]

एक ओर राम से भी अधिक प्रिय राम का नाम हो, दूसरी तरफ प्रभु से भी अधिक प्रिय प्रभु का चरित हो तभी भक्त की भावना में पूर्णता आती है। राम नाम जपते हुए राम के चरित्र से प्रेरणा प्राप्त कर राम के काम में जुटे हुए भक्तों का निर्माण करना ही तुलसी का उद्देश्य है। इसीलिए उनका संदेश है—

राम सुमिरि साहसु करिय मानिय हिये न हारि।[4]

■

1. मानस 6/13/4/3-4
2. विनयपत्रिका 228/12
3. गीतावली 1/44/9-10
4. रामाज्ञा प्रश्न 5/1/3।

तुलसीदास का दैन्य

माधव! मो समान जग माहीं।

सब बिधि हीन, मलीन, दीन अति लीन-बिषय कोउ नाहीं।[1]

दैन्य की ऐसी उक्तियाँ तुलसी साहित्य में प्रचुर मात्रा में मिलती हैं। तुलसीदास या अन्य भक्तों की ऐसी उक्तियों के प्रति सैद्धांतिक असहमति व्यक्त करनेवालों की संख्या कम नहीं है। ऐसे ही भावों को व्यंजित करने के कारण वल्लभाचार्य ने सूरदास को प्रेमभरी फटकार देते हुए कहा था, "जो सूर है कै ऐसो घिघियात काहे को है कछु भगवल्लीला वर्णन करि।"[2] यों भी दैन्य प्रकाशन शिष्टजनों द्वारा निंदित एवं आत्मगौरव के प्रतिकूल कार्य माना जाता है। वैदिक ऋषि की प्रार्थना है, 'अदीनाः स्याम शरदः शतम्'[3] हम सौ वर्षों तक अदीन होकर रहें। इसी तरह महाभारत की सुप्रसिद्ध उक्ति है, 'अर्जुनस्य प्रतिज्ञे द्वे न दैन्यं, न पलायनम्'[4] अर्थात् अर्जुन की दो प्रतिज्ञाएँ हैं, न दैन्य न पलायन! ऐसा नहीं है कि तुलसीदास अपनी संस्कृति की इस तेजस्वी परंपरा से अवगत न रहे हों और इसका समर्थन भी न करते हों। शबरी को नवधा भक्ति का उपदेश देते हुए तुलसी के राम कहते हैं, 'नवम सरल सब सन छल हीना, मम भरोस हियँ हरष न दीना'[5] अर्थात् सरलता, सबके साथ निश्छलता, हृदय में मेरा भरोसा, हर्ष और दीनता का अभाव मेरी नौवीं भक्ति है। फिर तुलसीदास क्यों बार-बार दीनता प्रकट करते हैं, क्यों कहते हैं, 'करमठ कठमलिया कहैं, ज्ञानी ज्ञान बिहीन, तुलसी त्रिपथ बिहाय गो राम दुआरे दीन'[6] अर्थात् भले ही कर्ममार्गी कठमलिया (तुलसी की माला फेरनेवाला) और ज्ञानी ज्ञान-विहीन कहते रहें— 'तुलसी तो कर्म, ज्ञान और उपासना इन तीनों पथों को छोड़कर राम द्वार पर दीन भाव से जा खड़ा हुआ है, आखिर क्यों?'

इस गुत्थी को सुलझाने का प्रयास करने से पहले दैन्य के संबंध में कुछ विवेचना कर लेना आवश्यक है। दैन्य (दीन का भाव या दीनता) का कोशगत अर्थ है,

---

1. विनयपत्रिका 114/1-2
2. अष्टछाप सं० डॉ० धीरेन्द्र वर्मा, पृ० 4
3. शुक्ल यजुर्वेद-माध्यन्दिन संहिता 36/24
4. महाभारत
5. मानस 3/36/5
6. दोहावली 99।

'निर्धनता, गरीबी, शोक, उदासी, निर्बलता, कमीनापन'।[1] साहित्य में संचारी भाव के रूप में इसका लक्षण यह बताया गया है, ''दुखदारिद्र्यापराधादिजनितः स्वापकर्षभाषणादिहेतुश्चित्तवृत्ति विशेषो दैन्यम्'', दैन्य मन की उस दशा का नाम है जो दुख, दरिद्रता या किसी भारी अपराध करने के कारण उत्पन्न होती है और जिसके उत्पन्न होने पर मनुष्य अपनी दीनता, निकृष्टता या अकिंचित्करता का कथन आदि करने लगता है।''[2] साहित्य दर्पण के दौर्गत्याद्यैरनौजस्यं दैन्यं मलिनतादिकृत' (3/145) के अनुसार दुर्गति आदि से उत्पन्न ओजस्विता के अभाव को दैन्य कहते हैं, जिससे मलिनता आदि उत्पन्न होती है। दैन्य की अर्थ-परिधि का विस्तार व्यावहारिक एवं साहित्यिक क्षेत्रों को लाँघकर साधना के क्षेत्र में भी जा पहुँचा है। शरणागति के छह अंगों में छठा अंग कार्पण्य या दैन्य बताया गया है। अनुकूलता का संकल्प, प्रतिकूलता का वर्जन, रक्षा का विश्वस, गोप्ता (रक्षक) के रूप में वरण, आत्मनिक्षेप (आत्मसमर्पण) के साथ-ही-साथ कार्पण्य या दैन्य के द्वारा ही शरणागति की पूर्णता होती है। वैष्णव शास्त्र में कार्पण्य या दैन्य का स्वरूप निर्धारित करते हुए कहा गया है—

त्यागो गर्वस्य कार्पण्यं श्रुतशीलादिजन्मनः।
अंगसामग्र्यसम्पत्तेरशक्तेरपि कर्मणाम्॥
अधिकारस्य चासिद्धेर्देशकालगुणक्षयात्।
उपाया नैव सिद्ध्यन्ति ह्यपाया बहुलास्तथा॥
इति या गर्वहानिस्तद्दैन्यं कार्पण्यमुच्यते।[3]

अर्थात् ज्ञान, शील आदि से उत्पन्न गर्व का त्याग कार्पण्य है। (भगवत्-प्राप्ति के लिए साधनभूत) अंग सामग्री की असंपत्ति (असंपन्नता), (तदनुकूल) कर्म की अशक्ति (असमर्थता), अधिकार की असिद्धि एवं (उपयुक्त) देश, काल, गुण के क्षय के कारण उपाय तो सिद्ध होते ही नहीं, उल्टे बहुत से अपाय (अनिष्ट, भय) आ जाते हैं, ऐसे अनुभवों के कारण जो गर्व हानि होती है, उसे दैन्य अथवा कार्पण्य कहते हैं।

आचार्य पं० रामचन्द्र शुक्ल ने भक्ति साधना के अंगभूत दैन्य को भक्त के 'लघुत्व की अनुभूति' मानकर उसका मनोवैज्ञानिक विवेचन करते हुए लिखा है, ''प्रभु के महत्त्व के सामने होते ही भक्त के हृदय में अपने लघुत्व का अनुभव होने लगता है। उसे जिस प्रकार प्रभु का महत्त्व-वर्णन करने में आनंद आता है उसी प्रकार अपना लघुत्व-वर्णन करने में भी। प्रभु की अनंत शक्ति के प्रकाश में उसकी असामर्थ्य का,

---

1. संस्कृत शब्दार्थ कौस्तुभ, पृ० 535
2. साहित्यदर्पण की पं० शालिग्राम शास्त्रीकृत विमला टीका, द्वि० सं० परिशिष्ट, पृ० 3
3. लक्ष्मीतंत्रम् 17/68-70।

उसकी दीन दशा का बहुत साफ चित्र दिखाई पड़ता है और वह अपने ऐसा दीन-हीन संसार में किसी को नहीं देखता। प्रभु के अनंत शील और पवित्रता के सामने उसे अपने में दोष-ही-दोष और पाप-ही-पाप दिखाई पड़ने लगते हैं। इसी दृश्य के क्षोभ से आत्मशुद्धि का आयोजन आप-से-आप होता है। इस अवस्था को प्राप्त भक्त अपने दोषों, पापों और त्रुटियों को अत्यन्त अधिक परिमाण में देखता है और उनका जी खोलकर वर्णन करने में बहुत कुछ संतोष लाभ करता है।"[1]

इस विवेचन से यह स्पष्ट है कि जिस दैन्य की भर्त्सना की जाती है वह भौतिक दुःख के प्राप्त होने पर आत्म-गौरव को त्याग कर सामान्य जनों के समक्ष दीन होने का भाव है जबकि साधना के स्तर पर प्रभु के समक्ष दैन्य-निवेदन भक्तों की दृष्टि में परम प्रशंसनीय एवं विधेय है।

तुलसीदास के दैन्य भाव का विश्लेषण-विवेचन करने के पहले दैन्य के संबंध में उनकी दृष्टि पर कुछ विचार कर लेना लाभदायक होगा। तुलसीदास दैन्य को जीव का सहज धर्म नहीं मानते, आगंतुक धर्म मानते हैं। जीव स्वरूपतः तो 'ईश्वर अंस जीव अबिनासी, चेतन, अमल, सहज सुखरासी'[2] है किंतु माया के अधीन हो जाने पर जड़ और चेतन की झूठी गाँठ पड़ जाने पर जीव संसारी होता है और साथ-ही-साथ दुःखी भी। तुलसी ने बड़ी पीड़ा के साथ यह अनुभव किया कि हृदय में सत् चेतन, घन आनंद राशि प्रभु के रहते हुए भी 'सकल जीव जग दीन दुखारी'[3] हैं। सांसारिक स्तर पर दैन्य किसी का काम्य नहीं होता, किंतु वह किसी को छोड़ता भी नहीं। काम, क्रोध, लोभ आदि से ग्रस्त जीव संकट आने पर दीन हो ही जाता है। औरों की बात जाने दीजिए, 'न दैन्यं, न पलायनम्' की प्रतिज्ञा करनेवाला अर्जुन भी महाभारत के समय मोहग्रस्त होकर दीन हो उठा था और उसने स्वीकार किया था—'कार्पण्यदोषोपहतस्वभावः'[4] अर्थात् कार्पण्य—दैन्य—रूपी दोष से मेरा स्वभाव उपहत—विकृत—हो गया है। इस दैन्य से मुक्ति पाने के लिए उसे भी प्रभु के निकट प्रपन्न-शरणागत होना पड़ा था।

तुलसी को जगत् के जीवों की दीनता इतनी स्वाभाविक लगती है कि 'जस काछिअ तस चाहिअ नाचा' के सिद्धांतानुसार मानव रूप में अवतरित होने पर विशेष प्रसंगों में श्रीराम से भी 'दीनता' का नाट्य उन्होंने करवाया है। सीता-हरण के अनंतर श्रीराम की विरह-कातरता का चित्रण करने के बाद तुलसीदास ने टिप्पणी जड़ी है, 'कामिन्ह के दीनता देखाई, धीरन्ह के मन बिरति दृढ़ाई।'[5] लक्ष्मण को शक्ति लगने

---

1. विनयपत्रिका की हरितोषिणी टीका (द्वि० सं०) का परिचय, पृ० 11
2. मानस 7/117/2
3. मानस 1/23/7
4. श्रीमद्भगवद्गीता 2/7
5. मानस 3/39/2।

पर तो तुलसी के राम विह्वल स्वरों में कह उठे हैं कि लक्ष्मण के बिना मेरी वैसी ही करुण-दीन स्थिति है 'जथा पंख बिनु खग अति दीना, मनि बिनु फनि, करिबर करहीना।'[1] जैसे पंख के बिना पक्षी की, मणि के बिना सर्प की और सूँड़ के बिना गजराज की हो जाती है। यह बात दूसरी है कि तुलसी ने इसे भी 'नर गति' दिखाने की लीला कह कर अपनी ओर से श्रीराम के 'चिदानन्दत्व' पर आँच नहीं आने दी। इसी प्रकार यह सोच-सोचकर कि मेरे कारण श्रीराम को वन जाना पड़ा, भरत की मनोव्यथा की सीमा नहीं रह गयी थी। माता कौशल्या, गुरु वशिष्ठ, मंत्रीगण, पुरजन आदि के राज्य स्वीकारने के अनुरोध की उपेक्षा कर उन्होंने द्विविधाहीन शब्दों में कहा था, 'आपनि दारुन दीनता कहउँ सबहि सिरु नाइ। देखें बिनु रघुनाथ पद जिय कै जरनि न जाइ॥'[2] यदि भगवान् श्रीराम एवं भरत जैसे भागवत भी 'दारुण दीनता' से ग्रस्त हो सकते हैं तो मानस के अन्य पात्रों या संसार के सामान्य जीवों की उससे मुक्ति कहाँ। तुलसीदास की मान्यता के अनुसार लाख नकारने की चेष्टा करने पर भी दैन्यग्रस्त हो जाना मायाबद्ध जीव की विवशता है। अतः समस्या वास्तव में यह है कि 'दैन्य' का अनुभव होने पर जीव क्या करे?

'जीव क्या करे' का सही निर्देश तभी दिया जा सकता है जब इस पर विचार कर लिया जाये कि दैन्य की स्थिति में 'वह सामान्यतः क्या करता है' और उसके उस कार्य का क्या फल होता है। निर्धनता, संकट या अपराध के कारण दीनता का बोध करने पर साधारण मनुष्य अपने से अधिक समर्थ व्यक्ति की सहायता से अपने को उबारना चाहता है। बिहारी ने इस स्थिति का चित्रण करते हुए कहा है—

घरु घरु डोलत दीन ह्वै, जनु जनु जाचत जाइ।
दियें लोभ-चसमा चखनु, लघु पुनि बड़ो लखाइ॥[3]

बिहारी के अनुसार दीन होकर जन-जन से याचना करने का कारण आँखों पर चढ़ा लोभ का चश्मा है जो क्षुद्र व्यक्तियों को भी बड़ा बनाकर दिखाता है। तुलसी के अनुसार संसार में बड़े-से-बड़े माने जानेवाले भी वास्तव में दीन ही हैं। उनका अनुभव है, 'जाहि दीनता कहौं, हौं दीन देखौं सोउ।'[4] मुनि, सुर, नर, नाग, असुर आदि की साहबी तभी तक है जब तक राम उनकी ओर से आँख नहीं फेर लेते। फिर ये सब स्वार्थी हैं, दीन जन की पीड़ा का अनुभव कर सहायता करते हों, ऐसी बात नहीं है; सहायता के नाम पर अपना अहं तृप्त करते हैं या बदले में कुछ और बड़ा चाहते हैं। तुलसी का कटु अनुभव है कि 'जाँचों जल जाहि, कहै अमिय

---

1. मानस 6/61/9
2. वही 2/182
3. बिहारी रत्नाकर 151
4. विनयपत्रिका 78/2।

पिआउ सो, कासों कहौं काहू सों न बढ़त हियाउ सो'[1] जल माँगने पर जो पहले अमृत पिलाने की फर्माइश करें, उनसे कुछ कहने का हियाव कैसे बढ़ सकता है। फिर भी आशा-लालसा की ताड़ना से जीव जहाँ-तहाँ, जिस-तिस के पास दौड़ता ही फिरता है। हा-हा कर द्वार-द्वार पर बार-बार अपनी दीनता कहता है किंतु उसके खुले मुँह में कोई एक मुट्ठी राख तक नहीं डालता—'कहा न कियो, कहाँ न गयो, सीस काहि न नायो...हा हा करि दीनता कही द्वार-द्वार बार-बार, परी न छार मुँह बायो'[2] और अगर कोई बहुत बढ़कर कुछ देता भी है तो दमड़ी या कौड़ी बराबर देता है, उसके लिए कौन देश-देश क्लेश सहता और नरेशों के आगे हाथ फैलाता फिरे, 'जाँचै को नरेस, देस देस को कलेस करै, दैहै तो प्रसन्न ह्वै बड़ी बड़ाई बोड़िये।'[3] फिर यह कौड़ी बराबर जो कोई देता भी है, कहाँ से देता है? तुलसी की पक्की धारणा है कि संसार में राम के अतिरिक्त कोई दूसरा दानी है ही नहीं, राम ही सब की बाजी रखते हैं, 'जग जाचक दानि दुतीय नहीं, तुम ही सब की सब राखत बाजी'[4] ऐसी स्थिति में तुलसी को लगता है कि 'व्योम, रसातल, भूमि भरे, नृप कूर, कुसाहिब सेतिहुँ खारे, तुलसी तेहि सेवत कौन मरै?'[5] आकाश, पाताल और पृथ्वी में भरे हुए ये निकम्मे कुस्वामी तो मुफ्त में मिलने पर भी बुरे हैं, उनकी सेवा में कौन मरता रहे? अतएव उनका दृढ़ संकल्प है कि 'जग जाँचिये कोऊ न, जाँचिये जौ जिय जाँचिये जानकी-जानहि रे। जैहि जाँचत जाचकता जरि जाइ जो जारति और जहानहि रे।'[6] संसार में किसी से भी माँगना नहीं चाहिए, यदि माँगना ही हो तो श्रीराम से ही माँगना चाहिए जिससे याचना करने पर अपने बल से संसार को जलाती रहनेवाली याचकता जल जाती है। साफ है कि जिस अभाव संकट, या अपराध-बोध का तुलसी को अनुभव होता रहता है, उसे दूर करने की क्षमता संसार के किसी व्यक्ति में नहीं है, इसका पक्का निश्चय हो जाने के कारण ही वे राम के द्वार पर 'दीन' होकर गये हैं।

ऐसा प्रतीत होता है कि तुलसीदास का 'दैन्य' उनकी 'हीनता-ग्रंथि' का उदात्तीकृत रूप है। सांसारिक दृष्टि से तुलसी अभाव में ही जन्मे, पले, बढ़े, क्योंकि पैदा होते ही माता-पिता का साया उनके सिर से हट गया था। उनका बचपन घोर अरक्षा और दरिद्रता में बीता। उन्होंने कहा है, 'बारे तें ललात, बिललात द्वार-द्वार

1. विनयपत्रिका 182/5-6
2. वही 276/1, 4
3. कवितावली 7/25/5-6
4. वही 7/95/2
5. वही 7/12//2-3
6. वही 7/28/1-2।

दीन, जानत हो चारि फल, चारि ही चनक को'[1] जो पेट भरने के लिए मिले चने के चार दानों को धर्म, अर्थ, काम, मोक्ष के फलों सदृश समझने के लिए बचपन में विवश रहा हो, उसकी हीनता-ग्रन्थि की कल्पना की जा सकती है। दैन्य के दो सबसे स्थूल भौतिक कारण अनाथता और निर्धनता से जूझ-जूझकर ही वे बड़े हुए थे। उनके परवर्ती जीवन, चिंतन एवं साधन-चयन पर इन दोनों का बड़ा गहरा प्रभाव है। भगवत् पथ के पथिक होने के कारण उन्होंने अपने लिए धन की याचना कभी नहीं की किंतु यह स्वीकारा कि भौतिक स्तर पर 'नहिं दरिद्र सम दुख जग माहीं'[2] और लोक कल्याणार्थ जीविकाविहीन लोगों का दु:ख दूर करने के लिए प्रभु से आग्रह भरे स्वरों में दारिद्र्यरूपी दशानन से दुनिया को मुक्त करने की प्रार्थना की, 'दारिद-दसानन दबाई दुनी दीनबंधु दुरित-दहन देखि तुलसी हहा करी'[3] अपने लिए 'जथालाभ संतोष सदा काहू सों कछु न चहौंगो'[4] का आदर्श सामने रखनेवाले तुलसी 'रोटी द्वै हौं पावौं'[5] से ही संतुष्ट थे किंतु 'औरों के लिए' 'नहिं दरिद्र कोउ दुखी न दीना'[6] की मंगल कामना से प्रेरित होकर समस्त 'सुख संपदा' से संयुक्त समाज की कल्पना वे कर गये हैं।

अपनी हीनता-ग्रंथि से उबरने के लिए मनुष्य जाने-अनजाने जिस प्रविधि का प्रयोग करते हैं, उसे समझाते हुए प्रख्यात मनोवैज्ञानिक डॉ० ऐल्फ्रेड ऐडलर ने लिखा है, 'हीनता, अपर्याप्तता, अरक्षा का अनुभव ही व्यक्ति के अस्तित्व का लक्ष्य निर्धारित करता है।...प्रमुखता प्राप्त करने के इस लक्ष्य को निर्धारित करने में सामाजिक भावना की मात्रा एवं गुणवत्ता सहायता पहुँचाती है। हम किसी व्यक्ति का मूल्यांकन चाहे वह शिशु हो या वयस्क—व्यक्तिगत प्रमुखता के उसके लक्ष्य एवं उसकी सामाजिक भावना की प्रमात्रा की तुलना किये बिना नहीं कर सकते। उसका लक्ष्य इस प्रकार निर्मित होता है कि उसकी पूर्ति या तो श्रेष्ठत्व की भावना को या व्यक्तित्व के उन्नयन को उस कोटि तक पहुँचाने की संभावना की प्रतिश्रुति देती है जिससे जीवन जीने योग्य प्रतीत हो। यही लक्ष्य हमारे संवेदनों को मूल्य प्रदान करता है, हमारे मनोभावों को परस्पर संयुक्त एवं समन्वित करता है, हमारी कल्पना को आकार देता है, हमारी सर्जनात्मक शक्तियों का पथ-निर्देश करता है, हमें क्या याद रखना चाहिए और क्या भूल जाना चाहिए, इसका निश्चय करता है। हम इसका अनुभव कर सकते हैं कि संवेदनों, मनोभावों, भाववृत्तियों एवं कल्पना के मूल्य

1. कवितावली 7/73/3-4
2. मानस 7/121/13
3. कवितावली 7/97/7-8
4. विनयपत्रिका 172/3
5. कवितावली 7/63/2
6. मानस 7/21/6।

कितने सापेक्ष हैं जबकि ये भी अप्रतिबंधित इयत्ताएँ नहीं हैं, हमारी मानसिक गतिविधि के ये तत्त्व एक निश्चित लक्ष्य के लिए सतत प्रयास से प्रभावित होते हैं, हमारे सभी प्रत्यक्ष-बोध तक उसके द्वारा पूर्वग्रहयुक्त हो जाते हैं और कहा जा सकता है कि जिस चरम लक्ष्य की ओर व्यक्तित्व प्रयासशील है, उसके गोपन निर्देश के अनुरूप चुने जाते हैं।[1]

तुलसी ने अपनी हीनता-ग्रंथि से उबरने के लिए जो लक्ष्य चुना वह एक ओर तो उनकी अपनी वैयक्तिक स्थितियों एवं 'सुरसरि सम सब कहँ हित' करने की उनकी प्रशस्त सामाजिक भावना के अनुकूल था, दूसरी ओर भक्ति आंदोलन की जिस धारा के संपर्क में वे आये थे, उससे भी प्रभावित था। भावसाधना के मर्मज्ञों की मान्यता है कि व्यक्ति का जो सबसे बड़ा अभाव होता है, उसे ही भरने के लिए वह प्रभु को अपने विभाव (भाव के आलंबन) के रूप में ग्रहण करता है। जग जाहिर बात है कि तुलसी ने प्रभु को अपने स्वामी,...नाथ के रूप में स्वीकार कर अपने जीवन का लक्ष्य राम का दास्य निर्धारित किया था। साधना का भाव भक्तों के अनुसार पूर्वजन्म के संस्कारों द्वारा निर्मित अंतर्वृत्तियों पर निर्भर करता है। सब समय उसे स्थूल परिस्थितियों की ही उपज मानना उचित नहीं होगा किंतु तुलसी के क्षेत्र में लगता है कि संस्कारों और बाह्य परिस्थितियों का अद्भुत मेल हो गया। अनाथ तुलसी ने प्रभु से अपना संबंध जोड़ते हुए कहा, 'नाथ तू अनाथ को, अनाथ कौन मों सो'[2] और यह भी कि मुझे अपनाने से लाभ केवल मुझे ही नहीं आपको भी होगा, 'हौं सनाथ ह्वैहों सही, तुमहूँ अनाथपति, जो लघुतहि न भितैहों'[3] एक बार प्रभु की सेवा को अपने जीवन के चरम लक्ष्य के रूप में स्वीकार कर लेने पर तुलसी ने अपने सारे व्यवहारों, भावों, संवेदनों को तदनुकूल ढाल लिया और बहुत संतोष के साथ कहा, 'तुलसिहिं बहुत भलो लागत जग जीवन राम गुलाम को।'[4] राम से जुड़कर तुलसी को अपनी समस्त लघुता-हीनता के बावजूद लगा कि खोटे होते हुए भी वे खरे (राम) के साथ होने के कारण अब समाज में चल सकते हैं, स्वीकृत हो सकते हैं। जिस तरह निषाद गुह को लगा था कि 'कपटी, कायर, कुमति, कुजाती। लोक-वेद बाहर सब भाँती।' होते हुए भी 'राम कीन्ह आपन जब ही तें, भयउँ भुवन-भूषन तबही तें'[5] उसी तरह तुलसी को भी लगा कि 'घर घर माँगे टूक, पुनि भूपनि पूजे पाँय, जे तुलसी तब राम बिनु, ते अब राम सहाय।'[6] राम की कृपा ने भले ही उन्हें राख से सँवार कर पहाड़

---

1. अंडरस्टैंडिंग ह्यूमन नेचर (प्रीमियर पाकेट बुक, प्र० सं०), पृ० 67
2. विनयपत्रिका 79/3
3. वही 270/4
4. वही 155/10
5. मानस 2/196/1-2
6. दोहावली 109।

से भी भारी बना दिया हो, राम का पवित्र पक्ष पाकर भले ही पंचों में उनका गौरव हो गया हो[1] पर वे यह कभी नहीं भूले कि मैं अपने में कुछ भी नहीं हूँ, जो कुछ हूँ राम की कृपा से हूँ, 'आप हौं आपुको नीके कै जानत, रावरो राम भरायो, गढ़ायो...हौं तो सदा खरको असवार तिहारोई नाम गयंद चढ़ायो'[2] अत: उनमें श्रेष्ठत्व की भावना का अहंकार कभी नहीं जागा, हाँ व्यक्तित्व का उन्नयन अवश्य ही 'संतत्व' की चरम सीमा तक हो गया।

राम को अपना स्वामी मानकर अपने को उनके योग्य सेवक बनाने के प्रयास में ही उन्हें अपनी अपूर्णता का, असमर्थता का, अपने दोषों का, पापों का तीखा अहसास हुआ। राम जैसे सर्वगुण-संपन्न, सर्वसमर्थ, सर्वज्ञ, सर्वधर्ममय प्रभु का तुलसी जैसा गुणहीन, असमर्थ, अज्ञ, अधर्मी सेवक! आखिर किस तरह—किस साधन से वे प्रभु को अपने ऊपर प्रसन्न कर सकते हैं? उन्हें लगा कि 'तुलसिदास हरि तोषिए सो साधन नाहीं'[3] भौतिक स्तर पर जो निर्धनता थी, साधनिक स्तर पर वही नि:साधनता बन गयी। अपने को सब प्रकार से साधनहीन समझने के कारण ही तुलसी के भक्तिपूरित हृदय में दीनता का ज्वार उमड़ पड़ा। वेद, पुराण, ज्ञान, विज्ञान, ध्यान, धारणा, योग-यज्ञ आदि साधनों का भरोसा तो तुलसी को था नहीं अत: प्रभु के विरुद 'दीनबंधु' को स्मरण कर अपनी दीनता का ही आश्रय ले तुलसी ने उनके अनुग्रह की याचना की—

वेद न पुरान गान, जानौं न बिज्ञान ज्ञान,
ध्यान, धारना समाधि, साधना-प्रवीनता।
नाहिन बिराग, जोग, जाग भाग तुलसी के,
दया-दान-दूबरो हौं, पाप ही की पीनता॥
लोभ-मोह-काम-कोह-दोष-कोष मोसो कौन,
कलि हू जो सीखि लई मेरियै मलीनता।
एक ही भरोसो राम रावरो कहावत हौं,
रावरे दयालु दीनबंधु, मेरी दीनता॥[4]

तुलसीदास ने विस्तारपूर्वक और बार-बार अपनी दीनता का वर्णन किया है। तुलसी की मनोवृत्ति को न समझ पाने पर कुछ लोगों को इसमें पुनरावृत्ति और एकघृष्टता की गंध आ सकती है। तुलसी को जब-जब अपने भीतर कमजोरी महसूस

---

1. कवितावली 7/61/1-2
2. वही 7/60/1, 4
3. विनयपत्रिका 109/10
4. कवितावली 7/62।

होती थी, जब-जब उन्हें काम, क्रोध, लोभ, मोह आदि का दु:सह वेग जर्जर कर देता था तब-तब वे दीन स्वरों में प्रभु से रक्षा की याचना करते थे। उनका विश्वास था कि—

तुलसी राम कृपालु सौं कहि सुनाउ दुख दोष।
होय दूबरी दीनता, परम पीन संतोष॥[1]

भीतर दैन्य भरा हो और उसे स्वीकार न किया जाये तो वह घातक हो जा सकता है। इसी तरह यदि प्रभु की कृपा का भरोसा न हो तो केवल दैन्य मनुष्य को निराश, अकर्मण्य और आत्मघाती बना दे सकता है। तुलसी अहंकार से बचने के लिए दैन्य का और आत्मघाती दीनता से उबरने के लिए प्रभु-कृपा का सहारा लेते हैं। उनका निर्देश है कि प्रभु के निकट दीनता की निश्छल स्वीकृति के द्वारा ही अपने दु:खों, दोषों से उत्पन्न दैन्य को दुर्बल और प्रभु की कृपालुता पर भरोसा रखने पर ही संतोष को पुष्ट किया जा सकता है। अत: निस्संकोच भाव से प्रभु को अपनी त्रुटियों, कमियों, गलतियों का पूरा विवरण सुना देना 'मम भरोस हिय हरष न दीना' वाली नौवीं भक्ति की ओर अग्रसर होने का सही रास्ता है। प्रभु से धूर्तता करना हजारों मूर्खताओं के बराबर है क्योंकि वे तो सर्वज्ञ हैं, इसलिए उनके समक्ष सीधे-सच्चे भाव से अपराधों की स्वीकृति कर लेने से मलीनता मिट जाती है, 'यहाँ को सयानप अयानप सहस सम, सूधौ सतभाय कहे मिटति मलीनता'[2] अत: अपने भीतर दीनता, हीनता, मलीनता का अनुभव करते ही उसको प्रभु को सुना देना तुलसी को आवश्यक लगता था।

फिर एक बात और थी। प्रभु-सा सहृदय श्रोता उन्हें और कहाँ मिलता। उन्होंने अपनी दीनता प्रभु को छोड़कर संसार में और किसी को नहीं सुनायी। स्वार्थ और परमार्थ दोनों की सिद्धि के लिए वे राम से ही याचना करना अपना धर्म समझते थे, अपने लिए, उनका निर्णय था—'स्वारथ परमारथ सकल सुलभ एक ही ओर, द्वार दूसरे दीनता उचित न तुलसी तोर।'[3] चातक की प्रशंसा भी उसकी इसी एकनिष्ठा के कारण उन्होंने की थी—

तीनि लोक तिहुँ काल जस चातक ही के माथ।
तुलसी जासु न दीनता सुनी दूसरे नाथ॥[4]

---

1. दोहावली 96। गो० श्रीकांत शरण का पाठ यहाँ स्वीकार किया गया है, ना० प्र० सभा के संस्करण में गुन-दोष पाठ है। तुलसी अपने में गुण देखते ही नहीं थे अत: गुण-दोष पाठ संगत नहीं लगता।
2. विनयपत्रिका 262/13-14
3. दोहावली 54
4. वही 288।

सर्वगुण-संपन्न प्रभु के समक्ष अपने को पाते ही प्रभु के महत्त्व और अपने लघुत्व की युगपत् अनुभूति से तुलसी कुछ कह भी नहीं पाते और बिना कहे रह भी नहीं पाते। सामने करुणा-वरुणालय, दयासागर, परम हितैषी एवं कोमल शील स्वभाववाले प्रभु हों तो उन्हें अपनी दीनता सुनाकर जो सुख मिलता है, वह अनुभवैकगम्य है। तुलसी के शब्दों में—

कह्यो न परत, बिनु कहे न रह्यो परत,
बड़ो सुख कहत बड़े सों, बलि, दीनता।
प्रभु की बड़ाई बड़ी, आपनी छोटाई छोटी,
प्रभु की पुनीतता, आपनी पाप-पीनता॥[1]

प्रभु के निकट दैन्य-निवेदन कर भक्त को जो परम सात्त्विक आनंद मिलता है, वह उसे पुनः-पुनः प्रेरित करता है कि प्रभु को वह अपनी दीन-हीन स्थिति का विवरण सुनाता ही रहे। इस वृत्ति को भक्तों का यह विश्वास और पुष्ट करता है कि प्रभु दीनदयालु हैं, दीनता सुनकर द्रवित हो जाते हैं और गुणहीन सेवकों को भी निहाल कर देते हैं। तुलसी ने ही कहा है, 'सेवा बिनु, गुन-बिहीन दीनता सुनाए, जे जे तैं निहाल किए फूले फिरत पाए।'[2] अतः भक्तों की दृष्टि में पुनः-पुनः दैन्य-निवेदन दोष न होकर गुण ही है।

तुलसी ने लौकिक दुख-कष्टों से छुटकारा पाने के लिए भी प्रभु से प्रार्थना की है, किंतु उनसे वे सहज में दीन नहीं होते। पापस्वरूपिणी प्रतिष्ठा के बढ़ जाने के कारण 'बढ़ी रारि' को[3] जाति-पाँति को लेकर लगाये गये लांछनों को[4] उन्होंने धैर्य के साथ झेल लिया था। शिव जी के किंकरों द्वारा पहुँचायी गयी आधिभौतिक बाधाओं से वे कुछ अधिक विचलित हुए थे। भगवान् शिव के द्वार पर 'दीन' होकर उन्होंने गुहार लगायी थी कि कठोर करतूति करनेवालों को शीघ्र ही बरजिये, नहीं तो श्रीराम से उलाहना पाकर मुझे उलाहना न दीजिएगा।[5] अंतिम समय में बाहु पीड़ा एवं बालतोड़ आदि व्याधियों से पीड़ित होकर वे सचमुच बहुत विकल हो गये थे और हनुमान बाहुक, कवितावली, दोहावली आदि में उन्होंने कातर स्वर में अपनी दीनता का वास्ता देते हुए श्रीराम, हनुमान, शिव जी आदि से अपने को रोगमुक्त करने की प्रार्थना की थी। इन छंदों में उन्होंने अपने इस अपराध को भी स्वीकारा है कि बचपन की शुद्ध भावना पर द्रवित होकर राम के द्वारा अपना लिये जाने पर वे 'लोक रीति' में पड़कर, 'गुसाईं' बनकर 'पति' (प्रतिष्ठा) पाकर फूल उठे थे और खोटे-

---

1. विनयपत्रिका 262/1-4
2. वही 80/7-8
3. दोहावली 494
4. कवितावली 106, 107
5. कवितावली 7/165, 166; विनयपत्रिका 8।

खोटे आचरण करने **लगे थे** इसीलिए उन्हें इन व्याधियों के ब्याज से घोर यंत्रणा झेलनी पड़ रही है।[1]

सामाजिक दुर्गति से उत्पन्न दैन्य से प्रेरित होकर सामाजिक मंगल के लिए, दीन-दुःखीजनों का संकट मिटाने के लिए, काशी की महामारी और दुर्व्यवस्था को दूर करने के लिए, रुद्रबीसी और मीन की शनीचरी के प्रकोप को शांत करने के लिए भी उन्होंने विनयपत्रिका, दोहावली, कवितावली आदि में दीन स्वर में प्रार्थनाएँ की हैं।

तुलसी के दैन्य का सर्वाधिक उत्कर्ष शरणागति साधना के अंग के रूप में हुआ है। कलि के अत्याचारों से भयभीत तुलसी ने अपने गुणों एवं साधनों से उत्पन्न अहंकार का पूर्णतः निरसन कर, अपनी अपात्रता, असमर्थता एवं अन्यान्य दुर्बलताओं के उल्लेख द्वारा आत्मावमानना कर एकमात्र प्रभु की कृपा के ऊपर ही सर्वथा निर्भर रहने का मनोभाव ऐसी रचनाओं में प्रकट किया है। उन्हें लगता रहा कि सद्गुण ज्ञान, वैराग्य, भक्ति आदि श्रेष्ठ साधन तो कलियुग के पापों और अवगुणों को देखकर व्याकुल हो भाग खड़े हुए हैं, इतनी अनीति और कुरीति हो गयी है कि पृथ्वी सूर्य से भी अधिक उत्तप्त लगती है, कहाँ जाऊँ, कोई स्थान नहीं है, बुद्धि अकुला उठी है, ऐसे में कोई अपना नहीं है, स्वयं अपना मन भी नहीं, तुलसी की सूखती हुई खेती को अब श्याम घन से सींच कर प्रभु ही सफल कर सकते हैं, इसीलिए 'नाथ-कृपा ही को पंथ चितवत दीन हौं दिन राति।'[2] यह जानते हुए भी कि विषय विपत्तिमय है, उन्हें न छोड़ पाने के कारण, महामोह की सरिता में बहते हुए भी श्री हरि के चरण-कमल की नौका का परित्याग कर सामान्यजनरूपी फेन का अवलंब ग्रहण करने के कारण तुलसी अपने को सबसे बड़ा मूढ़ एवं पापी मानते हुए कह उठते हैं, माधव जू, मो सम मंद न कोऊ।'[3] दुष्ट मन ने मुझे इस प्रकार बिगाड़ा कि मैं इसके चलते जन्म-जन्म में रोता ही रहा। शीतल, मधुर, सहज सुख देनेवाले प्रभु-प्रेमरूपी अमृत को छोड़कर मोहवश नाना उद्योगों के द्वारा सुखी होने की विफल चेष्टा करता रहा, दुष्कर्मों के कीच से चित्त को सानकर मल को मल से धोने की मूर्खता करता रहा, गंगा को छोड़कर प्यास बुझाने के लिए व्याकुल हो पुनः-पुनः आकाश निचोड़ता फिरा, सारी रात बिछौना बिछाने का उपक्रम करते-करते ही बीत गयी, कभी नींद भर सो नहीं पाया, 'तुलसिदास प्रभु! कृपा करहु अब, मैं निज दोष कछू नहिं गोयो।'[4]

1. हनुमानवाहुक 40, 41
2. विनयपत्रिका 51
3. वही 92
4. वही 245।

यह स्मरण रहे कि समस्त सद्गुणों से अलंकृत होते हुए भी शरणागत भक्त भगवान् की परम दुर्लभ कृपा पाने की दृष्टि से अपने को अत्यंत असमर्थ और सब प्रकार से हीन मानकर परम व्यग्रता का अनुभव करते हैं। भगवत्कृपा अपने में सर्वथा स्वतंत्र होने पर भी दीनों पर विशेष रूप से होती है अत: वे इसके लिए निरंतर यत्नवान रहते हैं कि मन, वचन और कर्म में यह दैन्य भाव स्थिर रहे एवं जाति, कुल, शील, भक्ति, ज्ञान, सद्गुण आदि का अहंकार मन में भी न आने पाये। ऐसे दैन्य को भी वे भगवान् का प्रसाद ही मानते हैं क्योंकि उनकी दृष्टि में भगवत्प्रेम और दैन्य परस्पर पोष्य-पोषक हैं।

अपनी शक्ति जब जवाब दे देती है तभी तो कोई किसी की शरण में जाता है। उस स्थिति में दीन हो जाना स्वाभाविक ही है। वैष्णव, शैव, शाक्त, आदि सभी साधनाओं में इस दैन्य तत्त्व की सहज स्वीकृति है। गीता में वर्णित अर्जुन के दैन्य का उल्लेख किया जा चुका है। दुर्गा सप्तशती में भी 'शरणागतदीनार्त्त-परित्राण-परायणे, सर्वस्यार्त्तिहरे देवि नारायणि नमोऽस्तुते'[1] कहकर शरणागति के साथ दीनता के अविच्छेद्य संबंध को उजागर किया गया है। विभिन्न पुराणों एवं स्तोत्रों में शरणागति के लिए दैन्य के महत्त्व को स्वीकार किया गया है। ऐसा प्रतीत होता है कि रामानुज के गुरु के गुरु यामुनाचार्य (दसवीं-ग्यारहवीं सदी ईसवी) कृत आलवन्दार स्तोत्र तथा महाकवि जगद्धरभट्ट (चौदहवीं सदी ईसवी के उत्तरार्ध में वर्तमान) कृत स्तुति कुसुमांजलि के अनुशीलन द्वारा भी तुलसी ने अपने दैन्य भाव को समृद्ध किया था। आलवन्दार स्तोत्र में अपने को असंख्य अपराधों से आवृत मानकर यामुनाचार्य ने उपायान्तरशून्य हो प्रभु की शरण ग्रहण करते हुए कहा था—

न धर्मनिष्ठोऽस्मि न चात्मवेदी, न भक्तिमांस्त्वच्चरणारविन्दे।
अकिंचनोऽनन्यगतिः शरण्य त्वत्पादमूलं शरणं प्रपद्ये॥[2]

अर्थात् 'न तो मैं धर्मनिष्ठ हूँ, न आत्मज्ञान-संपन्न हूँ, न आपके चरणारविंदों में भक्तिमान् ही हूँ, हे शरण्य प्रभु, मैं अकिंचन, अनन्यगति आपके चरण-कमलों की शरण लेता हूँ।' इस स्तोत्र के अनेक अन्य छंदों में दैन्य का बड़ा मर्मस्पर्शी चित्रण हुआ है। जगद्धरभट्ट ने तो 'स्तुति कुसुमांजलि' के नवम, दशम, एकादश स्तोत्रों के नाम ही कृपणाक्रंदन, करुणाक्रंदन तथा दीनाक्रंदन रखकर भगवान् शिव की वंदना करते हुए अपनी दीनता का बहुत करुणापूर्ण निवेदन किया है। अपनी अधमता को ही शिव की अनुकंपा की पात्रता का हेतु बताते हुए उन्होंने लिखा है—

पापः खलोऽहमिति नार्हसि मां विहातुं
किं रक्षया कृतमतेरकुतोभयस्य।

1. दुर्गा सप्तशती 11/12
2. आलवन्दार स्तोत्र 25।

यस्मादसाधुरधमोऽहमपुण्यकर्मा,

तस्मात्तवास्मि सुतरामनुकम्पनीयः ॥[1]

अर्थात् 'यह पापी और नीच है' ऐसा समझकर मेरा परित्याग करना उचित नहीं है क्योंकि अकुतोभय, पुण्यात्माओं को आपकी रक्षा का प्रयोजन ही क्या है। चूँकि मैं अत्यंत असाधु, अधम और पापात्मा हूँ इसीलिए तो आपके द्वारा अनुकंपनीय हूँ।

परंपरा के संदर्भ में रखकर देखने से यह स्पष्ट हो जाता है कि तुलसीदास का दैन्य शरणागत भक्तों की भावनाओं के अनुरूप ही है। फिर भी सामान्यता के साथ-साथ कुछ-न-कुछ विशिष्टता भी हर एक में होती ही है। ऐसा लगता है कि आरंभिक स्थिति में तुलसीदास ने 'मानी चातक' को अपना आदर्श माना था जो न तो याचना करता है, न संग्रह करता है और न सिर झुकाकर लेता ही है, निश्चय ही ऐसे 'मानी याचक' को राम घनश्याम के अतिरिक्त और कोई नहीं दे सकता, 'नहिं जाचत, नहिं संग्रही, सीस नाइ नहिं लेइ। ऐसे मानी माँगनेहि को बारिद बिन देइ।'[2] उन्हें यह देखकर बहुत संतोष हुआ था कि केवल अपने प्रियतम मेघ के प्रति ही अपनी दीनता का निवेदन करते हुए भी चातक ने अपनी प्रीति की विलक्षणता से संसार में एक नयी रीति चलायी, याचक के स्थान पर दानी को ही 'कनौड़ा' बना दिया, 'प्रीति पपीहा पयद की प्रगट नयी पहिचानि-जाचक जगत कनाउड़ो, कियो कनौड़ो दानि।'[3] पर अपने इस भाव का निर्वाह वे अंत तक नहीं कर पाये। 'जीवन अवधि अति नेरे' देखकर वे विकल होकर मान त्याग कर, बिन बुलाये ही राम के द्वार पर 'मचला' बनकर, धरना देकर बैठ गये कि भले ही यम के भट धक्का दे-देकर थक जायें तो भी मैं तब तक नहीं उठूँगा जब तक राम यह नहीं कह देते कि तुलसी, तू मेरा है।'[4] अपने को सब प्रकार से दीन मानकर अपने संबंध के कारण ही वे प्रभु के संरक्षण की याचना करते हैं जिस प्रकार टूटी बाँह भी गले पड़ती है, फूटी आँख में भी पीड़ा होने पर उसके हित का प्रयास करना पड़ता है, उसी प्रकार अपराधी होते हुए भी मैं आपका हूँ, इसलिए मुझे न भुलाइए, 'अपराधी तउ आपनो तुलसी न बिसरिये, टूटियो बाँह गरे परै, फूटेहु बिलोचन पीर होत हित करिये।'[5] इसी भावावेश में तुलसी अपने को संसार में सबसे अधिक दीन मानकर और प्रभु को सर्वाधिक दीन हितकारी मानकर उनसे अपने विविध तापों को दूर करने की प्रार्थना करते हुए कहते हैं—

---

1. स्तुतिकुसुमांजलि 11/37
2. दोहावली 290
3. वही 289
4. विनयपत्रिका 267
5. वही 271/7-8।

तुम सम दीनबंधु, न दीन कोउ मो सम सुनहु नृपति रघुराई।
मो सम कुटिल मौलिमनि नहिं जग, तुम सम हरि न हरन कुटिलाई ॥[1]

तुलसी इसी दैन्य के सहारे एक ओर संसार के व्यक्तियों के निकट अदीन और दूसरी ओर प्रभु के निकट कृपापात्र हो गये थे। अहंकार को दूर कर जो एकनिष्ठ दैन्य मानव जीवन के चरम प्राप्य को सुलभ बना देता है, वह निश्चय ही महनीय है।

■

1. विनयपत्रिका 242/1-2।

आश्वासन राम का : माध्यम तुलसीदास का

आश्वासन...स्वच्छन्द भाव से साँस लेना।

साँस भी हम आज सब समय खुलकर सम गति से कहाँ ले पाते हैं। कल्पना कीजिये, कोई मनुष्य भादों की तूफानी अमावस्या की रात को बवंडर के झकोरे से नाव से छिटक कर अचानक अपार, अथाह, उफनती हुई नदी में जा गिरा है। अपनी शक्ति भर हाथ-पाँव पटक लेने के बाद भी उसे कूल-किनारा या कोई नौका-बेड़ा नहीं दिखता। अहसास होता रहता है उसे अपने चारों ओर मगर-घड़ियाल जैसे भयंकर जलचरों का, क्योंकि वे रह-रह कर अपने दाँत तेज करते रहते हैं उसे काट-काट कर। वेगवती धारा की दुर्दान्त तरंगों में घिरती आती मृत्यु की विभीषिका से संत्रस्त उस मनुष्य की धौंकनी-सी चलती साँसें हृत्पिंड को ही विदीर्ण कर देना चाहती हैं। जरा रुककर सोचिये, आश्वासन के लिए विकल वह व्यक्ति कहीं आप ही तो नहीं हैं। आखिर यह दुनिया किस भयंकर बरसाती नदी से कम है, परिस्थितियों के थपेड़ों और स्वार्थान्ध मित्रों-शत्रुओं के दंशनों को झेलते-झेलते एक सीमा के बाद किसका दम नहीं उखड़ जाता। उस संत्रास से व्यक्ति कैसे उबरे? आधुनिक नुस्खे कम नहीं हैं और बहुतों के लिए वे कारगर भी हो सकते हैं। किन्तु घुटन-टूटन, अनास्था-निराशा की दिनों दिन बढ़ती यंत्रणा से पिसते हुए हृदयों की आहें-कराहें साबित करती हैं कि मानवता के एक बड़े अंश के लिए ये नये नुस्खे अपर्याप्त हैं। ऐसे में याद आती है तुलसी की आश्वासनमयी श्रद्धापूत वाणी, जिसका दावा है कि कोई भी स्थिति इतनी संकटापन्न नहीं हो सकती जिससे श्रीराम की विशाल भुजाएँ हमें-आपको उबार न लें—

जहाँ जम जातना, घोर नदी, भट कोटि जलच्चर दंत टेवैया।
जहँ धार भयंकर वार न पार, न बोहित-नाव, न नीक खेवैया॥
तुलसी जहँ मातु-पिता न सखा, नहिं कोऊ कहूँ अवलंब देवैया।
तहाँ बिनु कारन राम कृपालु बिसाल भुजा गहि काढ़ लेवैया॥[1]

इस पर विश्वास करते ही उखड़ी हुई साँसें फिर से सम, स्वाभाविक होने लगती हैं, निराशा और भय का कोहरा छँटने लगता है, अर्थहीन जीवन अर्थवत्ता पाने लगता है। तो आश्वासन का अर्थ है ढाँढ़स, दिलासा, भयनिवारण, रक्षा का वचन, आशाप्रदान।

---

1. कवितावली 7/52।

सच्चा आश्वासन वही दे सकता है जो स्वयं पूर्ण आश्वस्त हो। व्यावहारिक स्तर पर अंशत: आश्वस्त लोग भी एक-दूसरे को आश्वासन देते रहते हैं। ईमानदारी से दिये गये ऐसे आश्वासन भी मूल्यवान हैं। कई बार छोटी-मोटी परेशानियाँ भी बड़ी बनकर आदमी को डराने लगती हैं और ऐसे समय में ये आश्वासन भी फलप्रसू होते हैं, किन्तु एक सीमा तक ही। बहुत बार आश्वासन उन लोगों के द्वारा दिये जाते हैं जो इनके द्वारा सामयिक रूप से व्यक्ति विशेष या जन समूह को सम्मोहित कर अपनी प्रतिष्ठा, शक्ति बढ़ाना चाहते हैं। आँख खोलकर यदि देखें तो मसीहा का मुखौटा लगाये ऐसे छद्म-आश्वासक सामाजिक जीवन के हर क्षेत्र में मिल जायेंगे चाहे धर्म हो या संस्कृति, शिक्षा हो या कला, राजनीति हो या अर्थनीति। इसीलिए प्रवंचित आधुनिक मन कुंठित और क्षुब्ध होकर कह उठता है—

अर्थहीन कोलाहल से बढ़कर/सुखकरे यह सूनापन।
क्या होंगे लूले संकल्प/और बहरे विश्वास?/और चमकीले आश्वासन?
अपने को अपने से सहो।/कुछ भी मत कहो, यूँ ही चुप रहो![1]

(चन्द्रदेव सिंह)

पर अपने में सिमटे हुए आस्थाहीन व्यक्ति क्या सचमुच अपने आपको सह पाते हैं? विघटन, बिखराव, उदासी, बोरियत, परपीड़न, हिंसा के बढ़ते आँकड़े तो ऐसा नहीं बताते। व्यक्ति समाज से कटकर या भागकर कुछ दिनों तक आहें भर सकता है या बाहर से भड़कीला, भीतर से खोखला अस्तित्व बनाये रख सकता है, पर वास्तव में जी नहीं सकता। उसके लिए तो उसे विराट से जुड़ना या स्वयं विराट बनना पड़ेगा। कैसे ऐसा हो? इस प्रक्रिया में उठनेवाले विष से दग्ध मन को विचलित हो जाने पर कौन आश्वस्त करे? पारंपरिक श्रद्धा के अनुसार वास्तविक आश्वासन या तो प्रभु दे सकते हैं या पहुँचे हुए संत! आधुनिक मन की शंकाओं को थोड़ी देर के लिए स्थगित कर श्रीराम और तुलसी के माध्यम से आश्वासन की प्रविधि को समझने की चेष्टा हितकर होगी।

सर्व समर्थ प्रभु की ओर से दिये गये आश्वासन के दो वचन भागवतों में बहुत प्रसिद्ध हैं। इनमें से एक वाल्मीकीय रामायण में और दूसरा गीता में है। विभीषण शरणागति के प्रसंग में श्रीराम ने मुक्त आश्वासन देते हुए कहा था—

सकृदेव प्रपन्नाय, तवास्मीति च याचते।
अभयं सर्व भूतेभ्यो ददाम्येतद् व्रतं मम॥[2]

अर्थात् जो एक बार भी 'मैं तुम्हारा हूँ' कहता हुआ मेरी शरण में आ जाता है, मैं उसे समस्त प्राणियों में (अथवा समस्त प्राणियों से) अभय कर देता हूँ। इसी का समशील

---

1. कुछ चन्दन की, कुछ कपूर की, के पृ० 197 पर उद्धृत
2. वाल्मीकीय रामायण 6/18/63।

वचन है श्रीकृष्ण का जो उन्होंने गीता के अन्त में अर्जुन को दिया था—

सर्वधर्मान् परित्यज्य मामेकं शरणं व्रज।
अहं त्वा सर्वपापेभ्यो मोक्षयिष्यामि मा शुचः॥[1]

अर्थात् समस्त धर्मों का परित्याग कर तू मेरी ही शरण में आ जा, मैं तुझे समस्त पापों से मुक्त कर दूँगा, शोक मत कर। वैष्णवों में 'चरम यंत्र' के रूप में इन दोनों वचनों की मान्यता है। मध्यकालीन भक्ति साधना और स्वयं तुलसीदास पर इनका गहरा प्रभाव है। प्रपत्ति या शरणागति की साधना के तो ये मूलाधार हैं।

तुलसीदास की एक अद्‌भुत विशेषता यह है कि दर्शन, भक्ति-साधना, काव्य आदि की पुरानी परम्पराओं का एक बड़ी सीमा तक निर्वाह करते हुए भी वे अपना मौलिक व्यक्तित्व रखते हैं। पुरानी मान्यताओं को भी बेजान मुहावरों में वे नहीं दुहराते, जानी-पहचानी बातों में भी अपने अनुभव और व्यक्तित्व के योग से नयी चमक पैदा कर देते हैं। शोधकर्त्ताओं ने सिद्ध करने की चेष्टा की है कि उन्होंने विचारधारा, भक्ति-भावना एवं साधना की प्रायः समस्त बातें अपने पूर्ववर्त्तियों से प्राप्त की हैं। विनय की साकार मूर्ति तुलसीदास भी यही कहते हैं। किन्तु मर्मी लोग देख सकते हैं कि विषय पुराना होते हुए भी तुलसी की अनुभूति सच्ची और नितान्त अपनी है। यही बात रचना में ताजगी और सहजता लाती है, इसी क्षमता ने अभिव्यक्ति कुशलता से मिलकर तुलसीदास को इतना लोकप्रिय और सम्मान्य बना दिया है।

ध्यान देने की बात है कि तुलसीदास के राम न तो सातवें आसमान की ऊँचाई से, न निरपेक्ष, तटस्थ मुद्रा से आश्वासन देते हैं। वे तो हमारे आपके सुख से सुखी, दुःख से दुःखी होनेवाले राम हैं। उनके पारमार्थिक स्वरूप को ज्ञानियों के विचार क्षेत्र के लिए छोड़ दीजिये, उन वीतराग स्थितप्रज्ञों को तो आश्वासन की आवश्यकता ही नहीं है। तुलसी के राम केवल उनके लिए नहीं हैं, वे तो मुख्यतः 'आरत, दीन, अनाथनि के हित' हैं, 'कायर, कपूत, कूर, लटे, लटपटनि' को सहारा देनेवाले हैं। अपने प्रभु की व्यावहारिक लीला का अंकन करते समय तुलसी ने उन्हें इतना मानवीय, इतना आत्मीय बना दिया है कि छोटे-से-छोटा, पापी-से-पापी, अज्ञानी-से-अज्ञानी, असमर्थ-से-असमर्थ, दुःखी-से-दुःखी व्यक्ति भी बेहिचक, बेझिझक अपना दुखड़ा उन्हें सुना सकता है, उनका सहारा पा सकता है। राम के इस शील-स्वभाव के कारण उनका दिया हुआ आश्वासन हृदय को छूता है, दुःख-दर्द को झेलने की शक्ति देता है। आश्वासन केवल वाणी से नहीं, उपस्थिति, दृष्टि, मुसकान, स्पर्श, चरित्र आदि से भी प्रभु देते हैं। उनका तो बाना ही है, 'जो जेहि

---

1. श्रीमद्‌भगवद्‌गीता 18/66।

भाय रहा अभिलाषी, तेहि तेहि के तसि तसि रुचि राखी।[1] फिर भी स्पष्टता और संक्षिप्तता के अनुरोध से 'मानस' में आयी प्रभु की कुछ विशिष्ट आश्वासन-वाणियों की बानगी ही दी जा रही है।

भय, दुःख, शोक, संत्रास आदि कई स्तरों के और कई कारणों से हो सकते हैं। अत्याचारी निशाचरों के आतंक से उत्पन्न भय का प्रतिकार केवल शब्दों से नहीं, उनके उच्छेद के द्वारा ही संभव है। ताड़का और सुबाहु का वध कर तथा मारीच को शतयोजन सागर के पार फेंककर ही विश्वामित्र को दी गयी 'निर्भय जग्य करहु तुम्ह जाई'[2] की आश्वासन-वाणी सार्थक हो सकी थी। इसी प्रकार अरण्यकांड में 'निसिचर निकर सकल मुनि खाए' यह जानकर 'नयन जल छाए' प्रभु ने भुजा उठाकर प्रतिज्ञा की थी 'निसिचर हीन करउँ महि।'[3] समस्त मुनियों के आश्रमों में जाकर तात्कालिक रूप से और अनन्तर प्रतिज्ञा का निर्वाह कर स्थायी रूप से प्रभु ने उन्हें आश्वस्त किया था। स्पष्ट है कि सैद्धान्तिक दृष्टि से प्रभु (और उनके भक्त तुलसी) भले समदर्शी हों किन्तु व्यावहारिक स्तर पर वे शक्तिशाली अत्याचारियों के मुकाबले में दुर्बल पीड़ितों का न केवल पक्ष लेते हैं बल्कि अत्याचारियों को कठोर दंड भी देते हैं। बालि से संत्रस्त सुग्रीव को आश्वस्त करने के बहाने सम्पूर्ण उत्पीड़ित मानवता को आश्वस्त करते हुए श्री राम ने कहा था, 'सखा सोच त्यागहु बल मोरें। सब बिधि घटब काज मैं तोरे।'[4] इसी प्रकार 'रावन क्रोध अनल निज स्वास समीर प्रचंड'[5] से जलते, निशिचर वंश में जन्मे 'सहज पाप प्रिय तामस देहा' के कारण कुंठित विभीषण को अपनी विशाल भुजाओं से जकड़ कर, हृदय से लगाकर उसे शोकमुक्त करते हुए सभी भयभीतों एवं हीनता-ग्रन्थि-ग्रस्तों को आश्वासन देनेवाले प्रभु की वाणी है—

जो नर होइ चराचर द्रोही। आवै सरन सभय तकि मोही॥
तजि मद, मोह, कपट छल नाना। करउँ सद्य तेहि साधु समाना॥[6]

यह स्मरणीय है कि दुःख-शोक आदि के कारण केवल बाहरी नहीं, भीतरी भी होते हैं। बहुसंख्यक मनुष्य अपने ही विकारों की ताड़ना से या नाना प्रकार की हीनताओं के बोध से व्याकुल विह्वल रहते हैं। प्रभु का आश्वासन उनके लिए भी है। शर्त सिर्फ एक ही है कि शरण निश्छल भाव से ग्रहण की जाये। कामी (सुग्रीव),

---

1. मानस 2/244/2
2. वही 1/210/1
3. वही 3/9
4. वही 4/7/10
5. वही 5/496
6. वही 5/48/2-3।

क्रोधी (परशुराम), लोभी (विभीषण),[1] अभिमानी (बालि), द्रोही (जयन्त) आदि को प्रभु क्षमा कर देते हैं, पुण्य (पातिव्रत्य) से स्खलित (अहल्या) और दीन, हीन, अज्ञ, तथाकथित नीची जाति के जन (केवट, शबरी आदि) को भी तार देते हैं किन्तु किसी छली-कपटी को क्षमा नहीं करते क्योंकि तुलसी की मान्यता है कि जिस प्रकार अन्धकार सूर्य के समक्ष नहीं जा सकता, उसी प्रकार छली प्रभु के सन्मुख नहीं हो सकता, 'छली न होइ स्वामि सनमुख ज्यों तिमिर सात हय-जान सों।'[2] प्रभु से अपने पापों, दोषों, अपराधों का निवेदन करना मानसिक निर्मलता की ओर अग्रसर होने की इच्छा और चेष्टा का प्रमाण देना है, प्रभु के सन्मुख होने का प्रयास करना है, जिसके बिना प्रभु कृपा असंभव न होने पर भी बहुत दुर्लभ है। पाप-बोध के विषय-दग्ध हृदयों में अमृत का प्रलेप करते हुए प्रभु ने कहा है कि अन्य सामान्य पापों की तो बात ही क्या, करोड़ों वेद पाठी ब्राह्मणों की हत्या करनेवाले को भी शरण आने पर मैं नहीं त्यागता। जीव जैसे ही मेरी ओर उन्मुख होता है, उसके करोड़ों जन्मों के पाप उसी समय नष्ट हो जाते हैं—

कोटि बिप्र बध लागहिं जाहू। आए सरन तजउँ नहिं ताहू॥
सनमुख होइ जीव मोहि जबहीं। जन्म कोटि अघ नासहिं तबहीं॥[3]

बाहरी संत्रास से भी अधिक भयावह भीतरी संत्रास को नवजीवन के उल्लास में बदल देने में समर्थ यह उक्ति मानसिक स्वास्थ्य प्राप्त करने के लिए आज भी कल्पलता के समान है।

भक्ति साधना का सबसे विधायक सामाजिक पक्ष दीन, हीन, पतित, उत्पीड़ित, निराश जनगण को वैयक्तिक और सामूहिक स्तर पर आश्वासन देना ही है। इस दिशा में मध्यकालीन भक्तों में तुलसी सर्वोपरि हैं। वे स्वयं जीवन-समुद्र की भँवर में फँस कर उसके अतल वायुहीन, ज्योतिहीन आवर्त की यंत्रणा भोग चुके थे। जिस रामनाम और प्रभु कृपा के सहारे वे उससे उबरे थे उसी का आश्रय लेकर शोक और चिन्ता से मुक्त होने के लिए उन्होंने मानव मात्र का आह्वान किया है। दु:खों -कष्टों के बोझ से पिसते रहने के कारण जिनका मनोबल टूट रहा हो वे एक बार तुलसी के जीवन की ओर देखें। माता-पिता ने जन्म देकर उन्हें त्याग दिया था, विधाता ने उनके कपाल में भलाई लिखी ही नहीं थी, नीच, अपमानित, कायर, कुत्ते की तरह टुकड़ों के लिए लालायित रहे तुलसीदास अपने बचपन में,[4] यौवन में 'मोह-मद-मात्यो, रात्यो

---

1. देखिये, विभीषण की उक्ति 'उर कछु प्रथम बासना रही' वही 5।49।6 एवं प्रभु द्वारा उसे राज्य-सम्पदा का दान।
2. गीतावली 5/33/4
3. मानस 5/44/1-2
4. कवितावली 7/57।

कुमति-कुनारि सों, बिसारि बेद-लोक-लाज आँकुरो अचेतु'[1] हो गये थे वे, फिर भी प्रभु ने 'छारतें सँवारि के' उन्हें 'पहार हूते भारी' और पंचों में गौरवशाली बना दिया।[2] अत: तुलसीदास के स्वर में जो आत्मविश्वास है, वह संक्रामक है। हृदय से निकली उनकी बातें सुननेवालों के हृदय को प्रभावित करने में समर्थ हैं।

प्रभु के और भक्त के आश्वासन देने की विधि में थोड़ा अन्तर है। प्रभु की तरह भक्त यह नहीं कहता 'सखा सोच त्यागहु बल मोरें।' उसका अपना बल तो कुछ है ही नहीं, 'जनहिं मोर बल' के अनुसार प्रभु का बल ही उसका बल है। अत: अपने प्रभु के बल और शील के भरोसे ही वह अपने मन को और दूसरों को भी ढाँढ़स बँधाता रहता है। ऐसा करते समय वह बार-बार प्रभु के चरित्र का स्मरण करता है, प्रभु द्वारा अनुगृहीत जनों के उदाहरण दे-देकर अपनी तथा अन्यों की आस्था को पुष्ट करता है। विश्वामित्र, अहल्या, केवट, शबरी, सुग्रीव, विभीषण आदि के उल्लेख के साथ अपने ऊपर की गयी कृपा के वैयक्तिक अनुभव का साक्ष्य जोड़कर तुलसीदास ने अनेकानेक उक्तियों में अपूर्व विश्वसनीयता भर दी है। कवितावली का ऐसा ही एक मार्मिक छन्द है—

सोक समुद्र निमज्जत काढ़ि कपीस कियो जग जानत जैसो।
नीच निसाचर बैरी को बंधु बिभीषन कीन्ह पुरंदर कैसो ॥
नाम लिये अपनाइ लियो, तुलसी सों कहो जग कौन अनैसो।
आरत-आरति-भजन राम, गरीबनेवाज न दूसर ऐसो ॥[3]

धर्मशास्त्रियों ने अनैतिक-अनुचित कार्यों से लोगों को दूर रखने के लिए अपराधों और पापों के दुष्परिणामों की भयंकर विभीषिका खड़ी की है। यह ठीक है कि पाप में प्रवृत्ति न होने देने में भय की किंचित् उपयोगिता है किन्तु उसके अतिरेक के कारण पाप-बोध जबर्दस्त मनोग्रन्थि बन जाता है और मनोबल को क्षीण कर जीवन्त मनुष्य को भग्नावशेष मात्र बना देता है। धर्मशास्त्रियों से विरासत में मिले अतिरंजित नैतिकता बोध के कारण अपनी गलतियों के लिए पछतावे की आग में जलते, अपनी ही नजरों में गिरे, डरे-सहमें लोगों के मर्म को सहलाते हुए तुलसीदास उन्हें बताते हैं कि प्रभु अपने भक्तों के अगाध अपराधों को भी मन में नहीं लाते, अच्छा बताओ, गणिका, गजेन्द्र, जटायु, अजामिल के पापों की कहीं गिनती भी हो सकती थी, फिर भी प्रभु ने सिर्फ एक बार नाम लेने मात्र से उन्हें अपना लोक प्रदान कर दिया, जहाँ बड़े-बड़े मुनि भी नहीं जा पाते, अत: चिन्ता छोड़कर अनाथों पर सदय दीनदयालु रघुनाथ को भक्तिपूर्वक भजो—

---

1. कवितावली 7/82/1-2
2. वही 7/61/1-2
3. वही 7/4।

अपराध अगाध भए जनतें, अपने उर आनत नाहिंन जू।
गनिका, गज, गीध, अजामिल के गनि पातक-पुंज सिराहिं न जू॥
लिए बारक नाम सुधाम दियो जिहि धाम महामुनि जाहिं न जू॥
तुलसी भजु दीनदयालुहिं रे रघुनाथ अनाथहिं दाहिन जू॥[1]

इसका अर्थ यह नहीं है कि तुलसीदास पाप का समर्थन करते हैं या उसे अनदेखा करते हैं। इसका अर्थ व्यावहारिक स्तर पर सिर्फ यही है कि वे पापी को भी आतंकित न कर आश्वस्त करते हैं ताकि वह भी नाम जप के द्वारा भक्ति की ओट ले ले और अनायास ही पापों से मुक्ति पा ले। सैद्धान्तिक स्तर पर वे किसी भी पाप को श्रीराम या उनके नाम की पावनकारिणी शक्ति से बड़ा नहीं मानते। उनका गहरा विश्वास है कि 'प्रसिद्ध-से-प्रसिद्ध पातकी' भी उस 'पाप पुंजहारी' से जुड़कर सद्यः निष्पाप हो जाता है। अतः क्या आश्चर्य है इसमें, कि शास्त्र-संत्रस्त जनता ने भक्ति को, तुलसीदास को अपने हृदय का हार बना लिया।

और जब संत्रास के कारण बाहरी हों, प्रतिकूल समाज-व्यवस्था या रावणी दुःशासन में हों, तब ? तब भी तुलसीदास प्रभु के चरित्र का स्मरण कर पीड़ित जनता को आश्वस्त करते हैं। तुलसीदास का अपना युग ऐसा ही संत्रासकारी था। राम-रावण के चिरकालीन संघर्ष में ऐसी स्थितियाँ आती हैं जब रावणत्व सामयिक रूप से विजयी होता प्रतीत होता है। उसके उत्कर्ष के समय भी तुलसीदास का विश्वास विचलित नहीं होता। उनके अनुसार वह समय कठिन धैर्य का, अपनी मान्यताओं पर अडिग रहते हुए लम्बी प्रतीक्षा का होता है, प्रयोजन होने पर निर्भय बलिदान का होता है। रावण के अत्याचारों से पीड़ित धरती, देव-मुनि-गण आदि को आश्वस्त करते हुए प्रभु ने वचन दिया था, 'जनि डरपहु मुनि, सिद्ध, सुरेसा, तुम्हहि लागि धरिहउँ नर बेसा.........हरिहउँ सकल भूमि गरुआई, निर्भय होहु देव समुदाई'।[2] तुलसी अपने समय में ऐसे अवतार की प्रतिश्रुति नहीं दे सकते थे। फिर भी वे एक अद्‌भुत भावसत्य का निरूपण कर गये हैं। रामत्व और रावणत्व के संघर्ष में अन्तिम विजय राम की ही होती आयी है और सदा होगी, इस सत्य का निर्देश करते हुए उन्होंने विनयपत्रिका में लिखा कि कलि के प्रचंड प्रताप के कारण पृथ्वी जब मोद और मंगल से रिक्त हो गयी थी तब दीनों की विनती सुनकर 'राजाराम जगत-बिजई' ने हँसकर करुणा की वर्षा से उसे पुनः आर्द्र किया और उस सुजान समर्थ प्रभु ने पुण्य की हारती हुई सेना को जिता दिया, 'समरथ बड़ो सुजान सुसाहिब सुकृत-सेन हारत जितई है।'[3] पुण्य का, सत्य का पक्ष सामयिक रूप से भले हारा हुआ या हारता

---

1. कवितावली 7/7
2. मानस 1/187/1 तथा 7
3. विनयपत्रिका 139/21।

हुआ प्रतीत हो, पर अन्त में जीतेगा वही, यह विश्वास सत्पथ पर चलनेवालों का रक्षाकवच है, इसी से टकरा-टकरा कर उनकी राह के बाधा-विघ्न चूर-चूर हो जाते हैं। जब रावण का, असत्य और अधर्म का पक्ष बलवान हो तब तुलसीदास के अनुसार 'असमय' बीत रहा होता है। उस अवस्था में व्यक्ति को धीरज, धर्म, विवेक, साहित्य, साहस, सत्यव्रत और एक मात्र राम के भरोसे पर अवलम्बित रह कर कालक्षेप करना चाहिए 'तुलसी असमय के सखा धीरज, धरम, बिबेक। साहित, साहस, सत्यब्रत राम भरोसो एक।'[1] स्पष्ट है कि तुलसीदास की मान्यता के अनुसार 'असमय' में साहित्यकार की जिम्मेदारी बहुत बड़ी है।

ऐसा भी नहीं है कि तुलसीदास भीतरी विकारों और बाहरी परिस्थितियों से कभी विकल न हुए हों, विफलताओं के थपेड़ों से हताश न हुए हों। वे भी मनुष्य थे, अतः पीड़ा, वेदना उन्हें भी व्यापती थी। हताशा के क्षणों में उन्होंने ऐसी करुण उक्तियाँ भी कही हैं, 'कियो न कछू, करिबो न कछू, कहिबो न कछू, मरिबोई रहो है'[2] 'मेरोई फोरिबे जोग कपार, किंधौ कछु, काहू लखाइ दियो है। काहे न कान करो बिनती तुलसी कलिकाल बिहाल कियो है।[3] किन्तु सामयिक हताशा और बात है, संभावनाहीन निराशा, अर्थहीनता का बोध कुछ और ही है। भगवद्विश्वासी निराश हो ही नहीं सकता। संसार की तो बात ही क्या, स्वयं प्रभु भी यदि उसके प्रति उदासीन रहें तब भी उसके मन में दृढ़ आशा रहती है कि प्रभु मुझ पर एक-न-एक दिन सदय होंगे ही, मेरा जीवन सार्थक होगा ही। चातक के व्याज से अपनी अचल निष्ठा व्यंजित करते हुए तुलसी ने लिखा है—

जौ घन बरषै समय सिर, जौ भरि जनम उदास।
तुलसी या चित चातकहिं, तऊ तिहारी आस॥[4]

पर प्रभु अपने भक्त से उदासीन रह ही नहीं सकते। जन्म के दुःखी तुलसीदास को भी लगता है कि प्रभु ने कृपापूर्वक मुझे अपना लिया है और वे कृतज्ञ स्वरों में कह उठते हैं 'तुलसी तिहारो भये, भयो सुखी प्रीति प्रतीति बिना हूँ।'[5] वे भला यह कैसे कह सकते थे कि मेरी प्रीति-प्रतीति को देखकर प्रभु ने मुझे अपनाया। ऐसा कहने से एक तरफ तो अपने में अहंकार का उदय होता दूसरी ओर प्रभु की कृपा अहैतुकी होती है, यह सिद्धान्त खंडित हो जाता। उनकी इसी विनम्रता और प्रभु निर्भरता से वह शक्ति प्रकट होती है कि देख कर चकित रह जाना पड़ता है। प्रबल

---

1. दोहावली 447
2. कवितावली 7/91/4
3. वही 7/157/3-4
4. दोहावली 278
5. विनयपत्रिका 275/7।

बैरियों के अत्याचार के समक्ष भी तन कर वे कह सकते थे—

जो पै कृपा रघुपति कृपालु की बैर और के कहा सरै।
होइ न बाँको बार भगत को जो कोउ कोटि उपाय करै॥[1]

सच्ची, स्थायी आश्वस्तता प्रभु का आश्रय प्राप्त होने पर ही मन में आती है क्योंकि फिर अरक्षा की भावना ही निःशेष हो जाती है। राक्षसराज रावण के बल को मथनेवाली श्रीराम की विशाल भुजाओं के स्मरण मात्र से यह अगम भव समुद्र सुगम हो जाता है और कोई लाँघ कर, कोई पैदल ही इसे पार कर जाता है। वे सर्वशक्तिमती भुजाएँ तुलसीदास के अनुसार—

सरनागत, आरत, प्रनतनि को दै दै अभय पद ओर निबाहैं।
करि आईं, करिहैं, करती हैं, तुलसिदास दासनि पर छाहैं॥[2]

तुलसीदास को इन्हीं भुजाओं की शक्ति और संरक्षा प्राप्त थी। इसीलिए वे परम आश्वस्त, चरम निर्भय स्वर में कह सके थे कि किसके कन्धे पर दो सिर हैं जो अभिमान के वशीभूत होकर ईश्वर भक्त की सीमा का उल्लंघन करना चाहता है, राम के बाहुबल का आश्रित तुलसीदास (या कोई भी भक्त) सदा अभय है, किसी से भी नहीं डरता—

हैं काके द्वै सीस ईस के जो हठि जन की सीम चरै।
तुलसिदास रघुबीर बाहुबल सदा अभय काहू न डरै॥[3]

तुलसीदास का अर्थात् भक्ति साधना का यह आश्वासन क्या आधुनिक मन के ताप को हर सकता है ? इसका एक ही उत्तर नहीं दिया जा सकता। जिनके लिए आधुनिकता की नींव नास्तिकता ही है उनमें से कुछ के लिए यह आत्म-सम्मोहन पर आधारित इच्छाजनित भ्रान्तिविलास है और कुछ के लिए यह वास्तविक पीड़ा और उससे मुक्ति की इच्छा की पलायनवादी काल्पनिक उलटी तस्वीर मात्र है। इन फतवों पर विस्तृत विचार फिर कभी किया जा सकता है। फिलहाल मेरा कहना यही है कि जो आधुनिक चिन्तक अध्यात्म चेतना को मानव की नैसर्गिक प्रवृत्ति स्वीकार करते हैं और उसे नकारने का अर्थ मानवों को निरुपाय मनों का दारिद्र्य देना समझते हैं उनके लिए तुलसीदास का.....भक्ति साधना का आश्वासन एक बड़ी सीमा तक आज भी सार्थक है। जुंग जैसे विश्वप्रसिद्ध मनोवैज्ञानिक ने यह सिद्ध किया है कि धर्म चेतना के ह्रास के साथ स्नायु रोगों की वृद्धि का सीधा सम्बन्ध है।[4]

---

1. विनयपत्रिका 137/1-2
2. गीतावली 7/13/17-18
3. विनयपत्रिका 137/11-12
4. देखिये, ए डिक्शनरी आफ पेस्टोरल साइकालाजी, पृ॰ 267।

डॉ० जेम्स वेंडरवेल्ट का मत है कि उच्चतर दिव्यशक्ति पर विश्वास मानव की अन्तर्निहित शक्तियों के अभ्युत्थान के अवरोधक कपाट को उन्मुक्त कर देता है।[1] इससे कोई इन्कार नहीं कर सकता कि आधुनिक जीवन की एक बड़ी समस्या अरक्षा-बोध है जिसके समाधान में किसी आधुनिक चिन्ताधारा या समाज व्यवस्था को उल्लेख योग्य सफलता नहीं मिली है। आश्वासन के लिए लालायित संकटग्रस्त मानवता के पथ प्रदर्शन का उत्तरदायित्व जिन पर है, उन्हें नये-पुराने का भेदभाव त्याग कर परिणाम को दृष्टिगत रखते हुए आश्वासन के सभी संभावित स्रोतों को पुनर्परीक्षण करना ही चाहिए। दुनिया भर के संतों (तुलसीदास जिनकी विशाल शृंखला की एक प्रमुख कड़ी हैं) के अनुभव की प्रामाणिकता को, बिना उस अनुभव की विशिष्ट प्रक्रिया से गुजरे, केवल तर्कों के द्वारा उड़ा देने की चेष्टा पूर्वग्रहयुक्त अहम्मन्यता है, वैज्ञानिकता नहीं। इन प्रज्ञावादियों की आपत्तियों से अप्रभावित रह कर अपने करुणाविगलित नेत्रों से पीड़ित संत्रस्त, अपराधबोधग्रस्त मानवता को आश्वस्त करते हुए सहज भाव से तुलसीदास कहे जा रहे हैं कि आओ भाई, सारा प्रपंच छोड़कर श्रीराम के चरण-कमलों में सिर झुका दो, मत डरो, तुम्हारे जैसे अनेकानेक अपराधियों को वे अपना चुके हैं। जो सचमुच संत्रस्त है और आश्वस्त होना चाहता है उसे तुलसी के इस आश्वासन का अनुभवमूलक परीक्षण करना चाहिए—

तुलसिदास परिहरि प्रपंच सब, नाउ राम पद कमल माथ।
जनि डरपहि, तो सें अनेक खल अपनाये जानकीनाथ।।[2]

■

1. देखिये, ए डिक्शनरी आफ पेस्टोरल साइकालाजी, पृ० 269
2. विनयपत्रिका 84/7-8।

तुलसीदास का मनोरथ

मनोरथ मन को एकै भाँति।

चाहत मुनिमन अगम सुकृत फल मनसा अघ न अघाति ॥[1]

तुलसीदास ने अपने मनोरथों की दिशा और उनकी पूर्ति में पड़नेवाले अन्तरायों का स्पष्ट संकेत उपर्युक्त पंक्तियों में दिया है। वे कहते हैं कि मेरे मनोरथ अनेकानेक भंगिमाओं में; विविध शैलियों में भले व्यक्त हुए हों पर वे सब-के-सब मूलतः एक ही प्रकार के हैं। बड़े-बड़े मुनियों के मन में भी यह स्फुरित नहीं हो पाता कि ऐसा कौन सा पुण्य है जिसके करने पर जिसके फलस्वरूप प्रभु की भक्ति की प्राप्ति हो और वे हतवाक् रह जाते हैं। भला प्रभु की भक्ति भी किसी सुकृत किसी पुण्य के फल के रूप में किसी को मिलती है क्या ? वे स्वयं कृपापरवश होकर किसी-किसी महाभाग को अपनी भक्ति दे देते हैं। मेरा ऐसा भाग्य कहाँ और फिर मेरी औकात ही क्या है ? मेरा मन तो पाप करते कभी अघाता ही नहीं, फिर प्रभु मुझे अपनी भक्ति कैसे देंगे क्योंकि उनकी तो घोषणा है 'निर्मल मन जन सो मोहिं पावा।'[2] अपनी इस पीड़ा को अन्यत्र भी व्यक्त करते हुए उन्होंने कहा है 'रंक राज ज्यों मन को मनोरथ केहि सुनाइ सुख लहिहौं।'[3] अर्थात् साधन की दृष्टि से रंक होते हुए भी मेरा मनोरथ तो राजा के......परम समर्थ के मनोरथ के सदृश है....मैं तो प्रभु की भक्ति पाना चाहता हूँ, यह बात मैं प्रभु को छोड़कर और किसी को कैसे सुनाऊँ क्योंकि सुनाने पर किसी की सहानुभूति का सुख तो मिलेगा नहीं, उपहास का दुःख ही प्राप्त होगा।

प्रश्न उठते हैं फिर तुलसीदास ऐसे मनोरथ करते ही क्यों हैं ? भक्ति साधना के क्षेत्र में मनोरथ बाधक हैं या साधक ? तुलसी के मनोरथों की भूमिका क्या है, विलक्षणता क्या है, अंगांगिता क्या है, परिणति क्या है, फलश्रुति क्या है ? तुलसी साहित्य मुख्यतः 'विनयपत्रिका' के आधार पर इन प्रश्नों की मीमांसा करने के पहले मनोरथ और मनोराज्य के सम्बन्ध में कुछ विचार करना आवश्यक प्रतीत होता है क्योंकि हिन्दी आलोचना में 'तुलसी का मनोराज्य' ही ज्यादा प्रचलित वाग्प्रयोग है 'तुलसी का मनोरथ' नहीं।

---

1. विनयपत्रिका 233/1-2
2. रामचरितमानस 5/43/5
3. विनयपत्रिका 231/2।

भक्तवर बैजनाथ जी ने 'विनयपत्रिका' की टीका करते समय विनय की ये सात भूमिकाएँ निर्धारित की थीं, दीनता, मानमर्षण, भयदर्शन, भर्त्सना, आश्वासन, मनोराज्य और विचारणा।[1] उनके बाद विनय की ये भूमिकाएँ सहज स्वीकृत तथ्य के रूप में आलोचकों द्वारा दुहरायी जाती रहीं। बैजनाथ जी ने इस वर्गीकरण का कोई प्राचीन आधार नहीं बताया है। मुझे लगता है कि विनयपत्रिका के पदों के वर्गीकरण के लिए ये भूमिकाएँ उन्होंने ही कल्पित कर ली थीं। इनमें मानमर्षण, भयदर्शन और भर्त्सना तो दीनता की पुष्टि करनेवाली विधाएँ हैं। अतः उनका समाहार दीनता में ही हो जाता है।

मनोराज्य संज्ञा भी दो कारणों से उपयुक्त ज्ञात नहीं होती। मनोराज्य का अर्थ है मन का राज्य, कल्पना सृष्टि, बोलचाल की भाषा में कहें तो हवाई किला या ख्याली पुलाव। स्पष्टतः इससे निकलनेवाली अर्थध्वनि सम्माननीय नहीं है। कहा ही गया है 'मनोराज्यविजृम्भणमेतत्' अर्थात् यह निस्सार मानसिक कल्पना-जल्पना मात्र है। अवज्ञापरक अर्थ देनेवाला यह शब्द तुलसीदास की महनीय भावना का वाचक नहीं होना चाहिए। दूसरे स्वयं तुलसीदास ने अपने विशाल साहित्य में इसका प्रयोग सिर्फ एक बार और वह भी अच्छे अर्थ में नहीं किया है,[2] जबकि 'मनोरथ' शब्द का प्रयोग उनके साहित्य में 15, 20 बार तो हुआ ही होगा। अतएव 'तुलसीदास का मनोराज्य' की तुलना में 'तुलसीदास का मनोरथ' कहीं अधिक संगत प्रयोग है।

'मनोरथ' का शब्दार्थ है मन का रथ अथवा मन ही रथ है जिसका। हमारी इच्छाएँ, कामनाएँ, अभिलाषाएँ मन को रथ बनाकर अपने अभीष्ट तक पहुँच जाना चाहती हैं अतः उनको मनोरथ कह देते हैं। केवल संकल्पयुक्त अथवा लालसामयी अभिलाषाओं के ही लिए नहीं, अभीष्ट के लिए भी मनोरथ शब्द का प्रयोग होता रहा है। मनोराज्य की तरह मनोरथ को बिलकुल निस्सार नहीं माना गया है एवं उसका प्रयोग अच्छे विषय से युक्त होने पर अच्छे अर्थों में किया जाता रहा है। लंका में हनुमान जी जब श्रीराम की कथा सीता जी को सुनाने के बाद उनके आग्रह पर प्रकट हुए तो वाल्मीकीय रामायण के अनुसार सीता जी को लगा कि वे स्वप्न देख रही हैं। उन्होंने अपने मन को समझाते हुए कहा कि चूँकि मैं निरन्तर श्रीराम का ध्यान करती हूँ, उनका नाम लेती रहती हूँ अतः अपने ऐसे मनोरथ के कारण ही मुझे श्रीराम की कथा सुनने को मिली किन्तु न मालूम क्यों श्रीराम के स्थान पर इस वानर को देख रही हूँ—

मनोरथः स्यादिति चिन्तयामि
तथाऽपि बुद्ध्या च वितर्कयामि।

---

1. विनयपत्रिका सटीक—टी० श्री बैजनाथ जी कूर्मवंशी—भू०पृ० 2
2. मनोराज करत अकाज भयो आजु लगि (कवितावली 7/66)।

किं कारणं तस्य हि नास्ति रूपं
सुव्यक्तरूपश्च वदत्ययं माम्॥[1]

कालिदास ने कहा है 'धैर्यावलम्बिनमपि त्वरयति मां मुरजवाद्यरागोऽयम्। अवतरतः सिद्धिपथं शब्दः स्वमनोरथस्येव॥'[2] अर्थात् यह मुरजवाद्यराग सिद्धिपथ की ओर अग्रसर होनेवाले अपने मनोरथ के शब्द की तरह मुझ धैर्यशाली को भी संभ्रमित कर रहा है। मनोरथ के अनुरूप अभीष्ट पदार्थों को प्रदान करने में समर्थ होने के कारण ही भक्तगण प्रभु को मनोरथकल्पतरु कहते हैं।

यह भी समझ रखना चाहिए कि इच्छा मात्र को मनोरथ नहीं कहा जा सकता। साधारणतः इच्छाएँ व्यक्ति के चेतन मन के अधीन नहीं होतीं। कोई नहीं जानता कि अगले क्षण उसके मन में कौन सी इच्छा उठ खड़ी होगी। इच्छा पहले से ज्ञात भी नहीं होती, मन में प्रकट होने के बाद ही किसी को उसका पता चलता है। इच्छाएँ युक्तिहीन, निरर्थक, निस्सार, दुःखभोगपरक भी हो सकती हैं। उस स्थिति में वे मनोराज्य के अंतर्गत तो मानी जायेंगी, मनोरथ के अन्तर्गत नहीं। जब किसी इच्छा में सम्यक्ता का बोध होता है, सुख की कल्पना होती है और उसे पूर्ण करने की भावना मन में उठती है तब उसे संकल्प कहते हैं। जब कोई संकल्प दृढ़ होकर अन्य इच्छाओं को दबाकर प्रधान हो उठता है, चेतन मन का अंश बन जाता है और उसकी पूर्ति के लिए सतत लालसा बनी रहती है एवं प्रयास भी चलता रहता है तब उसे मनोरथ कहते हैं। मनोरथ का विषय कुछ भी हो किन्तु वह अनिवार्यतः सुख की कल्पना से युक्त होता है और उसकी सिद्धि की चेष्टा भले ही शिथिल हो, प्राप्ति की लालसा प्रबल होती है। इसीलिए कहा जाता है 'मनोरथानामगतिर्न विद्यते' अर्थात् कोई ऐसा विषय नहीं है जिस तक मनोरथ की गति न हो।

भक्ति साधना की दृष्टि से मनोरथों के दो प्रमुख विभाग किये जाते हैं विषय सम्बन्धी मनोरथ और भगवत्सम्बन्धी-मनोरथ। भक्तों के लिए विषय-सम्बन्धी मनोरथ विषवत् त्याज्य हैं। तुलसीदास ने भक्तों को सावधान करते हुए लिखा है 'बिषय मनोरथ दुर्गम नाना। ते सब सूल नाम को जाना।'[3] तुलसीदास के अनुसार विषयसम्बन्धी मनोरथ घुन या दीमक के समान हैं जो जीवन के काठ को बिलकुल खोखला बना देते हैं। सभी जीव इनके कारण दुःख पाते रहते हैं, शायद ही कोई बिरला धीर पुरुष इनसे बच पाता है, 'कीट मनोरथ दारु सरीरा। जेहि न लाग घुन को अस धीरा'[4] तुलसीदास यह भी मानते हैं कि ऐसे मनोरथों से बच पाना हमारे बूते की बात नहीं है, प्रभु ही कृपा कर उन्हें नष्ट कर दें तभी बात बन सकती है।

---

1. वाल्मीकीय रामायण 5/32/13
2. मालविकाग्निमित्र 1/22
3. रामचरितमानस 7/120/16
4. वही 7/70/ 5।

इसीलिए उन्होंने शिव जी से प्रार्थना करवाई है 'बिषय मनोरथ पुंज कंज बन। प्रबल तुषार उदार पार मन।'[1]

भगवत्सम्बन्धी मनोरथ भक्तों को परम इष्ट हैं। भक्ति में मन को न नष्ट किया जाता है, न निरुद्ध। भक्त तो अपने मन को भगवान् को समर्पित करना चाहता है क्योंकि गीता में भगवान् ने स्पष्ट आदेश दिया है, 'मय्येव मन आधत्स्व'[2] अपने मन को मुझमें रख दो। अब मन कोई स्थूल वस्तु तो है नहीं और प्रभु भी कोई तिजोरी नहीं हैं कि मन को उनमें रखकर बन्द कर दिया जाये। प्रभु में मन को रख देने का मतलब है मन की वृत्तियों को भगवदाकार बना देना। मन का काम तो संकल्प-विकल्प करना ही है न, करने दो उसे भगवान् के सम्बन्ध में संकल्प-विकल्प। जहाँ हम पहुँचना चाहते हैं और अभी तक नहीं पहुँच पाये हैं, वहाँ यदि मनोरथ द्वारा पहुँच जायें तो हानि क्या है ? उससे वहाँ पहुँचने की भावना और सुदृढ़ होगी। इष्ट के प्रति यदि उपयुक्त मनोरथ उठते रहें तो मानना चाहिए कि व्यक्ति भक्ति-साधना में काफी अग्रसर हो चुका है।

सांसारिक जीवों के मनों में तो विषय-सम्बन्धी मनोरथ ही उठा करते हैं। भगवत् सम्बन्धी मनोरथ उसी के मन में उठ सकते हैं जिसने सद्गुरु से सुनकर या सद्ग्रन्थों का अनुशीलन कर भगवान् के नाम, रूप, लीला, धाम, स्वभाव आदि के सम्बन्ध में बहुत कुछ जाना हो, उन्हें कल्याणकर माना हो और उनके प्रति प्रीत्यात्मक संस्कार अर्जित किये हों। जैसे-जैसे भगवत् सम्बन्धी संस्कार दृढ़ होते हैं, वैसे-वैसे जगत् सम्बन्धी संस्कार शिथिल होते जाते हैं, उनकी निस्सारता और दुःखरूपता उजागर होती जाती है। भागवत में कहा गया है कि शरणागतों के जीवन में भक्ति, परमेश्वर का अनुभव और अन्यों से विरक्ति, ये तीनों बातें उसी तरह एक साथ होती हैं जिस तरह भोजन के प्रत्येक ग्रास के साथ-साथ तुष्टि, पुष्टि और क्षुधानिवृत्ति होती जाती है—

भक्तिः परेशानुभवोविरक्तिरन्यत्र चैष त्रिक एककालः।
प्रपद्यमानस्य यथाश्नतः स्युस्तुष्टिः पुष्टिः क्षुदपायोऽनुघ्रासम्॥[3]

आरम्भिक स्थिति में जब भक्त को लगता है कि उसका अब तक का जीवन इन्हीं क्षुद्र सांसारिक भोगों को प्राप्त करने की चेष्टा में बीत गया और अब भी उनका आकर्षण बहुत प्रबल है तब वह दीन हो उठता है। भक्ति के अंग के रूप में उदित इसी दीनता के कारण वह अपने वैयक्तिक अहंकार को क्षीण कर आर्तस्वर में अपने उद्धार के लिए प्रभु से प्रार्थना करने लगता है। जब तक उसकी दृष्टि मुख्यतः अपनी

1. रामचरितमानस 6/114/5
2. गीता 12/8
3. श्रीमद्भागवत 11/2/42।

ओर......अपने पापाचारों की ओर लगी रहती है तब तक उसकी दीनता बढ़ती जाती है। जब गुरु, सन्त, शास्त्र या स्वयं प्रभु की प्रेरणा से उसकी दृष्टि प्रभु के अशरण-शरण, पतितपावन स्वभाव की ओर.....उनकी दिव्य आनन्दमयी लीला की ओर जाती है तब उसे आश्वासन प्राप्त होता है। आश्वस्त मन:स्थिति में ही वह भगवत् सम्बन्धी सतत मंगलमय मनोरथ कर पाता है। स्पष्ट है कि भक्ति साधना की दृष्टि से मन की उच्चस्थिति में ही भगवत् सम्बन्धी मनोरथ स्फुरित होते हैं और उनके कारण एक ओर तो विषय-भोग एवं जगत् की आसक्ति उत्तरोत्तर निर्मूल होती जाती है क्योंकि मन अब उधर जाता ही नहीं, दूसरी ओर अन्त:करण की वृत्तियाँ प्रभु-मय होती जाती हैं क्योंकि वे बार-बार प्रभु का मानस स्पर्श करती रहती हैं। यह प्रक्रिया भक्त को अनायास ही भगवन्मय बना देती है। बात यह है कि एक ओर मनोरथ या मन की प्रबल वासना और मन में अभेद-सा हो जाता है दूसरी ओर मन के रंग में पुरुष या जीवात्मा रँगता जाता है। 'योगवासिष्ठ' में कहा गया है 'वासना मनसो नान्या मनो हि पुरुष: स्मृत:'[1] अर्थात् वासना (इस सन्दर्भ में मनोरथ) मन से अलग नहीं है और मन को ही पुरुष कहा जाता है। अत: यदि निरन्तर एकरस भगवत् सम्बन्धी मनोरथ होते रहें तो निश्चय ही मन भक्ति की उच्चतर भूमिकाओं पर आरूढ़ होता जायेगा। कामना या मनोरथ की विचित्र क्षमता का निर्देश करते हुए बृहदारण्यक उपनिषद् में कहा गया है, 'अथ खल्वाहु: काममय एवायं पुरुष इति। स यथाकामो भवति तत्क्रतुर्भवति यत्क्रतुर्भवति तत्कर्मकुरुते, यत्कर्मकुरुते तदभिसम्पद्यते'[2] अर्थात् निश्चय ही इस पुरुष को काममय कहा गया है, वह जैसी कामना करता है, वैसा ही संकल्प (मनोरथ) करता है, वह जो संकल्प या मनोरथ करता है, उसी की प्राप्ति के अनुरूप कर्म करता है, और जिस उद्देश्य से कर्म करता है, उससे एक हो जाता है अर्थात् उसको पा लेता है।

स्पष्ट है कि भक्ति साधना में भगवत् सम्बन्धी मनोरथों की सम्मान्य भूमिका है। इसीलिए पुराने समय से भक्तगण विविध प्रकार के ऐसे मनोरथ करते रहे हैं। श्रीमद्भागवत में उद्धव जी गोपिकाओं की चरण-धूलि प्राप्त करने के लिए वृन्दावन में कुंज, लता, ओषधि हो जाने का मनोरथ करते हैं।[3] नारद पंचरात्र में एक भक्त का मनोरथ है कि हे कमलनयन! आपके नामों का कीर्त्तन करता हुआ आनन्दाश्रुओं से रुद्ध नेत्र होकर मैं कब यमुना के तट पर नाचता फिरूँगा—

कदाऽहं यमुनातीरे नामानि तव कीर्त्तयन्।
उद्वाष्प: पुण्डरीकाक्ष! रचयिष्यामि ताण्डवम्॥[4]

---

1. योगवासिष्ठ वैराग्य प्रकरण 7
2. बृहदारण्यक उपनिषद् 4/45
3. भागवत 10/47/61
4. हरिभक्ति रसामृत सिन्धु में उद्धृत 120वाँ श्लोक ।

भर्तृहरि के वैराग्य शतक में शान्त भाव के भक्त के मनोरथों को व्यक्त करने वाले कई मर्मस्पर्शी श्लोक हैं। कभी वे कहते हैं कि कब हमारे ऐसे सुदिन होंगे कि हम तो हिमाचल की शिला पर गंगा तट पर पद्मासन लगाये ब्रह्मध्यान करते हुए योगनिद्रागत हो जायेंगे और निःशंक होकर बूढ़े-बूढ़े हरिण हमारे शरीर में रगड़कर अपने सींग की खुजली मिटायेंगे,[1] कभी मनाते हैं कि ऐसे दिन भी आयें जब चाँदनी रात में प्रकाशित गंगातीर पर सुखपूर्वक शान्त परिवेश में बैठकर भवभोग से उद्विग्न हो आर्त्त स्वर में शिव शिव शिव की रट लगाते लगाते हमारे नेत्रों से आनन्द के आँसू छलकने लगें।[2] जगद्धर भट्ट की 'स्तुति कुसुमांजलि' में और यामुनाचार्य के 'आलवन्दार स्तोत्र' में भी भावसमृद्ध मनोरथों में कई मर्म मधुर श्लोक मिलते हैं। वेदान्तदेशिकाचार्य ने 'आलवन्दार स्तोत्र' की टीका में यामुनाचार्य के एक विशिष्ट मनोरथ की पृष्ठ-भूमि को इस प्रकार स्पष्ट किया है, 'तत्र प्रथमेन स्वविषयभक्ति-प्रभावप्रतिपादन प्रीतेन भगवता यथामनोरथं सर्व करिष्यामीत्युक्ते तद्दत्ततीव्रभक्तेः स्वस्य तत्पादारविन्दसन्दर्शने कालक्षेपाक्षमत्वं व्यनक्ति:'[3] अर्थात् अपने प्रति भक्ति के प्रतिपादन से पहले ही प्रसन्न हुए भगवान् ने जब यह कहा कि तुम्हारा जो भी मनोरथ होगा उसे पूर्ण करूँगा, तब उन्हीं के द्वारा दी हुई तीव्र भक्ति के कारण उनके चरणकमलों के दर्शन के बिना एक क्षण भी बिता पाने की अपनी अक्षमता को यामुनाचार्य ने इस प्रकार अभिव्यक्त किया—

विलासविक्रान्तपरावरालयं नमस्यदार्तिक्षपणे कृतक्षणम्।
धनं मदीयं तव पादपंकजं कदा नु साक्षात्करवाणि चक्षुषा॥[4]

अर्थात् हे प्रभु, मेरा धन तो आपके चरणकमल ही हैं, जो खेल ही खेल में बड़े-छोटे सबको लाँघ जाते हैं और जो नमस्कार करनेवालों के दुःखों को दूर करने के लिए सदा तत्पर हैं, इन आँखों से उनके दर्शन मैं कब कर सकूँगा ? इस स्तोत्ररत्न में यामुनाचार्य का चरम मनोरथ यह है कि प्रभु कब ऐसा हो सकेगा कि मैं अन्य सभी मनोरथों को छोड़कर केवल आपका ही किंकर होकर अपने जीवन को सनाथ बनाकर अपका नित्य अनुस्मरण करते हुए आपको प्रहर्षित कर सकूँगा—

भवन्तमेवानुचरन्निरन्तरं प्रशान्तनिश्शेषमनोरथान्तरः।
कदाऽहमैकान्तिकनित्यकिंकरः प्रहर्षयिष्यामि सनाथजीवितः॥[5]

इस तरह चैतन्य महाप्रभु का प्रेमविभोर मनोरथ है कि हे प्रभु, मेरे जीवन में वह धन्य क्षण कब आयेगा जब आपका नाम लेने मात्र से (भक्तिरसोद्रेक के कारण)

---

1. वैराग्य शतक 40
2. वही 41
3. आलवन्दार स्तोत्र के तीसवें श्लोक की टीका का प्रास्ताविक
4. आलवन्दार स्तोत्र 30
5. वही 46।

मेरी आँखों से प्रेमाश्रु की धारा बह निकलेगी, मुख में वाणी गद्गद होकर रुद्ध हो जायेगी और सारा शरीर रोमांचित हो उठेगा—

नयनं गलदश्रुधारया, वदनं गद्गद् रुद्धयागिरा।
पुलकैर्निचितं वपुःकदा तव नामग्रहणे भविष्यति॥[1]

रूप गोस्वामीपाद ने स्कन्दपुराण का साक्ष्य देते हुए भक्तिरसामृत सिन्धु में बताया है कि भगवान् को लक्ष्य करके वाणी से जो कुछ विज्ञापन या उद्गार प्रकट किये जाते हैं उनसे मोक्ष के द्वार की अर्गला खुल जाती है। रूपगोस्वामी के अनुसार ये विज्ञप्तियाँ तीन प्रकार की होती हैं—'सम्प्रार्थनात्मिका, दैन्यबोधिका, लालसामयी'[2] भक्तों के मनोरथ मुख्यतः लालसामयी विज्ञप्ति के ही अन्तर्गत आते हैं क्योंकि उनमें भगवत्सम्बन्धी उनकी लालसा ही प्रधान रूप से अभिव्यक्त होती है। विनयपत्रिका के एक पद से इस स्थापना का समर्थन होता है। तुलसीदास का मनोरथ है कि प्रभु उन्हें अपना लीला-सहचर बना लें, इसके लिए वे पशु, पक्षी, वृक्ष, दास कुछ भी बनने के लिए तैयार हैं, इस नाते के जुड़ जाने पर वे नरक में भी सुख का अनुभव करेंगे अन्यथा परमपद प्राप्त कर लेने पर भी दुःख से दग्ध होते रहेंगे। उनके मन में यही लालसा है। वे प्रभु की पादुका पकड़ने के लिए तैयार हैं, वे चाहते हैं कि प्रभु वचन दे दें या अपने मन में ही तै कर लें कि तुलसीदास के इस प्रण का वे निर्वाह कर देंगे। प्रीति-प्रार्थना से सनी अद्भुत पंक्तियाँ हैं—

खेलिबै को खग मृग तरु किंकर ह्वै रावरो राम हौं रहिहौं।
यहि नाते नरकहुँ सचु पैहौं, या बिनु परम पदहुँ दुख दहिहौं॥
इतनी जिय लालसा दास के कहत पानही गहिहौं।
दीजै बचन कि हृदय आनिये तुलसी को पन निर्बहिहौं॥[3]

इस पूरे विवेचन का निष्कर्ष यही है कि तुलसीदास और अन्य भक्त भी भगवद्भक्ति की एक विशिष्ट भूमिका पर पहुँच जाने पर प्रीतिविवश होकर भगवत् सम्बन्धी मरोरथ करने लगते हैं। ये मनोरथ उनकी भक्ति साधना को न केवल पुष्ट करते हैं बल्कि उसे उन्नततर भूमिका पर आरूढ़ कर देते हैं। हाँ, यह बात जरूर है कि अपनी अपनी रुचि और मान्यता के अनुरूप उनके मनोरथों में कुछ भिन्नताएँ भी होती हैं।

तुलसीदास अपने विचारों और संस्कारों से श्रीराम के अनन्य, कृपानिर्भर, दास्यभाव के निष्काम भक्त थे। उनके मनोरथों में उनकी ये विशेषताएँ अनायास ही

---

1. शिक्षाष्टक 6
2. भक्तिरसामृत सिन्धु 1/2/49
3. विनयपत्रिका 231/5-8।

परिलक्षित होती हैं। अनन्यता इष्टातिरिक्त अन्यों के आश्रय के त्याग को कहते हैं। राम को छोड़कर किसी अन्य का सहारा न लेने के लिए तुलसीदास इस प्रकार कटिबद्ध हैं कि उसे सिर्फ अपने चेतन संकल्प पर छोड़ना नहीं चाहते। उन्होंने प्रभु से प्रार्थना की है कि यदि मन के किसी कोने में भी किसी दूसरे का सहारा लेकर बात बना लेने की मूढ़ता विद्यमान हो तो प्रभु आप उसे दूर कर दें—

यह बिनती रघुबीर गुसाईं।
और आस-बिस्वास भरोसो हरौ जीव जड़ताई॥[1]

इसी अनन्यता के कारण उन्होंने अपने सारे मनोरथ श्रीराम के सम्बन्ध में ही किये हैं एवं एक मात्र प्रभु राम के समक्ष ही प्रकट किये हैं। उन्होंने बार-बार इस प्रकार के उद्गार व्यक्त किये हैं, 'तुम तजि हौं कासों कहौं और को हितु मेरे'[2] 'तुलसीदास कासों कहै तुम हीं सब मेरे प्रभु गुरु मातु पितै हौ'[3] आदि आदि। यदि उन्होंने कभी अन्य देवी-देवताओं की स्तुतियाँ की भी हैं तो उनसे श्रीराम की भक्ति ही माँगी है जिससे उनकी अनन्यता अबाधित रही है।

दूसरी बात यह कि तुलसी के मनोरथों का अंगी तत्त्व प्रभु श्रीराम की निष्काम भक्ति की याचना है। उनका विश्वास था कि भक्ति कृपा साध्य है, 'रघुपति कृपा भगति पायी'।[4] सन्तों की कृपा भी भक्ति दे सकती है किन्तु सच्चे सन्त तो भगवत्कृपा से ही मिलते हैं, 'संत बिसुद्ध मिलहिं परि तेही, चितवहिं राम कृपा करि जेही'[5] अतः भक्ति पाने का मुख्य और अचूक स्रोत स्वयं श्रीराम हैं। तुलसीदास यह भी जानते हैं कि राम मनोरथ कल्पतरु हैं। उन्होंने श्रीराम से मानस में बार-बार कहलाया है, 'जो कछु रुचि तुम्हरे मन माहीं, मैं सो दीन्ह सब संसय नाहीं'[6], 'मोरे नहिं अदेय कछु तोही'[7] आदि। तुलसीदास प्रभु से निवेदन यह करते हैं कि आप महादानी हैं, कुछ भी दे सकते हैं, यह तो ठीक है किन्तु याचक को सर्वाधिक सन्तोष तो तब होता है जब उसकी रुचि के अनुसार दान मिलता है। अतः उनकी प्रार्थना है, 'तुलसिदास जाचक रुचि जानि दान दीजै। रामचंद्र चंद्र तू चकोर मोहिं कीजै।'[8] इसी प्रकार 'करुनानिधान बरदान तुलसी चहत सीतापति भक्ति सुरसरिनीर

1. विनयपत्रिका 103/1-2
2. वही 273/1
3. वही 270/6
4. रामचरितमानस 1/210/5
5. वही 7/68/7
6. वही 1/150/2
7. वही 2/149/8
8. विनयपत्रिका 80/9-10।

मीनता'[1] 'पेट भरि तुलसिहिं जेंवाइय भगति सुनाज'[2] जैसी उनकी अनेकानेक पंक्तियाँ उद्धृत की जा सकती हैं। मानस के सुन्दरकांड के मंगलाचरण में उन्होंने अभिनिवेशपूर्वक कहा है, 'हे रघुपते! मैं सच कहता हूँ कि मेरे हृदय में और कोई दूसरी अभिलाषा नहीं है आप अखिल जगत् के अन्तरात्मा हैं अतः आप भी इसे जानते ही हैं। मेरी प्रार्थना यही है आप मुझे परिपूर्ण भक्ति प्रदान करें और मेरे हृदय को कामादि दोषों से मुक्त कर दें—

नान्यास्पृहा रघुपते हृदयेऽस्मदीये,
सत्यं वदामि च भवानखिलान्तरात्मा।
भक्तिं प्रयच्छ रघुपुंगव निर्भरां मे,
कामादिदोषरहितं कुरु मानसं च॥[3]

यह भक्ति भी पूर्णतः निष्काम होनी चाहिए। राम को साधन बनाकर किसी भौतिक वस्तु या स्थिति की प्राप्ति कर लेना तुलसी की दृष्टि में आत्मघाती मूर्खता है। अतः उनकी तो राम से यही विनती है कि—

चहौं न सुगति, सुमति, संपति कछु रिधि सिधि बिपुल बड़ाई।
हेतुरहित अनुराग रामपद बढ़ौं अनुदिन अधिकाई॥[4]

अन्यत्र भी उन्होंने कहा है, 'तुलसी राम सनेह को जो फल सो जरि जाउ।'[5]

बात यह है कि भक्ति न केवल 'त्रिबिधि ताप, भवदापनसावनि' एवं 'सब सुख खानि' है, न केवल 'भक्ति, भक्त, भगवन्त गुरु चतुरनाम बपु एक'[6] के सिद्धान्त के अनुसार भगवान् से अभिन्न है बल्कि भक्तों की मान्यता के अनुसार भगवान् को वशीभूत कर लेनेवाली है। 'भक्तेः फलमीश्वरवशीकारः'[7] अर्थात् भक्ति का फल ईश्वर को वश में कर लेना है, यह मत तुलसीदास को भी मान्य है। उन्होंने लिखा है कि पवनसुत ने नाम-जपरूपी भक्ति के कारण 'अपने बस करि राखे रामू'[8] 'विनयपत्रिका' में तो उनकी स्पष्ट घोषणा है—

ऐसी हरि करत दास पर प्रीती।
निज प्रभुता बिसारि जन के बस होत सदा यह रीती॥[9]

---

1. विनयपत्रिका 262/10
2. वही 219/10
3. मानस 5/मं० 2
4. वि० प० 103/3-4
5. दोहावली 92
6. भक्तमाल 1
7. भक्तिमीमांसा सूत्र 4/1/1
8. मानस 1/25/6
9. विनयपत्रिका 98/1-2।

अतएव भक्ति माँगकर तुलसीदास वस्तुतः भगवान् को ही माँग रहे हैं। भक्ति की याचना से उनकी शरणागति भी किसी तरह व्याहत नहीं होती बल्कि और पुष्ट होती है। शरणागति के अनन्तर श्री रामानुजाचार्य ने भी परज्ञान, परम भक्ति की याचना की थी। तुलसीदास के अन्य सभी मनोरथ इसी अंगी तत्त्व को पुष्ट करने वाले, उजागर करनेवाले अंगोपांगों की तरह हैं।

तुलसीदास पूर्णतः कृपानिर्भर हैं। वे यह भी मानते हैं कि उनके मनोरथों की पूर्ति प्रभु कृपा से ही संभव है। इसीलिए वे आर्तभाव से प्रभु कृपा की प्रतीक्षा करते हैं, 'नाथ कृपा ही को पंथ चितवत दीन हौं दिन राति'।[1] ऐसा नहीं है कि उन्हें राम कृपा का अनुभव न होता हो। 'जानकीस की कृपा' ने जैसे अन्य सुजान जीवों को जगाया था, वैसे ही उन्हें भी जगाया था, उसी कृपालु की कृपा के सहारे वे अनुभव करते थे, 'तुलसी सुखी निसोच राज ज्यों बालकमाय बबा के'।[2] किन्तु कृपा का रहस्य ही ऐसा है कि प्रेम की ही तरह उसे अधिकाधिक पाने की प्यास बढ़ती ही जाती है। कुछ ज्ञानी भक्त ऐसे भी होते हैं जो सब जगह सब समय प्रभु की कृपा की समीक्षा, सम्यक् ईक्षा करते रहते हैं, कृपा किसी भी वेष में क्यों न आये, उसे देखते, पहचानते रहते हैं किन्तु दैन्य की आर्त्ति में तुलसी का मनोरथ कृपा को उसके सहज रूप में पाने का और अधिकाधिक पाने का है अतः वे प्रभु से उलाहना भरे स्वर में पूछ उठते हैं, 'कृपा सौ धौं कहाँ बिसारी राम।'[3] यह भी कहा जा सकता है कि तुलसी के मनोरथों के वृत्त में यदि केन्द्र प्रभु की निष्काम भक्ति प्राप्ति का है तो परिधि कृपा प्राप्ति की है।

इस परिधि के अन्तर्गत तुलसी के मनोरथों को मूलतः दो भागों में बाँटा जा सकता है, (1) संकल्प प्रधान मनोरथ, (2) लालसा प्रधान मनोरथ।

यह स्मरण रखना चाहिए कि कृपा पर निर्भरता तुलसी को आलसी नहीं बनाती। राम की कृपा से ही सब मनोरथ सिद्ध होते हैं और उनकी भक्ति मिलती है, इस विश्वास का अर्थ यह नहीं है कि भक्त कुछ न करे, हाथ-पर-हाथ धर कर बैठा रहे। इसका अभिप्राय सिर्फ यही है कि उसे अपने कर्तृत्व का अहंकार न हो और फल पाने में विलम्ब होने पर भी न साधनों के प्रति अविश्वास हो, न हृदय में निराशा आये, इस रक्षाकवच को धारण कर तुलसीदास कितनी निष्ठा के साथ कितनी उच्चकोटि के साधनों के संकल्प का निर्वाह करते थे इसका कुछ अनुमान उनके प्रसिद्ध पद 'कबहुँक हौं यहि रहनि रहौगों'[4] के विवेचन द्वारा किया जा सकता है। वे भी राम की कृपा से ही सन्त स्वभाव ग्रहण कर इन साधनों को जीवन में उतार

1. विनयपत्रिका 221/1
2. वही 225/8
3. वही 93/1
4. वही 172।

पायेंगे, इस उक्ति का अभिप्राय यही है कि जिन साधनों को करने का संकल्प वे कर रहे हैं, उसके प्रेरयिता या प्रयोजककर्त्ता तो श्रीराम हैं और प्रेरित या प्रयोज्यकर्ता वे स्वयं हैं। अपनी समस्त साधना का श्रेय स्वयं न लेकर, श्रीराम को देना उनके मूलभूत विश्वास का अंग है जिसके कारण वे अपने समस्त गुणों को राम का और दोषों को अपना मानते थे, 'निज दूषनु गुन राम के समुझे तुलसीदास, होय भलौ कलिकाल हू उभय लोक अनयास।'[1] इसी तरह उनके कथन 'यथा लाभ सन्तोष' का अर्थ 'यथा उद्यमसन्तोष' नहीं है। अपने कार्यक्षेत्र में परिपूर्ण उद्यम करने के बाद जो मिले उसे सन्तोषपूर्वक ग्रहण करना तुलसी को अभीष्ट है। रामचरितमानस की रचना करने के लिए 'नानापुराण निगमागम' का जिस प्रकार मन्थन उन्होंने किया था, उससे उनके महान् उद्यम का कुछ-कुछ अनुमान किया जा सकता है। जो राम से ही भक्ति के अतिरिक्त और कुछ नहीं चाहता वह दूसरों से अपने लिए कुछ कैसे माँग सकता है। इसी प्रकार तुलसी के अन्य अभीष्ट गुण हैं, निरन्तर परहित में निरत रहना; मन, वचन, कर्म की एकता का पालन करना; दूसरों के अपशब्दों को शान्तिपूर्वक सहना; अहंकार त्याग देना; मन में समता और शीतलता बनाये रखना; दूसरे के गुणों की प्रशंसा और दुर्गुणों की उपेक्षा करना, देहजनित चिन्ताओं को छोड़कर सुख-दुःख को समान समझकर सहना। ये सब मानव जीवन के उच्चतम आदर्श हैं। स्पष्टतः तुलसीदास के इन मनोरथों में परिच्छिन्न अहंमूलक ऐन्द्रिय सुख-भोगपरक मूल्यों की अवहेलना और सर्वहितमूलक सेवा तपस्यापरक मूल्यों की स्थापना की गयी है। स्मरण रखना चाहिए कि मानवमूल्यों का निर्माण कुछ विशिष्ट उद्देश्यों की ओर उन्मुख मानव-इच्छाओं द्वारा ही किया जाता है। मनुष्य के मनोरथ ही उसके मूल्यबोध को उजागर करते हैं। ये मनोरथ सच्चे हैं कि झूठे इसकी कसौटी उसका आचरण, उसका चरित्र ही है। जब ऊँचे मनोरथों को तदनुकूल आचरण का समर्थन प्राप्त होता है तब भले अपने लक्ष्य तक मनोरथकर्ता न पहुँच पाये, उसका निरन्तर उत्थान होता जाता है। आचरणविहीन मनोरथ तो प्रवंचना मात्र हैं। तुलसीदास का सारा जीवन इन उदात्त मनोरथों को रूपायित करने की एक विराट साधना है।

तुलसी की दृष्टि में समस्त साधनों की सार्थकता राम का होकर जीने में ही है। इसके लिए जो कुछ राम के अनुकूल है, उसे स्वीकारना और जो कुछ राम के प्रतिकूल है, उसे त्यागना अनिवार्य है। अनुकूलता के संकल्प के अन्तर्गत तुलसी ने काशी[2] या चित्रकूट[3] आदि पवित्र क्षेत्रों में संत स्वभाव के अनुसार जीवनयापन करते हुए रामनाम जप के मनोरथ को ही सबसे अधिक प्रमुखता दी है। शम, संतोष,

---

1. दोहावली 47
2. सेइय सहित सनेह देह भरि कामधेनु कलि कासी,—वि०प० 22
3. अब चित चेति चित्रकूटहि चलु, वही 24 आदि।

विमल विचार और सत्संग को दृढ़तापूर्वक धारण करने पर 'स्रवन कथा, मुखनाम, हृदयहरि, सिर प्रनाम, सेवाकर, अनुसरु। नयनन निरखि कृपा समुद्र हरि अग जग रूप भूप सीता बरु'[1] की स्थिति सध जाती है और उनका मनोरथ मुखर हो उठता है, 'जानकी जीवन की बलि जैहों। चित कहै राम सीय पद परिहरि अब न कहूँ चलि जैहों।'[2] इसी संकल्प में प्रतिकूलता के त्याग की धारणा गुँथी हुई है। अब वे कानों से किसी और की कथा नहीं सुनेंगे, जीभ से किसी और की बात नहीं करेंगे, नेत्रों से किसी और को नहीं देखेंगे, सिर्फ प्रभु को ही सिर झुकायेंगे, उन्हीं से स्नेहपूर्ण नाता जोड़कर और सब नातों को छोड़ देंगे, और अपना सारा भार प्रभु को सौंप कर निश्चिन्त हो जायेंगे। उनका संकल्पयुक्त मनोरथ यह भी है कि राम कृपा से अज्ञान की नींद से जागकर वे अब फिर नहीं सोयेंगे, अब तक नष्ट हुए तो हुए, अब नष्ट नहीं होंगे, 'अब लौं नसानी अब न नसैहौं'[3] न केवल अपने हृदय के हाथों से वे नाम की सुन्दर चिन्तामणि को खिसकने नहीं देंगे बल्कि प्रभु के सुन्दर रूप की कसौटी पर अपने चित्तकंचन के खरेपन की जाँच भी करेंगे। विषयाधीन इन्द्रियों को अपने वश में कर अब वे फिर कभी हँसी के पात्र नहीं बनेंगे। इस पद में सबसे अद्भुत और भावपूर्ण संकल्प तो यह है 'मन मधुकर पन करि तुलसी रघुपति पद कमल बसैहौं।' भौंरा स्वभाव से ही बहुवल्लभ है, उसी प्रकार मन भी नाना विषयों के रस लेता रहता है। उसे प्रतिज्ञापूर्वक एकनिष्ठ बनाकर प्रभु के चरणकमलों में ही बसा देने का मनोरथ दुष्कर भले हो, सफल होने पर विलक्षण आनन्द दान करने में समर्थ है। जिस प्रकार कमल के सौंदर्य और सौरभ का रसास्वादन तो और भी कर सकते हैं किन्तु उसके मकरन्द का पान करने में केवल भ्रमर ही समर्थ है, उसी प्रकार प्रभु का चिन्तन तो बुद्धि भी कर ले सकती है किन्तु उनके प्रेमरसामृत का पान मन ही कर सकता है।

यह ध्यान रखना चाहिए कि संकल्प प्रधान मनोरथों को पूर्ण करने का उत्तरदायित्व प्रेरितकर्त्ता के रूप में सही, एक सीमा तक तुलसीदास अपना मानते हैं। इसीलिए वे अपनी तरफ से कोई कोर कसर उठा नहीं रखते। अपने मन को सावधान करते हुए उसे समझाते हैं कि स्वतः स्वीकृत अगम मार्ग पर चलना शुरू करके फिर छोटे-मोटे प्रलोभनों की छाया में रुकना नहीं चाहिए क्योंकि अपना भला अपमी ओर से अपने नियम के निर्विघ्न निर्वाह में ही है—

एक अंग मग अगम गमन करि बिलमु न छिन छिन छाहैं।
तुलसी हित अपनो, अपनी दिसि निरुपधि नेम निबाहैं।'[4]

---

1. अब चित चेति चित्रकूटहि चलु, विनयपत्रिका 205/3, 5-6
2. वही 104/1-2
3. वही, पद सं० 105
4. विनयपत्रिका 65/9/10।

इसके बाद उस प्रयास को सफल करने की जिम्मेदारी प्रभु की है, वे जानें। 'यह छर भार ताहि तुलसी जग जाको दास कहैहौं।'[1]

इसके विपरीत भगवत् लालसापरक मनोरथों को सफल करना पूरी तरह प्रभु के ही हाथों में है। उनमें अपना कर्तृत्व बिलकुल नहीं चलता। इन मनोरथों में निहित लालसा को भी दो भागों में बाँटा जा सकता है—(1) प्रभु को प्रेमदान की लालसा, (2) प्रभु से अनुकूल प्रतिदान पाने की लालसा। बात यह है कि पूरी तरह राम का हो जाने के लिए दो शर्तें पूरी होनी चाहिए। एक तो तुलसी का मन राम से लगना चाहिए, दूसरे राम द्वारा तुलसी को अपनाया जाना चाहिए। ये दोनों बातें राम के अनुग्रह से ही संभव हैं। मन कहने के लिए अपना हो सकता है, पर उस पर अपना अधिकार कहाँ है कि उसे अपनी लालसा के अनुसार राम से लगा दें। और राम तो सर्वतंत्र स्वतंत्र हैं ही। इसीलिए इन मनोरथों में संकल्प सम्बन्धी मनोरथों की-सी दृढ़ता न होकर छटपटाहट भरी आर्त्ति है।

लालसा के स्वरूप को स्पष्ट करते हुए रूप गोस्वामीपाद ने लिखा है—

'अभीष्टलिप्सया गाढगृध्नुता लालसो मतः।
अत्रौत्सुक्यं चपलता घूर्णश्वासादयस्तथा॥[2]

अतः अभीष्ट की लिप्सा से......या इस सन्दर्भ में यों कहें भगवान् के लाभ के लोभ से उत्पन्न जो गाढ़ी ललक है, उसे लालसा कहते हैं। इसमें मनोरथ प्राप्ति की उत्सुकता, भावना की चपलता, उन्मत्तता और भावोच्छलित दीर्घ निःश्वास आदि का भी समावेश होता है।

तुलसी की लालसा है कि उनका मन राम से लग जाये किन्तु अपने मन की विकृतियों से परिचित होने के कारण उन्हें भरोसा नहीं हो पाता कि उनका मन राम से लग ही जायेगा। उलझन, अनिश्चय, आशंका से लिपटी उनकी लालसा इन शब्दों में प्रकट हुई है—

रघुबरहिं कबहुँ मन लागिहै ?
कुपथ, कुचाल, कुमति, कुमनोरथ, कुटिल कपट कब त्यागिहै?[3]

सब कुछ तो बुरा-ही-बुरा चुना है मन ने, रास्ता, चाल, बुद्धि, विषय सम्बन्धी मनोरथ.....सब ऐसे हैं उसके कि वह विष को ही अमृत समझ बैठा है, और अमृत को विष। उस पर तुर्रा यह कि कपट के कारण वह अपने इस घिनौने रूप को छिपाकर कुछ और ही दिखाता रहता है अपने को। कब वह अपनी उल्टी रीति

---

1. विनयपत्रिका 104/8
2. उज्ज्वल नीलमणि, शृंगारभेद प्रकरण 33
3. विनयपत्रिका 224/1-2।

छोड़कर प्रभु से प्रेम कर पायेगा ? तुलसी एक युक्ति खोज निकालते हैं। सोचते हैं कि यदि मन अपने द्वारा प्रयुक्त अक्षरों, शब्दों, अर्थों को राम प्रेम की चाशनी में पगाकर उनसे राम के गुण गाये तो स्वामी रीझ जायेंगे और मुँह माँगा इनाम देंगे।

यह युक्ति भी उन्हें बहुत पक्की नहीं लगती क्योंकि ऐसा भी तो तभी संभव होगा जब मन राम से लग चुका हो। अभी तो सवाल मन लगाने का है। उन्हें लगता है कि यह तभी हो सकता है जब राम स्वयं मेरे मन को खींचकर अपने से लगा लें। रूपकात्मक भाषा में वे कह उठते हैं, प्रभु, विषयरूपी जल से मेरा मनरूपी मत्स्य कभी अलग होता ही नहीं, इसीलिए तुमसे लगता नहीं और दारुण दुःख सहता रहता है। प्रभु तुम्हारा कौतुक हो जायेगा और मेरा उद्धार यदि तुम कृपा की डोरी और अपने चरण चिह्न के अंकुश की बंसी बना कर उसमें प्रेम का मृदु चारा लगाकर उससे मेरे मन को बेधकर हर लो, अपना बना लो—

बिषय-बारि मनमीन भिन्न नहिं होत कबहुँ पल एक।
तातें सहिय बिपति अति दारुन जनमत जोनि अनेक॥
कृपा-डोरि, बंसी-पद-अंकुस, परम प्रेम-मृदु-चारो।
एहि बिधि बेधि हरहु मेरो दुख कौतुक राम तिहारो॥[1]

अच्छा समझ लो कि राम-कृपा से मन राम से लग ही गया तो भी सवाल रह जाता है कि मन कैसे यानी किस भाव से राम से लगे। इस क्षेत्र में तुलसीदास का चुनाव बिलकुल स्पष्ट है। उनकी अभिलाषा है कि उनका मन राम से उसी प्रकार सहज रूप में बिना किसी प्रयास के लगे जिस प्रकार विषयीजनों का मन शरीर, घर, पत्नी, पुत्र, रुपये-पैसे से अनायास लगा रहता है। उनको सन्तोष तभी होगा—

जौ मन लागै रामचरन अस।
देह, गेह, सुत, बित, कलत्र महँ, मगन होत बिनु जतन किए जस।[2]

उन्हें इस बात का अफसोस ही रह गया कि उनका मन उस प्रकार निश्छल भाव से कभी राम से नहीं लगा जिस प्रकार स्वाभाविक रूप से विषयों से लगा रहता है। वे राम को पुकार कर कह उठते हैं—

यों मन कबहूँ तुमहि न लाग्यो।
ज्यों छल छाँड़ि सुभाव निरंतर रहत बिषय अनुराग्यो॥[3]

इसी पद में विस्तार से उन्होंने बताया है कि वे चाहते हैं कि जिस ललक से आँखें परस्त्री को देखती हैं उसी ललक से वे प्रभु के, साधुओं के दर्शन करें, जिस

1. विनयपत्रिका 102/5-8
2. वही 204/1-2
3. वही 170/1-2

चाव से कान घर-घर के पाप-प्रपंच सुनते हैं, उसी चाव से श्रीराम की निर्मल गुणगाथा सुनें, जिस प्रकार नाक सुगन्ध के लिए और जीभ षट्रस-व्यंजन पाने के लिए आकुल रहती है उसी प्रकार राम के प्रसाद की माला और और जूठन के लिए भी वे आकुल रहें, इत्यादि। कहने का तात्पर्य यह कि राम के प्रति उनका प्रेम विधिपूर्वक या गुरु, सन्त, शास्त्र आदि की आज्ञा के ही कारण न होकर रागात्मक हो जाये, स्वाभाविक हो जाये।

तुलसीदास राम से कितना गहरा, कितना प्रबल, कितना पावन प्रेम करना चाहते हैं इसका कुछ अनुमान उनके प्रसिद्ध पद 'राम कबहुँ प्रिय लागिहौ जैसे नीर मीन को'[1] के द्वारा किया जा सकता है, जिसमें एक के बाद एक कई उपमाएँ देकर उन्होंने अपने अभीष्ट प्रेम की प्रगाढ़ता को समझाना चाहा है। फिर भी क्या वे पूरी तरह समझा पाये हैं? पहली ही उपमा के माध्यम से वे कहते हैं, हे राम! क्या तुम मुझे कभी उतने प्रिय लगोगे मछली को जितना प्रिय पानी लगता है। ध्यान देने की बात है कि मछली का जीवन ही पानी पर निर्भर है, उसके बिना वह तड़प-तड़प कर मर जाती है, केवल इतना ही अभिप्राय इस उपमा का नहीं है। इसमें यह भी ध्वनित है कि मछली का सुख भी पानी पर निर्भर करता है। पानी जितना अधिक होता है, मछली उतनी ही सुखी और जितना कम होता है उतनी ही दुःखी होती है। इसी तरह तुलसी चाहते हैं कि राम-प्रेम उनका जीवन हेतु भी हो और उसकी प्रचुरता उनके सुख का कारण भी। उनके एक दोहे में उनके इस मनोरथ का यह भाव खोलकर कह दिया गया है—

राम प्रेम बिनु दूबरो, राम प्रेम ही पीन।
रघुबर कबहुँक करहुगे, तुलसी ज्यों जल मीन।।[2]

उपर्युक्त पद की अन्य उपमाओं द्वारा इंगित किया है तुलसी ने कि जैसे जीव को सुखमय जीवन, साँप को उसकी मणि और लोभी को धन प्रिय लगता है, जैसे चतुर युवानायक को अपनी प्रिया प्यारी लगती है वैसे ही इन सब की प्रियता की समष्टि के रूप में श्रीराम से पवित्र, प्रगाढ़ प्रेम करने की लालसा मेरे मन में जगे। जीवन के विविध स्तरों से चुनी गयी इन उपमाओं द्वारा प्रेम की स्वाभाविकता, एकोन्मुखता, सततता और उद्दामता का क्रमशः आभास मिलता है। परन्तु इसके बाद भी बहुत कुछ अनकहा रह जाता है, उसे तुलसीदास ने 'मनसा' में समेट लिया है और प्रभु से प्रार्थना की है कि मैं तुम्हें मन भरकर प्यार कर सकूँ, यह वरदान मुझे दो।

यह भी समझ रखना चाहिए कि तुलसीदास राम से इतना प्रेम परलोक, स्वर्ग, साकेत आदि में जाकर नहीं, इसी धरती में, इसी जन्म में बल्कि बार-बार जन्म

1. विनयपत्रिका 269
2. दोहावली 57।

लेकर करना चाहते हैं......मुक्ति उनके लिए तुच्छ है। उन्होंने साफ कहा है—

को जाने को जैहै जमपुर, को सुरपुर, परधाम को।
तुलसिहिं बहुत भलो लागत जग जीवन रामगुलाम को॥[1]

राम के सेवक का इसी जगत् का जीवन तुलसी को इतना प्रिय है कि उन्होंने भगवती गंगा से कह दिया कि यद्यपि तुम बनाने में समर्थ हो तथापि मैं न विष्णु बनना चाहता हूँ, न शिव, मैं तो बार-बार जन्म लेकर राम भक्त के रूप में तुम्हारे किनारे रहना चाहता हूँ—

बरु बारहि बार सरीर धरौं रघुबीर को ह्वै तब तीर रहौंगो।
भागीरथी! बिनवौं कर जोरि, बहोरि न खोरि लगै सो कहौंगो॥[2]

इतना प्यार लेकर तुलसी अपने राम की सेवा करना चाहते थे तभी तो उन्होंने अपने काव्यों में सेवा के अद्‌भुत मानदंड स्थापित किये हैं।

तुलसीदास चातक की एकांगी भक्ति को एक बड़ी सीमा तक अपना आदर्श मानते थे। 'एक राम घनश्याम हित चातक तुलसीदास'[3] कहकर उन्होंने अपना तादात्म्य भी उसके साथ कर दिया था। बादलरूपी प्रेमपात्र समय पर प्रेम का प्रतिदान बरसाये या जीवन भर उदास रहे, इससे निरपेक्ष होकर वे अपनी प्रेमतृष्णा को बढ़ाते जाने के पक्ष में थे। फिर दास्य भाव के भक्त होने के कारण वे मर्यादा में भी बँधे थे और स्वामी की इच्छा को अपनी इच्छा बनाने के अभ्यास के कारण अपनी इच्छा का निवेदन करने में भी संकोच का अनुभव करते थे। किन्तु जैसे चातक भी स्वाति का जल ग्रहण करता ही है वैसे ही तुलसीदास भी बहुत शील संकोच के साथ यही मनोरथ प्रार्थना के रूप में निवेदित कर पाते हैं 'कबहुँ कृपा करि रघुबीर मोहूँ चितैंहौं'[4] हे राम जी! कभी कृपा कर मुझे तुम एक बार देख लोगे? उनका यह आग्रह भी नहीं है कि प्रभु प्रेमपूर्ण चितवन से ही उन्हें देखें। अपने और अपने गुरुजनों के अनुभवों के आधार पर वे कहते हैं—

बहुत पतित भवनिधि तरे बिनु तरि, बिनु बेरे।
कृपा, कोप, सति भायहुँ, धोखहुँ, तिरछेहुँ राम तिहारेहि हेरे॥[5]

हे राम! बहुत से पतित बिना किसी नौका या बेड़े के...बिना किसी साधन के ही इस संसार-समुद्र को पार कर गये क्योंकि तुमने किसी को कृपा से, किसी को क्रोध से किसी को सच्चे भाव से, किसी को धोखे से किसी को तिरछे नेत्रों से देख लिया था।

---

1. विनयपत्रिका 155/9-10
2. कवितावली 7/147/3-4
3. दोहावली 277
4. विनयपत्रिका 270/1
5. वही 273/3-4।

प्रभु मुझे भी एक बार देख लो, जो दृष्टि तुम्हें उचित लगे, उसी से देखो, पर देखो जरूर; 'जो चितवन सोंधी लगे चितइये सबेरे। तुलसिदास कीजै न ढील अब जीवन-अवधि अति नेरे।' और अब ढिलाई मत करो, जल्दी ही देखो क्योंकि जीवन की सीमा अब बहुत निकट आ गयी है।

फिर उन्हें लगता है कि केवल राम ही मुझे देखें, इतना ही काफी नहीं है। मैं भी तो राम को प्रत्यक्ष देखने का सौभाग्य कभी प्राप्त करूँ। अच्छा पूरे दर्शन न सही, चरणों की झलक ही सही। अभिलाषा, उत्कंठा, आर्त्ति का अद्‌भुत समाहार है लालसा भरे उनके इस मनोरथ में, 'कबहिं देखाइहौ हरि चरन।[1] प्रभु, कभी अपने उन चरणों के दर्शन कराओगे, जो कलिकाल के समस्त क्लेशों को दूर कर, सभी मंगलों का विधान करनेवाले हैं, जो शरत्काल के नये खिले लाल रंग के कमलों जैसे हैं, जो लक्ष्मी जी के कोमल करों द्वारा सेवित और अनुपम शोभाशाली हैं, जो गंगा के जनक, शिव के प्रिय और वामन रूप में बलि को छलनेवाले, अहल्या, मृग और वधिक तक के दारुण दुखों-दोषों को नष्ट करनेवाले, सिद्धों, देवताओं, मुनियों द्वारा वन्दित और उन्हें सुख तथा सबको शरण देनेवाले हैं, जिनका एक बार भी हृदय में ध्यान करने पर कोई भी तर सकता है, दूसरों को तार सकता है। प्रभु के चरणों की महिमा का वर्णन करते-करते उनकी भावनाओं में प्रेम का ज्वार आ जाता है, दर्शन की उत्कंठा सीमा पार कर जाती है, एक क्षण का विलम्ब भी उन्हें असह्य लगने लगता है और वे कातर स्वर में पुकार उठते हैं—

कृपासिंधु सुजान रघुबर प्रनत-आरति-हरन।
दरस-आस-पियास तुलसीदास चाहत मरन॥

दर्शन-लालसा की तीखी प्यास के कारण प्राण निकलना ही चाहते हैं, ओ भक्तों के कष्टहारी, कृपासिन्धु प्रभु! अब तो दर्शन दो। इस मर्मन्तुद पीड़ा-बोध से तुलसीदास के रामप्रेम की गहराई और सच्चाई का कुछ-कुछ आभास हमें मिलता है। ऐसा ही एक और मर्मस्पर्शी मनोरथ है तुलसीदास का 'कबहुँ सो कर सरोज रघुनायक धरिहौं नाथ सीस मेरे।'[2] सिर पर हाथ रखने का अर्थ है तुम जैसे भी क्यों न हो, तुम्हें पूरी तरह से अपना लिया। यह मनोरथ करते समय संभवतः तुलसी के अन्तर्मन में वह दृश्य कौंध गया होगा जब प्रभु ने हनुमान जी के सिर पर हाथ रखा था, पार्वती को कथा सुनाते समय अपने हनुमदवतार के उस प्रसंग को स्मरण कर शिव जी भावमग्न हो गये थे। 'प्रभु कर पंकज कपि के सीसा, सुमिरि सो दसा मगन गौरीसा।'[3] उसी प्रकार प्रत्यक्ष मेरे सिर पर भी प्रभु हाथ रख दें, मैं उनके स्पर्श से पुलकित हो उठूँ,

---

1. विनयपत्रिका 218
2. वही, पद 138
3. मानस 5/32/2।

उनके दर्शन पाकर कृतार्थ हो जाऊँ, यह सोचते-सोचते आवेग-विह्वल स्वर में तुलसीदास कह उठे होंगे रघुनायक, कभी तुम अपना वही करकमल मेरे सिर पर रखोगे...वही कहने का तात्पर्य है प्रभु के कोमल शील स्वभाव को उजागर करनेवाले प्रसंगों के नायक कर कमल। इन प्रसंगों के उल्लेख का उद्देश्य है एक ओर प्रभु की करुणा को उद्दीप्त करना और दूसरी ओर अपने चित्त को आश्वस्त करना कि जब इतने लोगों को उनके कर कमल के स्पर्श का महाप्रसाद मिल चुका है तो मुझे भी मिल सकता है, मिलेगा। आर्त भक्तों द्वारा विवश होकर भी एक बार नाम पुकारने पर ही प्रभु जिस करकमल से उन्हें अभय प्रदान कर देते हैं, जिस कर कमल से कठोर शिव धनुष को भंग कर उन्होंने जनक का संशय दूर किया था, केवट को उठाकर भाई की तरह गले से लगा लिया था, जटायु का अन्तिम संस्कार किया था, बालि का वध कर सुग्रीव को कपीश बना दिया था, भयभीत शरणागत विभीषण का राजतिलक किया था, रावण-वध कर देवताओं को निर्भय किया था, जिसकी शीतल सुखद छाया समस्त पाप-ताप-माया की निवृत्ति कर देती है, रात-दिन उसी करकमल की छाया पाने के लिए तुलसीदास बेकरार हैं। मूल पद में बार-बार 'जेहि कर कमल' का उल्लेख उसे पाने की गहरी आसक्ति भरी कामना का सूचक है।

राम मुझे देखें, वे भी मुझे देखें, मैं भी उन्हें देखूँ; उनका स्पर्श भी पा लूँ...दास्य भाव के भक्त के मनोरथों की यह सीमा-सी है। तुलसी इस मर्यादा का अतिक्रमण नहीं करते किन्तु अपनी समस्त आकुलता, अपनी समस्त आग्रह-क्षमता, भक्ति से ही प्राप्त प्रभु के प्रति अपनी समस्त अधिकार-भावना को पुंजीभूत कर वे बार-बार यह लालसा भरी भाव विह्वल गुहार जरूर लगाते हैं, अपना सर्वोच्च मनोरथ अवश्य प्रकट करते हैं कि राम तुम कभी मुझे अपना मान लो, मेरा कोई दावा नहीं है अपने साधनों के द्वारा तुम्हारा बन पाने का, किन्तु अपने विरुद की लज्जा रखने के लिए क्या कभी तुम मुझे अपनाओगे—

आपनो कबहुँ करि जानिहौ।
राम गरीबनिवाज राजमनि विरदलाज उर आनिहौ।[1]

राम मुझे किसी तरह भी अपना मान लें, जो चाहें, वही नाता मुझसे जोड़ लें तुलसी ने इस मनोरथ को सबसे अधिक महत्त्व दिया है, निम्नोद्धृत पंक्तियों से यह स्पष्ट है, 'बारक कहिये कृपालु तुलसिदास मेरो'[2] 'तोहि-मोहि नाते अनेक मानिये जो भावै'[3] 'खीझि-रीझि बिहँसि-अनखि क्यों हूँ एक बार तुलसी तू मेरो बलि कहियत किन'[4]

1. विनयपत्रिका 223/1-2
2. वही 88/12
3. वही 79/7
4. वही 253/5।

'कहै ही बनेगी, कै कहाए बलि जाउँ राम तुलसी तू मेरो हारि हिये न हहरु'[1] 'तेहि कौतुक कहिए कृपालु तुलसी है मेरो'[2] ज्यों-त्यों तुलसिदास कोसलपति अपनायहि पर बनिहै'[3] इत्यादि। तुलसीदास प्रभु से यह क्यों कहलाना चाहते हैं कि 'तू मेरा है?' इसके लिए वे ऐसा विकट संकल्प क्यों करते हैं, 'प्रन करि हौं हठि आजु ते राम द्वार पर्‌यो हौं। 'तू मेरो' यह बिनु कहै उठि हौं न जनम भरि प्रभु की सौं करि निबर्‌यो हौं।'[4] बात यह है कि तुलसी अपनी ओर से प्रभु की 'भक्तिमूला प्रपत्ति' ग्रहण कर चुके हैं किन्तु प्रपत्ति या शरणागति की पूर्णता तभी होती है जब प्रभु उस पर अपनी स्वीकृति की मुहर लगा दें। शरणागति शास्त्र के अनुसार स्वगत स्वीकार प्रपत्ति अधूरी है, 'परगत स्वीकार' के द्वारा ही शरणागति सुसम्पन्न होती है। अत: तुलसीदास बार-बार प्रभु से यह प्रार्थना करते रहते हैं कि वे प्रकट-अप्रकट किसी भी रूप में उन्हें अपना लें, 'तू मेरा है' यह आश्वासन दे दें।

प्रभु की शरणागतवत्सलता पर असीम विश्वास के कारण तुलसीदास के चित्त में कभी-कभी उल्लासात्मक और कभी-कभी क्षोभात्मक स्फुरण भी हुआ है। एकमात्र प्रभु के आश्रय का उनका भरोसा बिलकुल पक्का है, इसके लिए वे कठिन-से-कठिन परीक्षा देने के लिए तैयार हैं। यदि वह झूठा साबित हो तो प्रभु इस शरीर की दु:सह दुर्गति करें किन्तु यदि सच्चा साबित हो तो...तो तुलसीदास की लालसा है कि प्रभु पंचों के मध्य उनके चातक सदृश प्रण को प्रमाणित करने के लिए अपने हाथ से पान का बीड़ा दें, 'साँचि परै पाऊँ पान, पंचन में पन प्रमान, तुलसी चातक-आस राम-स्याम घन की।'[5]

इसी तरह जब भावावेग में तुलसी को लगता था कि प्रभु ने उनकी उपेक्षा कर दी है, वे न उन्हें अपना कर अच्छा ही बना रहे हैं, न त्याग कर शरीरान्त ही करवा रहे हैं तो रोष-क्षोभ में कह उठते हैं 'ढील किये नाम-महिमा की नाव बोरिहौं'[6] जब उन्हें लगता है कि प्रभु ने अजामिल, अहल्या, गज, गीध आदि को तो पापी-समझ कर नाम लेने मात्र से यों ही कृपा परवश होकर तार दिया और मुझ जैसे पापी शिरोमणि को (जिसके पासंग बराबर भी वे लोग नहीं थे) बिलकुल अनदेखा कर दिया तो क्रोध भरे शब्दों में वे कहते हैं जैसे भाट लोग जिससे कुछ न पाकर अप्रसन्न होते हैं उसके नाम का पुतला बनाकर उसकी निन्दा करते हुए उसे लिये फिरते हैं,

---

1. विनयपत्रिका 250/8
2. वहीं 146/10
3. वही 95/6
4. वही 267/1-2
5. वही 75/11-12
6. वही 258/16।

वैसे ही तुम्हारी करतूत को, तुम्हारी बदली प्रकृति को उजागर करने के लिए मैं भी तुम्हारा पुतला बनाऊँगा क्योंकि मुझसे अब अपना उपहास सहा नहीं जाता, अब भी चेत जाओ, और मुझे अपना लो—

हौं अब लौं करतूति तिहारिय चितवत हुतो न रावरे चेते।
अब तुलसी पूतरो बाँधिहै सहि न जात मो पै परिहास एते ॥[1]

इस प्रेम कलह के प्रसंग में अनायास याद आ जाता है नारद का कथन, 'तदर्पिताखिलाचार: सन् कामक्रोधाभिमानादिकं तस्मिन्नेव करणीयम्'[2] अर्थात् अपने सब आचार भगवान् को अर्पित कर चुकने पर यदि काम, क्रोध अभिमानादि हों तो उन्हें भी उनके प्रति ही करना चाहिए। यह स्मरण रखना चाहिए कि इन उद्गारों का तात्पर्य भी यही है कि प्रभु उन्हें शीघ्र अपना लें, यह नहीं कि वे सचमुच प्रभु से अपना सम्मान करवाना चाहते थे या उनका अपमान करना चाहते थे। प्रभु के प्रति तुलसीदास की अविचलित निष्ठा के उल्लसित या विक्षुब्ध मनोविलास के रूप में ही ऐसे प्रकरणों को देखना समीचीन होगा।

'विनयपत्रिका' तुलसीदास की वैयक्तिक भाव-साधना का प्रामाणिक दस्तावेज है। इसमें उनके अन्तर्प्रदेश में उठनेवाले मनोभावों का विश्वसनीय चित्रण है। यह देखकर हर्ष होता है कि इसमें भी तुलसीदास केवल अपने लिये प्रभु से प्रार्थना नहीं करते, जीव मात्र के, चराचर के मंगल के लिए प्रभु की करुणा की वर्षा कराना चाहते हैं। 'अपने प्रभु को' सर्व सौभाग्यप्रद, सर्वतोभद्रनिधि, सर्व, सर्वेश, सर्वाभिरामं'[3] मानने के कारण उनकी दृष्टि में वही भक्त श्रेष्ठ था जो 'सर्वभूतहित, निर्ब्यलीक चित भगति प्रेम दृढ़ नेम एक रस'[4] हो। जगत् की पीड़ा से सन्तप्त होकर राम के दरबार में उन्होंने हाँक लगायी थी—

दीनदयालु दुरित दारिद दुख दुनी दुसह तिहुँ ताप तई है।
देव-दुआर पुकारत आरत सब की सब सुखहानि भई है ॥[5]

इस लम्बे पद में समाज की दुर्दशा का मार्मिक चित्रण करने के बाद कलिकाल को दंडित कर पीड़ित जनगण की व्यथा हर लेने की प्रार्थना प्रभु से तुलसी ने की है और यह मंगलमयी कल्पना भी की है कि प्रभु ने उनकी बिनती सुनकर करुणा की वर्षा कर जगत् का सारा सन्ताप हर लिया एवं राम राज्य की स्थापना हो गयी—

---

1. विनयपत्रिका 241/9-10
2. नारद-भक्ति सूत्र 65
3. वही 53/1
4. वही 204/5
5. वही 139/1-2।

बिनती सुनि सानंद हेरि हँसि करुना-बारि भूमि भिजई है।
राम राज भयो काज सगुन सुभ राजा राम जगत बिजई है॥[1]

तुलसी के मनोलोक के जिस सत्य का वैयक्तिक प्रकाश तुलसी की विनयपत्रिका की स्वीकृति में हुआ है, उसी का सार्वजनिक रूप इस प्रार्थना की स्वीकृति में निखरा है। लोक-हित-साधन एवं लोक-पीड़ा-निवारण तुलसी की चेतना के प्रमुख अंग हैं, इस सत्य की पुष्टि 'कवितावली' के उत्तरकांड के अनेक छन्दों से भी की जा सकती है। इस प्रसंग में केवल एक उदाहरण देना ही पर्याप्त होगा। समाज के विविध स्तरों के व्यक्तियों को जीविकाविहीन पाकर बड़वानल से भी पेट की आग बड़ी है, ऐसा माननेवाले तुलसी ने राम से प्रार्थना की थी कि दारिद्रयरूपी रावण ने सारी दुनिया को दबा रखा है, हे दुरित दहन, तुलसी हाहा कर तुमसे प्रार्थना करता है (कि तुम उसका विनाश कर जगत् को आनन्दित करो!) 'दारिद दसानन दबाई दुनी दीनबन्धु दुरितदहन देखि तुलसी हहा करी।'[2]

तुलसीदास या किसी भी भक्त के मनोरथ क्रमशः दृढ़ होते हुए मानसी सेवा में परिणत हो जाते हैं। मनोरथ करते-करते जब मन प्रभु से लगने लगता है तब सेवा-पूजा के लिए बाहरी उपकरणों की आवश्यकता नहीं रह जाती। वल्लभाचार्य ने बताया है कि शरीर से और रुपये-पैसे से की गयी सेवा को क्रमशः तनुजा, वित्तजा सेवा कहते हैं। इनका उपयोग मानसी सेवा की सिद्धि के लिए ही है चित्त का प्रभु की ओर प्रवण हो जाना, उनकी ओर वृत्तियों के रूप में निरन्तर प्रवाहित होते रहना ही मानसी सेवा है। यह मानसी सेवा ही प्रभु की समस्त सेवाओं में सर्वोत्कृष्ट है। वल्लभ का सुप्रसिद्ध श्लोक है—

कृष्णसेवा सदा कार्या मानसी सा परा मता।
चेतस्तत्प्रवणंसेवा तत्सिद्धयै तनुवित्तजा॥[3]

निश्चय ही भगवत् सम्बन्धी उत्कृष्ट मनोरथ करते-करते तुलसी की मनोवृत्तियाँ रामाकार हो गयी होंगी और प्रभु की मानसी सेवा उनके लिए सहज हो गयी होगी, किन्तु तुलसीदास ने अपनी मानसी सेवा का कोई विवरण देना उचित नहीं समझा है। अतः उसके बारे में कुछ कहने की स्थिति में हम नहीं हैं।

भगवत्सम्बन्धी मनोरथ यदि सच्चे हों तो उनकी फलश्रुति स्वयं भगवत्प्राप्ति ही होती है। मन जब प्रभु में लग जाता है तो भगवदाकार ही हो जाता है क्योंकि मन का अपना कोई स्वरूप है ही नहीं। मन के भगवदाकार हो जाने पर बुद्धि उसका चिन्तन

---

1. नारद-भक्ति सूत्र 139/19-20
2. कवितावली 7/97/7-8
3. सिद्धान्त मुक्तावली 1, 2।

करने के लिए विवश हो जाती है क्योंकि उसके सामने एकमात्र विषय भगवान् ही रह जाते हैं। मन के साथ-साथ बुद्धि भी जब भगवान् में निविष्ट हो जाती है तब भक्त भगवन्मय हो जाता है, उन्हीं में निवास करता है। गीता में प्रभु ने अर्जुन से कहा ही है कि अपना मन मुझमें रख दो, अपनी बुद्धि मुझमें सन्निविष्ट कर दो और निःसंशय हो जाओ कि उसके बाद तुम मुझमें ही निवास करोगे—

मय्येव मन आधत्स्व मयि बुद्धिं निवेशय।
निवसिष्यसि मय्येव अत ऊर्ध्वं न संशयः ॥[1]

■

---

1. श्रीमद्भगवद्गीता 12/8।

तुलसीदास की विचारणा के कुछ विशिष्ट बिन्दु

तुलसीदास की विचारणा का अर्थ है उनकी विचार प्रक्रिया की पद्धति और उपलब्धि! यह स्मरण रखना चाहिए कि तुलसीदास मूलतः भक्त कवि थे। अतः उनकी विचारणा में दो विशिष्टताएँ उनकी इस भूमिका के कारण स्वतः आ गयी थीं। पहली तो यह कि उनकी विचारणा काव्य के अंग के रूप में अभिव्यक्त हुई है अतः विशुद्ध दार्शनिक विचारक की प्रणाली से वह कुछ भिन्नता लिये हुए है। वह व्यापक वैविध्यपूर्ण जीवन-अनुभवों से उद्‌भूत है और इसीलिए प्रबन्ध काव्यों में कथा-प्रयोजन से अनुशासित और मुक्तकों में तुलसी की रचनाकालीन मानसिकता से अनुरंजित है। दूसरी यह कि मूलतः भक्त होने के कारण उनकी विचारणा का प्रमुख लक्ष्य भजनीय के एवं अपने स्वरूप की अधिगति, भजनीय से अपने सम्बन्ध का निर्णय, जगत् की वास्तविक सत्ता का बोध तथा अपने जीवनलक्ष्य के सन्दर्भ में जगत् से व्यवहार करने की पद्धति का निश्चय करना ही है।

तुलसी के विचार यों तो उनकी समस्त कृतियों में परिलक्षित होते हैं किंतु मूलतः श्रीरामचरितमानस और विनयपत्रिका का आधार लेकर ही उनका विवेचन किया जाता रहा है। मुझे लगता है कि इस सन्दर्भ में दो दृष्टियों से सतर्कता बरतनी चाहिए। कथाप्रधान रामचरितमानस में देश, काव्य और पात्र को दृष्टि में रखकर विचार व्यक्त किये गये हैं। उसमें अभिव्यक्त समस्त विचारों को तुलसी का मत मान लेने से कई भ्रांतियाँ हो सकती हैं। उदाहरण के लिए सागर जैसे अधम पात्र द्वारा कथित 'ढोल गँवार सूद्र पसु नारी, सकल ताड़ना के अधिकारी'[1] जैसी उक्ति को तुलसी का मत बताकर उनका अपमान करने का दुस्साहस करनेवाले तथाकथित बुद्धिमानों की कमी नहीं है। क्या आज के किसी उपन्यास के किसी अधम पात्र की उक्ति को उपन्यासकार का मत बताना बुद्धिसंगत माना जा सकता है? अन्य पात्रों की तुलना में श्रीराम, शिव, लक्ष्मण, काकभुशुंडि, याज्ञवल्क्य आदि के मतों को तुलसी की अपनी दृष्टि से एक सीमा तक जोड़ा जा सकता है किन्तु इन पात्रों ने भी सम्बोध्य और संदर्भ को दृष्टिगत रखकर ही अपनी बात कही है। अतः कभी-कभी उनकी उक्तियाँ भी परस्पर विरोधी सी लग सकती हैं। प्रस्तुत है एक उदाहरण—श्रीराम मानस के उत्तरकाण्ड में अयोध्यावासियों से कहते हैं कि मानव शरीर पाकर भी परलोक न सँवार पानेवाले स्वयं दोषी हैं, वे अपनी त्रुटियों के लिए काल, कर्म,

---

1. मानस 5/59/6।

ईश्वर को झूठमूठ दोषी ठहराते हैं—

साधन धाम मोच्छ कर द्वारा। पाइ न जेहिं परलोक सँवारा॥
सो परत्र दुख पावई सिर धुनि धुनि पछिताइ।
कालहि कर्महि ईस्वरहि मिथ्या दोस लगाइ॥[1]

किन्तु स्वयं श्रीराम ही कैकेयी अम्बा को समझाते समय इन्हीं तत्त्वों को दोषी ठहराते हैं—

प्रथम राम भेंटी कैकेयी। सरल सुभायँ भगति मति भेई॥
पग परि कीन्ह प्रबोधु बहोरी। काल करम बिधि सिरधरि खोरी॥[2]

स्पष्टत: इस दूसरे प्रसंग में श्रीराम का उद्देश्य दु:खी कैकेयी को सांत्वना देना है, सिद्धान्त का निरूपण करना नहीं।

जिस तरह देश, काल, बोद्धव्य के अनुसार प्रबंध काव्य के पात्रों की उक्तियों में थोड़ा-थोड़ा परिवर्तन होता है उसी तरह मुक्तक काव्य के रचयिता की मन: स्थितियों के भेद के कारण उसकी अपनी उक्तियों के विचारों, भावों में थोड़ा-थोड़ा अंतर आ सकता है। विनयपत्रिका में तुलसीदास ने स्पष्ट कहा है—

'अति आरत, अति स्वारथी, अति दीन दुखारी।
इनको बिलगु न मानिए बोलहिं न बिचारी॥[3]

अत: निष्कर्ष यह निकलता है कि श्रीरामचरितमानस के उत्तम पात्रों और विनयपत्रिका की उन्हीं उक्तियों को प्रमाणकोटि के अन्तर्गत लेना प्रशस्त होगा जो संयत, शान्त मन:स्थिति की अभिव्यक्तियाँ हैं। इनमें भी विनयपत्रिका की विचारपरक उक्तियाँ तुलसी की वैयक्तिक मान्यताओं को स्पष्ट करने में अधिक समर्थ मानी जानी चाहिए।

भक्ति साधना में विचार का विशेष प्रयोजन नहीं है, यह धारणा भ्रान्त है। भक्ति का अर्थ है भजनीय के प्रति परानुरक्ति। बिना कुछ जाने तो किसी के प्रति अनुराग हो ही नहीं सकता। गुरु या सन्तों से अपने भजनीय प्रभु के नाम, रूप, लीला, गुण आदि के सम्बन्ध में सुनकर, भक्ति के ग्रन्थों को पढ़कर तदनुरूप भगवदाकार हो गयी वृत्ति के अविच्छिन्न प्रवाह के रूप में भक्ति का अनुभव होता है। इसीलिए भक्ति में भी विचारणा का महत्त्वपूर्ण स्थान है। गीता के भक्तियोग नाम से विख्यात द्वादश अध्याय में भगवान् का स्पष्ट आदेश है—'मयि बुद्धिं निवेशय'[4]

---

1. मानस 7/43
2. वही 2/244/7, 8
3. विनयपत्रिका 34/1-2
4. श्रीमद्भगवद्गीता 12/8।

अर्थात् मुझमें ही: निश्चय करने वाली: बुद्धि को स्थिर कर लगा दे। प्रभु के स्वरूप, स्वभाव आदि का सम्यक् बोध हो सके इसके लिए सत्संग करना, विचार करना आवश्यक है। जैसे-जैसे भक्ति दृढ़ होती जायेगी वैसे-वैसे वह अन्तःकरण के राग-द्वेष को निवृत्त करती जायेगी। भक्ति रागात्मक वृत्ति है। वह द्वेष की प्रतिपक्षिणी तो है ही, अन्य रागों को भी दूर करती है। एक ही साथ कोई हृदय भगवान् के प्रति राग, किसी के प्रति द्वेष, किसी अन्य के प्रति राग नहीं रख सकता। अतः भक्ति के कारण प्रपंच से राग-द्वेष की निवृत्ति सहज ही हो जाती है। तब उस शुद्ध मन:स्थिति में भजनीय को और अपने को भी ठीक-ठीक समझ पाना सुगम हो जाता है। इसीलिए भगवान् ने गीता में कहा है—

भक्त्या त्वनन्यया शक्य अहमेवं विधोऽर्जुन।
ज्ञातुं द्रष्टुं च तत्त्वेन प्रवेष्टुं च परंतप॥[1]

अर्थात् हे परंतप अर्जुन, अनन्य भक्ति के द्वारा ही मेरा इस प्रकार प्रत्यक्ष दर्शन करना, मुझे तत्त्वतः जानना और मुझमें प्रवेश कर पाना भी संभव हो जाता है। भक्ति से परमेश्वर का अनुभव और उसका ठीक-ठीक ज्ञान, 'भगवत् प्रबोध' हो जाता है इसका समर्थन श्रीमद्भागवत भी करता है।[2] अध्यात्म रामायण में श्रीराम ने शबरी को नवधा भक्ति का उपदेश देते हुए निरूपित किया था कि तत्त्वविचार भक्ति का नवम साधन है।[3] वल्लभाचार्य जी ने भी भक्ति को माहात्म्य ज्ञानपूर्वक सुदृढ़ स्नेह के रूप में ही स्वीकार किया है।[4] इसी परम्परा के अनुरूप तुलसीदास ने भी कहा है—

राम कृपा बिनु सुनु खगराई। जानि न जाइ राम प्रभुताई॥
जानें बिनु न होइ परतीती। बिनु परतीति होइ नहिं प्रीती॥
प्रीति बिना नहिं भगति दिढ़ाई। जिमि खगपति जलकै चिकनाई॥[5]

इससे साफ है कि तुलसी के अनुसार भी भक्ति के लिए 'जानना' आवश्यक है, केवल मानना ही काफी नहीं है। हाँ, यह ठीक है कि शुष्क ज्ञानियों की और तुलसी जैसे भक्तों की जानने की पद्धति में थोड़ा अंतर है। ज्ञानी अपने विवेक,वैराग्य, षट्सम्पत्ति, मुमुक्षा, श्रवण, मनन और निदिध्यासन आदि के द्वारा जानने का दावा करता है, जबकि तुलसी ऐसे भक्त उसके लिए राम कृपा को अनिवार्य समझते हैं। राम कृपा से या गुरु कृपा से भक्त में जब विवेक का उदय होता है तभी वह भजनीय

---

1. श्रीमद्भगवद्गीता 11/54
2. श्रीमद्भागवत 11/42/43
3. अध्यात्म रामायण 3/10/27
4. तत्त्वार्थ दीप निबन्ध-शास्त्रार्थ प्रकरण (व्याख्याकार: केदारनाथ मिश्र) 42
5. मानस 7/79/6-8।

को तत्त्वतः जानने के लिए प्रवृत्त होता है। विनयपत्रिका में तुलसीदास ने इस तथ्य को समझाते हुए कहा है--

तुलसिदास हरि-गुरु-करुना-बिनु बिमल बिबेक न होई।
बिनु बिबेक संसार घोर निधि पार न पावै कोई।।[1]

संसार-सागर को लाँघ जाने के लिए आत्म-अनात्म, सत्-असत्, नित्य-अनित्य, आदि को अलग-अलग कर विचारपूर्वक समझ लेना तुलसीदास की दृष्टि में आवश्यक है। तभी तो उन्होंने विनयपत्रिका में बार-बार अपने मन को विचार करने की ओर उन्मुख किया है, 'न करु बिलम्ब बिचारु चारु मति बरष पाछिले सम अगिलो पलु'[2] 'करु बिचार, तजु बिकार भजु उदार रामचन्द्र भद्र-सिंधु दीन-बंधु बेद बदत रे'[3]

'तरु कोटरु महँ बस बिहँग तरु काटे मरे न जैसे।
साधन करिय बिचार हीन मन शुद्ध होइ नहिं तैसे।।'[4]

यह भी स्मरण रखना चाहिये कि रामचरितमानस में भी भरद्वाज, पार्वती और गरुड़, राम के स्वरूप की अधिगति के लिए ही याज्ञवल्क्य शिव और काकभुशुंडि से प्रश्न करते हैं और प्रश्नोत्तर का यह क्रम भी विचार पक्ष को अपने में समेटे हुआ है।

तुलसी की विचार-सरणि को मुख्यतः श्रीरामचरितमानस के आधार पर म०म०पं० गिरिधर शर्मा चतुर्वेदी, स्वामी करपात्री जी, श्री विजयानन्द त्रिपाठी आदि ने अद्वैतवादी, श्रीराम वल्लभाशरण, श्री अंजनीनन्दन शरण, श्रीकान्त शरण आदि ने विशिष्टाद्वैतवादी और आचार्य केशवप्रसाद मिश्र ने द्वैतवादी घोषित किया है। स्मरण रखना चाहिए कि मानस की स्थिति श्रीमद्भगवद्गीता एवं श्रीमद्भागवत के सदृश ही अत्यन्त व्यापक है। इसीलिए विविध विवेचकों या टीकाकारों ने अपने-अपने मतों का उस पर आरोपण कर उसे अद्वैतवादी या विशिष्टाद्वैतवादी या द्वैतवादी सिद्ध करना चाहा है। आचार्य रामचन्द्र शुक्ल ने अपेक्षाकृत तटस्थदृष्टि का प्रमाण देते हुए कहा है, 'परमार्थ दृष्टि से—शुद्ध ज्ञान की दृष्टि से तो अद्वैतमत गोस्वामी जी को मान्य है, पर भक्ति के व्यावहारिक सिद्धान्त के अनुसार भेद करके चलना वे अच्छा समझते हैं।'[5] डॉ० बलदेवप्रसाद मिश्र और डॉ० उदयभानु सिंह इसी संतुलित मत के हैं। यदि श्री रामचरितमानस और विनयपत्रिका दोनों पर समुचित ध्यान केन्द्रित किया जाय तो यह स्पष्ट हो जायेगा कि तुलसीदास सिद्धान्ततः तो अद्वैत को मानते हैं

---

1. विनयपत्रिका 115/9/10
2. वही 24/7
3. वही 74/2
4. वही 115/5-6
5. गोस्वामी तुलसीदास (सप्तम संस्करण), पृष्ठ 66।

किन्तु उनका जीवन सर्वस्व भक्ति ही है जिसमें भेद, अभेद दोनों को वे समाहित कर लेते हैं। श्रीमद्भागवत से इस दृष्टि को ग्रहण कर अधिक सटीक और संतुलित रूप में उन्होंने प्रस्तुत किया है। भागवत में संस्कृत-वैदुष्य की तुष्टि के लिए सांख्य, योग, धर्म आदि से सम्बोधित पाण्डित्य की ऐसी बहुत सी बातों की अवतारणा भी है जो इस प्रसंग से सीधे नहीं जुड़ती। तुलसी का सरल, स्पष्ट निरूपण सीधे अपने लक्ष्य के अनुरूप है।

तुलसीदास की विचारणा पर विमर्श करते समय यह ध्यातव्य है कि उनकी रामकथा के समान ही उनकी विचारणा भी 'नाना पुराणनिगमागमसम्मतं' है। उन्होंने किसी एक ही सम्प्रदाय से अपने को नहीं बाँधा है। वैदिक विचारधारा के विविध पक्षों का अनुशीलन कर उन्होंने अपने लिए जिस समन्वित दृष्टि को स्वीकार किया है—वह गीता और भागवत की ही तरह सम्प्रदाय-निरपेक्ष एवं व्यापक है। तुलसीदास ने विचार के स्तर भेदों को स्वीकार किया है किन्तु उनकी विचारणा का चरम पर्यवसान अद्वैत में ही होता है। 'अमल अनवद्य अद्वैत निर्गुन सगुन ब्रह्म सुमिरामि नरभूपरूपं।[1] 'अनघ अद्वैत अनवद्य अव्यक्त अज अमित अविकार आनन्द सिंधो।'[2] 'अज अद्वैत अनाम, अलख रूप गुनरहित जो। माया पति सोइ राम, दास हेतु नर-तनु धरेउ॥[3] जैसी अनेक उक्तियाँ तुलसी साहित्य से इस स्थापना के समर्थन में उद्धृत की जा सकती हैं। यह भी स्मरण रखना चाहिए कि तुलसी ने अपने पूरे साहित्य में केवलाद्वैत, विशिष्टाद्वैत या शुद्धाद्वैत जैसे किसी साम्प्रदायिक मान्यता के द्योतक शब्द का प्रयोग अपने इस औपनिषदिक अद्वैत चिंतन के लिए नहीं किया है। हाँ, उन्होंने द्वैत की अस्वीकृति अत्यन्त स्पष्ट शब्दों में की। उन्होंने बार-बार कहा है 'द्वैत रूप तमकूप परौं नहिं अस कछु जतन बिचारी',[4] 'द्वैत मूल, भय सूल, सोग, फल, भवतरु टरै न टार्‌यो',[5] 'दुइज द्वैत-मति छाँड़ि चरहि महि-मंडल धीर'[6]—अधिक उद्धरण देने की आवश्यकता नहीं, तुलसी द्वैत बुद्धि को अज्ञानजन्य एवं भय, शोक, दुःख आदि का मूल कारण मानते थे, यह स्पष्ट है। तुलसी की मान्यता के अनुसार यह 'द्वैत बुद्धि' या मेरे तेरे की भावना जगत् में नामरूप की विविधता के कारण नानात्व का बोध उत्पन्न करनेवाली माया का परिणाम ही है।[7] यह माया मन अर्थात् अन्तःकरण को मलिन कर द्वैतजनित संसृति-दुख में फँसा देती है और किसी

---

1. विनयपत्रिका 50/16
2. वही 56/15
3. वैराग्यसंदीपनी: सोरठा संख्या-4
4. विनयपत्रिका 113/8
5. वही 202/3
6. वही 203/5
7. मानस 3/15/3-4।

को शत्रु, किसी को मित्र तथा किसी को तटस्थ बनाकर क्रमशः सर्प के समान त्याज्य, स्वर्ण के समान ग्राह्य और तृण के समान उपेक्षणीय मानने की भ्रांति उत्पन्न करती है।[1] तुलसीदास माया के दो भेद करते हैं विद्या और अविद्या।[2] अविद्या माया जीवों को बन्धन में डालती है। विद्या माया भक्तिस्वरूपा भगवती जानकी ही है जो जीवों को बन्धनमुक्त कर राममय बना देती है।[3] भक्ति श्रीराम को प्रिय है और माया तो श्रीराम के संकेत से नाचनेवाली नर्तकी मात्र है जो भक्ति से और इसी कारण भक्तों से भी डरती रहती है।[4] यह माया श्री रघुबीर की दासी है और इसके रूप को ठीक से समझ लेने पर यह मिथ्या ही है किन्तु राम कृपा के बिना यह छूटती नहीं।[5] तुलसीदास की अद्वैत यात्रा इसी भक्ति के निर्देशानुसार सम्पन्न हुई है। उन्होंने ईमानदारी से अनुभव किया है कि उनका अन्तःकरण अर्थात् मन, बुद्धि, चित्त, अहंकार एवं उनकी अधीनस्थ ज्ञानेन्द्रियाँ और कर्मेन्द्रियाँ मायाजन्य अज्ञान के मल से ग्रस्त हैं। इसीलिए वे एवं संसार के सभी ऐसे व्यक्ति निरन्तर दुःख भोग रहे हैं।[6] अतः पहली समस्या यही है कि अन्तःकरण को निर्मल कैसे किया जाय। तुलसीदास का स्पष्ट निदान है, 'रामचरन अनुराग-नीर बिनु मल अति नास न पावै।'[7] रामचरितमानस में भी तुलसी ने गुरु वशिष्ठ से कहलाया है, 'प्रेम भगति जल बिनु रघुराई। अभिअंतर मल कबहुँ न जाई।'[8] तुलसीदास भागवत की परम्परा के अनुसार भक्ति को फलरूपा ही नहीं, साधनरूपा भी मानते थे। 'भक्त्या संजातया भक्त्या'[9] के अनुरूप ही उन्होंने भी 'साधन सिद्धि राम पग नेहू'[10] की घोषणा की है। मलिन अन्तःकरण को शुद्ध करने का साधन तुलसी के अनुसार उसे बार-बार राम भक्ति जल से धोते रहना ही है। इसी प्रक्रिया से जब चित्त या अन्तःकरण शुद्ध हो जायेगा तब उसे अनायास ही अनुभव होगा कि संसार में दिखनेवाले नाना नामरूप वस्तुतः एक ही चैतन्य तत्त्व के विलास हैं। यह प्रतीयमान नानात्व या द्वैत वास्तविक न होकर दृष्टि दोष के कारण आभासित है। तुलसीदास की स्पष्ट उक्ति है, 'रघुपति-भगति बारि-छालित चित बिनु प्रयास ही सूझै। तुलसिदास कह चिद् विलास जग

---

1. विनयपत्रिका 124/2-4
2. मानस 3/15/4
3. वही 1/202/3-4
4. वही 7/116/3-7
5. मानस 7/71
6. विनयपत्रिका 82
7. वही 82/8
8. मानस 7/49/6
9. श्रीमद्भागवत 11/3/31
10. मानस 2/289/8।

बूझत बूझत बूझै।[1] क्रमशः जैसे जैसे चित्त शुद्ध होता जाता है वैसे-वैसे समझते-समझते यह बात ठीक ठीक समझ में आ जाती है कि नाम रूप की असंख्यता के बावजूद चैतन्य की अद्वैतता ही समस्त सृष्टि में विलसित हो रही है। इसका अर्थ हुआ कि अधिष्ठान की दृष्टि से यह जगत् ब्रह्म ही है और सत्य है। जबकि परिवर्तनशील नामरूप की दृष्टि से यह जगत मिथ्या है, नश्वर है—

'जग-नभ बाटिका रही है फलि फूल, रे।
धुवाँ के से धौरहर देखि तू न भूलि रे॥'[2]

'जेहि जाने जग जाइ हेराई। जागें जथा सपन भ्रम जाई॥[3]

'झूठो है, झूठो है, झूठो सदा जग सन्त कहंत जे अन्त लहा है।[4]

जैसी अनेकानेक उक्तियाँ तुलसी साहित्य से उद्धृत कर यह सहज ही प्रतिपादित किया जा सकता है कि नामरूपधारी नानात्व के कारण तुलसी जगत् को मिथ्या, नश्वर मानते थे। अधिष्ठान की सत्यता के आधार पर ही वे जगत् को स्थान-स्थान पर सत्य भी कहते हैं—

'सीय राम मय सब जग जानी, करहुँ प्रनाम जोरि जुग पानी॥'[5],
'निज प्रभु मय देखहिं जगत केहि सन करहिं विरोध'[6]
'सर्वमेवात्र त्वद्रूप भूपालमनि व्यक्तमव्यक्त गतभेद, विष्णो।'[7]

जैसी पंक्तियों से यह तथ्य प्रतिपन्न है। ये दोनों स्थापनाएँ उपनिषद् की 'नेह नानास्ति किंचन'[8] एवं 'सर्व खल्विदं ब्रह्म'[9] द्वारा प्रतिपादित सत्य के अनुरूप ही हैं।

अच्छा चैतन्य तो एक ही है परन्तु उसकी अभिव्यक्ति में मात्रा-भेद तो हो सकता है। प्रभु पूर्ण हैं, हम अंशी हैं, हम शरीरधारी जीव अंश हैं, अणुमात्र हैं, यह भी तो कहा जा सकता है। तुलसी ने माना है कि चिन्तन के एक स्तर पर यह भान हो सकता है। 'ईश्वर अंस जीव अबिनासी। चेतन अमल सहज सुख रासी।'[10] 'जीव

---

1. विनयपत्रिका 124/9-10
2. वही 66/7-8
3. मानस 1/112/2
4. कवितावली 7/39/1
5. मानस 1/8/2
6. वही 7/112
7. विनयपत्रिका 54/5
8. कठोपनिषत् 2/1/11, अध्यात्म उपनिषत् 63
9. छान्दोग्य उपनिषत् 3/14/1
10. मानस 7/117/2।

अनेक एक श्रीकन्ता'[1], जैसी उक्तियों में इस प्रतीति का निरूपण किया गया है। किन्तु गम्भीर विचार करने पर यह भी स्पष्ट हो जायेगा कि तुलसी के अनुसार यह अनुभव भी माया के अधीन हो जाने के कारण ही होता है। यह ध्यान देने की बात है कि ये दोनों उक्तियाँ काकभुशुंडि जी की हैं और इन दोनों अवसरों पर उन्होंने इस भेद को मायाकृत और मिथ्या बताया है। जीव को ईश्वर का अंश बताने के बाद ही उन्होंने कहा है 'सो माया बस भयहु गोसाईं। बँध्यो कीर मरकट की नाईं। जड़ चेतनहिं ग्रंथि परि गई। जदपि मृषा छूटत कठिनई।'[2] इसी तरह जीव की अनेकता के कथन के बाद ही वे जोड़ते हैं, 'मुधा भेद जद्यपि कृतमाया। बिनु हरि जाहि न कोटि उपाया।[3] अर्थात् यह मायाकृत मिथ्या भेद हरि कृपा से ही दूर हो सकता है। इसी सन्दर्भ में श्रीराम के द्वारा निरूपित जीव की व्याख्या भी उल्लेख्य है। लक्ष्मण को समझाते हुए उन्होंने कहा था कि जीव उसे कहना चाहिए जो माया के कारण अपने को ईश्वर के रूप में न जान पाये। 'माया ईस न आपु कहुँ जान कहिय सो जीव।[4] जड़ पंच भूतों से बने हुए अपने शरीर को अपना आपा मानने के कारण ही चेतन जीव माया से आबद्ध हो गया है। काकभुशुंडि के अनुसार जड़-चेतन की यह गाँठ मृषा है, मिथ्या है। क्योंकि जड़ और चेतन में गाँठ बँध ही नहीं सकती है। अनादि अज्ञान के कारण फिर भी इस ग्रंथि-बंधन का अनुभव जीव करता रहता है। कष्ट साध्य ज्ञान दीपक के प्रकाश में अथवा सुरक्षापूर्ण सुख साध्य भक्ति चिन्तामणि के आलोक में देखना यही है कि वास्तव में जड़ और चेतन में कोई गाँठ बँधी ही नहीं है। और इस प्रकार माया के बन्धन को मिथ्या जान लेनेवाला जीव सदा मुक्त ही है। हाँ, तुलसी के अनुसार या भक्तमार्गियों के अनुसार यह जानना, यह ज्ञान उसे ही हो सकता है जिसे स्वयं प्रभु जना दें क्योंकि वस्तुतः यह अपने स्वरूप को या यों कहें राम के स्वरूप को ही जान लेना है। तुलसी ने वाल्मीकि से कहलाया है—

सोइ जानइ जेहि देहु जनाई। जानत तुम्हहि तुम्हहि होइ जाई॥
तुम्हरिहि कृपाँ तुम्हहि रघुनन्दन। जानहिं भगत भगत उर चंदन॥[5]

'जानत तुम्हहि तुम्हहि होइ जाई' में मुंडकोपनिषद् की उक्ति 'ब्रह्म वेद ब्रह्मैव भवति'[6] की स्पष्ट अनुगूँज है। वेदान्त का यह अखण्डनीय सिद्धान्त है कि जानने मात्र से यदि कोई कुछ हो जाता है तो वह पहले से भी वही रहता है। अतः

1. मानस 7/78/7
2. वही 7/117/3-4
3. वही 7/78/8
4. वही 3/15
5. वही 2/127/3-4
6. मुंडकोपनिषत् 3/2/9।

तुलसीदास का मत यह ज्ञात होता है कि वास्तव में जीव ब्रह्म ही है। माया के कारण ही कभी वह अपने को ब्रह्म का अंश, कभी अपने को नामरूप-धारी बद्ध व्यक्ति मान बैठता है। भक्ति के चरम उत्कर्ष के समय फलरूपाभक्ति की प्राप्ति के अनन्तर भक्त और भगवान् में अभेद हो जाता है। भक्तों की मान्यता के अनुसार प्रेमप्रकर्ष में अद्वैत की स्थिति सर्वथा सम्भव है। नारदीय भक्ति सूत्र में प्रेमी प्रेम और प्रेमास्पद के त्रिरूप को भंग कर नित्यदास या नित्यकांता के रूप में प्रभु से प्रेम करने का निर्देश दिया गया है।[1] शांडिल्य भक्ति सूत्र में भी कहा गया है 'तदैक्यं-नानात्वैकत्वमुपाधियोग हानादादित्यवत्।'[2] अर्थात् जीव और ईश्वर में एकता है, दोनों एक हैं। उपाधि के संयोग से उनमें नानात्व की प्रतीति होती है और उपाधि भंग हो जाने पर एकत्व का बोध स्पष्ट हो जाता है। ठीक उसी तरह, जैसे एक ही सूर्य जल से भरे हुए भिन्न-भिन्न पात्रों में पृथक्-पृथक् प्रतिबिम्बित होने पर अनेक-सा प्रतीत होता है, परन्तु जलपात्र रूपी उपाधि के न रहने पर वह पुन: एक ही रह जाता है। विष्णु पुराण में भी भक्तों के इस अनुभव को स्वीकार किया गया है कि यह सारा जगत् और मैं स्वयं भी अर्थात् हम सब वासुदेव ही हैं। बस एक-मात्र वह परम पुरुष परमेश्वर ही है', 'सकलमिदमहं च वासुदेव: परमपुमान्परमेश्वर: स एक:।'[3] अत: स्पष्ट है कि भक्ति से अद्वैत तक की यात्रा पूर्णत: संभव है।

सिद्धान्तत: अद्वैत को स्वीकार कर लेने का अर्थ यह नहीं होता कि भक्ति के क्षेत्र में भी अद्वैत के अनुरूप व्यवहार किया जाय। तत्त्वानुभव और रसानुभव में अन्तर होता है। सब गहने सोने के ही हैं, यह बोध तत्त्वबोध है किन्तु श्रृंगार के समय पैर में पहननेवाला गहना गले में और गले में पहननेवाला गहना पैर में नहीं पहना जा सकता। यह भेद व्यवहार में मानना ही पड़ता है, मानना ही चाहिए। इसी तरह जिसके मन की रचना जिस प्रकार की है उसे उसी प्रकार से सुख प्राप्त हो सकता है। मछली को इसका बोध हो जाने पर भी कि सारे जगत् में एक ही तत्त्व व्याप्त है जीवित रहने के लिए पानी में ही रहना पड़ेगा, हवा में रहने से उसकी मृत्यु हो जायेगी। इसी तरह जिनका जीवन सर्वस्व भक्ति ही है वे अपनी चरितार्थता के लिए आजीवन भक्ति करते ही रहेंगे। यह भक्ति भी उनकी रुचि के अनुसार है। यह भक्ति भेद भक्ति भी हो सकती है और अभेद भक्ति भी। काकभुशुंडि जी जब यह कहते हैं कि 'निर्गुन मत नहिं मोहि सोहाई। सगुन ब्रह्म रति उर अधिकाई।'[4] तो वे यही बताना चाहते हैं कि अपनी मानसिक रचना के कारण मुझे निर्गुणमत अच्छा नहीं लगता, क्योंकि सगुण ब्रह्म के प्रति मेरे मन में अत्यधिक रति है। ध्यान देना

---

1. नारदीय भक्ति सूत्र 66
2. शाण्डिल्य भक्ति सूत्र तथा उस पर पं० श्री रामनारायण दत्त शास्त्री की टीका 93
3. विष्णु पुराण 3/7/32
4. मानस 7/110/16।

चाहिए कि बात सुहाने की है, अच्छी लगने की है, गलत लगने की नहीं। अपनी मन:स्थिति को और भी स्पष्ट करते हुए उन्होंने कहा है, 'राम भगति जल मम मन मीना। किमि बिलगाइ मुनीस प्रबीना।'[1] अब कोई अगर बलपूर्वक यदि उनके मन रूपी मत्स्य को रामभक्तिरूपी जल से अलग कर दे तो उससे उनका कल्याण कैसे होगा। भारतीय साधना में अधिकार भेद को निर्विवाद रूप से स्वीकार किया गया है। अत: ऐसे भक्तों को अद्वैत ज्ञान के अनन्तर भी भेद भक्ति करते रहने का पूरा अधिकार है। ऊपर बताया जा चुका है कि काकभुशुंडि जड़-चेतन की ग्रन्थि को मृषा मानते थे, ब्रह्म और जीव के भेद को मुधा मानते थे। फिर भी अपने स्वभाव के अनुसार भेद भक्ति करते रहते थे। आचार्यों ने इसका समर्थन करते हुए कहा है कि ज्ञान से पहले का द्वैत तो मोह में डाल सकता है परन्तु अद्वैत बोध के अनन्तर अपनी मनीषा से भक्ति के लिए कल्पित किया गया द्वैत अद्वैत से भी सुन्दर होता है, 'द्वैतं मोहाय बोधात् प्राक् प्राप्ते बोधे मनीषया। भक्त्यर्थं कल्पितं द्वैतमद्वैतादपि सुन्दरम्।'[2] पारमार्थिक रूप से अद्वैत को स्वीकार कर भजन के लिए द्वैत को मानकर जो भक्ति की जाती है वह सैकड़ों मुक्तियों से भी अधिक आनन्ददायी होती है—

पारमार्थिकमद्वैतं द्वैतं भजनहेतवे।
तादृशी यदि भक्तिश्चेत्सा तु मुक्तिशताधिका।[3]

तर्क के लिए यदि यह भी मान लिया जाय कि कुछ भक्त काकभुशुंडि की तरह भेद को मिथ्या न भी मानते हों तो भी ब्रह्म श्रीराम से जुड़ने के कारण प्रमेयबल से उनका भी कल्याण होगा। तुलसीदास की मान्यता यही है कि हरि सेवकों को अविद्या माया नहीं व्यापती, विद्या माया व्यापती है अत: उनका नाश नहीं होता और उनकी भेद भक्ति बढ़ती रहती है—

हरि सेवकहिं न ब्याप अबिद्या। प्रभु प्रेरित ब्यापइ तेहि बिद्या।
ताते नास न होइ दास कर। भेद भगति बाढ़इ बिहंगबर।।[4]

बहुत से भक्त ऐसे भी होते हैं जो स्वयं चीनी बन जाने के स्थान पर चींटी बने रहकर चीनी का स्वाद लेते रहते हैं। दशरथ, शरभंग आदि भक्त ऐसे ही हैं। दूसरी तरफ शबरी, कौशल्या आदि में विवेक का पक्ष प्रबल है इसीलिए शबरी शरीर त्याग कर हरि पद में लीन हो जाती है जहाँ से कभी कोई नहीं लौटता, 'तजि जोग पावक देह हरि पद लीन भई जहँ नहिं फिरे।[5] भक्तों के स्वभाव वैविध्य को स्वीकार कर

1. मानस 7/111/9
2. बोधसार के अन्तर्गत भक्ति रसायनम्, श्लोक सं० 42
3. वही, श्लोक संख्या-46
4. मानस 7/79/2-3
5. वही 3/36/छंद पं० 3।

तुलसी ने उचित ही किया है। उन्होंने यह भी बताया है कि यदि एक तरफ भगवत्-साक्षात्कार हो जाने के बाद भी सुतीक्ष्ण काकभुशुंडि जैसे भक्त भजन के लिए देह धारण किये रहना चाहते हैं क्योंकि 'तन बिनु बेद भजन नहिं बरना'[1] तो दूसरी तरफ जटायु, बालि जैसे भक्त प्रभु के कहने पर भी शरीर रखना नहीं चाहते। उनकी मान्यता है कि साक्षात् प्रभु के समक्ष शरीर छोड़ने से बढ़कर शरीर छोड़ने का अवसर और कब मिल सकता है अत: किसलिए शरीर को रखा जाये--

जाकर नाम मरत मुख आवा। अधमउ मुकुत होइ श्रुति गावा।
सो मम लोचन गोचर आगे। राखौं देह नाथ केहि खाँगे ॥[2]

भक्ति साधना की इस विविधता को स्वीकारने पर भी यह प्रश्न उठाया जा सकता है कि तुलसी की अपनी भक्ति साधना भेद प्रधान थी या अभेद प्रधान। यह मुश्किल में डालनेवाला सवाल है। जग जाहिर बात है कि तुलसी का सिद्धान्त था, 'सेवक सेव्य, भाव बिनु, भव न तरिअ उरगारि।'[3] 'साहब सीतानाथ से, सेवक तुलसीदास।'[4] फिर भी उनकी भक्ति साधना अभेदोन्मुखी थी इसके कई निश्चित प्रमाण मिलते हैं। भगवान् शिव से उन्होंने श्रीराम के चरणों में भेद मायारहित भक्ति की याचना की थी'

'देहिकामारि श्रीरामपदपंकजे भक्तिमनवरत गतभेदमाया।'[5]

विनयपत्रिका में उन्होंने एक स्थान पर स्पष्ट कहा है 'हरिपद प्राप्ति' के अनुभव का परम सुख उसी अतिशय द्वैत वियोगी भक्तियोगी को होता है जो जगत् के समस्त दृश्यों को, नाम रूपधारी नानात्व को अपने उदर में रखकर निद्रा को त्याग कर सोता है अर्थात् निर्विकल्प समाधि का अनुभव करता रहता है। इस स्थिति में शोक, मोह, भय, हर्ष, दिन, रात, देश, काल आदि का लोप हो जाता है और समस्त संशय निर्मूल हो जाते हैं—

'सकल दृस्य निज उदर मेलि सोवै निद्रा तजि जोगी।
सोइ हरि पद अनुभवै परम सुख, अतिसय द्वैत वियोगी॥
सोक, मोह, भय, हरष, दिवस-निसि, देस, काल, तहँ नाहीं।
तुलसिदास यहि दसाहीन संसय निर्मूल न जाहीं॥[6]

कौन कह सकता है कि तुलसीदास स्वयं ही ऐसे भक्तियोगी नहीं थे। मेरी

---

1. मानस 7/96/5
2. वही 3/31/6-7
3. वही 7/119-क
4. दोहावली 181
5. विनयपत्रिका 10/18
6. वही 167/7-89-10।

विनम्र मान्यता है कि तुलसीदास उन्हीं पण्डितों में थे जो 'पाएहुँ ग्यान भगति नहिं तजहीं।'[1]

व्यवहार में तुलसीदास ने श्रीराम के सगुण रूप के प्रति अत्यधिक आग्रह व्यक्त किया है। यह अत्रि, शरभंग, सुतीक्ष्ण, काकभुशुंडि आदि के प्रकरणों से स्पष्ट है फिर भी विचारणा के स्तर पर वे निर्गुण और सगुण दोनों को केवल स्वीकार ही नहीं करते थे पारमार्थिक स्तर पर समान रूप से सत्य भी मानते थे। यहाँ उनकी भूमिका शंकराचार्य और वल्लभाचार्य दोनों से भिन्न है। शंकराचार्य ब्रह्म के निर्गुण रूप को ही पारमार्थिक स्तर पर सत्य मानते हैं। सगुण रूप की सत्ता उनकी दृष्टि में मायोपाधिक एवं व्यावहारिक मात्र है। वल्लभाचार्य के अनुसार रसरूप पुरुषोत्तम सगुण ब्रह्म ही पारमार्थिक स्तर पर परिपूर्ण सच्चिदानन्द स्वरूप है। निर्गुण ब्रह्म की कल्पना वे आनन्दतत्त्व को परिसीमित कर अक्षर ब्रह्म के रूप में करते हैं। इन दोनों से भिन्न तुलसी की स्थापना है कि ब्रह्म के निर्गुण और सगुण दोनों रूपों में कोई तात्त्विक भेद नहीं है। जो निर्गुण है वही भक्तों के प्रेमवश सगुण हो जाता है। जैसे जल और हिमखण्ड में तत्त्वतः कोई अन्तर नहीं होता उसी प्रकार तात्त्विक दृष्टि से सगुण और निर्गुण दोनों एक ही हैं—

सगुनहिं अगुनहिं नहिं कछु भेदा। गावहिं मुनि पुरान बुध बेदा॥
अगुन अरूप अलख अज जोई। भगत प्रेम बस सगुन सो होई॥
जो गुन रहित सगुन सोइ कैसे। जल हिम उपल बिलग नहिं जैसे॥[2]

तुलसीदास की एक और विशिष्ट स्थापना है कि ब्रह्म का निर्गुण रूप अत्यन्त सुलभ है किन्तु उसके सगुण रूप को कोई जान नहीं पाता। सगुण रूप के नानाचरित एक ही साथ इस प्रकार सुगम और अगम हैं कि उन्हें सुनकर मननशील मुनियों के मन में भी भ्रम उत्पन्न हो जाता है—

निर्गुण रूप सुलभ अति सगुन जान नहिं कोइ।
सुगम अगम नानाचरित सुनि मुनि मन भ्रम होइ।[3]

तुलसी की यह स्थापना सामान्य मान्यता के प्रतिकूल है। साधारणतः यह माना जाता रहा है कि सगुण साकार की उपासना सुगम है, सरल है, निर्गुण निराकार की व्याख्या ही कठिन है, उपासना तो दूर की बात है। इसी मान्यता के अनुसार सूरदास ने अपने प्रसिद्ध पद 'अविगत गति कछु कहत न आवै' में निर्गुण निराकार को मन वाणी से अगम अगोचर एवं 'रूप-रेख, गुन जाति उक्ति' के परे मानकर उसे 'सब बिधि अगम' घोषित कर सगुण पद गाने की प्रतिज्ञा की थी।[4] इसके विपरीत

---

1. मानस 3/43/10
2. वही 1/116/1-3
3. वही 7/73-ख
4. सूरसागर (ना०प्र०सभा) 1/2।

तुलसीदास निर्गुण रूप को सहज सुलभ बताते हैं। विचार करने पर प्रतीत होता है कि सामान्य आस्तिक बुद्धि से भगवान् को स्वीकार करने पर उसे प्रत्येक देश, काल, वस्तु आदि में व्यापक मानना पड़ता है और यह स्थिति निर्गुण निराकार के लिए ही संभव ज्ञात होती है। अतः तुलसीदास जोर देकर कहते हैं कि इस प्रकार भगवान् की निर्गुण सत्ता को तो स्वीकार कर लेना सहज है, सुलभ है किन्तु साकार रूप धारण कर उनके द्वारा किये गये अनेकों प्रकार के चरित्र उनकी भगवत्ता के सम्बन्ध में संशय उत्पन्न करते ही हैं। सगुण साकार ब्रह्म देहबद्ध ज्ञात होता है, जन्म-मरण को स्वीकार करता है, शिशु के रूप में अशक्त, असमर्थ प्रतीत होता है मिलन, विरह में प्रसन्न, कातर झलकता है। सर्वसमर्थ भगवान् की ऐसी स्थितियाँ कैसे स्वीकार की जा सकती हैं ? एक बार इस प्रकार के संशयों के जाल में फँस जाने पर सती और काकभुशुंडि का भी निस्तार नहीं होता तो अन्य साधारण जीवों का तो कहना ही क्या! अतः तुलसीदास की यह स्थापना सत्य ही ज्ञात होती है कि सगुण रूप के रहस्य को जानना किसी के लिए भी संभव नहीं है। उसके सुगम अगम अनेक प्रकार के चरित्रों को देख-सुनकर बड़े-बड़े मुनियों विद्वानों को भी भ्रम हो जाता है। विश्वास की सच्ची परीक्षा सगुण लीला को स्वीकार करने में ही होती है अतः तुलसीदास जी ने घोषित किया है कि—

चरित राम के सगुन भवानी। तर्कि न जाहिं बुद्धि, बल बानी॥
अस बिचारि जे तग्य बिरागी। रामहिं भजहिं तर्क सब त्यागी॥[1]

तुलसी की एक बहुत बड़ी विशिष्टता यह है कि उन्होंने ब्रह्म राम को इष्ट देव बनाया है। साधारणतः ब्रह्म को ज्ञान का विषय माना जाता है। भक्त किसी देव विशेष को अपना इष्ट मान लेते हैं और बाद में भावना के स्तर पर उस पर ब्रह्म के लक्षण आरोपित करते हैं। तुलसी ने आरंभ से ही घोषित किया है कि उनके राम साक्षात् ब्रह्म ही हैं। मानस के बालकाण्ड में समस्त देवता, मुनि, गंधर्व, आदि पृथ्वी के साथ जब ब्रह्म लोक में जाकर रावण के भय से मुक्त करने की प्रार्थना ब्रह्मा से करते हैं तब वह भी अपनी असमर्थता प्रकट करते हैं। शिव जी उन सबको सचेत करते हैं कि देश, काल, दिशा, विदिशा में व्याप्त अगजगमय और सबसे रहित विरागी प्रभु अर्थात् स्वयं औपनिषदिक ब्रह्म प्रेम से ही प्रकट होते हैं। ब्रह्म उनसे प्रेरित होकर जिन श्री राम की स्तुति करते हैं वे वेदान्त वेद्य, ब्रह्म ही हैं। उद्धृत हैं इस स्तुति की कुछ पंक्तियाँ—

जय जय अबिनासी सब घट बासी व्यापक परमानंदा।
अबिगत गोतीतं चरित पुनीतं माया रहित मुकुन्दा॥

1. मानस 6/74/क/1-2।

जेहि लागि बिरागी अति अनुरागी बिगत मोह मुनि बृंदा।
निसि बासर ध्यावहिं गुन गन गावहिं जयति सच्चिदानंदा॥[1]

यही प्रभु मानस में श्रीराम के रूप में वर्णित हैं। स्पष्टत: तुलसी के राम अवतार नहीं, अवतारी हैं, परब्रह्म हैं। अन्यत्र उन्होंने स्पष्ट कहा है—

राम ब्रह्म परमारथ रूपा। अविगत अलख अनादि अनूपा।
सकल बिकार रहित गत भेदा। कहि नित नेति निरूपहिं बेदा॥[2]

साक्षात् ब्रह्म को इष्टदेव बनाना बहुत गम्भीर अर्थ को अपने को समेट लेनेवाला निर्णय है। इष्ट शब्द दो धातुओं से बनता है, इष्-इच्छति से और यज्-यजति से। पहले अर्थ में इष्टदेव का अर्थ है इच्छित प्रिय देव। दूसरा अर्थ अधिक गम्भीर है। यज्-धातु से बने इष्टि और इष्ट ये दोनों शब्द यज्ञ के अर्थ में प्रयुक्त होते हैं। वैदिक परम्परा में विश्वास करनेवाले मानते हैं कि उनका सारा जीवन ही यज्ञ है, होना चाहिए। जीवन भर अपने प्रत्येक आचरण द्वारा वे विष्णुरूपी यज्ञ में अपनी आहुति चढ़ाते रहते हैं। मृत्यु के बाद अपने शरीर को आहुति के रूप में चितारूपी यज्ञ-वेदी पर वे अर्पित करते हैं। इसीलिए इस क्रिया को अंत्येष्टि, शरीर के द्वारा किया गया अंतिम यज्ञ कहा जाता है। इष्ट देव को यज्ञदेव के रूप में स्वीकार करनेवाला भक्त अपनी भक्ति साधना में अपने अन्त:करण और अपनी आत्मा की आहुति अपने इष्टदेव को अर्पित करता रहता है और गीता में वर्णित, ब्रह्म के यज्ञ के अनुसार—

'ब्रह्मार्पणं ब्रह्म हविर्ब्रह्माग्नौ ब्रह्मणा हुतम्।
ब्रह्मैव तेन गन्तव्यं ब्रह्मकर्मसमाधिना॥[3]

ब्रह्ममय, राममय हो जाता है। इस सन्दर्भ में उल्लेख्य है स्वामी अखंडानन्द सरस्वती का यह विचार, 'भेद बुद्धि के निवृत्त होते ही उपाधि भी ब्रह्मरूप ही है, क्योंकि अधिष्ठान से अध्यस्त और प्रकाशक से प्रकाश्य भिन्न नहीं होता। फिर तो यही कहना पड़ेगा कि भक्ति ब्रह्मरूप ही है।'[4] इसी स्थिति में नाभादास जी की उक्ति 'भक्ति भक्त भगवंत गुरु—चतुर नाम बपु एक।'[5] की सार्थकता समझी जा सकती है। ब्रह्म राम को इष्टदेव मान कर की गयी तुलसी की भक्ति साधना उनकी अद्वैत दृष्टि के अनुरूप ही है।

तुलसीदास केवल शाब्दिक तत्त्व निरूपण को ही महत्त्व नहीं देते थे। उन्होंने स्पष्ट कहा है कि केवल वाचिक ज्ञान में निपुण हो जाने पर कोई संसार सागर को पार करने में उसी प्रकार समर्थ नहीं होता, जिस प्रकार रात्रि में दीपक की बात करते

---

1. मानस 1/186 छंद सं०-2
2. वही 2/93/7-8
3. गीता 4/24
4. भक्तिसर्वस्व, पृष्ठ 183
5. भक्तमाल 1/1।

रहने पर अंधकार दूर नहीं होता—

वाक्य ज्ञान अत्यन्त निपुन भवपार न पावै कोई।
निसि गृह मध्य दीप की बातन तम निवृत्त नहिं होई।[1]

उनकी दृढ़ मान्यता थी कि विचार के अनन्तर जिस निष्कर्ष को निरूपित किया जाय उसी के अनुसार जीवन जिया जाय तभी कल्याण सम्भव है। वे कहते हैं कि—

जो कुछ कहिय करिय भवसागर तरिय बत्सपद जैसे।
रहनि आन बिधि, कहिय आन, हरिपद सुख पाइय कैसे।[2]

कहनी और रहनी में यदि अन्तर होगा तो 'हरिपद' सुख की प्राप्ति नहीं हो सकती। यह अन्तर होता ही क्यों है। इसीलिए कि लोग यह मान बैठते हैं कि परमार्थ और स्वार्थ में विरोध है। परमार्थ को सिद्ध करने के प्रयास में यदि स्वार्थ को चोट पहुँचती है तो लोग मुँह से परमार्थ की बात करते रहते हैं और व्यवहार में स्वार्थ सिद्ध करने का प्रयास करते हैं। तुलसीदास इस मान्यता को ही गलत बताते हैं कि परमार्थ और स्वार्थ में अन्तर होता है। जो स्वार्थ हमें परमार्थ से अलग करता है, वह सच्चा स्वार्थ नहीं है। अनर्थ है। चोरी, बेईमानी, छल, कपट से बनाया हुआ काम बनता नहीं है, वास्तव में बिगड़ जाता है। तुलसीदास की विचारणा है कि परमार्थ और सच्चे स्वार्थ में कोई अन्तर नहीं होता। यदि उन्होंने एक तरफ लक्ष्मण जी से कहलाया है, 'सखा परम परमारथ एहू। मन क्रम बचन राम पद नेहू।'[3] तो दूसरी तरफ काकभुशुण्डि जी से घोषणा करवाई है 'स्वारथ साँच जीव कहुँ एहा। मन क्रम बचन रामपद नेहा।'[4] इस प्रकार जो तुलसी की तरह परमार्थ और सच्चे स्वार्थ को अभिन्न मानकर राम के चरण-कमलों से मनसा, वाचा, कर्मणा प्रेम करेगा उसकी कथनी और करनी में अन्तर नहीं होगा।

भक्त की विचारणा का एक प्रमुख पक्ष यह भी है कि वह संसार में रहते हुए संसार से कैसा व्यवहार करे। तुलसीदास की दृष्टि में संसार 'देखत ही कमनीय कछू नाहिंन पुनि किए बिचार'[5]था। सामान्य व्यक्तियों को रमणीय लगनेवाला संसार तुलसी जैसे विचारशील व्यक्तियों के लिए अत्यन्त भयंकर है। समता, संतोष, दया और विवेक से उसे व्यवहार के स्तर पर सुखकारी बनाने का प्रयास करते हैं इसीलिए संसार के बारे में उन्होंने कहा है—

---

1. विनयपत्रिका 123/3-4
2. वही 118/3-4
3. मानस 2/93/6
4. वही 7/96/1
5. विनयपत्रिका 188/3।

अनबिचार रमनीय सदा, संसार भयंकर भारी।
सम संतोष दया बिबेक तें ब्यवहारी सुखकारी॥[1]

तुलसीदास की दृष्टि के अनुसार संसार में व्यवहार करने का सूत्र है—

परहित सरिस धर्म नहिं भाई, पर पीड़ा सम नहिं अधमाई।[2] किन्तु परहित करने में भी अहंकार का आवेश हो सकता है इसलिए वे संसार को अपने प्रभु का व्यक्त रूप मानकर उसकी सेवा करने को अधिक ऊँचा आदर्श मानते हैं। इसीलिए उन्होंने श्री राम से कहलाया है—

सो अनन्य जाकें असि मति न टरइ हनुमंत।
मैं सेवक सचराचर रूप स्वामि भगवंत॥ [3]

प्रभु के अनन्य सेवक की दृष्टि में यह जगत् 'सीयराममय' है, अत: वह सहज ही इस जगत् को अपना सेव्य मानकर जीवन व्यतीत करता है। तुलसीदास जानते थे कि इस प्रकार का जीवन जी पाना बहुत कठिन है अत: उन्होंने सचेत करते हुए कहा है—

'सबतें सेवक धरमु कठोरा'[4] भक्ति का अंग होते हुए भी सेवा अधिक सावधानी की अपेक्षा रखती है। प्रेम के आवेश में भी सेवक को लक्ष्मण की तरह ही संयत रहकर आचरण करना चाहिए। भरत से मिलने की उत्कंठा को दबाते हुए किस प्रकार लक्ष्मण राम की सेवा में रत रहे इसका चित्रण करते हुए तुलसीदास ने कहा है—

रहे राखि सेवा पर भारू। चढ़ी चंग जनु खैंच खेलारू।[5]

यह सेवक सेव्यभाव तुलसीदास का जीवनाधार रहा है। लाख चेष्टा करने पर भी भक्तों के अनुसार सच्चाई यही है कि देहाध्यास अपने छुटाये नहीं छूटता। अत: तुलसीदास का मत है कि जब तक व्यक्ति अपने को नामरूपधारी मानता रहे तब तक उसे अपने को सेवकऔर प्रभु को तथा चराचर जगत् को भी प्रभु का रूप मानकर अपना सेव्य मानना चाहिए। जब मनुष्य अपने को देह के परे चैतन्य जीव माने तब वह प्रभु को पूर्ण या अंशी और अपने को अंश मानकर प्रभु से अंशांशि सम्बन्ध भी जोड़ सकता है—'ईश्वर अंश जीव अविनासी'[6] इसी चेतना की अनुभूति है। किन्तु तुलसीदास की दृष्टि में चरमस्थिति तो अद्वैतदर्शी भक्त की ही है। इस संसार व्याधि

---

1. विनयपत्रिका 121/7-8
2. मानस 7/41/1
3. वही 4/3
4. वही 2/203/7
5. वही 2/240/6
6. वही 7/117/2।

की अमोघ ओषधि उनके अनुसार वही है, 'भक्त भैषज्यमद्वैत दरसी।[1] ये तीनों भूमिकाएँ परस्पर पूरक हैं। एक पुराना श्लोक है—

देहबुद्ध्या तु दासोऽहं जीव बुद्ध्या त्वदंशकः।
आत्म बुद्ध्या त्वमेवाहमिति मे निश्चिता मतिः॥[2]

अर्थात् भक्त कहता है कि हे प्रभु! देहबुद्धि से मैं तुम्हारा दास हूँ, जीव बुद्धि से मैं तुम्हारा अंश हूँ और आत्मबुद्धि से जो तुम हो वही मैं हूँ अर्थात् मैं तुमसे अभिन्न हूँ, यही मेरी निश्चित मति है। मेरी मान्यता है कि तुलसीदास के साहित्य में भी ये तीनों भूमिकाएँ परिलक्षित होती हैं। व्यवहार से परमार्थ तक का यह अविरोधी क्रम तुलसीदास को भी स्वीकार्य था, ऐसा अनुमान करना संगत प्रतीत होता है।

पूरे विचार-विमर्श के अनन्तर तुलसीदास विनम्रतापूर्वक यह भी कह देते हैं कि अपने बल से विचार के आधार पर भ्रम से छुटकारा पाना संभव नहीं है। इसके लिए प्रभु की कृपा अनिवार्य है। उन्होंने दो-टूक शब्दों में कहा है कि कितना भी कोई सुन-गुन ले, समझ-समझा ले, भगवान् की माया इतनी प्रबल है कि उससे छूटना तब तक सम्भव नहीं जब तक प्रभु ही दया न करें।[3] अपना मन तो देख-सुनकर विचार करने के बाद भी विषयासक्ति का अपना स्वभाव नहीं त्यागता।[4] शुष्क ज्ञानियों से तुलसी जैसे भक्तों की विचारणा का यह मौलिक अंतर लक्षितव्य है। सभी दृष्टियों से पूरी तरह विचार-विमर्श कर लेने के बाद तुलसी और उनके जैसे भक्तों का अंतिम वैचारिक निष्कर्ष यही है—

अस कछु समुझि परत रघुराया।
बिनु तव कृपा दयालु दास हित मोह न छूटै माया॥[5]

■

1. विनयपत्रिका 57/17
2. कल्याण (उपनिषद् अंक), पृष्ठ 84 पर उद्धत
3. विनयपत्रिका 116/1-4
4. वही 119/1-2
5. वही 123/1-2।

विनयपत्रिका में मनोविजय की साधना

श्री रामचरितमानस में रामराज्य का वर्णन करते हुए तुलसी ने लिखा है—

जीतहु मनहिं सुनिअ अस रामचन्द्र के राज।[1]

अर्थात् श्रीराम के राज्य में यही सुना जाता था कि मन को जीतो। श्रीराम के आध्यात्मिक राज्य के प्रत्येक निवासी की यही साधना है कि मन को जीत कर उसे श्रीराम के चरण-कमलों में भ्रमर की भाँति बसा दिया जाय। तुलसीदास ने आजीवन यह साधना की थी। विनयपत्रिका में उनकी इस साधना का विस्तृत रूप उपलब्ध होता है। उनका विश्वास था कि वे प्रत्येक पूर्व जन्म में अपनी शक्ति भर मन से जूझते रहे फिर भी उस पर विजय न प्राप्त कर सके। अत: इस बार प्रभु से कृपा की याचना करते हुए जिता दिये जाने की प्रार्थना करते हैं—

कबहुँ कृपा करि रघुबीर मोहूँ चितैहौ।

भलो बुरो जन आपनो जिय जानि दयानिधि! अवगुन अमित बितैहौ॥

जनम जनम हौं मन जित्यो, अब मोहिं जितैहौं।

हौं सनाथ ह्वैहौं सही, तुमहूँ अनाथपति, जो लघुतहिं न भितैहौं॥[2]

जन्म-जन्म में मुझे मन ने जीता है, इस बार मुझे जिताओगे? इस कातर प्रार्थना के पीछे जन्म-जन्म में सहे लांछन-उपहास-कष्ट की कितनी मर्मन्तुद वेदना है! इस बार प्रभु-कृपा से उनमें मुक्ति पाने का संकल्प है। अन्यत्र भी उन्होंने कहा है—

परबस जानि हँस्यो इन इंद्रिन, निज बस ह्वै न हँसहौं।[3]

परवश (विषयवासना आदि के वश) जान कर ये इंद्रियाँ मुझ पर हँसती रहीं (मन तो इंद्रियों का अधिपति है अत: वह और भी अधिक हँसता रहा होगा), किन्तु आत्मवश होकर (मन सहित समस्त इंद्रियों को जीतकर) अब मैं हास्यास्पद नहीं बनूँगा। मनोविजय की इस दृढ़ संकल्पमयी साधना का निर्वाह तुलसी ने किस प्रकार किया है, मुख्यत: विनयपत्रिका के पदों के सहारे इसका विवेचन मात्र यहाँ अभिप्रेत है।

---

1. 7/22/10 विनयपत्रिका और दोहावली के उद्धरण काशी नागरी प्रचारिणी सभा की तुलसी-ग्रंथावली के दूसरे खंड के चतुर्थ संस्करण से तथा रामचरितमानस के उद्धरण आचार्य पं० विश्वनाथप्रसाद जी मिश्र संपादित काशिराज संस्करण से उद्धृत हैं।
2. विनयपत्रिका 270
3. वही 105।

यह भी समझ रखना चाहिए कि विनयपत्रिका में गोस्वामी जी का मुख्य काम्य प्रभुशरणागति है। मनोविजय की साधना उसी के निमित्त है, क्योंकि भगवान् की शरण तो तभी मिल सकती है जब मन विषयों का परित्याग कर शुद्ध और स्थिर होकर उनकी ओर उन्मुख हो, उनके अनुकूल हो। तुलसी ने बार-बार अनुभव किया है कि :

बिषय-बारि मन-मीन भिन्न नहिं होत कबहुँ पल एक।
तातें सहिय बिपति अति दारुन जनमत जोनि अनेक ॥[1]

मनरूपी मत्स्य विषयरूपी जल से एक पल के लिए भी नहीं अलग होता फलत: अत्यंत दारुण विपत्ति सहनी पड़ती है, अनेक योनियों में जन्म ग्रहण करना पड़ता है। यदि इसी विषयासक्त मन से, मलिन अंतस् से अनेक प्रकार के बाह्य साधन किये जायँ तो उसी प्रकार कोई लाभ नहीं होगा जिस प्रकार बांबी को पीटने से उसके भीतर रहनेवाला सर्प नहीं मरता है। मन यदि जीवद्रोह, मद-मत्सर से परिपूर्ण, विषयानुरागी, चंचल और निजतापरतारूपी द्वैतबुद्धि से लिप्त है तो भगवान् का प्रिय कैसे हो सकता है[2] क्योंकि इसके लिए तो इनसे विपरीत गुणों की अपेक्षा है—

अखिल-जीव-बत्सल निर्मत्सर चरन-कमल-अनुरागी।
ते तव प्रिय रघुबीर! धीरमति अतिसय निज-पर-त्यागी ॥[3]

मानस में तो श्रीराम ने स्पष्ट कहा ही है—

निर्मल मन जन सो मोहि पावा। मोहि कपट छल छिद्र न भावा ॥[4]

निष्कर्ष यही निकलता है कि जब तक हृदय में भक्ति का प्रकाश नहीं होता और मन से विषयवासना की तृष्णा नहीं मिटती तब तक आवागमन के चक्र में पड़े रहने के कारण स्वप्न में भी सुख नहीं मिल सकता, प्रभु शरण की तो बात ही और है। अत: मनोविजय उस प्रधान उद्देश्य का अनिवार्य साधक तत्त्व है।

चूँकि विनयपत्रिका की शैली भाव-निवेदन प्रधान है अत: तत्त्व विवेचन उसका अंग बनकर ही आ सका है। वास्तव में विनयपत्रिका के पद एक महान् विचारशील भक्त के सहज वैयक्तिक उद्‌गार हैं जिनमें प्रभु की महत्ता बोधक स्तुति के साथ अपनी लघुता सूचक उक्तियों का समावेश इस प्रकार किया गया है कि उनकी करुणा का उद्रेक हो सके और वे भक्त को अपनी शरण में ले लें, अपना बना लें। फलत: इन पदों में तुलसी की दार्शनिक विचारधारा प्रसंग प्राप्त विषयों के अनुसार अभिव्यक्त हुई

---

1. विनयपत्रिका 102
2. वही 115
3. वही 118
4. मानस 5/44/5।

है, सांगोपांग विवेचन के रूप में नहीं। मन के विचार के सम्बन्ध में भी यही सत्य है। मन अणुरूप है कि विभुरूप या मध्यम प्रमाण। उसकी अवस्थिति दोनों भौंहों के बीच आज्ञा चक्र में है या हृदय में आदि निरे सैद्धांतिक विवेचन में तुलसीदास नहीं उलझे हैं। मन की परिभाषा भी उन्होंने नहीं दी है किन्तु उसकी क्रिया प्रकृति आदि का विस्तृत चित्रण किया है। इसका अभिप्राय यही है कि उन्होंने परम्परागत अर्थ में मन को ग्रहण कर उसके व्यावहारिक पक्ष पर पूरा जोर दिया है और प्रतिपादित किया है, कि विषयासक्त होने पर जीव की दुर्दशा तथा विषयनिवृत्त हो रामोन्मुख होने पर ही जीव का कल्याण साधन संभव है। वाक्य-ज्ञान के प्रति अनास्था एवं 'सूधे मन, सूधे वचन, सूधी सब करतूति' पर भरोसा करनेवाले भक्त के लिए यह स्वाभाविक ही है। सूक्ष्म शास्त्रीय दृष्टि से वेदांत में मन को अंतःकरण के चार विभाजनों मन, बुद्धि, चित्त और अहंकार में एक माना गया है और उसका लक्षण संकल्प विकल्प करना कहा गया है। तुलसी ने इस विभाजन को स्वीकार करते हुए विनयपत्रिका में लिखा है—

चौथि चारि परिहरहु बुधि मन, चित अहँकार।
बिमल बिचार परमपद निज सुख सहज उदार।।[1]

किन्तु यह स्मरण रखना चाहिए कि तुलसीदास ने 'मन' शब्द का प्रयोग सदा 'संकल्प विकल्प' करनेवाली अंतःकरण की विधा विशेष के रूप में ही नहीं किया है। जब वे कहते हैं—

काय न कलेस लेस, लेत मानि मन की।
सुमिरे सकुचि रुचि जोगवत जन की।।[2]

तब वे काय की तुलना में मन को रख कर यह सूचित करते हैं कि यहाँ मन से तात्पर्य संपूर्ण अंतःकरण से है केवल संकल्प विकल्प करनेवाले अंश से नहीं। यही भाव—

मन, इतनोई या तनु को परम फलु।
सब अंग सुभग बिंदुमाधव-छबि तजि सुभाउ अवलोकु एक पलु।।[3]
तौ तू पछितैहैं मन मीजि हाथ।
भयो सुगम तो को अमर-अगम तनु समुझि धौं कत खोवत अकाथ।।[4]

---

1. विनयपत्रिका 203
2. वही 71
3. वही 63
4. वही 84।

आदि प्रयोगों में भी झलकता है। 'करम-बचन-मन' तुलसी का अत्यंत प्रिय मुहावरा है। इससे भी बाह्य वृत्तियों (करम-बचन) के साथ अभ्यंतर वृत्ति (मन) का बोध होता है। कहा जा सकता है कि 'मन' से तुलसी का यही प्रधान अभिप्रेत अर्थ है। 'मन्यते बुध्यते अनेन इति मनः' इस व्युत्पत्ति के अनुसार भी मन का अर्थ है मनन का साधन अर्थात् प्राणियों की वह शक्ति जिसके द्वारा उनको वेदना, संकल्प, इच्छा, द्वेष, प्रयत्न, बोध और विचार आदि का अनुभव होता है।[1] इसी व्यापक अर्थ में तुलसीदास ने मन का प्रयोग किया है। प्रायः इसी के समशील अर्थ में चित्त[2] और हृदय[3] का भी प्रयोग किया है।

अब 'जीतहु मनहिं' का अर्थ भी समझ लिया जाय। मन अजितावस्था में क्या करता है, उसका वह कार्य किस प्रकार जीव को बाँधता है, यह जान लेने पर मन को जीतने का अर्थ स्पष्ट हो जायेगा। मन इंद्रियों द्वारा उपलब्ध ज्ञान को वर्गीकृत कर आत्मा के पास पहुँचाता है और आंतरिक निर्णयों को इंद्रियों के द्वारा कार्यान्वित कराता है। इस प्रकार वह बाह्य वस्तुओं का तद्वत् बोध नहीं करता वरन् वस्तुओं के मनोमय रूप बनाकर राग-द्वेष के कारण उन्हें ग्राह्य, त्याज्य या उपेक्षणीय मान बैठता है। वह बाह्य जगत् से भिन्न मनोमय जगत् की रचना कर उसके प्रति राग-द्वेष का पोषण कर जीव को बाँधता है। पंचदशी के द्वैत विवेक प्रकरण में यह बताया गया है कि द्वैत दो प्रकार का है—ईश्वरकृत और जीवकृत। ईश्वर ने अपनी मायाशक्ति से अपने संकल्प के अनुसार समस्त जगत् की रचना की है। वह ईश्वरकृत द्वैत जीव को सदैव बाँधता ही हो ऐसी बात नहीं है। वह गुरु, शास्त्र आदि (जो ईश्वरकृत द्वैत के कारण ही सुलभ हैं) के द्वारा इसकी प्रतीति हो जाने पर कि इस दृश्यमान जगत् के मूल में एक ही तत्त्व है, जीव को इस द्वैत से मुक्ति पाने की सुविधा भी देता है। यह ईश्वरकृत जगत् जीव का भोग्य उसके ज्ञान एवं कर्म के कारण ही बनता है। अतः वास्तविक बंधन तो जीवकृत द्वैत है जो मनोमय जगत् के कारण उत्पन्न होता है। ईश्वरकृत मांसमयी स्त्री तो एक ही है किन्तु उसी के आधार से निर्मित मनोमयी स्त्रियाँ, माता, भगिनी, प्रिया, पत्नी, पुत्री आदि के रूप में अनेक हैं और इन्हीं मनोमय रूपों के कारण वह मांसमयी स्त्री (या कोई भी वस्तु) राग-द्वेष के बंधन में भोक्ताओं को बाँधती है। बाह्य पदार्थ के रहने न रहने से ही सुख-दुःख की अनुभूति होती हो ऐसा भी नहीं है। वह तो मनोमय पदार्थ के रहने न रहने से ही होती है। किसी का प्रवासी पुत्र जीवित भी हो किन्तु यदि पिता को कोई दुष्ट उसकी मृत्यु का संवाद दे तो मनोमय पुत्र को मरा जानकर पिता रोने लगता है। इसी तरह यदि पुत्र की मृत्यु हो गयी हो तो भी ज्ञात न होने तक मनोमय पुत्र के जीवित रहने के कारण पिता को शोक

---

1. संस्कृत शब्दार्थ कौस्तुभ
2. विनयपत्रिका 14, 104
3. वही 116, 169।

नहीं होता।[1] निष्कर्ष यह निकलता है कि जीव के लिए मन ही अपनी प्रवृत्तियों के अनुसार जगत् की सृष्टि करता है और उसी से जीव को बाँधता है। अतः मन की प्रवृत्तियों का निरोध कर इसी मनोमय द्वैत का निराकरण करना ही मन को जीतना है।

तुलसीदास पंचदशी से यहाँ तक तो सहमत हैं। उनका सुविचारित मत है—

जौ निज मन परिहरै बिकारा।

तौ कत द्वैत-जनित संसृति-दुख, संसय, सोक, अपारा।।[2]

यदि मन अपने विकारों को छोड़ दे तो फिर द्वैतभाव के कारण उत्पन्न अपार सांसारिक दु:ख, संशय और शोक कहाँ रह जायँ। इसी मन ने तो बलपूर्वक किसी को शत्रु मानकर सर्प के समान त्याज्य, किसी को मित्र मानकर स्वर्ण के समान ग्राह्य और किसी को मध्यस्थ मानकर तृण के समान उपेक्षणीय समझ रखा है। जैसे भोजन, वस्त्र, धन विविध प्रकार की वस्तुएँ सब मन में रहती हैं वैसे ही स्वर्ग, नरक और अनेक प्रकार के लोक मन में ही बसते हैं जैसे, वृक्ष या काठ में कठपुतली और सूत में वस्त्र बिना बनाये निहित रहते हैं (तभी तो उन पदार्थों से उनका निर्माण हो जाता है) वैसे ही मन में अनेक प्रकार के रूप अव्यक्त भाव से रहते हैं जो अवसर पाते ही प्रकट हो जाते हैं। इससे यह नहीं समझना चाहिए कि तुलसीदास विज्ञानवादी बौद्धों की तरह जगत् को केवल मन की कल्पना मानते थे। उनके अनुसार जगत् तो 'सीय राम मय' है एवं राम का रुख पाकर माया द्वारा रचित है, मन केवल उसमें प्रवृत्त होकर उसे अपना भोग्य बनाता है और इस प्रकार मनोमय जगत् की सृष्टि करता है। रूपक की भाषा में तुलसी ने कहा है—

बपुष ब्रह्माण्ड सो, प्रबृत्ति-लंकादुर्ग रचित मन-दनुज-मयरूपधारी।[3]

यहाँ ब्रह्माण्डरूपी शरीर का रचयिता मन नहीं कहा गया है, वह तो प्रवृत्ति रूपी लंकादुर्ग को ही रचता है। यह भी लक्षणीय है कि तुलसी इस लंकादुर्ग का समूल नाश नहीं चाहते। वे इसका कलुष प्रबल वैराग्यरूपी हनुमान से भस्म करवा कर मोहरूपी रावण के स्थान पर राम के चरणसेवक विभीषण को इस पर राज्य करते देखना चाहते हैं। सारांश यह कि मन के विचार या मनोमय द्वैत के कारण ही कोई पदार्थ सुखमय या दु:खमय प्रतीत होता है और इसी राग-द्वेष के कारण जीव बंधनग्रस्त होता है। इसीलिए विष्णु पुराण में कहा गया है, 'मन एव

---

1. दूरदेशं गते पुत्रे जीवत्येवात्र तत्पिता।
 विप्रलंभकवाक्येन मृतं मत्वा प्ररोदिति॥
 मृतेऽपि तस्मिन्वार्तायामश्रुतायां न रोदिति।
 अतः सर्वस्य जीवस्य बंधकृन्मानसं जगत्॥ पंचदशी, 4/34-35
2. विनयपत्रिका 124
3. वही 58।

मनुष्याणां कारणं बन्धमोक्षयो:' अर्थात् मन ही मनुष्य के बंधन और मोक्ष का कारण है।[1] विषयासक्त मन जीव को बाँधता है और निर्विषय मन मुक्त करता है। इसके आगे पंचदशीकार का और उनका मार्ग भिन्न है। पंचदशी (अर्थात् ज्ञान-मार्गियों) के अनुसार ब्रह्मज्ञान से ही इस द्वैत की वास्तविक निवृत्ति सम्भव है,[2] योग भी सहायक है, निर्विकल्प समाधि से या आत्मज्ञानी दीर्घ प्रणव का उच्चारण कर मनोराज्य को जीत सकता है। विजित हो जाने पर मन उसी प्रकार वृत्तिशून्य हो जाता है जिस प्रकार मूक वाग्व्यवहार से रहित होता है। तुलसीदास को न यह मार्ग स्वीकार है और न मन की वृत्तिशून्य मूकवत् स्थिति। मनोविजय के लिए तुलसीदास का एकमात्र सम्बल है प्रभु-कृपा और काम्य है मन की वृत्तियों का राममय हो जाना।

तुलसीदास ने विस्तारपूर्वक मन की उच्छृंखलता, चंचलता और विषयासक्ति का चित्रण किया है, क्योंकि मन की अनीति को दूर करने के लिए उसे पहले जानना होगा। मानस के उत्तरकांड में मानसरोगों की चर्चा करते समय उन्होंने लिखा है कि काम, क्रोध, लोभ आदि मानसिक रोगों से सारा संसार ग्रस्त है, किन्तु विरले ही ऐसे होते हैं जो यह जान भी पाते हैं कि उन्हें मानसरोग कष्ट दे रहे हैं। जान पाने पर ये पापी कुछ छीजते हैं, दुर्बल होते हैं यद्यपि नष्ट नहीं होते।[3] अत: मानसिक विकारों का वर्णन भी उन विकारों को दूर करने में सहायक है, किंतु इस वर्णन का यही प्रधान कारण नहीं है। वस्तुत: यह वर्णन अपने जानने के लिए नहीं, प्रभु को सुनाने के लिए किया गया है, जैसा कि—

दीनबंधु, सुखसिंधु, कृपाकर, कारुनीक रघुराई।
सुनहु नाथ! मन जरत त्रिबिध ज्वर, करत फिरत बौराई॥[4]

तथा '**सुनहु राम रघुबीर गुसाईं। मन अनीति-रत मेरो।**'[5]

आदि पंक्तियों से स्पष्ट है। दोहावली में तुलसी ने लिखा है—

तुलसी राम कृपालु सों कहि सुनाउ दुख दोष।
होय दूबरी दीनता परम पीन संतोष॥[6]

अर्थात् कृपालु राम से अपने दु:ख-दोष कह सुनाओ जिससे दीनता दुर्बल और संतोष परम पुष्ट हो। प्रभु के निकट सच्चे हृदय से अपने दोषों की स्वीकृति उन दोषों की निवृत्ति के लिए परम आवश्यक है क्योंकि सच्चे पश्चात्ताप पर ही प्रभु की

---

1. विष्णुपुराण 6/7/28
2. पंचदशी 4/39
3. एहि बिधि जीव जग रोगी। सोक हरष भय प्रीति बियोगी॥
   मानसरोग कछुक मैं गाए। हहिं सब के लखि बिरलेन्ह पाए॥
   जाने तें छीजहिं पापी। नास न पावहिं जन परितापी॥ —मानस 7/122/1-3
4. विनयपत्रिका 81
5. वही 143
6. दोहावली 96 (श्री श्रीकान्तशरणजी के पाठानुसार)।

करुणा होती है। तुलसी ने विनयपत्रिका में बार-बार इस बात पर भरोसा किया है कि मैंने अपने मन की कुचाल प्रभु से कह सुनायी है। कभी अपने मूढ़ मनकृत दोषों का वर्णन करते हुए वे कहते हैं—

तुलसिदास प्रभु कृपा करहु अब मैं निज दोष कछू नहिं गोयो।[1]

कभी इस बात से बड़े संतोष का अनुभव करते हैं कि मैं अपनी ओर से सब बातें प्रभु से कह कर निश्चिंत हो चुका—

तुलसी समुझि समुझायो मन बार बार।
अपनो सो नाथ हूँ सों कहि निरबह्यो हौं॥[2]

कितने विश्वास के साथ वे कहते हैं कि मेरी बात सब प्रकार से बिगड़ी हुई है केवल एक ही प्रकार से अच्छी तरह से बनी है कि मैंने सब कुछ अपने श्रेष्ठ स्वामी से कह सुनाया है—

सब भाँति बिगरी है एक सुबनाउ सो।
तुलसी सुसाहिबहिं दियो है जनाउ सो॥[3]

अतः यह स्मरणीय है कि मन की दुष्टता का वर्णन प्रभु की करुणा की याचना के उद्देश्य से इस विश्वास के साथ किया गया है कि मन को सुधारने का अंतिम उत्तरदायित्व प्रभु का ही है।

तुलसीदास के अनुसार मन का सबसे बड़ा दोष यह है कि वह हरिपद सुख का परित्याग कर विषयासक्त हो गया है। अपनी इस वेदना को उन्होंने—

ऐसी मूढ़ता या मन की।
परिहरि रामभगति-सुरसरिता आस करत ओसकन की॥[4]
निसि दिन भ्रमत बिसारि सहज सुख जहँ तहँ इंद्रिन तान्यो।[5]
चरन-सरोज बिसारि तिहारे निस दिन फिरत अनेरो॥[6]
शीतल मधुर पियूष सहज सुख निकटहिं रहत दूरि जनु खोयो।[7]

जैसी पंक्तियों में व्यक्त किया है। अनीतिरत मन प्रभु के चरण-कमलों को भुलाकर अन्यत्र फिरता रहता है, वेदादि का अनुशासन नहीं मानता, उसे किसी का

1. विनयपत्रिका 245
2. वही 260
3. वही 182
4. वही 90
5. वही 88
6. वही 143
7. वही 245।

भी त्रास नहीं है, कर्म के कोल्हू में तिल के समान अनेक बार पेरा जाकर भी वह उस शूल को भूल गया है, जहाँ प्रभु की कथा हो, सत्संग हो वहाँ स्वप्न में भी नहीं जाता, लोभ, मोह, मन, काम, क्रोध में रत है उन्हीं से घना प्रेम करता है, पर गुण सुनकर जल उठता है, पर-दोष श्रवण से हर्षित होता है, आप पाप का नगर बसा ले किंतु दूसरे का गाँव भी उसे सह्य नहीं, समस्त साधनों का फल वेदों का सार, भवसरिता तरने के लिए बेड़े के समान प्रभु का नाम कौड़ियों के लिए बेंच कर बलपूर्वक दासवृत्ति अपनाता है। कभी यदि सत्संगति के प्रभाव से सुमार्ग के निकट भी जीव आता है तो यह क्रुद्ध होकर कुमनोरथों से भटका देता है, मन के दुःसह दरेरे असह्य हैं।[1]

इस अनीति का कारण मन की मलिनता है जो विषयासक्ति के फलस्वरूप है—'मन मलिन बिषय सँग लागे'। विषय इंद्रियों के अर्थ को कहते हैं। शब्द, स्पर्श, रूप, रस, गंध के प्रति श्रोत्र, त्वक्; नेत्र, रसना, नासिका की सहज आसक्ति है। ये इन्द्रियाँ बलपूर्वक जीव को अपने-अपने विषयों में लगा देती हैं। इसीलिए कहा गया है—

निसि दिन भ्रमत बिसारि सहज सुख जहँ तहँ इंद्रिन तान्यो।

इन विषयों के भोग के कारण सुख की भ्रामक प्रतीति के अनंतर दुःसह दुःख झेलना पड़ता है, फिर भी मन अपना स्वभाव नहीं छोड़ता, भौतिक सुखों की कामना से कर्म-कीच में सनता ही रहता है। यह इसका चरम अज्ञान है कि शत्रुओं को मित्र मान कर उनका संग कर कुपथगामी हो जाता है। ये शत्रु हैं काम, क्रोध, लोभ, मोह, मद और मत्सर जिन्होंने इसका ज्ञान और वैराग्य हर लिया है।[2] मन अत्यंत चंचल है। वह क्षण भर के लिए भी स्थिर नहीं हो पाता। कभी वह योग में लीन होता है तो कभी भोग में, कभी वियोग का अनुभव करता है, कभी मोह के वशीभूत हो अनेक प्रकार के द्रोह करता है तो कभी अत्यंत दयालु हो उठता है, कभी दीन, निर्बुद्धि, गरीब बन जाता है, कभी पाखंडी तो कभी धर्मात्मा ज्ञानी, कभी संसार को धनमय देखता है तो कभी शत्रुमय; कभी स्त्रीमय, इस प्रकार काम, क्रोध, लोभ के सन्निपात से ग्रस्त हो दारुण सांसारिक दुःख भोगता रहता है।[3] इन्हीं विचारों को तुलसीदास ने अनेक पदों में दुहराया है।

मन की इस शोचनीय परिणति का सारा दोष तुलसीदास अपना मानते हैं, उसे विधाता, देश, काल, कर्म, स्वभाव आदि के माथे नहीं थोपते—

---

1. विनयपत्रिका 143
2. वही 173/187
3. वही 81।

हे हरि, कवन दोष तोहिं दीजै?
जेहि उपाय सपनेहुँ दुर्लभ गति, सोइ निसि बासर कीजै ॥[1]

कैसे देउँ नाथहिं खोरि?
काम-लोलुप भ्रमत मन हरिभगति परिहरि तोरि ॥[2]

है प्रभु मेरोई सब दोसु।
शीलसिंधु, कृपालु, नाथ, अनाथ आरत पोसु ॥[3]

आदि पदों में तुलसीदास सीधे-सीधे अपने को ही दोषी मानकर कहते हैं कि प्रभु तो अनाथों और आर्त्तों का पोषण करनेवाले हैं, मैं ही यदि केवल वचन और वेष में वैराग्य झलकाऊँऔर मन को पापों एवं अवगुणों का कोष बना रखूँ, राम के प्रति मेरा विश्वास और प्रेम तो पोला हो और कपटाचरण ठोस हो तो फिर कैसे मेरा भला हो सकता है? यहाँ दोहावली का यह दोहा भी द्रष्टव्य है—

निज दूषनु गुन राम के समुझे तुलसीदास।
होय भलो कलिकाल हू उभय लोक अनयास ॥[4]

अर्थात् दोष अपने और गुण राम के समझने पर इस कलिकाल में भी भला होता है और अनायास ही उभय लोकों की प्राप्ति होती है। इस सिद्धांत के अनुसार मन की शठता के लिए भी अपने को ही दोषी मानकर वे उसे सत्पथ पर लाने का प्रयास करते हैं।

मन को अपने आचरण पर लज्जित करने के लिए वे उसकी भर्त्सना करते हैं और साथ-ही-साथ उसे शिक्षा भी देते हैं। 'तौ तू पछितैहैं मन मींजि हाथ' या 'मन पछितैहै अवसर बीते' जैसे पद केवल भर्त्सनामूलक नहीं हैं। यह सचमुच ग्लानि की बात है कि देवदुर्लभ मानव शरीर पाकर उसे क्षुद्र कार्यों में नष्ट कर दिया जाय। मन को शिक्षा देते समय तुलसीदास ने उसकी प्रवृत्तियों को खूब ध्यान में रखा। आखिर मन विषयों के पीछे क्यों भटकता है, सुख के लिए ही तो। अतः तुलसी ने पहले इसी बात पर जोर दिया है कि—

सुखसाधन हरि बिमुख बृथा, जैसे श्रम-फल घृतहित मथे पाथ।[5]

अर्थात् हरिविमुख होकर सुख के लिए प्रयास करना उसी प्रकार व्यर्थ है जैसे घी के लिए पानी मथना, उससे केवल परिश्रम ही हाथ आता है। इसी तरह—

1. विनयपत्रिका 117
2. वही 158
3. वही 159
4. दोहावली 77
5. विनयपत्रिका 84।

सुनु मन मूढ़, सिखावन मेरो।
हरिपद-बिमुख लह्यो न काहु सुख सठ यह समुझि सबेरो॥[1]

कहने के बाद सूर्य, चन्द्रमा और गंगा के उदाहरण से तुलसी ने बताया है कि प्रभु से बिछुड़ने पर सबको घना दु:ख उठाना पड़ता है। सुख तो प्रभु की कृपा से ही प्राप्त हो सकता है। अत: वे कहते हैं—

तुलसिदास सब भाँति सकल सुख जो चाहसि मन मेरो।
तो भजु राम, काम सब पूरन करैं कृपानिधि तेरो॥[2]

फिर उन्होंने यह भी बताया है कि विषय सुख अत्यंत क्षणिक, भ्रांतिमूलक एवं वस्तुत: दु:ख की जड़ है। विषय सुख की असारता का वर्णन करते हुए उन्होंने लिखा है—

अस्थि पुरातन छुधित स्वान अति ज्यों भरि मुख पकर्‍यो।
निज तालूगत रुधिर पान करि मन संतोष धर्‍यो॥[3]

जिस प्रकार कोई भूखा कुत्ता पुरानी सूखी हड्डी को मुँह में भरकर झिंझोड़े और अपने तालू से निकलते हुए रुधिर को उस हड्डी से निकलता मानकर उसे झिंझोड़ने में सुख माने, जबकि वस्तुत: उसे परम हानि हो रही है, उसी प्रकार विषयों के भोग में जिस सुख की अनुभूति है वह अपनी स्पृहा से उत्पन्न एवं मृगजल की तरह मिथ्या है तथा जीव को आवागमन के चक्र में डालनेवाली है। बार-बार तुलसी ने विषय-सुख को ओस-कण की तरह तुच्छ, नीम की तरह कटु, मृगजल की तरह अवास्तविक, विषफल के समान त्याज्य आदि कहा है। विषय भोग के अंतिम परिणाम की ओर ध्यान आकृष्ट कर उनके परित्याग की प्रेरणा देते हुए उन्होंने लिखा है कि सहस्रबाहु एवं रावण भी जीवनकाल से 'हम हम' (श्रेष्ठता का अहंकार) करते हुए धनधाम ही सँवारते रहे किन्तु अन्त में उन्हें खाली हाथों ही जाना पड़ा। पुत्र-पुत्री आदि आत्मीय तो परम स्वार्थी हैं, स्वार्थ सध जाने पर अन्त में तेल निकली हुई खली की तरह छोड़ देने में कुंठित नहीं होते। अत: ओ मन, तू उन्हें अभी से क्यों नहीं छोड़ देता। ओ जड़, अब भी जाग और प्रभु से अनुराग कर; याद रख विषयभोगरूपी घृत से कामनाओं की अग्नि कभी शान्त नहीं होती।[4] अत: मन यदि प्रभुरूपी कल्पवृक्ष को प्राप्त करना चाहता है तो उसे विषय-विकार का परित्याग एवं जगत् के सार स्वरूप प्रभु का भजन करना ही होगा। शम, संतोष, शुद्ध विचार एवं सत्संग को दृढ़तापूर्वक धारण करना होगा और काम, क्रोध, लोभ, मोह, मद, राग

---

1. विनयपत्रिका 87
2. वही 162
3. वही 92
4. वही 198।

और द्वेष को जड़ से त्याग देना होगा।[1]

मन को वश में करने के लिए इंद्रियों को पहले वश में करना चाहिए। इन्द्रियों को उनके विषयों से हटाकर निरुद्ध करना अत्यंत कठिन है। तुलसीदास इन्द्रियों को रामोन्मुख कर देना चाहते हैं। उनका उपदेश है—

स्त्रवन कथा, मुख नाम, हृदय हरि, सिर प्रनाम, सेवा कर अनुसरु।
नयनन निरखि कृपा-समुद्र हरि अगजग-रूप भूप सीताबरु॥[2]

अर्थात् कानों से उनकी कथा सुनो, मुँह से नाम लो, हृदय में उन्हें बसाओ, सिर झुकाकर प्रणाम करो, हाथों से सेवा एवं नेत्रों से चराचर रूप कृपा-समुद्र श्रीराम के दर्शन करो। ऐसा कर पाने पर किसी अन्य साधन का प्रयोजन ही नहीं रहेगा क्योंकि यही सच्ची भक्ति है, वैराग्य है, ज्ञान है और हरि को प्रसन्न करने का व्रत है। इसी प्रकार तुलसीदास मन को मनोरथ-शून्य करने के पक्ष में भी नहीं हैं। वे विषय-भोग सम्बन्धी मनोरथों के स्थान पर प्रभु की सेवा, भक्ति करने और प्रभु की कृपा पाने के शुभ मनोरथों से मन को परिपूर्ण रखना चाहते हैं। उनके मनोरथों में समस्त इन्द्रियों को प्रभुमय कर देने की भावना बहुत प्रबल है। उनका संकल्प है 'जानकीजीवन की बलि जैहों'। उनका चित्त सीताराम के चरणों को छोड़कर अब और कहीं जाने के लिए प्रस्तुत नहीं है। उनके हृदय में यह विश्वास जम गया है कि प्रभु-पद विमुख होकर स्वप्न में भी सुख नहीं मिलेगा। वे मन समेत शरीर के समस्त निवासियों (इंद्रियों) को यही शिक्षा देंगे। वे कानों से और बात नही सुनेंगे, जीभ से किसी और के गुण नहीं गायेंगे, नेत्रों से किसी और को नहीं देखेंगे तथा प्रभु के सामने ही सिर झुकायेंगे।[3]

वे यहीं नहीं रुकना चाहते। मन का स्वभाव है विषयों में आसक्त होना, यही उसकी सहज प्रकृति है। तुलसीदास का मनोरथ है कि इसी प्रकार सहज स्वाभाविक रूप से मन को प्रभु के प्रति आसक्त होना चाहिए। ऐसा न होने पर वे परिताप के साथ कहते हैं कि 'हे प्रभु! मेरा मन इस प्रकार तुमसे कभी नहीं लगा, जिस प्रकार छल छोड़कर स्वाभाविक रूप से निरन्तर विषयों में अनुरक्त रहता है, जैसे परनारी को देखा वैसे तो कभी साधुओं के (या प्रभु के) दर्शन नहीं किये, जैसे घर-घर के पाप प्रपंच रस ले-ले कर सुने वैसे तो कभी गंगा-तरंग के समान निर्मल राम के गुण-समूह नहीं सुने, जैसे नासिका अन्य सुगन्धों के रस के वश रही वैसे तो राम के प्रसाद की माला उसने नहीं सूँघी, जैसे जिह्वा का षट्रस भोजन में प्रेम रहा वैसे तो वह राम की जूठन के लिए नहीं ललकी, नहीं ललची, जैसे चंदन, चंद्रमुखी के शरीर, भूषण

1. विनयपत्रिका 205
2. वही
3. वही 104।

वस्त्र को यह नीच शरीर स्पर्श करना चाहता था वैसे तो कभी राम के चरण स्पर्श के लिए यह पापी नहीं तरसा, जैसे भौतिक दुष्ट स्वामियों की सेवा शरीर, मन और वाणी से की वैसे तो कभी कृतज्ञ राम की सेवा नहीं की जो एक बार प्रणाम करने से भी संकुचित हो जाते हैं, जैसे तुच्छ लोभ के लिए ये पैर दुनिया के द्वार-द्वार भटकते फिरे वैसे तो ये अभागे कभी सीताराम के आश्रय जाने के लिए नहीं उमगे।[1] इन सभी पदों से यही सिद्ध होता है कि मन और इंद्रियों को वशीभूत करने के लिए वे उन्हें स्वाभाविक रूप से रामोन्मुख कर देना चाहते थे।

तुलसीदास मन को अभिमानरहित शत्रु-मित्र, मान-अपमान, शीत-उष्ण में एकरस, क्रोधरहित (विगत मान, सम शीतल)[2] सुख-दुःख, हर्ष-शोक आदि द्वंद्वों से रहित, ज्ञानरत, विषयों से विरक्त, सब प्रकार की परीक्षाओं में खरा उतरनेवाला, समस्त प्राणियों का हितैषी, निष्कपट, प्रेम भक्ति के दृढ़ नियमों का एकरस निर्वाह करनेवाला[3] बनाना चाहते थे।

किन्तु प्रश्न यह है कि मन ऐसा हो कैसे? मन को वश में करने के लिए अनेकानेक साधनों की चर्चा शास्त्रों में की गयी है। योग तो चित्तवृत्तियों का निरोध करनेवाला शास्त्र ही है। ज्ञानी आत्मज्ञान द्वारा मन को वश में करते हैं। भगवान् ने गीता के छठे अध्याय में ध्यान योग द्वारा मन को वशीभूत करने का उपदेश देते हुए 'अभ्यासेन तु कौंतेय वैराग्येण च गृह्यते' कहकर अभ्यास और वैराग्य पर बहुत बल दिया है। योग सूत्र में भी पतंजलि ने 'अभ्यासवैराग्याभ्यां तन्निरोधः[4] कहकर इन साधनों की वरिष्ठता स्वीकार की है। पर तुलसीदास को ये सभी साधन यथेष्ट नहीं लगते। अपने अनुभवों से आकुल होकर वे प्रभु से पूछ बैठते हैं—

हे हरि! कवन जतन भ्रम भागै?
देखत सुनत बिचारत यह मन निज सुभाव नहिं त्यागै॥
भगति, ज्ञान, बैराग्य सकल साधन यहि लागि उपाई।
कोउ भल कहहु, देउ कछु कोऊ, असि बासना न उर तें जाई॥[5]

हे हरि! किस प्रकार यह भ्रम दूर हो। मेरा यह मन देख, सुन और विचार करके भी (विषयासक्ति का) अपना स्वभाव नहीं छोड़ता। मन के इस स्वभाव को छुड़ाने के लिए भक्ति, ज्ञान, वैराग्य आदि समस्त साधन करने पर भी यह वासना तो हृदय से नहीं गयी कि कोई मुझे भला कहे, कोई मुझे कुछ दे। वास्तविक संकट यह

1. विनयपत्रिका 170
2. वही 172
3. वही 204
4. योग सूत्र 1/12
5. विनयपत्रिका 119।

है कि 'सुनिय, गुनिय, समुझिय, समुझाइय दसा हृदय नहिं आवै'[1] तत्त्वज्ञान को सुनते, मनन करते, समझते और समझाते हुए भी वह जानकारी मन की सहज दशा, निष्ठा नहीं बन जाती। कबीर की साखी है—

मन जाणै सब बात जाणत ही औगुण करै।
काहे की कुसलात कर दीपक कूँवै पड़ै॥

मन तो सब बातें जानता ही है, जानकर अवगुण करता है। हाथ में दीपक लिये हुए कोई कुएँ में कूद पड़े तो कुशल कैसे होगी? वाक्यज्ञान के स्थान पर आचरण और अनुभूति में विश्वास करनेवाले तुलसी का निश्चित मत है—

सोक, मोह, भय, हरष, दिवस निसि, देस काल तहँ नाहीं।
तुलसिदास यहि दसाहीन, संसय निर्मूल न जाहीं॥[2]

अर्थात् द्वंद्वातीत दशा के बिना संशय निर्मूल नहीं हो सकते। तुलसीदास का दृढ़ मत है कि केवल अपने प्रयास से या इन साधनों से काम नहीं बनने का। अपने सतत प्रयासों की विफलता उन्होंने अनेक स्थलों पर स्वीकारी है। हे हरि जू! मेरा मन हठ छोड़ता ही नहीं। रात-दिन इसे अनेकानेक शिक्षाएँ देता रहता हूँ किंतु यह तो अपने स्वभाव से टस-से-मस नहीं होता। 'हौं हार्‌यो करि जतन बिबिध बिधि, अतिसय प्रबल अजै।'[3] मैं अनेक प्रकार के यत्न करके हार गया किन्तु यह अब भी अत्यन्त प्रबल है। 'सकल साधन', 'जतन बिबिध बिधि' आदि कथन इस बात के प्रमाण हैं कि इन अनेक साधनों का अभ्यास करके भी वे कृतकार्य नहीं हुए थे। इसका अर्थ यह नहीं लेना चाहिए कि ये साधन उनकी दृष्टि में खोटे हैं। नहीं, ये साधन तो ठीक हैं 'ज्ञान भगति साधन अनेक सब सत्य, झूठ कछु नाहीं'[4] या 'करम, उपासन, ज्ञान बेदमत सो सब भाँति खरो'[5] आदि पंक्तियों में वैष्णव विनयशीलता के साथ इन साधनों की सत्यता को उन्होंने मान लिया है किंतु इसके साथ उन्होंने दो बातें जोड़ी हैं। पहली तो यह कि घनघोर कलिकाल में साधकों की मति की विकलता के कारण ये साधन निरुपाधि नहीं रह गये हैं।

जप, तप, तीरथ, जोग समाधी। कलि मति-बिकल, न कछु निरुपाधी।[6]

इसी तरह कलिरोग ने योग, संयम, समाधि को ग्रस लिया है।[7] कलिकाल में कर्मकांड तो अत्यन्त कठिन तथा प्रचुर अर्थसाध्य है एवं ज्ञान, विराग, जोग, जप, तप

---

1. विनयपत्रिका 116
2. वही 167
3. वही 89
4. वही 116
5. वही 226
6. वही 128
7. वही 66।

को लोभ, मोह, क्रोध और काम का भय है[1] अर्थात् तुलसी के मतानुसार ये साधन खरे होते हुए भी समयानुकूल नहीं हैं। दूसरी बात यह कि इन साधनों के प्रति तुलसी की व्यक्तिगत रुचि भी नहीं है। 'मोहिं तो सावन के अंधहि ज्यों जूझत रंग हरो' या 'मानत नहिं परतीति अनत ऐसोई सुभाव मन बाम को' आदि उक्तियों से यह स्पष्ट है। अतः उन्होंने इन साधनों पर जोर भी नहीं दिया है।

तुलसीदास की यह बड़ी अद्‌भुत विशेषता है कि प्रतिकूल-से-प्रतिकूल परिस्थिति में भी उनकी श्रद्धा विचलित नहीं होती। दैहिक, दैविक, भौतिक तापों से दग्ध होते रहने पर भी वे टूटे नहीं हैं। मतवाले हाथी की तरह मन किसी भी शिक्षा को नहीं सुनता। प्रायः समस्त साधन व्यर्थ हो चुके हैं, मन की अनीति से वे विकल हैं, उसके कारण दुःसह दुःखों के विषय-जाल में उलझे हुए घोर 'साँसति' सह रहे हैं किंतु फिर भी वे घुटने नहीं टेकते, अदम्य विश्वास और अटूट आस्था की वाणी में कहते हैं—

कहा भयो जो मन मिलि कलिकालहिं कियो भौंतुवा भौंर को हौं।
तुलसिदास सीतल नित यहि बल बड़े ठेकाने ठौर कौ हौं॥[2]

क्या हुआ, जो मन ने कलिकाल से मिलकर मुझे (विषयों के) भँवर का भौंतुवा (एक छोटा काला कीड़ा) बना दिया (अर्थात् तुच्छ विषय सुखों के चारों ओर चक्कर काटनेवाला बना दिया), मैं इस बल पर नित्य शीतल (शांत) रहता हूँ कि मैं बड़े ठौर ठिकाने का हूँ। यह बड़ा ठौर ठिकाना श्रीरामदरबार है। श्रीराम के सेवक का अकल्याण अंसभव है—

तिहूँ काल तिनको भलो जे रामरंगीले।'[3]

इसलिए बड़े आत्मविश्वास के साथ वे कहते हैं—

'तुलसिदास रघुबीर-बाहुबल सदा अभय काहू न डरै।'[4]

मन और इंद्रियों की क्या बिसात कि रामकृपा के बाद भी उछल-कूद करें। अपना बल थक गया है, अपने प्रयास असफल हो गये हैं तो भी क्या हुआ, राम की कृपा के बल पर उन्हें जीता जा सकता है, भ्रम मिटाया जा सकता है—'तुलसिदास हरिकृपा मिटै भ्रम, यह भरोस मन माहीं।'[5]

ये दुर्विनीत इंद्रियाँ मेरा अनुशासन नहीं मानतीं किन्तु हृषीकेश (इंद्रियों के स्वामी) की आज्ञा का उल्लंघन तो नहीं कर सकेंगी, यही सोचकर तुलसी प्रभु का

---

1. विनयपत्रिका 155
2. वही 229
3. वही 32
4. वही 137
5. वही 116।

हृषीकेश नाम सुनकर उन पर न्यौछावर हो जाते हैं और हृदय में गहरे भरोसे का अनुभव करते हुए कहते हैं कि हे प्रभु! इंद्रियजन्य दु:ख तुम्हारे द्वारा ही हरे जा सकेंगे—

हृषीकेश सुनि नाउँ जाउँ बलि, अति भरोस जिय मोरे।
तुलसिदास इंद्रिय-संभव दुख हरे बनिहि प्रभु तोरे॥[1]

और मन के प्रेरक भी तो प्रभु ही हैं। उनके बरजने पर वह अवश्य वशीभूत हो जायगा—'तुलसिदास बस होइ तबहिं जब प्रेरक प्रभु बरजै।'[2] वे प्रभु से प्रार्थना करते हैं कि विषयवारि में मग्न रहनेवाले मेरे मन-मीन को आप अपनी कृपा-डोरि में परम प्रेम का मृदु चारा लगा, चरण-कमल के अंकुश की बंसी से बेधकर मेरे दु:खों को दूर करने का कौतुक करें।[3] तुलसी अत्यन्त दीन स्वर में कहते हैं—

इक हौं दीन मलीन हीनमति बिपति-जाल अति घेरो।
तापर सहि न जात करुनानिधि मन को दुसह दरेरो॥
हारि पर्‌यो करि जतन बहुत बिधि, तातें कहत सबेरो।
तुलसिदास यह त्रास मिटै जब हृदय करहु तुम डेरो॥[4]

एक तो मैं स्वयं अत्यन्त दीन मलीन बुद्धिहीन और विपत्ति समूह से घिरा हूँ उस पर हे करुणानिधि! मन का दु:सह रगड़ा अब सहा नहीं जाता। मैं अनेक प्रकार के यत्न करके हार चुका हूँ। अत: अभी समय रहते ही मैं आप से प्रार्थना कर रहा हूँ कि यह त्रास, यह दु:ख कष्ट तभी मिटेगा जब आप हृदय में निवास करेंगे। प्रभु कृपा के सहारे ही मन को जीता जा सकता है, यही उनका अनुभूत सिद्धांत है।

अब शंका उठती है कि प्रभु-कृपा प्राप्त ही कैसे होगी, विशेषकर जब मन अपवित्र और विषयासक्त हो। तुलसीदास ने दो प्रकार से इसका समाधान किया है। पहली बात तो यह है कि 'करुणाकर की करुणा करुणा हित' होती है, जो इसके लिए किसी हेतु की कल्पना करते हैं कि वे प्रभु की करुणा को कलंकित करते हैं। दूसरी बात यह है कि 'राम नाम' की महिमा अपार है। राम का नाम लेने पर सर्वार्थ सिद्धि हो सकती है—

राम जपु, राम जपु, राम जपु, बावरे!
एकहि साधन सब रिधि सिधि साधि, रे॥[5]

---

1. विनयपत्रिका 119
2. वही 89
3. वही 102
4. वही 143
5. वही 66।

मन को शुद्ध करने का भी साधन रामनाम, प्रभु की कृपा-प्राप्ति का साधन भी रामनाम, स्वार्थ परमार्थ सबकी सिद्धि के लिए रामनाम ही तुलसी का एक मात्र अवलंब है। रामनाम ही समस्त सौभाग्य और सुख की खान तथा वेद का सार सर्वस्व है ऐसा हृदय में जानकर विश्वास के साथ वे अपने मूढ़ शठ मन को बार-बार 'रामनाम' जपने का आदेश देते हैं—

सदा राम जपु, राम जपु, राम जपु, राम जपु, मूढ़ मन बार बारं।
सकल-सौभाग्य-सुख-खानि जिय जानि, सठ! मानि बिस्वास वद बेदसारं॥[1]

सारी विनयपत्रिका रामनाम की महिमा से भरी पड़ी है। तुलसी का विश्वास था कि नाम की ओट लेने पर सहज कृपालु प्रभु अवश्य द्रवित होंगे—

सो धौं को जो नाम-लाज तें नहिं राख्यो रघुबीर?
कारुनीक बिनु कारन ही हरि, हरौ सकल भवभीर॥[2]

इसी आस्था का संबल लेकर तुलसी अपने स्वामी प्रभु राम से अपनी सार सँभार की प्रार्थना करते हुए कहते हैं कि हे कृपासिंधु, हे दीनदयालु, आपके चरणों की शरण आया हूँ, एक बार कृपा-दृष्टि से देख लीजिए जिससे इस जन के मन की सारी अशांति दूर हो जाय।

कृपासिंधु बिलोकिए जन-मन की साँसति जाय।
सरन आयो, देव दीनदयालु! देखन पाय॥[3]

राम की कृपा हुई या नहीं, राम ने अपनाया या नहीं, इसको परखने की कसौटी भी मन ही है। तुलसी का कहना है कि—

तुम अपनायो तब जानिहौं जब मन फिरि परिहै।
जेहि सुभाव बिषयनि लग्यो तेहि सहज नाथ सों नेह छाँड़ि छल करिहै॥[4]

हे प्रभु! तुमने मुझे अपनाया है यह तो मैं तभी मानूँगा जब मेरा मन विषयों की ओर से फिर जायेगा और जिस प्रकार वह स्वाभाविक रूप से विषयों के प्रति आसक्त रहता है, उसी तरह सहज भाव से छल छोड़कर प्रभु तुमसे प्रेम करेगा। जब हे स्वामी! तुमसे यह पुत्र की तरह प्रेम, मित्र की तरह विश्वास, राजा की तरह भय तथा अपने समान स्वार्थभाव रखेगा और इन चारों प्रकारों में चातक की तरह अपनी टेक में अडिग रहेगा, जब अत्यंत आदर पाने पर भी हर्षित नहीं होगा और निंदित होने पर भी जब नहीं जल मरेगा, जब हानि-लाभ, दुःख-सुख, प्रिय-अप्रिय इन सब में

1. विनयपत्रिका 46
2. वही 144
3. वही 220
4. वही 268।

समभाव रखेगा एवं कलि की कुचालों को छोड़ देगा, जब आपके गुण सुनकर हर्षित होगा और प्रेमाश्रु बहाने लगेगा तब तुलसीदास को विश्वास होगा कि वह आपका हो गया और उस प्रेम को देखकर हृदय आनन्द और उमंग से भर जायेगा।

श्रीरामचरितमानस के उत्तरकांड में मानस-रोगों को दूर करने के लिए भी ऐसा ही उपचार बताया गया है। वह व्यवस्था-पत्र इस प्रकार है—

रामकृपा नासहिं सब रोगा। जौ इहि भाँति बनै संजोगा॥
सदगुर बैद बचन बिस्वासा। संजम यह न बिषय कै आसा॥
रघुपतिभगति सजीवन मूरी। अनूपान श्रद्धा मति पूरी॥
एहि बिधि भलेही रोग नसाहीं। नाहि त जतन कोटि नहि जाहीं॥
जानिअ तब मन बिरुज गोसाँई। जब उर बल बिराग अधिकाई॥
सुमति क्षुधा बाढ़ै नित नई। बिषय आस दुर्बलता गई॥[1]

अर्थात् ऐसा संयोग बनने पर ही मन के मोह, काम, क्रोध, लोभ आदि समस्त रोग रामकृपा से दूर हो सकते हैं कि सद्‌गुरुरूपी वैद्य के वचनों पर विश्वास हो, संयम यह किया जाय कि विषय की आशा न हो, रघुपति-भक्तिरूपी संजीवनी बूटी हो जिसका सेवन अति सुन्दर श्रद्धा के अनुपान के साथ किया जाय। इस विधि से सुभीते के साथ रोग नष्ट होंगे, नहीं तो करोड़ों यत्नों से दूर नहीं हो सकते। मन को तभी नीरोग समझना चाहिए जब हृदय में विरागरूपी बल तथा सुमतिरूपी क्षुधा नित्य बढ़े एवं विषयासक्तिरूपी दुर्बलता दूर हो। जब मन विमल ज्ञानरूपी जल में स्नान करता है तब रामभक्ति हृदय में छा जाती है। 'रामकृपा नासहिं सब रोगा' यही मूल बात है।

यहाँ यह कहा जा सकता है कि तुलसीदास एक तरफ तो राम की प्रियता के लिए निर्मल मन को आवश्यक मानते हैं कि दूसरी तरफ कहते हैं कि राम की कृपा से ही मन निर्मल हो सकता है, इस प्रकार अपनी बात को स्वयं काटते हैं। वस्तुतः ऐसा नहीं है। पहली स्थापना विषयवारि में मन रहनेवाले मन-मीन को लक्ष्य में रखकर की गयी है। उस स्थिति में तो छल-छिद्र एवं कपटाचरण करनेवाला मन प्रभु की ओर उन्मुख होता ही नहीं, होना उसे काम्य भी नहीं रहता। फलतः राम की कृपा की याचना भी नहीं करता, पाता भी नहीं। दूसरी स्थापना राम की शरण में आये हुए व्यक्ति द्वारा मन को शुद्ध करने के सतत प्रयासों को दृष्टि में रखकर की गयी है। इन प्रयासों की सफलता रामकृपा द्वारा ही संभव है। यह सिद्धांत अहंकार के संपूर्ण निरसन के लिए अत्यन्त उपकारक अतः एकांत प्रयोजनीय है। मैंने अपने प्रयास से मन को जीत लिया, मेरा मन अब बिल्कुल शुद्ध हो गया है आदि उक्तियों में अति दुःखद मानसरोग 'अहंकार' स्पष्ट ध्वनित है जिसके रहते हुए यह कैसे माना जा

1. मानस 7/ 122/5-10।

सकता है कि मन निर्मल हो चुका। इसीलिए भक्तों की मान्यता है कि भक्ति (और मन की शुद्धि भी) क्रियासाध्य न होकर कृपासाध्य है। यह भी स्मरण रहे कि इसका अर्थ क्रिया...प्रयास की अवहेलना नहीं है वरन् अपनी तरफ से सब कुछ करके भी उसे कुछ नहीं मानने की निश्चल विनम्रता है। तभी भक्त कह सकता है कि मैं विविध यत्न करके हार गया, अब भी यह दुष्ट मन अतिशय प्रबल है, यह तभी वश में होगा जब प्रेरक प्रभु इसे बरजें। यह भी सही है कि मनुष्य का क्षुद्र प्रयास राम की कृपा का हेतु नहीं होता, वस्तुतः रामकृपा तो अहैतुकी होती है, किंतु यह प्रभु की ओर देखकर निश्चित किया गया सिद्धांत है। अपनी ओर से भक्त असावधान नहीं हो सकता। उसे तो अपने महान् साधन 'रामनाम जप' तथा स्वधर्म-पालन में किंचित् शैथिल्य भी नहीं आने देना चाहिए। अहंकार और शैथिल्य दोनों का निराकरण इस सिद्धांत से सहज ही हो जाता है।

श्रीराम की महती कृपा का प्रसाद तुलसी को भी मिला है। शरण आने पर गरीबनिवाज रघुबीर ने उस तुलसी को भी अपना बना लिया जो मन का मलिन है, जिसकी करनी सुनकर कलिकाल (जो पाप रूप ही है) भी और पापी हो जाता है—

मन-मलीन, कलि किलविषी होत सुनत जासु कृत काज।
सो तुलसी कियो आपनो रघुबीर गरीब निवाज॥[1]

भक्त-हृदय कृतकृत्य होकर अपने को अधमाधम मानता हुआ प्रभु की कृपा का यश गाता है कि प्रत्यक्ष पापरूप तुलसी को भी आपने शरण दी 'प्रगट पातक-रूप तुलसी सरन राख्यो सोउ।[2] जिसे और किसी ने भी नहीं अपनाया उस दीन हीन तुलसी से एक राम ने ही प्रीति की 'दास तुलसी दीन पर एक राम ही की प्रीति।'[3]

राम की कृपा से संसाररूपी रजनी बीत गयी। अब जागकर तुलसीदास फिर सोने के लिए बिछौना नहीं बिछायेंगे और प्रतिज्ञापूर्वक मन-भ्रमर को श्रीराम के चरण-कमलों में बसा देंगे—

रामकृपा भवनिसा सिरानी जागे फिर न डसैहौं।
मन-मधुकर पनकरि तुलसी रघुपति-पद कमल बसैहौं॥[4]

वे मन की मूढ़ता के कारण उत्पन्न जिस दुःसह दुःख से परित्राण करने की प्रभु से कातर प्रार्थना करते थे, वह अब प्रभु के अपनाते ही सहज ही दूर हो गया। प्रभु ने केवल नाम की महिमा और अपने अकारण करुणामय शील के चलते ही प्रेम और विश्वास से रहित (कैसी विनम्रता है तुलसीदास की, प्रेम और विश्वास की

1. विनयपत्रिका 191
2. वही 214
3. वही 216
4. वही 105।

पराकाष्ठा होते हुए भी अपने को प्रेम और विश्वास से रहित कह रहे हैं!) तुलसी का भला कर दिया, यही देखकर वे संकुचित हो रहे हैं—

तुलसी तिहारो भए भयो सुखी प्रीति-प्रतीति बिनाहूँ।[1]

नाम की महिमा, सील नाथ को मेरो भलो बिलोकि तें अब सकुचाहु सिहाहूँ।

इस भक्तिमयी साधना पद्धति की सफलता इस तथ्य से हृदयगंम की जा सकती है कि 'कबहूँ मन विश्राम न मान्यो' सी कातर उक्ति कहनेवाला भक्त स्वानुभव से कह उठता है—

जाकी कृपा लवलेस ते मतिमन्द तुलसीदास हूँ।
पायो परम बिश्रामु राम समान प्रभु नाहीं कहूँ।।[2]

■

1. विनयपत्रिका 275
2. मानस 7/130/19-20।

विनयपत्रिका में क्रिया और कृपा

मानव अपना चरम पुरुषार्थ क्या केवल अपनी क्रियाओं से प्राप्त कर सकता है या उसके लिए भगवत्कृपा अनिवार्य है? क्या क्रिया और कृपा पूर्णतः निरपेक्ष हैं या एक को दूसरे की अपेक्षा भी है? क्रिया और कृपा के स्वरूप क्या हैं, हेतु क्या हैं, परिणाम क्या हैं? इन सब प्रश्नों से पुरुषार्थकामी व्यक्ति निस्तार नहीं पा सकता। जब गंभीरता से ये प्रश्न उठें, तब समझना चाहिए कि सतह की चमक दमक से समाधान न होने के कारण गहरे पैठने का उपक्रम हो रहा है। व्यक्ति का मन साधना के मध्य जिन समस्याओं और ऊहापोहों से गुजरता है, उन सबका प्रतिफलन विनयपत्रिका में हुआ है, साथ ही तुलसी की शास्त्र और स्वानुभव उभय सिद्धवाणी उनके समाधान के निर्देश भी करती चली है। अतः विनयपत्रिका के आधार पर इन प्रश्नों पर विचार करना निश्चय ही कल्याणकारक होगा।

विनयपत्रिका में ऐसे बहुत से कथन मिलते हैं, जिनसे लगता है कि तुलसीदास यह भी मानते थे कि अपनी करनी...क्रिया से भवसागर पार किया जा सकता है। करनी के बिगड़ जाने के कारण ही भय होता है कि प्रभु की प्राप्ति नहीं हो सकेगी और अनंत जन्मों तक भवाटवी में भटकना पड़ेगा।

जो कछु कहिय करिय भवसागर, तरिय बत्सपद जैसे।
रहनि आन बिधि, कहिय आन, हरिपद सुख पाइय कैसे ॥[1]

कथनी और करनी में अंतर होने के कारण ही भगवच्चरणारविंदों का सुख प्राप्त नहीं होता। इसी पद में पंक्तियाँ आती हैं कि जो अखिलजीववत्सल, निर्मत्सर चरणकमलअनुरागी एवं अतिशय निज-पर त्यागी हैं, वे धीरमति श्रीरघुवीर को प्रिय हैं। स्पष्टतः वे धीरमति अपने शुभकर्मों के कारण ही भगवान् की प्रियता प्राप्त कर सके हैं। तुलसी ने स्थान-स्थान पर अपनी क्रियाहीनता तथा साधनाहीनता के लिए शोक भी प्रकट किया है और उसी के चलते उन्हें अपने परिणाम के लिए भय भी होता है। अवश्य ही भवरोग के अनुकूल उपचार न करने के लिए वे अपने को ही दोषी मानते हैं, प्रभुरूपी वैद्य को नहीं—

मैं हरि साधन करै न जानी।
जस आमय भेषज न कीन्ह तस, दोस कहा दिरमानी ॥[2]

---

1. विनयपत्रिका 118
2. वही 122।

केवल रोग के अनुकूल चिकित्सा ही नहीं की गयी होती तो भी संभवतः इतना परिताप न होता, किन्तु स्थिति तो यह है कि आचरण उसके नितांत प्रतिकूल हुए हैं—

निज करनी बिपरीत देखि मोंहि समुझि महा भय लागै।[1]

यह भय इसलिए और अधिक होता है कि इन खोटे आचरणें के चलते प्रभु से विनती करने का भी साहस नहीं हो पाता। भला जब जानबूझकर हरि को द्रवित करनेवाले साधनों को छोड़कर विपत्तिजाल में पड़नेवाले आचरण किये जायँ, भवतारक परहित करने के स्थान पर अकारण ही दूसरों के सुख देखकर ईर्ष्या से जला जाय तो कौन सा मुँह लेकर विनती की जा सकती है—

कौन जतन बिनती करिए।
निज आचरन बिचारि हारि हिय मानि जानि डरिए॥
जेहि साधन हरि द्रवहु जानि जन सो हठ परिहरिए।
जातें बिपति-जाल निसि दिन दुख तेहि पथ अनुसरिए॥
जानत हूँ मन बचन कर्म परहित कीन्हें तरिए।
सो बिपरीत देखि परसुख बिनु कारन ही जरिए॥[2]

इन उद्धरणों से ध्वनित होता है कि तुलसीदास यह मानते थे कि परहित आदि शुभकर्मों से व्यक्ति तर सकता है या अनुकूल साधनों से प्रभु को द्रवित कर सकता है।

दूसरी तरफ ऐसे बहुत से पद भी मिलते हैं, जिनमें व्यक्ति के अपने समस्त प्रयासों को दुःखदूरीकरण में असमर्थ मानकर एकमात्र प्रभु की कृपा को ही व्यक्ति के कल्याण-साधन और दुःख-निवारण के लिए समर्थ माना गया है। बहुत भटकने के बाद तुलसी समझ सके हैं कि प्रभु कृपा के बिना माया छूट ही नहीं सकती—

अस कछु समुझि परत, रघुराया!
बिनु तव कृपा दयालु दासहित मोह न छूटै माया॥[3]

यद्यपि यह प्रपंच मिथ्या है, तथापि जब तक तुम्हारी कृपा नहीं होती तब तक यह सत्य भासता है; हे हरि इस भारी भ्रम को क्यों नहीं दूर कर देते?[4]

वे इस निश्चय पर पहुँच चुके हैं—

---

1. विनयपत्रिका 119
2. वही 186
3. वही 123
4. वही 120।

जब कब रामकृपा दुख जाई। तुलसिदास नहिं आन उपाई॥[1]
हरनि एक अघ-असुर-जालिका। तुलसिदास प्रभुकृपा-कालिका॥[2]

यह निश्चय ही पूर्वकथित साधनों की सार्थकता के अनुकूल नहीं पड़ता।

ऊपरी दृष्टि से लगनेवाले इस विरोधाभास के स्पष्टीकरण के लिए आवश्यक है कि तुलसी की क्रिया और कृपा संबंधी धारणाओं को समझ लिया जाय।

क्रिया का साधारण अर्थ है कुछ किया जाना—कर्म, व्यापार, चेष्टा, साधन, उपकरण आदि। प्रस्तुत संदर्भ में क्रिया से वे कर्म, साधन अभिप्रेत हैं, जो साधक को भगवत्प्राप्ति करा सकें। प्रश्न है कि क्या भगवत्प्राप्ति क्रिया साध्य है? अद्वैतवादी ज्ञानी या योगी का उत्तर होगा हाँ, क्योंकि वे स्वयं कर्त्ता हैं, उनके अलावा और कोई है ही नहीं, तब कौन किस पर कृपा करेगा। उन्हें अपनी ही साधना से माया के आवरण को छिन्न कर प्रत्यगात्मा या अंत:स्थित ईश्वर को उपलब्ध कर लेना है। गुरुकृपा आदि वस्तुत: आत्मकृपा ही है। अत: शंकराचार्य स्व-प्रयत्न की प्रधानता निरूपित करते हुए कहते हैं—

अविद्या कामकर्मादि पाशबन्धं विमोचितुम्।
क:शक्नुयाद्विनात्मानं कल्पकोटिशतैरपि॥[3]

अर्थात् अविद्या, कामना और कर्मादि के जाल के बंधनों को सौ करोड़ कल्पों में भी अपने सिवा और कौन खोल सकता है? इसी तरह महर्षि पतंजलि के योगदर्शन के साधनपाद में क्रियायोग और उसका फल बताते हुए कहा गया है—

तप: स्वाध्यायेश्वरप्रणिधानानिक्रियायोग:।
समाधिभावनार्थ: क्लेशतनूकरणार्थश्च॥[4]

तप, स्वाध्याय और ईश्वर प्रणिधानरूपी क्रियायोग समाधि की सिद्धि करनेवाला और अविद्यादि क्लेशों को क्षीण करनेवाला है। तुलसीदास पारमार्थिक दृष्टि से भले ही अद्वैतवाद मानते हों (इस विषय पर विद्वानों में गहरा मतभेद है), किंतु सर्वजन संमत है कि अपनी साधनिक दृष्टि से वे द्वैत मानकर चले हैं। परिणाम स्वरूप वे अपने ही साधनों पर भरोसा नहीं रखते। देश और काल के विचार से भी उन्हें निश्चय हो चुका था—

जप, तप, तीरथ, जोग, समाधी। कलि मति बिकल, न कछु निरुपाधी॥
करतहुँ सुकृत न पाप सिराहीं। करत बीज जिमि बाढ़त जाहीं॥[5]

---

1. विनयपत्रिका 127
2. वही 128
3. विवेकचूड़ामणि 57
4. पातंजल योगदर्शन 2/ 1-2
5. विनयपत्रिका 128।

एक तो कलि के कारण मति विकल है, अतः जप, तप, तीर्थ, योग, समाधि आदि साधन निर्विघ्न नहीं रह गये हैं। अपने प्रयत्न से पुण्यों के करते रहने पर भी पाप तो चुकते नहीं, वे तो रक्तबीज के समान बढ़ते ही जाते हैं। अतः उनका सुचिंतित मत है कि भवबंधन से छूटने के लिए योग, यज्ञ, जप, तप, तीर्थ, वैराग्य आदि उसी प्रकार व्यर्थ हैं, जैसे हाथी को बाँधने के लिए धूल की रस्सी बँटना।[1] यह विचार उनके साहित्य में अनेक स्थलों पर व्यक्त हुआ है। हाँ, रामनाम पर उनका अटूट विश्वास है। घोर भवसागर में पार लगानेवाली एकमात्र नौका राम नाम ही है। उससे ऋद्धि-सिद्धि भी मिलती है और मुक्ति भक्ति भी—

एकहि साधन सब रिधि सिधि साधि, रे!
ग्रसे कलि रोग जोग संयम समाधि, रे![2]

तुलसीदास नाम को नामी से भी बड़ा मानते हैं। अतः नामनिष्ठा उनके लिए साधनमात्र नहीं, साध्य भी है। वैसे यदि कोई उनसे तर्क करने लगे, तो वैष्णव विनयशीलता के अनुरूप ही वे स्वीकार कर लेंगे कि ज्ञान, भक्ति आदि सभी साधन सत्य हैं, किंतु उनके मन में यही भरोसा है कि हरिकृपा से ही भ्रम मिट सकता है—

ज्ञान भगति साधन अनेक सब सत्य, झूठ कछु नाहीं।
तुलसिदास हरिकृपा मिटै भ्रम, यह भरोस मन माहीं।।[3]

यह बिल्कुल तय है कि रामनाम के अतिरिक्त अन्य किसी साधन का सहारा लेने के लिए वे तैयार नहीं हैं, अर्थात् असंदिग्ध रूप से वे क्रिया की तुलना में कृपा को अत्यधिक महत्त्व देते हैं।

इसी जगह कर्म सिद्धांत संबंधी तुलसी की मान्यता पर भी एक दृष्टि डाल लेना उचित होगा। सामान्य तौर पर तुलसीदास को कर्म सिद्धांत स्वीकार्य है। जीव अपने कर्मों के फलस्वरूप ही आवागमन के चक्र में पड़ता है और पराधीन होकर दुःख भोगता है—

तैं निज कर्मडोरि दृढ़ कीन्हीं। अपने करनि गाँठि गहि दीन्हीं।।
तातें परबस पर्‌यो अभागे। ता फल गर्भबास दुख आगे।।[4]

उस पर भी प्रभु गर्भावस्था में भी कर्मजाल से घिरे मनुष्य का भी साथ नहीं छोड़ते, उसका प्रतिपालन करते हैं, उसे ज्ञान भी देते हैं—

---

1. विनयपत्रिका 129
2. वही 66
3. वही 116
4. वही 3/ 136।

तू निज कर्मजाल जहँ घेरो। श्रीहरि संग तज्यो नहिं तेरो॥

बहु बिधि प्रतिपालन प्रभु कीन्हों। परम कृपालु ज्ञान तोहिं दीन्हों॥[1]

यह शरीर अपने कर्मों के फलस्वरूप ही हमें मिला है—

हमहिं दिहल करि कुटिल करमचंद मंद मोल बिनु डोला रे![2]

और हमारे पूर्व कर्म बलपूर्वक हमें नाना विषयों में आसक्त कर देते हैं। तुलसी प्रभु से प्रार्थना यही करते हैं कि हमारे कर्म हमें कहीं भी क्यों न ले जायँ, वे हमारे ऊपर स्नेह करना न छोड़ें—

कुटिल करम लै जाय मोहिं जहँ जहँ अपनी बरिआईं।
तहँ तहँ जिनि छिन छोह छाँड़िए कमठ-अंड की नाईं॥[3]

कर्म सिद्धांत की स्वीकृति श्रीरामचरितमानस के गुह-लक्ष्मण संवाद में लक्ष्मण द्वारा करायी गयी है—

काहु न कोउ सुख दुख कर दाता। निज कृत करम भोग सबु भ्राता॥[4]

इस स्वीकृति के दो परिणाम विचारणीय हैं, एक तो यही कि यदि अपने कर्मों का फलभोग अकाट्य सिद्धांत है तो अनंत जन्मों के कर्मों का फल भोगते रहने के सिवाय चारा ही क्या है, दूसरे तब तो सत्कर्मरूपी साधनों की मुख्यता स्वीकार करनी चाहिए, क्योंकि हमारे पुण्यकर्म ही हमारा कल्याण कर सकते हैं तुलसीदास इन दोनों परिणामों को स्वीकार नहीं करते। वे व्यावहारिक और सैद्धान्तिक दोनों ही स्तरों पर आपत्ति करते हैं। व्यावहारिक स्तर पर उन्हें अपनी असमर्थता के कारण यह असंभव लगता है कि वे (या कोई भी सामान्य जीव, तुलसीदास असामान्य होते हुए भी अपने को परम सामान्य मानते हैं) अपने थोड़े से पुण्यरूपी नाखूनों से पाप वन के वृक्ष समूहों को काट सकेंगे। उनके एक-एक क्षण के मन, वाणी और कर्म के पापों की गिनती करने में असंख्य शेष शारदा एवं वेद हार जायँगे—

जौं पै जिय धरिहौ अवगुन जन के।
तौ क्यों कटत सुकृत-नख तें मोपै बिटप-बृन्द अघ-बन के॥
कहिहै कौन कलुष मेरे कृत करम बचन अरु मन के।
हारहिं अमित सेष सारद स्नुति गिनत एक एक छन के॥[5]

1. विनयपत्रिका 4/ 136
2. वही 189
3. वही 103
4. मानस 2/ 92/4
5. विनयपत्रिका 96।

फिर उनका यह भी विश्वास है कि कराल कलिकाल ने रामनाम को छोड़कर समस्त साधनों को निष्प्रभ कर दिया है, जिससे आगे से ही कठिन कर्म मार्ग और कठिन हो गया है—

तौ कलि कठिन करम-मारग जड़ हम केहि भाँति निबहते?[1]

सैद्धांतिक स्तर पर कर्म को वे भक्ति या ज्ञान के समकक्ष नहीं मानते, यद्यपि निष्काम कर्म को वे इन दोनों का सहायक अवश्य मानते हैं। उन्होंने कर्म को कीच मानते हुए लिखा है कि अनेक जन्मों के कर्म-कीच से सना चित्त विमल विवेक के जल से ही शुद्ध हो सकता है—

जनम अनेक किए नाना बिधि करम-कीच चित सान्यो।
होइ न बिमल बिबेक नीर बिनु, बेद पुरान बखान्यो।।[2]

और यह विवेक हरि एवं गुरु की करुणा के बिना नहीं हो सकता—

तुलसिदास हरि-गुन-करुना-बिनु बिमल बिबेक न होई।
बिनु बिबेक संसार घोर निधि पार न पावै कोई।।[3]

अन्यत्र भी उन्होंने कहा है कि कर्म से ही कर्मबन्धन से छुटकारा पाने की चेष्टा मल से मल धोने के समान निष्फल है। यह वैसी ही बात है, जैसे कोई प्यासा गंगा जी को छोड़कर अपनी प्यास बुझाने के लिये बार-बार आकाश को निचोड़ता फिरे—

करम कीच जिय जानि सानि चित चाहत कुटिल मलहिं मल धोयो।
तृषावंत सुरसरि बिहाय सठ फिरि-फिरि बिकल अकास निचोयो।।[4]

और अनन्त जन्मों के कर्मों का फल भोगना ही पड़ेगा, यह भी उन्हें मान्य नहीं है। उनका सिद्धांत है कि प्रभु की शरण में जाते ही अनंतकोटि पूर्वजन्मों के संचित कर्म भी नष्ट हो जाते हैं। मानस में उन्होंने श्रीराम से कहलाया है कि—

सन्मुख होइ जीव मोहि जबहीं। जन्म कोटि अघ नासहिं तबही।।[5]

यह बात विनयपत्रिका में प्रभु के करकमलों की छाया की याचना करते हुए इस प्रकार कही गयी है—

शीतल सुखद छाँह जेहि कर की मेटति पाप, ताप, माया।
निसि बासर तेहि कर-सरोज की चाहत तुलसिदास छाया।।[6]

---

1. विनयपत्रिका 97
2. वही 88
3. वही 115
4. विनयपत्रिका 245
5. मानस 5/44/2
6. विनयपत्रिका 138।

जैसे, गीता में कहा गया है कि ज्ञानाग्नि से समस्त पूर्व कर्म दग्ध हो जाते हैं, वैसे ही तुलसी का विश्वास है कि आर्त्त होकर पुकारने से प्रभु समस्त दु:खों को (कर्म-बंधन के दु:ख को भी) दग्ध कर देते हैं—

जब जहँ तुमहिं पुकारत आरत तब तिन्हके दुखदाहे।[1]

गीता के कर्मयोग के अनुसार क्रियमाण निष्काम कर्म तो लिप्त नहीं होता, किंतु स्खलित होने पर साधक को पवित्र श्रीमानों के या योगियों के कुल में जन्म लेना पड़ता है। तुलसी की धारणा है कि शरणागति के समय प्रभु समस्त पूर्व जन्मों के पापों को नष्ट कर देते हैं और यदि शरणागति के अनंतर भी भक्त से चूक हो जाये तो उसे अनदेखा कर उसके हृदय के भाव को देखते हैं। सरल प्रकृति होने के कारण उन्हें अपने गुण, शत्रुओं के द्वारा किये गये अपकार, सेवकों के दोष और दिये हुए दान की याद ही नहीं रहती।[2] विभीषण-सुग्रीव का उदाहरण इस संदर्भ में उन्होंने अनेक बार दिया है। भक्त के शरणोत्तर पापों के बारे में गोस्वामी जी के अनुसार प्रभु का सिद्धांत यही है—

रहति न प्रभुचित चूक किये की। करत सुरति सय बार हिये की।।[3]

प्रारब्ध भोग को धैर्यपूर्वक सहना ही भक्त का कर्त्तव्य है। इस प्रकार कर्म सिद्धान्त और कृपा-सिद्धान्त के टकराने पर वे कृपा-सिद्धान्त की महत्ता अभ्रांत रूप से प्रतिपादित करते हैं।

वास्तव में कर्म-सिद्धान्त, प्रभु की सर्वज्ञता, सर्वशक्तिमत्ता और न्यायनिष्ठा पर आधारित है। प्रभु सब के कर्मों को जानते हैं, कर्मों के अनुसार अनुग्रह-निग्रह करने में समर्थ हैं और जैसे को तैसा फल देने में नीर-क्षीर विवेकी हैं। इस सिद्धान्त में हृदय की उपेक्षा है। इसके चलते ईश्वर जड़ नियमों की समष्टिमात्र रह जाता है, चैतन्य और सर्वतंत्र स्वतंत्र प्रभु के लिए यह स्थिति भक्तिमार्गियों को स्वीकार नहीं। वे उसे केवल न्यायी ही नहीं, परम कृपालु और दयासागर भी मानते हैं। वे भक्तों के अपराधों को क्षमा भी कर सकते हैं। तुलसी के लिए यह कृपा-सिद्धान्त अमोघ है।

कृपा प्रभु का वह भाव विशेष है, जिसके परिणामस्वरूप वे अधीन जनों के पापों को नष्ट कर उन्हें अपनी शरण में ले लेते हैं, श्री भगवद्गुणदर्पण के अनुसार—

रक्षणे सर्वभूतानामहमेव परो विभुः।
इति सामर्थ्यसन्धाना कृपा सा पारमेश्वरी।।
स्वसामर्थ्यानुसन्धानाधीनः कालुष्यनाशनः।
हार्दो भावो विशेषो यः कृपा सा जागदीश्वरी।।[4]

---

1. विनयपत्रिका 145
2. वही 42
3. मानस 1/29/5
4. गो० श्रीकान्तशरण कृत 'प्रपत्तिरहस्य' में उद्धृत, पृष्ठ 373।

अर्थात् समस्त प्राणियों की रक्षा करने में मैं ही परम समर्थ हूँ, ऐसी सामर्थ्यानुसंधाना कृपा ही पारमेश्वरी कृपा कहलाती है। वह जागदीश्वरी कृपा सामर्थ्यानुसंधान द्वारा अधीन जनों के पापों का नाश करनेवाला प्रीत्यात्मक भाव विशेष है। इसी के कारण प्रभु में अनुकंपा और करुणा का उदय होता है। अनुकंपा में आश्रित भक्तों को सुख प्राप्त कराने की एवं उनके समस्त मनोरथों को पूर्ण करने की इच्छा होती है और करुणा में आश्रित की विपत्ति से अत्यन्त द्रवित होकर दुखित होना और उसकी विपत्ति-निवारण के लिए त्वरा विह्वल होने का भाव रहता है। तुलसी ने आर्त्त भाव से बार-बार प्रभु की कृपा एवं करुणा की याचना की है। उनका चित्त चातक-शावक के समान कृपा-सुधारूपी जलदान, स्नेह-स्वाति-जल के लिए लालायित है—

कृपासुधा जलदान माँगिबो कहौं सो साँच निसोतो।
स्वाति-सनेह-सलिल सुख चाहत चित-चातक को पोतो॥[1]

अत्यन्त विनीत होकर वे प्रभु से पूछते हैं कि जिस कृपा से व्याध, गज, अजामिल आदि अनेक खल तरे, उसी कृपा से क्या तुम मुझे भी उनके समान मानकर तारोगे, पूर्व योनियों एवं जन्मों में जो मैंने बहुत प्रकार के दुष्कर्म किये हैं, मेरे उन अधम आचरणों को क्या तुम भुला दोगे। भक्त हृदय की कातर जिज्ञासा है—

कबहुँ रघुबंस-मनि सो कृपा करहुगे?[2]

तुलसीदास का निश्चित मत है कि भक्ति कृपा साध्य ही है, क्रिया साध्य नहीं। श्रीराम की भक्ति सत्संगति के बिना नहीं हो सकती। सत्संगति तभी मिलती है, जब राम द्रवित होते हैं, कृपा करते हैं, साधु-संगति से मद, मोह, लोभ आदि दूर होते हैं। द्वैत-भावना नष्ट होती है और राम के चरणों में लौ लगती है, देहजनित विकार नष्ट होते हैं और निज स्वरूप में अनुराग होता है। उसके अनंतर अनेक सद्गुणों का आधान होता है एवं हरि कृपा से सदा सुख की प्राप्ति होती है।[3] इस प्रकार चरम पूर्णत्व की उपलब्धि के आदि और अन्त में हरि-कृपा ही है। कृपा करने के लिए अपनत्व की भावना ही यथेष्ट है। प्रभु अपना मान लें बस, फिर भक्त की त्रुटियों की ओर उनका ध्यान ही नहीं जाता। भक्त इसी अपनत्व की दुहाई देकर कहता है—

कबहुँ कृपा करि रघुबीर मोहूँ चितैहो।
भलो बुरो जन आपनो जिय जानि दयानिधि! अवगुन अमित बितैहो॥[4]

---

1. विनयपत्रिका 161
2. वही 211
3. वही 136
4. वही 270।

और उसका दृढ़ विश्वास है कि मैं जैसा हूँ, वैसा ही मुझे वे अपना लेंगे। क्योंकि शरण में आये हुए, पापी से पापी व्यक्ति को वे अंगीकार कर लेते हैं—

तुलसिदास परिहरि प्रपंच सब नाउ रामपद-कमल माथ।
जनि डरपहि तोसे अनेक खल अपनाये जानकीनाथ॥[1]

आश्वासन की यह अभयवाणी समस्त पापियों, पतितों एवं अधमों के लिए है, क्योंकि पापहरण करने के कारण ही वे हरि हैं, पतितों को पवित्र करने के फलस्वरूप ही वे पतितपावन हैं और अधमों का उद्धार करने के चलते ही वे अधम-उधारन हैं। यह भी समझ रखना चाहिए कि कृपा का अर्थ सदाचार का विरोध या उसकी उपेक्षा नहीं है। वस्तुत: इस आश्वासन के द्वारा सहज ही मन के कलुष को दूर कर उसमें प्रभु के शील की प्रतिष्ठा होती है।

इसका यह अर्थ भी नहीं कि कृपाकांक्षी कुछ न करें। क्रिया और कृपा के सिद्धांतों का समाहार करने के लिए तुलसीदास ने यह मार्ग निकाला है कि भक्त अपनी ओर से अपने प्रेम के नेम का निर्वाह करता जाय, इसके अतिरिक्त जो कुछ करणीय है, वह प्रभु के ऊपर छोड़ दे। कायिकी और वाचिकी क्रिया का मूल मानसी क्रिया है। सर्वप्रथम भक्त अपने मन में दृढ़ संकल्प करे कि अब तक तो जीवन नष्ट हुआ सो हुआ पर अब नष्ट नहीं करूँगा। अवश्य ही इस संकल्प के मूल में भी रामकृपा ही है, किन्तु उसके साथ साथ यह चेतन संकल्प भी अवश्य है कि भवनिशा के बीत जाने पर, जाग जाने पर अब नहीं सोऊँगा। मन मधुकर को श्रीराम के पद-कमलों में बसा दूँगा।[2] जानकीजीवन श्रीराम के ऊपर न्यौछावर हो जाऊँगा और उनके चरणों को छोड़कर कहीं नहीं जाऊँगा। अपनी समस्त इंद्रियों को राममय कर दूँगा और प्रभु को ही अपना समस्त दायित्व सौप दूँगा।[3] इसके बदले प्रभु से कुछ नहीं चाहूँगा। न मोक्ष, न बुद्धि, न संपत्ति, न ऋद्धि-सिद्धि, न विपुल बड़ाई ही, केवल यही याचना करूँगा कि राम के चरणों में अनुदिन अहैतुक अनुराग बढ़ता जाये।[4] एक बार यह नेम लेने पर फिर इस एकांगी दुर्गम मार्ग पर चलना आरम्भ कर क्षण-क्षण छाया में विश्राम करने की दुर्बलता छोड़ देनी चाहिए। स्मरण रखना चाहिए कि अपना भला अपनी ओर से अपने नेम को निर्विघ्न निभाने से ही हो सकता है—

एक अंग मग अगम गवन करि बिलमु न छिन छिन छाहैं।
तुलसी हित अपनो अपनी दिसि निरुपधि नेम निबाहैं॥[5]

---

1. विनयपत्रिका 84
2. वही 105
3. वही 104
4. वही 103
5. वही 65।

यह नेम और कुछ नहीं राम घनश्याम के लिए पपीहा बनने का तुलसी का प्रेम-प्रण है।

देहि मा! मोहि प्रण प्रेम, यह नेम निज राम घनस्याम, तुलसी पपीहा।[1]

चातक की ही भाँति एकांगी प्रेम करना ही तुलसी का भी आदर्श है। भले ही बादल ठीक समय पर बरसे या जन्मभर उदासीन रहे, तो भी उसी की आशा में रहना एकांगी प्रेम है। ऐसा प्रेम प्रेमपात्र की कठोरता और उपेक्षा से भी मरता नहीं और दृढ़ होता जाता है। ऐसे घनिष्ठ प्रेम के चलते प्रभु के शील का आधान भक्त में स्वत: होता जाता है और उसकी समस्त दुर्वासनाएँ छूटती जाती हैं। राम की रीति को जाने बिना लोग वृथा ही अनेक साधनों में पचते मरते हैं। अत: उनकी रीति को जानकर निश्छल भाव से उनकी शरण में जाना कल्याण का निश्चित मार्ग है। कृपा-प्राप्त जनों की रहनी इस बात को एकदम स्पष्ट कर देती है कि कृपा से सदाचार की पराकाष्ठा का जीवन में उतरना संभव है। तुलसीदास जी का मनोरथ है कि कभी इस प्रकार भी रहूँगा, कृपालु श्रीरघुनाथ की कृपा से संतों का स्वभाव ग्रहण करूँगा। यथालाभ संतुष्ट रहकर किसी से कुछ नहीं मागूँगा, परहित में निरंतर लगा रहूँगा और मनसा-वाचा-कर्मणा इस नियम को निभाऊँगा। दु:सह कठोर वचनों को सुनकर भी उनकी आग में नहीं जलूँगा, मान का त्याग कर शीतल मन से सम व्यवहार करूँगा और दूसरों के गुण ही कहूँगा, दोष नहीं। देह जनित चिंता को छोड़कर दु:ख-सुख को समबुद्धि से सहूँगा। हे प्रभु इसी पथ पर रहकर मैं अविचल हरिभक्ति प्राप्त करूँगा।[2] भगवान् की प्राप्ति में जिन साधनों को वे सहायक मानते हैं, उनका उल्लेख संक्षेप में 'जौ मन भज्यो चहै हरि-सुरतरु[3] पद में करते हुए तुलसीदास कहते हैं कि भगवान् को भजना चाहो तो हे मन! विषय विकारों को त्यागकर संसार-साररूपी प्रभु को भजो और अभी जो भी मैं कहता हूँ वही करो। शम, संतोष, अति विमल विचार और सत्संगति इन चार का दृढ़तापूर्वक अवलंबन करो और काम, क्रोध, लोभ, मोह, मद, राग, द्वेष आदि का निश्शेष रूप से त्याग करो। कानों में हरिकथा, मुख में रामनाम और हृदय में हरि को धारण करो, उनकी शिरसा वंदना करो, उनकी सेवा करो तथा उनका अनुसरण करो। नेत्रों से चराचर जगत्‌रूपी कृपा-समुद्र श्रीराम को प्रत्यक्ष करो। यही भक्ति वैराग्य ज्ञान है, यही हरि को संतुष्ट करनेवाला शुभ व्रत है, इसका आचरण करो। इस शिवमार्ग पर चलते हुए स्वप्न में भी डर नहीं रह जाता। साफ है कि कृपाकांक्षी भक्त को तुलसीदास अपनी ओर से जिस एकांगी प्रेम, नेम और व्रत का उपदेश देते हैं, वे सदाचार के नितांत अनुकूल हैं और क्रिया की महत्त्वपूर्ण सहयोगी भूमिका को स्पष्ट करने में समर्थ हैं।

---

1. विनयपत्रिका 15
2. वही 172
3. वही 205।

किन्तु तुलसीदास यह भी जानते हैं कि इन क्रियाओं से प्रभु की कृपा होगी ही, यह नहीं कहा जा सकता। कृपा में प्रभु पूर्ण स्वतंत्र हैं, वह अहैतुकी हैं, साधन होने पर भी संभव, उनके होने पर भी न होना संभव और न होने पर भी होना संभव है। कृपा साधन संपन्नों की तुलना में, दीन-हीन पर अधिक होती है, भक्तों की यही मान्यता है। तुलसी भी इसी मत के हैं। उनके अनुसार राम की बड़ाई ही यही है कि वे अमीरों, समर्थों की उपेक्षा कर गरीबों पर अधिकतर कृपा करते हैं। देवगण साधन करते-करते थक जाते हैं, उन्हें तो स्वप्न में भी दर्शन नहीं देते, किन्तु केवट, कुटिल, कपि, भालू, राक्षस आदि को भाई बना लेते हैं।[1] तुलसी को भय है कि वे गरीबी भी नहीं अपना सके हैं, अतः उनकी प्रार्थना है—

नाथ गरीबनिवाज हैं, मैं गही न गरीबी।
तुलसी प्रभु निज ओर तें बनि परै सो कीबी ॥[2]

प्रभु आप अपनी ओर से जो कर सकें कर लें। यह अपनी ओर से का सिद्धांत तुलसी ने भक्त और भगवान् दोनों पर लागू किया है। भक्त अपनी ओर से उपर्युक्त साधनों में जो बन पड़े निष्ठापूर्वक करे, किन्तु उन सब साधनों को करते हुए भी यही समझे कि उसने कुछ नहीं किया। तभी वह प्रभु से कह सकेगा कि मेरे आचरणों की ओर नहीं अपने नामप्रताप, गुण, प्रण, स्वभाव की ओर देखकर मेरे ऊपर कृपा करो। तुलसी ने बार बार कहा है—

जौ चित चढ़ै नाम-महिमा निज गुन-गन पावन पन के।
तौ तुलसिहिं तारिहौ बिप्र ज्यों दसन तोरि जमगन के।[3]

कहुँ लौं कहौं कुचाल कृपानिधि जानत हौं गति मन की।
तुलसिदास प्रभु हरहु दुसह दुख, करहु लाज निज पन की।[4]

जो करनी आपनी बिचारों तौ कि सरन हौं आवौं।
मृदुल सुभाव सील रघुपति को, सो बल मनहिं दिखावौं।
तुलसिदास प्रभु सो गुन नहिं जेहिं सपनेहुँ तुमहिं रिझावौं।
नाथकृपा भवसिंधु धेनुपद सम जिय जानि सिरावौं।[5]

'अपनी ओर देख कर प्रभु कृपा करते हैं' कहने का अर्थ ही है कि वे अहैतुकी कृपा करते हैं। तुलसी ने स्पष्ट कहा भी है—

---

1. विनयपत्रिका 165
2. वही 148
3. वही 96
4. वही 90
5. वही 142।

बिन हेतु करुनाकर उदार अपार मायातारनं।[1]

कारुनीक बिनु कारन ही हरि, हरौ सकल भवभीर।[2]

इसी भूमिका पर तुलसी कहते हैं कि प्रभु आप तो बिना सेवा, गुण, सामर्थ्य के ही दीन शरणागतों को निहाल कर देते हैं, अत: उसी भाव से मुझे भी अपना लीजिए, मेरा मनोवांछित दान मुझे दीजिये—

सेवा बिनु, गुन-बिहीन दीनता सुनाए।
जे जे तैं निहाल किए फूले फिरत पाए॥
तुलसिदास जाचक-रुचि जानि दान कीजै।
रामचंद्र चंद्र तू! चकोर मोहिं कीजै॥[3]

प्रभु की कृपा की अभिलाषा दिनों दिन तीव्र होती जाती है, क्योंकि वही एक मात्र संबल है। तुलसी को यह भी समझ में नहीं आता कि वे प्रभु की कृपा को प्राप्त करने के लिए क्या करें, कहाँ जायँ। वे देखते हैं कि एक तरफ तो पांडव हैं, जिनकी उत्पत्ति की कथा सुन-सुन कर सत्पथ डर गया था, गर्भगत परीक्षित हैं, जो कुछ भी साधन करने में नितांत असमर्थ थे, अजामिल, गणिका आदि जैसे पापी हैं, दूसरी तरफ राजा नृग जैसे पुण्यात्मा हैं, दैत्य नमुचि जैसे समर्थ हैं, जो अजर अमर थे, वज्र से भी अवध्य थे। किन्तु प्रभु की कृपा पांडवों, परीक्षित, अजामिल आदि पर ही हुई। अत: स्वाभाविक रूप से तुलसी कह उठते हैं—

केहि आचरन भलो मानै प्रभु सो तो न जानि पर्‌यो।
तुलसिदास रघुनाथ-कृपा को जोवत पंथ खर्‌यो॥[4]

किस आचरण से प्रभु प्रसन्न होते हैं, यह जैसे जानना असंभव है, वैसे ही यह भी नहीं कहा जा सकता कि वे किस समय प्रसन्न होंगे। अत: भक्त यही कर सकता है—

नाथ-कृपा ही को पंथ चितवत दीन हौं दिन राति।
होइ धौं केहि काल दीनदयालु जानि न जाति॥[5]

कृपा के लिए खड़े-खड़े पंथ जोहना आलस्य या अभिमान का द्योतक नहीं है। तुलसीदास इसी पद में आगे लिखते हैं कि मैंने तो सद्‌गुणों, ज्ञान, वैराग्य, भक्ति आदि श्रेष्ठ साधनों का सहारा लेना ही चाहा था किन्तु कलि के पापों और दुर्गुणों को देखकर

---

1. विनयपत्रिका 9/136
2. वही 144
3. वही 80
4. वही 239
5. वही 221।

वे विकल होकर भाग गये। अत्यंत अनीति और कुरीति होने के कारण पृथ्वी सूर्य से भी अधिक तपने लगी है, कहाँ जाऊँ, मेरे लिए कोई स्थान ही नहीं है, मेरी मति विकल हो गयी है, अब स्वयं अपने सहित कोई मेरा अपना नहीं रहा। इस कठिन परिस्थिति में हे पिता! तुलसी की सफल धान की खेती को सूखने से बचाने के लिए श्यामघन की भाँति आप ही उसे कृपापूर्वक सींच दीजिए। स्पष्ट है कि यह कृपा का पंथ दिन-रात देखते हुए खड़े रहना उस असहाय असमर्थ मार्जर-किशोर की भाँति है, जो पड़ा-पड़ा सोचता रहता है कि माँ आये तो जहाँ ले जाना हो स्वयं अपने मुँह से पकड़ कर, उठाकर ले जाय। पं० रामकिंकर जी उपाध्याय इसमें चतुराई देखते हैं और समझते हैं—'गोस्वामी जी ने बड़े व्यंग्य भरे शब्दों में भगवान् राम से कहा कि प्रभु अगर आपकी कृपा के आने का मार्ग निश्चित होता तो मैं चल पड़ता, पर आपकी कृपा न जाने किन-किन रास्तों से चलकर आ जाया करती है। अतः नाथ 'कृपा ही को पंथ चितवत हौं दिन रात', अब मैंने निर्णय कर लिया है कि जाओ मत कहीं, यहीं चौराहे पर बैठे रहो। तो अब आपकी कृपा जिस मार्ग से चलकर आयेगी, उसी मार्ग में हमें प्राप्त हो जायेगी। अगर आप यह बता दीजिए कि आपने अपनी कृपा का मार्ग निर्धारित कर दिया है या आप ऐसे करेंगे तो चलूँ उसी मार्ग पर।'[1] किन्तु पूरे पद के प्रसंग में यह अर्थ ठीक नहीं लगता। इस अर्थ में उद्धृत पंक्ति में संभवतः भूल से दीन शब्द छूट गया है और वह शब्द भी इस अर्थ का निषेध करता है। यह सच है कि गोस्वामी जी ने सुतीक्ष्ण जी जैसे समर्थ भक्तों को प्रेम लपेटी अटपटी चतुराई पर प्रभु को रीझते भी चित्रित किया है, किन्तु अपने को उन्होंने इसका अधिकारी कभी नहीं माना। अपने लिए तो वे विनयपत्रिका में यही लिखते हैं—

यहाँ को सयानप अयानप सहस सम,
सूधौ सत भाय कहे मिटति मलीनता।[2]

राम के दरबार में की गयी चतुराई सहस्रों अज्ञान के बराबर है, सीधे सच्चे भाव से कहने से ही मलिनता मिट जाती है। हमें तो यही लगता है कि सब तरफ से निराश होकर अत्यंत आर्त्त भाव से प्रभुनिर्भरता को ग्रहण करने की, उनकी ही इच्छा को सर्वोपरि मान लेने की, यह विनीत स्वीकृति है। यह प्रतीक्षा कितनी करुण है! ज्यों-ज्यों विलंब होता है, त्यों-त्यों भक्त की आर्त्ति बढ़ती जाती है। कभी वह विनय करता है—

तुसली की तेरे ही बनाए, बलि बनैगी।
प्रभु की बिलंब-अंब दोष दुख जनैगी।।[3]

---

1. 'चातक चतुर राम स्यामघन के' पृ० 113
2. विनयपत्रिका 262
3. वही 179।

विलंबरूपी माँ से दोष-दु:ख के अतिरिक्त और क्या उत्पन्न हो सकता है? विरह की छटपटाहट से बड़ा दु:ख और क्या हो सकता है और कलिकाल तो ताक में है ही, प्रभु की ढील होते ही वह भक्त को दोष-कोष बना देगा, उससे उत्पन्न दु:ख और भी भयंकर होंगे। कभी मान भरे शब्दों में पूछ बैठता है—

कृपा सोधौं कहाँ बिसारी राम?
जेहि करुना सुनि श्रवन दीन-दुख धावत हौ तजि धाम॥[1]

कभी अत्यधिक अधीर होकर प्रभु के द्वार पर धरना देकर प्रभु की ही शपथ कर बैठ जाता है कि बिना प्रभु के अपनाये मैं उठूँगा ही नहीं। बाल-हठ करते हुए कहता है—

हौं मचला लै छाँड़िहौं जेहि लागि अरयो हौं।
तुम दयालु बनिहैं दिए बलि, बिलंब न कीजिए, जाति गलानि गरयो हौं॥
प्रगट कहत जो सकुचिए, अपराध भरयो हौं।
तौ मन में अपनाइए तुलसिहिं कृपा करि, कलि बिलोकि हहरयो हौं॥[2]

प्रभु कृपा करके अपना लें प्रकट नहीं तो मन में ही सही, यह आग्रह भी जीवन-अवधि को अत्यंत निकट देखकर छूट जाता है। तब यही बात रह जाती है कि जैसे और बहुत से पतित साधनों के बिना ही केवल तुमसे किसी-न-किसी प्रकार संबंधित होने के कारण तर गये, वैसे ही मुझे भी कृपा, कोप, सहजभाव धोखे से या तिरछे भाव से ही सही, जो आपको अच्छी लगे ऐसी किसी भी दृष्टि से देखकर शीघ्र ही अपना लीजिए, लेकिन अब और ढील नहीं सही जाती—

बहुत पतित भव-निधि तरे बिनु तरि बिनु बेरे।
कृपा, कोप, सति भाय हूँ, धोखेहुँ, तिरछेहूँ राम तिहारेहि हेरे।
जौं चितवनि सौंधी लगै चितइए सबेरे।
तुलसिदास अपनाइए कीजै न ढील अब जीवन-अवधि अति नेरे।[3]

इस आर्त्ति से यह भ्रम नहीं होना चाहिए कि तुलसीदास को प्रभु-कृपा नहीं प्राप्त थी। बात बिलुकट उलटी है। उन्हें भरपूर कृपा प्राप्त थी। इसलिए इतनी प्रखर आर्त्ति का वे अनुभव करते थे। सीधी सी बात है, जो जितना अंतरंग है, जिसका प्रेम जितना प्रगाढ़ होता है, वह उतनी ही उत्कट विरह-वेदना का अनुभव करता है, वियोग में तो करता ही है, भक्तों की भावना के अनुसार मिलन में भी पलकांतर, यहाँ तक कि प्रत्यक्ष विरह का भी अनुभव करता है। तुलसीदास की इस आर्त्ति के

---

1. विनयपत्रिका 93
2. वही 267
3. वही 273।

पीछे भी उनकी वही प्रेम-तृषा है, जिसका बढ़ना ही वे अच्छा समझते हैं, क्योंकि उसके घटने से तो प्रेम की मर्यादा ही भंग हो जायेगी। वैसे तुलसीदास ने विनयपत्रिका में ही अपने ऊपर प्रभु की कृपा के कई संकेत दिये हैं। समाज-हित के लिए कलि पर अंकुश रखने की तुलसीदास की प्रार्थना प्रभु ने स्वीकार की है—

बिनती सुनि सानंद हेरि हँसि करुना-बारि भूमि भिजई है।
रामराज भयो काज सगुन सुभ, राजा राम जगत-बिजई है॥[1]

व्यक्तिगत रूप से भी तुलसीदास को चित्रकूट में भगवान् की कृपा की अनुभूति हुई थी, इसके सांकेतिक उल्लेख उन्होंने कई स्थलों पर किये हैं—

तुलसी तोको कृपालु जो किये कोसलपाल
चित्रकूट को चरित्र चेतु चित्त करि सो।[2]

प्रभु की कृपा से तुलसी का भला हुआ है और वे उसी प्रकार निश्चिंत हैं, जैसे माता-पिता के राज में बालक, ऐसा भी उन्होंने कहा है—

मोको भलो रामनाम सुरतरु सों रामप्रसाद कृपालु कृपा के।
तुलसी सुखी निसोच राज ज्यों बालक माय बबा के॥[3]

इतना ही नहीं, वे राम की कृपा प्राप्त करके किसी और के वैर से भयभीत नहीं होते, क्योंकि भक्त का तो कोई बाल बाँका नहीं कर सकता—

जोपै कृपा रघुपति कृपालु की बैर और के कहा सरै?
होइ न बाँको बार भगत को जो कोउ कोटि उपाय करै॥

× × ×

हैं काके द्वै सीस ईस के जो हठि जन की सीम चरै?
तुलसिदास रघुबीर-बाहुबल सदा अभय काहू न डरै।[4]

तुलसीदास के इन अनुभवों से यह भी स्पष्ट है कि किस प्रकार प्रभु की कृपा भक्त को परितृप्त, शोकरहित और निर्भय बना देती है। अपने ऊपर चरम कृपा का अनुभव करके ही तुलसीदास लिख सके थे कि उनकी विनयपत्रिका प्रभु ने स्वीकार कर ली—

कृपा गरीबनिवाज की, देखत गरीब को साहस बाँह गही है॥
बिहँसि राम कह्यो सत्य हे सुधि मैं हूँ लही है।[5]

---

1. विनयपत्रिका 139
2. वही 264
3. वही 225
4. वही 137
5. वही 279।

आरम्भ में उठाये हुए प्रश्नों का इस पूरे विवेचन से जो समाधान निकलता है, उसका सारांश यही है कि तुलसी के मतानुसार मानव के चरम पुरुषार्थ भगवत्प्राप्ति की सिद्धि के लिए भगवत्कृपा अनिवार्य है, केवल उसकी अपनी क्रियाएँ इसके लिए नितांत अक्षम हैं। कृपा क्रिया से पूर्णत: स्वतंत्र है, किन्तु अपने भले के लिए भक्त को अपनी ओर से अपने नेम का निर्विघ्न पालन करना चाहिए और भगवान् से प्रार्थना करते रहना चाहिए कि वे उसके आचरण की ओर देखकर नहीं, अपने नाम प्रताप गुण स्वभाव की ओर...एक शब्द में अपनी ओर देखकर उस पर कृपा करें। इस सिद्धांत से कृपा की पूर्ण स्वतंत्रता भी अक्षुण्ण रहती है और उसमें क्रिया का भी समाहार हो जाता है।

■

विनयपत्रिका में भक्तिमूला प्रपत्ति

विनयपत्रिका का मुख्य लक्ष्य प्रभु की शरण-प्राप्ति ही है। तुलसी ने बार-बार अपनी इस याचना को अनेकानेक भावों, युक्तियों, उदाहरणों आदि से संवलित कर विनय के विविध पदों में व्यक्त किया है। यह अनुवृत्ति अपने निवेदन को स्पष्ट एवं प्रभविष्णु बनाने के लिए ही की गयी है। 'कबहुँक दीनदयाल के भनक परेगी कान' की भावना से शरण-दान की जो अनवरत प्रार्थना विनयपत्रिका में की गयी है, उसकी कुछ पंक्तियाँ हैं, 'तोहिं मोहिं नाते अनेक मानिये जो भावै, ज्यों-त्यों तुलसी कृपालु! चरन-सरन पावे।',[1] 'दास तुलसी सरन आयो राखिये आपने',[2] 'अब तजि रोष करहु करुना हरि तुलसिदास सरनागत आयो',[3] 'पाहि पाहि! राम पाहि! राम भद्र रामचंद्र, सुजस स्रवन सुनि आयो हौं सरन'।[4] इन उक्तियों से यह साफ झलकता है कि अपनी ओर से राम की शरण ले लेना ही तुलसी को पर्याप्त नहीं लगता, उनका आग्रह है कि कृपालु राम अपने संबंध का स्मरण कर उनका सुयश श्रवण कर उनकी शरण में आनेवाले तुलसी को रोष त्याग कर करुणापूर्वक अपनी शरण में रख लें और उसकी सब प्रकार से रक्षा करें। यह भावना अत्यंत स्वाभाविक होते हुए भी पूर्वाचार्यों द्वारा निरूपित शरणागति-सिद्धान्त की कतिपय विशिष्टताओं को अंतर्निहित किये हुए है। अत: विनयपत्रिका की सूक्ष्मताओं को समझने के लिए परम्परा ज्ञान आवश्यक है।

शरणागति की भावना प्राचीन काल से साधकों का संबल रही है। श्वेताश्वतर उपनिषद् में ऋषि की विनीत उक्ति है—

यो ब्रह्माणं विदधाति पूर्वं यो वै वेदांश्च प्रहिणोति तस्मै।
तं ह देवमात्मबुद्धिप्रकाशं मुमुक्षुर्वै शरणमहं प्रपद्ये।[5]

अर्थात् जो परमेश्वर निश्चय ही सबसे पहले ब्रह्मा को उत्पन्न करता है, और जो उसे समस्त वेदों का ज्ञान प्रदान करता है, मैं मुमुक्षु आत्मज्ञान विषयक बुद्धि के

---

1. विनयपत्रिका 79/7-8
2. वही 160/6
3. वही 243/10
4. वही 248/1
5. श्वेताश्वतर उपनिषद् 6/18।

प्रकाशक उसी देव की शरण में जाता हूँ। इसी तरह कठोपनिषद् में कहा गया है—

नायमात्मा प्रवचनेन लभ्यो न मेधया न बहुना श्रुतेन।
यमेवैष वृणुते तेन लभ्यस्तस्यैष आत्मा विवृणुते तनूं स्वाम् ॥[1]

अर्थात् यह परमात्मा न प्रवचन से, न बुद्धि से, न बहुत सुनने से ही प्राप्त हो सकता है जिसको यह स्वयं स्वीकार कर लेता है, उसी के द्वारा प्राप्त किया जा सकता हे, यह परमात्मा उसके लिए अपने यथार्थ स्वरूप को प्रकट कर देता है। पहले मन्त्र में साधक के द्वारा प्रभु-शरण में जाने की और दूसरे मन्त्र में परमात्मा के द्वारा उसे शरण में लेने की घोषणा है। यों तो शरणागति का तत्त्व वैदिक (शैव, वैष्णव, शाक्त आदि) और अवैदिक (बौद्ध जैन आदि) दोनों प्रकार की साधना-धाराओं में विद्यमान है किन्तु प्रस्तुत विषय के प्रतिपादनार्थ वैष्णव धारा के अंतर्गत ही उसका विकास-क्रम संक्षेप में दिखाना पर्याप्त होगा।

श्रीराम ने विभीषण की शरणागति के प्रसंग में कहा था—

सकृदेव प्रपन्नाय तवास्मीति च याचते।
अभयं सर्वभूतेभ्यो ददाम्येतद् व्रतं मम ॥[2]

अर्थात् मेरा यह व्रत है कि एक बार भी 'मैं तुम्हारा हूँ' यह कहनेवाले प्रपन्न (शरणागत) को मैं सब प्राणियों से अभय दे देता हूँ। इसी तरह गीता के अंत में श्रीकृष्ण ने अर्जुन को अपना संर्वगुह्यतम उपदेश यह दिया था—

सर्वधर्मान्परित्यज्य मामेकं शरणं व्रज।
अहं त्वा सर्वपापेभ्यो मोक्षयिष्यामि मा शुचः ॥[3]

अर्थात् सब धर्मों को छोड़कर तू केवल मेरी शरण में आ जा, मैं तुझे समस्त पापों से मुक्त कर दूँगा, शोक मत कर। शरणागतों को आश्वस्त करनेवाले ये दोनों मंत्र प्रभु की प्रतिज्ञा होने के कारण भावुक भक्तों द्वारा 'चरम मंत्र' कहे जाते हैं। शरणागति की यह परंपरागत भावना पुराणों अहिर्बुध्न्य संहिता, लक्ष्मी संहिता, भरद्वाज संहिता आदि वैष्णव आगमों में, आलवार भक्तों के पदों में, नाथमुनि, यमुनाचार्य आदि के सिद्धान्तों, स्तोत्रों में विकसित होती रही। श्री रामानुजाचार्य ने (1017-1137 ई०) इन्हीं सबका आधार लेकर सुप्रसिद्ध 'प्रपत्ति मार्ग' का विधिवत् निरूपण किया और उसे भक्तिमार्ग, ज्ञानमार्ग, योग मार्ग, कर्ममार्ग आदि से श्रेष्ठ घोषित किया। रामानुज की शिष्य-परंपरा में ही स्वामी रामानन्द हुए जिन्होंने मध्यकाल में उत्तर भारत में भक्ति एवं रामावत संप्रदाय का व्यापक प्रचार किया। तुलसीदास ने वैसे तो 'नाना पुराण

---

1. कठोपनिषद् 1/2/23
2. वाल्मीकि रामायण 6/18/33
3. गीता 18/66।

निगमागम' का अनुशीलन कर अपनी रचनाओं में उनका समन्वय किया है किन्तु यह भी सत्य है कि रामानुज-रामानन्द की भक्ति साधना का उन पर गहरा प्रभाव है और विनयपत्रिका में निहित 'शरणागति-साधना' बहुत कुछ प्रपत्ति मार्गानुरूप है।

प्रपत्ति शब्द 'प्र' उपसर्गपूर्वक 'पद्' धातु में 'ति' प्रत्यय के योग से बना है। पद् धातु जाना, चलना, पास जाना, पहुँचना, प्राप्त करना, पालन करना आदि अर्थों में प्रयुक्त होती है। इस दृष्टि से भाववाचक संज्ञा के रूप में प्रपत्ति का व्युत्पत्तिगत अर्थ होगा प्रकृष्ट रूप से किसी के पास जाने, पहुँचने या किसी को प्राप्त करने का भाव। अपने पारिभाषिक अर्थ में इसका अर्थ है प्रकृष्ट रूप से सब प्रकार से भगवान् की सन्निधि में—शरण में आ जाना। नारद पांचरात्रांतर्गत भरद्वाज संहिता में प्रपत्ति की व्याख्या करते हुए कहा गया है—

निश्चितेऽनन्यसाध्यस्य परत्रेष्टस्य साधने।
अयमात्मभरन्यासः प्रपत्तिरिति चोच्यते॥[1]

अर्थात् अनन्य साध्य इष्ट (परमात्मा) की प्राप्ति के लिए परमात्मा को ही साधन के रूप में ग्रहण कर उसके प्रति आत्मभरन्यास—संपूर्ण आत्मसमर्पण करने को ही प्रपत्ति कहा जाता है। प्रपत्ति और शरणागति को अभिन्न बताते हुए वरवर मुनि ने कहा है, 'प्रपत्तिर्नाम भगवच्छरणवरणम्'[2] अर्थात् प्रपत्ति का मतलब है भगवान् की शरण लेना यानी भगवान् को ही अपने एकमात्र उपाय के रूप में स्वीकार करना। इसी बात को श्री भरताचार्य ने और स्पष्ट शब्दों में कहा है—

अनन्यसाध्ये स्वाभीष्टे महाविश्वासपूर्वकम्।
तदेकोपायता याञ्चा प्रपत्तिः शरणागतिः॥[3]

अर्थात् अन्य किसी उपाय से अपना अभीष्ट (भगवत्प्राप्ति) सिद्ध न होते देखकर—विश्वासपूर्वक भगवान् से ही अपना उपाय बनने की याचना करना ही प्रपत्ति या शरणागति है। 'शरण शब्द 'शृ' धातु में ल्युट् के योग से बनता है एवं 'शृणाति दुःखम् अनेन' के अनुसार इसका अर्थ है 'जो दुःख को नष्ट कर दे वह'। साधारण प्रयोग में रक्षा, आड़, ओट, आश्रयस्थल, घर, रक्षक आदि अर्थों में इस शब्द का प्रयोग होता है किन्तु परमार्थतः इसका प्रयोग भगवान् को अपने आश्रय—अपने रक्षक—अपने एकमात्र उपाय के रूप में स्वीकार करने की दृष्टि से होता है। जो 'श्रीरामः शरणं मम' या 'श्रीकृष्णः शरणं मम' आदि मंत्रों से स्पष्ट है। भागवतों ने प्रपत्ति, शरणागति, न्यास, आत्मसमर्पण, आत्मनिक्षेप आदि को समार्थक माना है।

---

1. भरद्वाज संहिता 7
2. श्रीवचनभूषणम्, पृ० 99
3. श्री श्रीकान्त शरण-कृत 'प्रपत्ति-रहस्य' के पृ० 6 पर उद्धृत।

जीव जब अपने अपराधों के समूह के कारण अपने को निरुपाय, असहाय, अकिंचन और अगति पाता है, तब अन्य सभी साधनों (ज्ञान, भक्ति, योग कर्म आदि) का भरोसा छोड़ कर भगवान् से ही प्रार्थना करता है कि तुम्हीं मेरे एकमात्र उपाय बन जाओ—यही शरणागति है—

अहमस्म्यपराधानामालयोऽकिंचनोऽगतिः।
त्वमेवोपायभूतो मे भवेति प्रार्थना मतिः।
शरणागतिरित्युक्ता सादेवेऽस्मिन्प्रयुज्यताम्॥[1]

इस शरणागति के सर्ववादिसम्मत छह अंग हैं—

आनुकूल्यस्य संकल्पः प्रातिकूल्यस्य वर्जनम्।
रक्षिष्यतीति विश्वासः गोप्तृत्ववरणं तथा॥
आत्मनिक्षेपकार्पण्ये षड्विधा शरणागतिः।[2]

अर्थात् अनुकूलता का संकल्प, प्रतिकूलता का निवारण, रक्षा का विश्वास, रक्षक के रूप में वरण, आत्मसमर्पण और दीनता के योग से बनी होने के कारण शरणागति षड्विधा है। कई विद्वानों ने 'षड्विधा शरणागति' का अर्थ शरणागति के छह प्रकार यह छह भेद किया है, जो ठीक नहीं है। इन छहों तत्त्वों के मेल से शरणागति में पूर्णता आती है किन्तु यह भी स्पष्ट है कि इसके सर्वप्रमुख अंतरंग तत्त्व हैं रक्षक के रूप में वरण एवं आत्मसमर्पण। शरीर, वचन और मन से शरण लेने के आधार पर शरणागति के कायिकी, वाचिकी और मानसी तथा गुणों के आधार पर तामसी राजसी और सात्त्विकी आदि भेद किये गये हैं। सबसे महत्त्वपूर्ण भेद स्वगत स्वीकार प्रपत्ति और परगत स्वीकार प्रपत्ति का है। अपनी ओर से जीव प्रभु की शरण ले तो उसे 'स्वगत-स्वीकार प्रपत्ति' कहते हैं, किन्तु कुछ भागवतों की दृष्टि में प्रभु को पाने का वह भी 'उपाय' नहीं है, वास्तविक उपाय है 'परगत स्वीकार प्रपत्ति' अर्थात् परमात्मा द्वारा ही जीव को अपनी शरण में ले लेने की स्वीकृति। इसमें जीवकृत अपराध भी किसी भी प्रकार प्रतिबंधक नहीं हो सकते क्योंकि प्रभु सर्वथा स्वतंत्र है।[3]

यहीं भक्ति और प्रपत्ति के मौलिक भेद को भी संक्षेप में स्पष्ट कर लेना समीचीन जान पड़ता है। भगवान् के प्रति अमृतस्वरूपा परा अनुरक्ति भक्ति है और संसार के समस्त आश्रयों, साधनों का परित्याग कर एकमात्र भगवान् को ही अपना उपाय समझ कर उन्हें सर्वस्व अर्पण कर उन्हीं पर आश्रित रहना प्रपत्ति है। भक्ति में श्रवण-

---

1. अहिर्बुध्न्य संहिता (द्वितीय खंड) 37/30-31
2. वही, 37/28-39 तचा लक्ष्मी संहिता 17/60-61
3. देखिए श्रीवचनभूषणम् का सिद्धोपायनिष्ठ वैभव प्रकरणम्।

कीर्तन, आदि साधनों का अवलंबन किया जाता है जबकि प्रपत्ति में साध्य स्वरूप भगवान् का ही अवलंबन रहता है। भक्ति में तैलधारावत् अविच्छिन्न भगवत्स्मृति बनाये रखना भक्त का उत्तरदायित्व है जबकि प्रपत्ति में यह भी भगवान् का ही कार्य है। प्रपत्तिमार्गी किसी भी साधन का (चाहे वह भक्ति ही क्यों न हो) आश्रय ग्रहण करनेवालों को कपिकिशोर मानते हैं जो अपनी माता को स्वयं पकड़े रहते हैं, जबकि अपने को मार्जार-किशोर कहते हैं, जिन्हें माता स्वयं उठाकर जहाँ ले जाना चाहती है, ले जाती है। प्रपन्न को स्वयं कुछ नहीं करना होता, उसकी सारी जिम्मेदारी प्रभु ले लेते हैं। इसी दृष्टि से प्रपत्ति मार्ग को भक्ति मार्ग, ज्ञान मार्ग, योग मार्ग, कर्म मार्ग आदि से सुगम और श्रेष्ठ कहा जाता है। स्वयं भगवान् ने गीता में अन्य भागों को 'गुह्याद् गुह्यतरं' (18।63) तथा शरणागति को 'सर्वगुह्यतमं' (18।64) कहकर और सबके बाद उसका प्रतिपादन कर उसकी सर्वश्रेष्ठता संकेतित कर दी है। फिर भी यह ठीक है कि प्रपत्ति के सबसे निकट भक्ति मार्ग ही है क्योंकि दोनों में अनुग्रह और प्रेम प्रकर्ष है, दोनों के फल भगवान ही हैं। इसीलिए अज्ञ, ज्ञानाधिक एवं भक्तिपरवश-प्रपत्तिकर्ताओं के इन तीनों प्रकारों में भक्तिपरवश को ही मुख्य कहा गया है।[1]

प्रपत्ति संबंधी शास्त्रीय ज्ञान विनयपत्रिका के सूक्ष्म संकेतों को समझने में सहायक हो सकता है, बशर्ते उसका उपयोग विवेकपूर्वक किया जाये। यह स्मरण रखना चाहिए कि विनयपत्रिका में अभिव्यक्त तुलसी की शरणागति की प्रार्थना शास्त्र-सम्मत अवश्य है किन्तु शास्त्रबद्ध नहीं। प्रपत्ति शास्त्र के लक्षणों को सामने रखकर उनके उदाहरणों के रूप में विनयपत्रिका के पद नहीं लिखे गये हैं। तुलसी ने साफ कहा है, 'विनयपत्रिका दीन की बापु आपु ही बाँचो। हिये हेरि तुलसी लिखी, सो सुभाय सही करि बहुरि पूँछिए पाँचो।'[2] तुलसी ने विनयपत्रिका 'हिये हेरि' हृदय में देखकर लिखी है, इस उक्ति का अर्थ यही हो सकता है कि पुस्तकीय ज्ञान की अनुगूँज के रूप में नहीं, अपने हृदय के स्वाभाविक उद्‌गार के रूप में सच्चाई के साथ लिखी है। इसीलिए उसमें शास्त्र का स्थूल अनुकरण नहीं है। जब जो भाव मन में उठा है, तब उसके अनुकूल पद की रचना तुलसी ने की है। शास्त्र को सामने रख कर 'षड्‌विधाशरणागति' के क्रम के अनुरूप न तो उन्होंने पद रचे, न बाद में ही अपने पदों का तदनुरूप वर्गीकरण किया। अपने जीवन के उत्तरार्ध के दीर्घकालखंड

---

1. भगवत्प्राप्ति के लिए साधनानुष्ठान के उपाय-ज्ञान-रहित जनों को अज्ञ, कर्माद्यनुष्ठान करने का ज्ञान एवं शक्ति होने पर भी भगवदत्यन्त परतंत्रभूत स्वरूप के याथात्म्य दर्शन के कारण उपायान्तर को स्वरूप विरुद्ध समझकर त्यागने वाले जनों को ज्ञानाधिक एवं भगवत्प्रेमाशय से शिथिल हो जाने के कारण किसी भी उपाय का अनुष्ठान करने में अशक्त जनों को भक्ति परवश कहा जाता है। —श्रीवचनभूषणम्, पृ० 133 से 140 तक
2. विनयपत्रिका 277 ।5-7।

में मुक्तकों की तरह समय-समय पर रचित इन पदों को आदि और अंत की अभिकल्पना से 'विनयपत्रिका' का रूप देते समय भी तुलसी ने उसके मध्य और मुख्य भाग को किसी विशेष अनुक्रम में न बाँध कर हृदयोद्‌गार की स्वच्छंदता को अक्षुण्ण रहने दिया है। पर यह भी सच है कि इन पदों में शास्त्रीय तत्त्वों का अंतर्भाव सहज ही हो गया है। तुलसी के शास्त्रानुशीलित संस्कार भावावेग के प्रवाह को पुष्ट आधार देते चले हैं। अनुभूति की सघनता में बहुत बार विनय के एक-एक पद में अनेकानेक तत्त्वों का समावेश हो गया है अतः उनके विश्लेषण-संश्लेषण द्वारा ही विनयपत्रिका की प्रपत्ति भावना का परिचय देने का प्रयास किया जायेगा।

शरण्य, शरणागत और शरणागति इन तीनों का आदर्श रूप विनयपत्रिका में उभरा है। शरण्य सर्वपर, सर्वसमर्थ होते हुए भी सुलभ और शरणागत-वत्सल हो तभी प्रपन्न का मंगल हो सकता है। तुलसी के प्रभु श्रीराम की महिमा जितनी अपार है, सुशीलता उतनी ही अनोखी है। तुलसी के राम एक ओर तो 'सर्वकृत, सर्वभृत, सर्वजित्, सर्वहित, सत्यसंकल्प, कल्पांतकारी'[1] हैं, दूसरी ओर 'बिनु हेतु करुनाकर, उदार, अपार मायातारनं'[2] भी हैं, वे शिव के लिए भी ध्यान में अगम हैं किन्तु केवट से स्वयं जाकर मिलते हैं इसीलिए तुलसी कह उठे हैं, 'ठाकुर अतिहि बड़ी सील सरल सुठि।'[3] और वे प्रभु दूर भी नहीं हैं, अपने हृदय में ही हैं, छल छोड़कर गुहारने पर उनका स्नेह सदा सुलभ है, 'दूरि न सो हितू हेरि हिये ही है, छलहिं छाँड़ि सुमिरे छोह किये ही हैं।'[4] शरणागतों के दुःखों को दूर कर उनकी रक्षा के लिए वे सुदृढ़तम वज्रपिंजर सदृश हैं, प्रनतारति भंजन, जनरंजन, सरनागत पबि-पंजर नाऊँ।'[5] उनके शील स्वभाव पर मुग्ध तुलसी की उक्ति है, 'सुनि सीता पति सील सुभाउ।' 'मोद न मन, तन पुलक, नयन जल, सो नर खेहर खाउ।'[6] इस प्रकार सब दृष्टियों से विचार कर लेने के बाद तुलसी का यही निर्णय है—'नाहिंन और कोउ सरन लायक दूजो श्री रघुपति सम बिपति-निवारन।'[7]

शरणागत तो वही होता है जो अपने कर्तृत्व का, शरण्य के अतिरिक्त अन्य समस्त साधनों का अभिमान त्याग चुका हो, उनकी निःसारता और अपनी असहायता को समझकर कातर, भय-विह्वल हो उठा हो। तुलसीदास ने आत्मकल्याण के लिए

1. विनयपत्रिका 56/8
2. वही 136/9/3
3. वही 135/4/9
4. वही 135/3/3-2
5. वही 153/5
6. वही 100/1-2
7. वही 206/1।

अपने भरसक कोई बात उठा तो नहीं रखी थी, किन्तु राम का आश्रय न लेने के कारण अपने कर्तृत्व एवं अन्यों के आनुगत्य के फलस्वरूप उन्हें जन्म-जन्म में दसों दिशाओं में दुःख-ही-दुःख मिला, 'कहा न कियो, कहाँ न गयो, सीस काहि न नायो? राम रावरे बिन भए जन, जनमि जनमि जग, दुख दसहूँ दिसि पायो।'[1] अब उनको यह विश्वास हो गया है कि 'मेरी न बने, बनाए मेरे कोटि कलप लौं, राम! रावरे बनाए बने पल पाउ में।'[2] न केवल अपना कर्तृत्वाभिमान बल्कि ज्ञान, वैराग्य, भक्ति आदि सभी साधनों का संबल भी वे छोड़ चुके हैं। वे यह नहीं कहते कि ये साधन झूठे हैं, पर यह अवश्य कहते हैं, कि इस घोर कलिकाल में मेरे जैसे अपदार्थ से कोई साधन सधता ही नहीं। 'सुगुन, ज्ञान, बिराग, भगति सुसाधननि की पाँति। भजे बिकल बिलोकि कलि अघ-अवगुननि की थाति।'[3] अपी साधनहीनता की घोषणा असंदिग्ध स्वर में तुलसी ने बार-बार की है, 'तुलसिदास हरितोषिए सो साधन नाहीं।'[4] यही साधनहीनता तुलसी को शरणोन्मुख करती है, 'ताहि तें आयो सरन सबेरे। ज्ञान-बिराग-भगति साधन कछु सपनेहु नाथ न मेरे।'[5] अपने हीन आचरणों के बावजूद शरण में आने का साहस तुलसी को श्रीराम के मृदुल शील-स्वभाव के कारण ही हो सका है, यह भी उन्होंने स्पष्ट कर दिया है—

जो करनी आपनी बिचारौ तौ कि सरन हौं आवौं।
मृदुल सुभाव सील रघुपति को सो बल मनहिं दिखावौं ॥[6]

यहाँ यह भी लक्षितव्य है कि अन्य साधनों के साथ-ही-साथ भक्ति को भी तुलसी अपना अवलंबन नहीं मान पा रहे हैं। इसका अर्थ यह नहीं है कि तुलसीदास भक्त नहीं हैं, सिर्फ यही है कि अपने भरोसे भक्ति का निर्वाह कर पाना भी उन्हें संभव नहीं लगता। प्रपत्ति में भक्ति, ज्ञान आदि का निषेध नहीं है केवल उनको अवलंबन के रूप में ग्रहण करने से उत्पन्न हो सकने वाले अहं का निषेध है। 'कहहु भगति पथ कवन प्रयासा'[7] कहने वाले तुलसी विनयपत्रिका में कहते हैं, 'रघुपति, भक्ति करत कठिनाई, कहत सुगम, करनी अपार, जानै सोइ जेहि बनि आई।'[8] यहाँ 'करत' शब्द पर जोर है, अपनी ओर से राम की भक्ति करना कठिन है, कहने में सुगम है किन्तु उसकी 'करनी' अपार है, अतः उसके विचलित-खंडित हो जाने का

---

1. विनयपत्रिका 276/1-2
2. वही 261/1-2
3. वही 221/3-4
4. वही 100/10
5. वही 187/1-2
6. वही 142/19-20
7. मानस 7/46/1
8. विनयपत्रिका 167/1-2।

भय है। इसीलिए तुलसी प्रपत्ति ग्रहण कर प्रसाद के रूप में भगवान् से भक्ति पाना चाहते हैं, भक्ति करने का दावा नहीं करते। 'तुलसिदास प्रभु यहि पथ रहि अबिचल हरिभक्ति लहौंगो'[1] 'जोग, जप, ज्ञान, विज्ञान तें अधिक अति, अमल दृढ़ भगति दै परम सुख भरहुगे'[2] आदि वचनों से यह स्पष्ट है कि रामकृपा से वे अपना परम काम्य 'हेतु रहित अनुराग रामपद' प्राप्त करना चाहते हैं। यह वृत्ति शरणागति सिद्धान्त के अनुकूल ही है। इस संदर्भ में वरवर मुनि का यह स्पष्टीकरण मननीय है, 'सिद्धोपायेन तेन कृतकृषिफल मित्यर्थः।' 'अज्ञान निवृत्ति पूर्वक भक्ति रूपापन्नं ज्ञानं प्रसादितवान्', 'महाद्विवादजनक कामं समुद्रतुल्यतया वर्द्धयन्मेघ-सदृशविग्रहोऽस्मत्कृष्णः इत्येवंभूत प्रवृत्तिहेतोभक्तेरुत्पादको वर्द्धकश्च स एव हि। तस्माद्भक्तिपारवश्यनिबन्धना प्रवृत्तिरुपायफलमित्युच्यते।'[3] अर्थात् सिद्धोपायभूत सर्वेश्वर कर्तृक कृषि का यह फल है। 'अज्ञाननिवृत्तिपूर्वक भक्ति रूपापन्न ज्ञान का प्रसाद दिया, 'महद्विवादजनक काम को समुद्रतुल्य बढ़ाने वाले मेघ सदृश विग्रह हमारे कृष्ण' इस प्रकार की प्रवृत्ति हेतु भक्ति का उत्पादक और वर्द्धक भी वही है। इसलिए भक्तिपारवश्यहेतुक इस प्रवृत्ति को उपाय फल कहते हैं। श्री रामानुजाचार्य ने भी अपने सुप्रसिद्ध शरणागतिगद्यम्' में शरणागति ग्रहण करने के अनंतर यह याचना की है, 'परमभक्ति परज्ञान परम-भक्त्येकस्वभावं मां कुरुष्व।'[4] अर्थात् पराभक्ति पराभक्ति परज्ञान और परम भक्ति ही जिसका एकमात्र स्वभाव हो, ऐसा मुझे बनाये। तुलसीदास ने ज्ञान नहीं माँगा है, दृढ़ निष्काम पराभक्ति की ही याचना की है। इससे यही झलकता है कि तुलसी की प्रपत्ति भक्तिमूला थी, पारिभाषिक शब्दावली में कहा जाये तो तुलसी भक्तिपरवश प्रपन्न थे। शरण्य और शरणागत के रूप में राम की और अपनी जोड़ी तुलसी को अभूतपूर्व लगती है। इसीलिए उन्होंने 'तू दयालु दीन हौं' (वि० प० 79) 'तुम सम दीनबंधु न दीन कोउ मो सम' (वि० प० 242) जैसे अनेक पदों में प्रभु की महिमा एवं अपनी दीन-हीन स्थिति का एक साथ बहुत मनोज्ञ वर्णन किया है।

जीव क्या सहज ही शरण लेता है? अपने कर्तृत्व का अभिमान क्या अनायास ही छूटता है? जब अपना जोर नहीं चलता, जब गजेन्द्र की तरह पानी सिर से ऊपर जाने लगता है तभी कोई विरला महाभाग अपनी उस सारी छटपटाहट-भरी आर्त्ति को भगवान् को निवेदित कर शरण लेने के लिए उद्यत होता है। अधिकांश तो तब भी नहीं चेतते और अपने हाथ-पाँव पटकते-पटकते संसार-सागर में डूब ही जाते हैं। तुलसी ने अपनी शरण-पूर्व विकलता को बहुत ही मार्मिक शब्दों में व्यक्त किया है।

---

1. विनयपत्रिका 172/8
2. वही 211/6
3. श्रीवचनभूषणम्, पृ० 204
4. कल्याण-सन्तवाणी अंक, पृ० 743।

संसार की विषम स्थिति और अपनी आश्रयहीनता को देखकर व्याकुल हो वे कह उठे हैं—

अति अनीति कुरीति भइ भुँई तरनि हूँ तें ताति।
जाउँ कहँ, बलि जाउँ, कहूँ न ठाउँ मति अकुलाति।[1]

प्रभु को छोड़कर मेरे लिए कहीं ठौर नहीं है, यह बोध अपने कटु अनुभवों से ही उन्हें हुआ था। दीन-हीन को और कोई नहीं अपनाता यह वे अच्छी तरह समझ चुके थे, 'कहाँ जाउँ कासों कहौं, को सुनै दीन की। त्रिभुवन तुहीं गति सब अंगहीन की।'[2] जब से जीव नाम धारण किया तब से रात-दिन नाचते-नाचते परेशान हो जाने के बाद, निस्संबल और परिश्रांत हो जाने के बाद तुलसी ने प्रभु से यह कातर प्रर्थना की थी—

थके नयन, पद, पानि, सुमति-बल, संग सकल बिछुर्‍यो।
अब रघुनाथ सरन आयो जन भव-भय-बिकल डर्‍यो।
जेहि गुन तें बस होहु रीझि करि सो मोहिं सब बिसर्‍यो।
तुलसिदास निज भवन द्वार प्रभु दीजै रहन पर्‍यो।[3]

सिर्फ अपनी व्याकुलता का ही नहीं, अपने अपराधों का भी निवेदन तुलसी ने किया है, क्योंकि निश्छल भाव से अपने दोषों को स्वीकारते हुए प्रभु की शरण में आना चाहिए, 'परिहरि छल सरन गये तुलसिहुँ से तरत।'[4] तुलसीदास को जो बात सबसे अधिक कष्ट देती रही, वह यही थी कि दुनिया तो उन्हें साधु, भक्त समझती है जबकि उनके हृदय में अब भी काम, क्रोध, लोभ, मोह, मद, मत्सर का ही बास है, अपनी कथनी और करनी के इस अन्तर से, 'रहनि आन बिधि कहिय आन' से पीड़ित होकर उन्होंने ईमानदारी से अपनी इस स्थिति को प्रभु के सामने रख दिया है। उनकी कुछ संस्वीकृतियाँ हैं—'कामलोलुप भ्रमत मन हरि भगति परिहरि तोरि, बहुत प्रीति पुजाइबे पर, पूजिबे पर थोरि, देत सिख, सिखयो न मानत मूढ़ता असि मोरि।'[5] 'बिरचि हरि-भगति को बेष बर टाटिका, कपट-दल हरित पल्लवनि छावौं, नाम-लगि लाइ, लासा-ललित-बचन कहि ब्याध ज्यों बिषय-बिहंगनि बझावौं, कुटिल सतकोटि मेरे रोम पर बारियहि, साधुगनती में पहिलेहि गनावौं, परम बर्बर, खर्ब-गर्व-पर्वत चढ्यो, अज्ञ सर्वज्ञ जनमनि जनावौं'[6] 'कोउ भल कहहु,

1. विनयपत्रिका 221/5-6
2. वही 179/1-2
3. विनयपत्रिका 91/7-10
4. वही 134/14
5. वही 158/4
6. वही 208/3-6।

देउ कछु कोऊ असि बासना न उर तें जाईं'[1] आदि-आदि। यह ठीक है कि अपराध-स्वीकृति की उक्तियों में वैयक्तिकता के साथ-साथ सामान्य जीव मात्र का प्रतिनिधित्व भी है अतः इनको बिलकुल अभिधार्थ में लेना और तुलसीदास को कामी, क्रोधी, लोभी, पाखंडी मान लेना ठीक न होगा किन्तु यह भी ठीक है कि श्रीराम के समक्ष अपने को रखकर भक्त के अपने स्वीकृत आदर्श की तुलना में अपने मन के विकारों को देखने पर तुलसी अपनी अपूर्णताओं के कारण अत्यधिक दैन्य का अनुभव करते थे और इसीलिए पूरी निष्ठा के साथ कहते थे, 'माधव, मो समान जग माहीं, सब बिधि हीन, मलीन, दीन अति लीन-बिषय कोउ नाहीं।'[2] न तो यह छलछद्म भरी उक्ति है, न दीनता के प्रदर्शन का कोरा परिपाटी-पालन ही है। यह उस निष्ठावान् भक्त का भावसत्य है जो जगत् के अन्य जीवों को क्षमासुंदर नेत्रों से देख कर अपने से श्रेष्ठ और अपने अंतर को सत्यानुसंधानी दृष्टि से देखकर अपने शुभ प्रयासों के बावजूद उसे 'मोहजनित मल' से ग्रस्त पाकर अपने को सबसे निकृष्ट घोषित करता है। जो हो, सच्चाई के साथ अपने दोषों की विवृति प्रभु के समक्ष कर देने पर तुलसी कुछ-कुछ आश्वस्त हो पाते हैं, 'सब भाँति बिगरी है एक सुबनाउ सो, तुलसी सुसाहिबहिं दियो है जनाउ सो'[3] और प्रभु से यह आग्रह कर पाते हैं कि 'तुलसिदास प्रभु कृपा करहु अब मैं निज दोष कछू नहिं गोयो।'[4]

प्रभु की अनुकूलता का संकल्प, और प्रतिकूलता का वर्जन (जो वस्तुतः एक ही सिक्के की दो पीठें हैं) शरणागति की भूमिका मात्र है। इसमें संदेह नहीं कि यह भूमिका उपयोगी है किन्तु सब समय अनिवार्य है, ऐसा नहीं लगता। गजेन्द्र, जयन्त, कालियनाग आदि शरण में आने के पहले न भक्त थे, न उन्हें अनुकूलता का संकल्प और प्रतिकूलता का वर्जन करने का समय ही मिला था फिर भी प्रभु ने उनको शरण में लिया था। जो हो, तुलसी की विनयपत्रिका में इन दोनों तत्त्वों का भी पर्याप्त समादर है।

प्रभु की अनुकूलता के संकल्प का अर्थ है अपनी समस्त इन्द्रियों को, सभी वृत्तियों को राममय कर देने का संकल्प करना। तुलसीदास अपने मन को इसका उपदेश देते हुए कहते हैं, 'स्रवन कथा, मुखनाम, हृदय हरि सिर प्रनाम सेवा कर अनुसरु। नयननि निरखि कृपा-समुद्र हरि अगजगरूप भूप सीताबरु।'[5] इसी पद में उन्होंने 'सम, संतोष बिचार बिमल अति सत्संगति ए चारि दृढ़ करि धरु' भी कहा है ताकि मनोवृत्तियाँ, पवित्र रहें। इसी तरह प्रतिकूलता का वर्जन करते हुए वे इन्द्रियों

---

1. विनयपत्रिका 119/4
2. वही 114/1
3. वही 182/13-24
4. वही 245/7
5. वही 205/5-6।

को रामविमुख होने से रोकना चाहते हैं, 'स्रवननि और कथा नहिं सुनिहौं, रसना और न गैहों। रोकिहौं नयन बिलोकत औरहिं, सीस ईसही नैहौं।'[1] इसी क्रम में वे समस्त रामविमुखों को (चाहे अत्यंत प्रिय ही क्यों न रहे हों) त्यागने का भी संदेश देते हैं, 'जाके प्रिय न राम बैदेही। सो छाँड़िए कोटि बैरी सम जद्यपि परम सनेही।'[2] किन्तु समग्र विनयपत्रिका के अनुशीलन से मुझे ऐसा लगता है कि इन दोनों तत्त्वों का निर्वाह भी वे अपने बलबूते पर कर पाने की स्थिति में स्वयं को नहीं पाते क्योंकि उन्हें लगता है कि रात-दिन अपने मन को अनेक प्रकार की अच्छी-अच्छी शिक्षाएँ देते रहने पर भी प्रभु की अनुकूलता को ग्रहण करने और प्रतिकूलता को छोड़ने की बातें समझाते रहने पर भी वह मूढ़ अपना स्वभाव नहीं त्यागता। हार कर वे यही कहते हैं कि यह मन 'बस होइ तबहिं जब प्रेरक प्रभु बरजैं।'[3]

प्रभु रक्षा करने में पूर्ण समर्थ हैं, और वे अपने करुणाप्रेरित स्वभाव के कारण दीन-दीन शरणागतों की रक्षा अवश्य करेंगे, इस पर तुलसी को अडिग विश्वास है। उनकी सहज घोषणा है, 'जो पै कृपा रघुपति कृपालु की बैर और के कहा सरै। होइ न बाँकी बार भगत को जो कोइ कोटि उपाय करै।'[4] उनका दावा है कि मोद और मंगल से रिक्त हो गयी पृथ्वी को अपनी करुणा से सींचकर आनंदित करनेवाले और कलि के अनुगत दुर्जनों को नष्ट कर सुकृतसेन को जिताने वाले प्रभु केवल तुलसी की ही नहीं, समस्त पीड़ितों की रक्षा करते हैं। शरणागति जैसी वैयक्तिक साधना में भी तुलसी जैसे संत लोककल्याण की चेतना को छोड़ नहीं सकते। इसीलिए वे कहते हैं कि प्रभु उखड़ों को जमानेवाले, गयी हुई चीजों को लौटानेवाले, आर्त्तों की आर्त्ति दूर कर उन्हें अभय देनेवाले हैं—

उथपे-थपन, उजारि-बसावन, गई बहोरि, बिरद सदई है।
तुलसी प्रभु आरत-आरतिहर अभय-बाँह केहि केहि न दई है।[5]

शरणागति का सबसे महत्त्वपूर्ण अंग है प्रभु को अपने एकमात्र गोप्ता रक्षक के रूप में वरना। विनयपत्रिका में यह भावना सबसे अधिक प्रतिफलित हुई है। तुलसी ने बार-बार यह कहा है कि 'मेरे रावरिये गति है रघुपति बलि जाउँ, निलज, नीच, निरधन, निरगुन कहँ जग दूसरो न ठाकुर ठाउँ।'[6] मनसा, वाचा, कर्मणा एकमात्र प्रभु की शरण ग्रहण करते हुए तुलसी कहते हैं, 'नाहिनै नाथ अवलम्ब मोहिं आन की,

1. विनयपत्रिका 104 /5-6
2. वही 174/1-2
3. वही 89/8
4. वही 137/1-2
5. वही 139/23-24
6. वही 153/1-2।

करम, मन, बचन पन सत्य करुनानिधे! एक गति राम भवदीय पदत्रान की।'[1] यह भी उल्लेख्य है कि तुलसी ने नाम और नामी को अभिन्न माना है, बल्कि भक्ति के आवेग में यहाँ तक कह दिया है कि 'प्रिय राम नाम ते जाहि न रामो। ताको भलो कठिन कलिकालहुँ आदि, मध्य परिनामो।'[2] राम का नाम तुलसी को राम से भी अधिक प्रिय है क्योंकि वह सर्वदा उन्हें सुलभ है और उनकी 'प्रीति, प्रतीति,' के अनुसार राम के सगुण और निर्गुण दोनों रूपों से बड़ा है। अत: वे यह अंकुठ चित्त से कहते हैं 'रामजपु, रामजपु, रामजपु बावरे, घोर भवनीर निधि नाम निज नाव रे।'[3] नाम का यह अवलंब वस्तुत: नामी का ही अवलंब है, इसमें दो मत नहीं हो सकते।

प्रभु को अपना रक्षक, अपना एकमात्र संबल स्वीकार कर तुलसी अपना सब कुछ प्रभु के चरणों में अर्पित कर देते हैं। 'नातो नेह नाथ सों करि सब नातो नेह बहैहौं। यह छर भार ताहि तुलसी जग जाको दास कहैहौं॥'[4] सारा उत्तरदायित्व उसी का है जो स्वामी है, सेवक ने तो उनसे नाता जोड़कर और सबों से नाता तोड़ लिया, सब कुछ उन्हें सौंप दिया। अब मैं जैसा हूँ—अच्छा हूँ तो, बुरा हूँ तो आपका हूँ—'जैसो हौं तैसो राम रावरो जन जनि परिहरिए।'[5] 'रावरो जन' में 'तवास्मीति' की स्पष्ट ध्वनि है। एक बार भी 'मैं तुम्हारा हूँ' कहनेवाले को अभय देने की अपनी प्रतिज्ञा का पालन प्रभु करेंगे ही, तुलसी को इसका पूरा विश्वास है।

तुलसी अपने को आरम्भ से ही दीन-हीन मानते रहे अत: आत्मसमर्पण के अभिमान का तो प्रश्न ही नहीं उठता। कार्पण्य-दैन्य तुलसी की साधना के मूल तत्त्वों में हैं। शरण में लेने की प्रार्थना अपनी साधनहीनता से उत्पन्न दीनता के कारण ही तुलसी ने की थी और शरण ग्रहण करने के बाद भी उन्होंने अपनी दीनता नहीं त्यागी। शरणागति के अनन्तर भी उनकी अपने बारे में मान्यता यही थी कि,

'मंदमति, कुटिल, खल-तिलक तुलसी सरिस भो न तिहुँलोक तिहुँकाल कोऊ।
नाम की कानि पहचानि जन आपनो ग्रसित कलिब्याल राख्यो सरन सोऊ॥'[6]

वे इस बात को सोच भी नहीं सकते कि प्रभु ने उन्हें उनके आत्मसमर्पण, या भक्ति भाव के कारण अपनाया है, उनकी दृढ़ धारणा यही है कि मेरे जैसे स्वामीद्रोही को प्रभु ने सिर्फ अपनी सेवकहितता के कारण अपना लिया, प्रभु ने अपनी भलाई के चलते ही मेरा भला कर दिया है—

---

1. विनयपत्रिका 209/1-2
2. वही 228/1-2
3. वही 66/1-2
4. वही 104/7-8
5. वही 271/1-2
6. वही 106/11-12।

मेरो भलो कियो राम आपनी भलाई।
हौं तो साँई-द्रोही, पै सेवक-हितु साँई ॥[1]

कहने का तात्पर्य यह कि तुलसीदास ने दैन्य को अपने स्वभाव का सहज अंग बनाकर अहंकार को निर्मूल कर दिया था।

तुलसीदास अपनी ओर से शरण लेकर पूर्ण आश्वस्त नहीं हो पाते। अपने मन में उठती रहनेवाली दुर्वासनाओं के कारण उन्हें लगता है कि 'मैं जानी हरिपदरति नाहीं, सपनेहु नहिं बिराग मन माहीं।'[2] उनका सीधा तर्क यह है कि राम-चरण में अनुरक्त जन समस्त भोगों को रोग समझ कर त्याग देते हैं किन्तु मुझे तो काम-भुजंग ने डस रखा है तभी तो विषयरूपी नीम मुझे कड़वा नहीं लगता। इससे उनके मन में असमंजस और शोक बढ़ता ही जाता है। इसी मन:स्थिति में वे सोचते हैं कि प्रभु ने यदि उन्हें अपना लिया होता तो उनके मन में विषय वासना कैसे जाग सकती थी। वे प्रभु से कहते हैं, 'तुम अपनायो तब जानिहौं जब मन फिरि परिहै। जेहि सुभाव बिषयनि लग्यो तेहि सहज नाथ सों नेह छाँड़ि छल करिहै।'[3] किन्तु जब ऐसा नहीं होता, जब उनका मन त्रिविध ज्वर से जलता हुआ बौराया फिरता है, तो वे हाँक लगाते हैं, 'सुनहु राम रघुबीर गुसाईं, मन अनीति-रत मेरो। चरन-सरोज बिसारि तिहारे निसिदिन फिरत अनेरो।'[4] वे आशंकाग्रस्त हो उठते हैं, कहीं प्रभु ने उनका परित्याग तो नहीं कर दिया। पीड़ा-भरे स्वर में उन्होंने कहा है, 'तुलसी प्रभु को परिहर्‌यो सरनागत सो हौं।'[5] किन्तु उनकी श्रद्धा अडिग है, भले राम उन्हें छोड़ दें, वे राम को नहीं छोड़ सकते, 'जो तुम त्यागो राम हौं तो नहिं त्यागों। परिहरि पाँय काहि अनुरागों।'[6] भला राम के चरणों को छोड़कर वे और किसकी भक्ति कर सकते हैं। नहीं, वे राम का आश्रय कदापि नहीं त्यागेंगे किन्तु केवल अपनी ओर से ही शरण लेकर चुप नहीं बैठेंगे। श्रीराम को भी उन्हें अपनाना होगा—पर वे अपनी ओर से प्रार्थना करने के सिवाय और कर ही क्या सकते हैं। ठीक है, वे तब तक विनय करते ही रहेंगे जब तक प्रभु उन्हें नहीं अपना लेते।

शास्त्रीय शब्दावली में कहा जाये तो तुलसी 'स्वगत स्वीकार प्रपत्ति' को यथेष्ट न समझ कर 'परगत स्वीकार प्रपत्ति' पर अर्थात् श्रीराम द्वारा अपना लिये जाने पर बल दे रहे हैं। अपनी ओर से राम का होना और राम के द्वारा अपनाया जाना—इन

1. विनयपत्रिका 72/1-2
2. वही 127/1-2
3. वही 268/1-2
4. वही 143/1-2
5. वही 150/1-2
6. वही 239/1-2।

दोनों में बहुत अन्तर है। लोक-दृष्टि में कोई भले ही पापी या नीच हो किन्तु उसे प्रभु ने अपना लिया तो वह सर्वगुण-संपन्नों से भी बढ़कर है। 'जाको हरि दृढ़ करि अंग कर्‌यो, सोइ सुसील पुनीत बेदबिद बिद्या गुननि भर्‌यो।'[1] सोइ सुकृती सुचि साँचो जाहि राम तुम रीझे'[2] आदि उद्‌गारों से स्पष्ट है कि तुलसी की दृष्टि में राम के द्वारा अंगीकृत होना ही सबसे बड़ी उपलब्धि है। प्रभु अपनी ओर, अपनी विरुदावली की ओर, तुलसी की दीनता की ओर देखकर ही तुलसी को अंगीकार करें, यही विनती उन्होंने बार-बार की है। 'तू गरीब को निवाज हौं गरीब तेरो। बारक कहिये कृपालु तुलसिदास मेरो।'[3] 'कहे ही बनैगी, कै कहाए बलि जाऊँ राम। तुलसी तू मेरो हारि हिये न हहरु'[4] 'खीझि रीझि बिहँसि, अनख क्यों हूँ एक बार तुलसी तू मेरो बलि, कहियत किन'[5] जैसी अनेकानेक पंक्तियाँ उद्धृत की जा सकती हैं, जिनमें तुलसी ने यह चाहा है कि कृपापूर्वक राम उन्हें आश्वस्त करते हुए यह कहें कि 'तू मत डर, मैंने तुझे अपना लिया है।'

जैसे-जैसे इस आश्वासन की प्राप्ति में देर होती है, वैसे-वैसे तुलसी की आर्त्ति बढ़ती जाती है। एक तो प्रभु के दर्शनों की उनकी प्यास इतनी बढ़ जाती है कि वे छटपटा कर कह उठते हैं, 'कृपा सिंधु सुजान रघुबर प्रनत-आरति-हरन, दरस-आस-पियास तुलसीदास चाहत मरन।'[6] दूसरे, उन्हें अपनी बढ़ती हुई उम्र के कारण मृत्यु की निकटता का बोध होता है अतः वे कातर स्वर में प्रभु से निवेदन करते हैं, न सही, कृपा से न सही, जिस किसी भाव से आप देखना चाहें उसी भाव से देखकर अब शीघ्र ही मुझे अपना लें, 'जो चितवनि सोंधी लगे चितइए सबेरे, तुलसिदास अपनाइए कीजे न ढील अब जीवन-अवधि अति नेरे।'[7] तीसरे, उन्हें यह भी लगता है कि चित्रकूट में प्रभु की कृपा से कलि की कुचाल का रहस्य उन्हें ज्ञात हो गया है अतः अब कलिकाल उन्हें पीस डालने में कोई कोर-कसर नहीं उठा रखेगा। कलि से आतंकित होकर अपनी रक्षा के लिए भी तुलसी राम के द्वार पर इस निर्णय के साथ धरना देकर बैठ गये हैं कि जब तक प्रभु उन्हें नहीं अपनाते तब तक वे उठेंगे ही नहीं—

पन करि हौं हठि आजु तें राम द्वार पर्‌यो हौं
तू मेरो, यह बिन कहे उठिहौं न जनम भरि,

---

1. विनयपत्रिका 239/1
2. वही 240/1
3. वही 78/11-12
4. वही 250/18
5. वही 253/5
6. वही 218/9-10
7. वही 273/5-6।

प्रभु की सौं करि निबर्‍यो हौं।[1]

प्रभु केवल मेरे आग्रह पर मुझे अपना लेंगे, तुलसी को इसका भरोसा नहीं होता। अत: वे महाराज श्री रामचन्द्र के दरबार में अपनी अर्जी भेजते समय उनके परिकरों से भी प्रार्थना करते हैं कि वे सब 'निज निज अवसर' पर मलीन तुलसी की सुधि दिला कर उसकी बिगड़ी बात सुधारने की कृपा करें। अपनी 'विनयपत्रिका' की स्वीकृति के लिए लक्ष्मण, भरत, शत्रुघ्न, हनुमान आदि की 'संस्तुति' का जो रूपक तुलसी ने बाँधा है, उसमें एक बड़ा शास्त्रीय सत्य निहित है। भागवतों की मान्यता है कि प्रपत्ति में 'पुरुषकारत्व' की आवश्यकता है। सामान्यत: पुरुषकार का अर्थ है मानव प्रयत्न, पराक्रम, उद्यम आदि, किन्तु प्रपत्ति में अपना उद्यम काम नहीं आता। प्रपत्ति की स्वीकृति तो प्रभु-कृपा पर निर्भर है। प्रभु की कृपा कब, किस पर, कैसे होगी इस सम्बन्ध में कुछ नहीं कहा जा सकता। फिर भी प्रपन्नों का विश्वास है कि भगवत्कृपा के उद्रेक में संत, आचार्य भगवत् परिकर और सर्वोपरि भगवती सीता समर्थ हैं। अत: प्रपत्ति में उन्हें ही 'पुरुषकार' माना जाता है। भगवती तो 'पुरुषकारस्वरूपा' ही कही जाती हैं। विनयपत्रिका के आरंभ में श्रीराम के अंगभूत देव-देवियों तथा तीनों भाइयों की वंदना करने के पश्चात् भगवती सीता से दो पदों में तुलसीदास ने अनुकूल अवसर पर श्रीराम को अपनी सुधि दिलाने की प्रार्थना की है।[2] विनयपत्रिका के अंतिम पद में 'मारुति मन रुचि भरत की लखि लखन कही है' के द्वारा लक्ष्मण जी (जो भक्तों के द्वारा जीवों के आचार्य माने जाते हैं) के एवं अन्य भाइयों तथा सभासदों के पुरुषकारत्व का ही स्पष्ट उल्लेख है किन्तु 'बिहँसि राम कह्यो सत्य है 'सुधि' मैं हूँ लही है'[3] के द्वारा तुलसीदास ने संकेत कर दिया है कि भगवती सीता का पुरुषकारत्व उन्हें सुलभ था। सब के समर्थन को देखकर श्रीराम तुलसी की विनयपत्रिका पर सही कर तुलसी को अपना लेते हैं। परगतस्वीकार-प्रपत्ति का लक्ष्य सिद्ध होने के साथ ही विनयपत्रिका पूर्ण हो जाती है।

■

1. विनयपत्रिका 267/1-2
2. वही पद सं० 41, 42
3. वही 279/5।

तुलसीदास की तेजस्विता

तुलसीदास की दीनता ही विख्यात है, तेजस्विता नहीं। किंतु जिस प्रकार राजा जनक ने भोग में योग को छिपा रखा था[1] उसी प्रकार तुलसी ने अपनी तेजस्विता को दीनता के आवरण में इस तरह लपेट रखा है कि 'सहसा लखि न सकहिं नर नारी'। यों देखा जाये तो उनकी दीनता में भी अपूर्व तेजस्विता निहित है। तुलसी केवल श्रीराम के समक्ष दीन हैं और किसी के आगे नहीं, यद्यपि विनम्र वे सब के प्रति हैं। उनके आचरण में उनका यह विश्वास पूरी तरह उतर गया था कि, 'स्वारथ, परमारथ, सकल, सुलभ एक ही ओर। द्वार दूसरे दीनता उचित न तुलसी तोर।'[2] कवितावली के अनेक छंदों में उन्होंने अपनी इस मान्यता को जरा बाँकपन के साथ व्यक्त किया है, 'जानकी जीवन को जन ह्वै, जरि जाउ सो जीह जो जाँचत औरहिं',[3] 'जग में गति जाहि जगत्पति की, परवाह है ताहि कहा नर की'[4] आदि-आदि।

यह भी ध्यान देने योग्य बात है कि श्रीराम के सामने भी दीन होने का उनका आदर्श 'चातक' का है। एक ओर यदि वे बताते हैं कि तीनों लोकों और तीनों कालों में चातक ही यशस्वी है क्योंकि उसकी 'दीनता' कभी, किसी दूसरे नाथ ने नहीं सुनी,[5] तो दूसरी ओर यह भी कहते हैं कि जो न याचना करता है, न संग्रह, न सिर झुका कर लेता है, ऐसे स्वाभिमानी चातक को मेघ के बिना और कौन दे सकता है।[6] मान और प्रेम दोनों का निर्वाह कैसे हो सकता है, यह चातक ही सिखा सकता है, क्योंकि स्वाति जल के अतिरिक्त और कुछ न ग्रहण करनेवाला चातक वक्र स्वाति बूँद की भी उपेक्षा कर मानरक्षण के अपने नियम का पालन करता है। इस संदर्भ में सचमुच बेजोड़ है तुलसी का यह दोहा—

तुलसी चातक ही फबै, मान राखिबो प्रेम।
बक्र बूँद लखि स्वाति हू निदरि निबाहत नेम॥[7]

---

1. 'जोग भोग महँ राखेउ गोई।'/—मानस 1/17/2
2. दोहावली 54
3. कवितावली 7/26/4
4. वही 7/27/4
5. 'तीनिलोक, तिहुँकाल जस चातक ही के माथ, तुलसी जासु न दीनता सुनी दूसरे नाथ'— दोहावली 288
6. वही 290
7. दोहावली 286।

इसी तरह निस्संदेह कहा जा सकता है कि दीनता और तेजस्विता का युगपत् निर्वाह करना तुलसी को ही फबा है।

तुलसी की तेजस्विता पर विचार करने के पहले तेजस्विता के सामान्य स्वरूप को समझ लेना लाभदायक होगा। तेजस्विता का अर्थ है तेजस्वी होने का भाव और तेजस्वी वह होता है जिसमें तेज हो। तेजस् शब्द तिज् धातु में असुन् प्रत्यय जोड़ने से बनता है। तिज् धातु के प्रमुख अर्थ हैं—सहन करना, साहस के साथ भुगतना, पैना करना, उत्तेजित करना आदि। हिंदी शब्द सागर में 'तेज' के अट्ठाईस अर्थ दिये गये हैं। इस संदर्भ में उपयोगी सिद्ध होने वाले कुछ अर्थ हैं—दीप्ति, कांति, पराक्रम, ताप, प्रचंडता, प्रताप, प्राणभय की भी स्थिति में अपमान आदि न सहने की प्रकृति, दूसरों को अभिभूत करने की शक्ति। तेज को पंचमहाभूतों में तृतीय माना गया है और उसके दो प्रधान गुण बताये गये हैं : ताप और प्रकाश। छान्दोग्योपनिषद् के अनुसार जो तेज की ब्रह्मरूप में उपासना करता है वह तेजस्वी होकर तेज-संपन्न प्रकाशमान लोकों को प्राप्त करता है। (6/11/2) गीता के सोलहवें अध्याय में वर्णित देवी संपदा के अंतर्गत आये 'तेजः' शब्द की व्याख्या करते हुए शंकराचार्य ने लिखा है, 'प्रागल्भ्यं न त्वग्गता दीप्तिः'[1] अर्थात् यहाँ तेज का अर्थ त्वचागत दीप्ति न होकर प्रागल्भ्य (साहस, स्वाभिमान, वीरत्व आदि) है। साहित्यदर्पण के अनुसार तेज का लक्षण यह है—

अधिक्षेपापमानादेः प्रयुक्त परेण यत्।
प्राणात्ययेऽप्यसहनं तत्तेजः समुदाहृतम्॥[2]

अर्थात् प्राणांत होने की स्थिति में भी अन्यों के द्वारा किये गये आक्षेप और अपमान आदि को न सहन करना ही तेज है। वाचस्पत्यम् संस्कृत अभिधान में 'तेजस्' शब्द का प्रयोग दीप्ति, प्रभाव, पराक्रम के अर्थ में विहित बताया गया है।

तुलसी साहित्य में तेजस्विता शब्द संभवतः नहीं आया है किंतु तेज, तेजपुंज, तेजवंत, तेजनिधान, तेजसी जैसे शब्दों का व्यवहार कई अर्थों में कई बार हुआ है। तुलसीदास ने 'तेज' का प्रयोग कांति, दीप्ति, आभा'[3], ताप[4], प्रकाश[5], प्रभाव, पराक्रम[6] आदि प्रचलित अर्थों में ही मुख्यतः किया है। केवल नन्दिग्राम में भरत की

---

1. श्रीमद्भगवद्गीता के 16/3 श्लोक पर शांकरभाष्य
2. साहित्य दर्पण 3/54
3. मंदिर महँ सब राजहिं रानी, सोभा, सील, तेज की खानी (मानस 1/190/7), कनक बरन तन तेज बिराजा (मानस 4/30/7), जिनि बिनु तेज न रूप गोसाई (मानस 7/90/6)
4. तेज कृसानु रोष महिषेसा (मानस 1/4/5), जरे पंख अति तेज अपारा (मानस 4/28/4)
5. रबि सम तेज सो बरनि न जाई (मानस 7/12/2)
6. रूप तेज बल नीति निवासा (मानस 1/130/3), तेज, प्रताप, सील बलवाना (मानस, 1/153/3), ते द्वौ बंधु तेज बलसींवा (4/7/28)।

साधना के प्रसंग में आयी अर्धाली 'देह दिनहिं दिन दूबरि होई। घटइ तेजु, बलु मुख छबि सोई'[1] में उसका अर्थ मेद या चर्बी है।

इन अर्थों को दृष्टिगत रखते हुए भी हिंदी शब्द सागर में 'तेजस्वी' की दो अर्थकोटियाँ निर्धारित की गयी हैं—1. कांतिमान। तेजयुक्त। जिसमें तेज हो। 2. प्रतापी, प्रतापवाला। प्रभावशाली। मानक हिंदी कोश में दूसरी अर्थकोटि की अपर्याप्त व्याख्या करते हुए लिखा गया है, 'जिसके बल, बुद्धि, वैभव आदि का दूसरों पर यथेष्ट प्रभाव पड़ता हो।' पहली अर्थकोटि में यदि शारीरिक (मुख्यतः मुखमंडलीय) दीप्ति संकेतित है तो दूसरी में समस्त व्यक्तित्व एवं कर्त्तृत्व की प्रभविष्णुता। पहली अर्थकोटि भी तुलसीदास के लिए प्रयोज्य है किंतु यहाँ हमारा अभिप्राय दूसरी अर्थकोटि से ही है अतः तेज और तेजस्वी के प्रयोगगत विविध अर्थों के आधार पर तेजस्विता के संपृक्तार्थ का निरूपण कर लेना संगत है। संक्षेप में व्यक्ति की उस शक्ति को तेजस्विता कहते हैं जिससे अपनी मान्यता के औचित्य पर अथवा अपनी क्षमता पर गहरे विश्वास के कारण वह प्रतिकूल परिस्थितियों में भी दूसरों के द्वारा किये गये आक्षेपों, अपमानों का प्रत्युत्तर देता हुआ या उनकी उपेक्षा करता हुआ साहसपूर्वक अपने सिद्धांत या निर्णय पर दृढ़ रहता है और अपने बल, बुद्धि, वैभव, कार्य आदि के द्वारा दूसरों को विशेषतः प्रतिपक्षियों को अभिभूत कर देता है। दूसरे शब्दों में आत्मविश्वास, आत्मगौरव, धैर्य, ऐश्वर्य, प्रताप, पराक्रम, प्रभाव आदि गुणों की समष्टि है तेजस्विता।

तेजस्विता संयत भी हो सकती है और उग्र भी। तुलसीदास के द्वारा चित्रित श्रीराम की तेजस्विता संयत है और लक्ष्मण की उग्र। अपमानित एवं आतंकित करने के परशुराम के प्रयासों से अप्रभावित रहते हुए श्रीराम द्वारा कथित ये पंक्तियाँ संयत तेजस्विता का उत्कृष्ट उदाहरण हैं—

जौं हम निदरहिं बिप्र बदि सत्य सुनहु भृगुनाथ।
तौ अस को जग सुभटु जेहि भय बस नावहिं माथ॥

देव दनुज भूपति भट नाना। सम बल अधिक होउ बलवाना॥
जौ रन हमहिं पचारै कोऊ। लरहिं सुखेन कालु किन होऊ॥
क्षत्रिय तनु धरि समर सकाना। कुल कलंकु तेहिं पाँवर आना॥
कहउँ सुभाउ न कुलहि प्रसंसी। कालहु डरहिं न रन रघुबंसी॥
बिप्र बंस के असि प्रभुताई। अभय होइ जो तुम्हहिं डेराई॥[2]

मर्यादा बोध के कारण श्रीराम प्रतिपक्षी को अपमानित नहीं करते जबकि लक्ष्मण श्रीराम के या अपने गौरव पर तनिक भी आँच आने पर कठोर प्रतिवाद करते हैं।

1. मानस 2/325/1
2. मानस 1/283/ से 284/5 तक।

जनक के 'बीरबिहीन मही मैं जानी' कहने पर अथवा परशुराम के आस्फालन पर लक्ष्मण की उक्तियाँ उग्र तेजस्विता की सूचक हैं।[1] इसी तरह रावण की राज्यसभा में हनुमान की तेजस्विता संयत है और अंगद की उग्र। प्रतिपक्षी को अभिभूत दोनों करती हैं किंतु पहली से श्रद्धा उपजती है तो दूसरी से भीति। अधिक प्रत्यक्ष होने के कारण कई बार दूसरी को ही लोग तेजस्विता मान बैठते हैं। जनक के दूतों ने दशरथ के सामने श्रीराम-लक्ष्मण का वर्णन करते हुए लक्ष्मण को ही तेजनिधान कहा था—

राजन रामु अतुल बल जैसे। तेजनिधान लखनु पुनि तैसे।
कंपहि भूप बिलोकत जाके। जिमि गज हरि किसोर के ताकें॥[2]

लक्ष्मण की नजर पड़ते ही राजाओं का काँप उठना उन दूतों को लक्ष्मण की तेजस्विता का अखंडनीय प्रमाण लगा था। किन्तु उग्रता ही तेजस्विता का चरम प्रमाण नहीं है। जिन परशुराम के द्वारा स्वाभाविक रूप से देख लिये जाने मात्र से ये राजागण समझ बैठते थे कि 'अब मरे' वे ही परशुराम श्रीराम की संयत तेजस्विता से पराभूत हो गये थे।

तुलसीदास तेजस्विता को दैवी भी मानते हैं और आसुरी भी। उन्होंने 'राम तेज, बल, बुधि, बिपुलाई, सेष सहस सत सकहिं न गाई'[3] भी लिखा है और कुंभकर्ण की मृत्यु पर यह भी लिखा है कि 'रोवहिं नारि हृदय हति पानी। तासु तेज, बल बिपुल बखानी',[4] 'कीरति, भनिति, भूति भलि सोई। सुरसरि सम सब कहँ हित होई'[5] की मान्यता के अनुसार जो तेजस्विता 'सर्वहित' के (या व्यापक लोकहित के) अनुकूल होती है उसे दैवी और जो प्रतिकूल होती है, उसे आसुरी कहा जा सकता है। गीता के 'तेजस्तेजस्विनामहम्'[6] वाक्य के अनुरूप तुलसीदास यह भी मानते हैं कि तेज चाहे किसी में भी क्यों न हो, अंततोगत्वा प्रभु का ही होता है। इसीलिए कुंभकर्ण और रावण की मृत्यु के बाद तुलसी ने दिखाया है कि उनका तेज प्रभु में समा गया।[7] व्यक्ति जब तेज को अपना मान बैठता है तब उसमें तेजस्विता के साथ-साथ अहंकार का भी उदय होता है जो कालांतर में उसके पतन का भी कारण हो सकता है।

तुलसीदास की तेजस्विता का उत्स है प्रभु से निरंतर जुड़े रहने का भाव जिसके कारण ही उनमें आत्मविश्वास, आत्मगौरव, साहस, धैर्य आदि का संचार होता है। तुलसी राम की शक्ति से ही शक्तिमान हैं अतः सहज भाव से कहते हैं, 'तुलसिदास

---

1. देखिये, मानस 1/253/(पूरा कड़बक) तथा 1/271 से 1/280 में लक्ष्मण की उक्तियाँ
2. मानस 1/293/3-4
3. मानस 5/56/1
4. वही 6/72/5
5. वही 1/14/9
6. श्रीमद्भगवद्गीता 10/36
7. मानस 6/71/8 तथा 6/103/9।

रघुबीर बाहुबल सदा अभय काहू न डरै'[1] उनके विरोधियों ने जब नाना प्रकार के अभियोग लगाकर उन्हें लांछित और प्रपीड़ित करना चाहा तब भी वे मस्ती के साथ कहते रहे, 'कौन की त्रास करे तुलसी जो पै राखिहै राम तो मारिहै को रे'।[2] अपने व्यक्तिगत विरोधियों से तो तुलसीदास विचलित नहीं हुए थे किंतु कलिकाल से अर्थात् तामसी प्रवृत्तियों के आंतरिक एवं बाह्य द्वंद्वों से[3] वे बहुत परेशान रहे। उससे भी वे राम की शक्ति के सहारे ही जूझते और जीतते रहे। प्रचंड कलिकाल के साथ मिलकर तुलसी के दुष्ट मन ने जब उन्हें भँवर में चक्कर काटते रहनेवाले भौंतुवा कीड़े के समान चंचल बना दिया तब भी वे आश्वस्त थे कि वे (श्रीराम के) बड़े ठिकानेठौर के हैं, अतः उनका अनिष्ट नहीं हो सकता—

कहा भयो जो मन मिलि कलिकालहिं कियो भौंतुवा भोर को हौं।
तुलसिदास शीतल नित यहि बल बड़े ठेकाने ठौर को हौं।।[4]

प्रभु के बल से बली होने के दो शुभ परिणाम स्पष्ट हैं। एक तो प्रतिकूल से प्रतिकूल परिस्थिति या शक्तिशाली से शक्तिशाली प्रतिपक्षी के समक्ष भी तुलसी हिमालय के सदृश अडिग रह सके, दूसरे इसके चलते उनके मन में अहंकार नहीं जागा। अभिमान या गुमान तो बल का ही होता है। बल अपना होता तो अहंकार होता, जब बल राम का है तो अभिमान या गुमान भी राम का ही हो सकता है। तुलसीदास ने इस अभिमान को न केवल स्वीकार किया है बल्कि इसका पोषण भी करना चाहा है। 'अस अभिमान जाइ जनि भोरे, मैं सेवक रघुपति पति मोरे।'[5] इस अर्धाली को यदि सुतीक्ष्ण जी की उक्ति मानकर तुलसी के व्यक्तिगत भाव की प्रकाशिका न भी माना जाय तो भी कवितावली की ये पंक्तियाँ उनके इस भाव की निश्चित सूचिका हैं—

रावरो कहावौं, गुन गावौं राम रावरोई,
रोटी द्वै हौं पावौं राम रावरी ही कानि हौं।
जानत जहान, मन मेरे हू गुमान बड़ो,
मान्यो मैं न दूसरो, न मानत, न मानिहौं।[6]

राम के सेवक होने का अभिमान या गुमान जिस तेजस्विता को जन्म देता है वह दैवी होती है, सर्वहितकारिणी होती है, वैयक्तिक स्वार्थसाधिका नहीं।

---

1. विनयपत्रिका 137/12
2. कवितावली 7/48/4
3. तामस बहुत रजोगुन थोरा। कलि प्रभाव बिरोध चहुँ ओरा।।—मानस 7/104/5
4. विनयपत्रिका 229/5-6
5. मानस 3/11/21
6. कवितावली 7/63/1-4।

इसी के साथ तुलसी ने तेजस्विता की प्राप्ति के लिए तीन और पहलुओं पर बल दिया है। वे हैं तप, निर्लोभिता और नैतिकता। तुलसी का कथन है, 'बिनु तप तेज कि कर बिस्तारा'[1] अर्थात् क्या बिना तप के तेज का विस्तार हो सकता है, स्पष्टतः उनका मत है कि नहीं हो सकता। किंतु तप तो कोई भी दृढ़व्रत व्यक्ति कर सकता है। आखिर रावण, कुंभकर्ण ने भी तप किया ही था और उसी के कारण उन्हें प्रचुर तेजस्विता प्राप्त हुई थी। अतः तपोलब्ध तेजस्विता मांगलिक ही होगी, ऐसा नहीं कहा जा सकता। तप के फल के रूप में व्यक्ति क्या चाहता है, किससे चाहता है, इस पर भी बहुत कुछ निर्भर करता है। उग्र तप के बाद रावण, कुंभकर्ण ने अपने स्वार्थ के लिए ऐसी याचना की जो सर्वहित के विपरीत थी, अतः परिणाम मंगलमय नहीं हुआ। इसी तरह प्रतापभानु ऊपर से तो दिखाता था 'हृदय न कछु फल अनुसंधाना'[2] और भीतर से चाहता था 'जरा मरन दुख रहित तनु, समर जितै जनि कोउ। एकछत्र रिपु हीन महि राज कलप सत होउ।'[3] और यह याचना भी उसने कपटी मुनि से की, फलतः उसका अहित ही हुआ। करीब-करीब यही स्थिति विभीषण की भी थी। शरणागति के समय उनके मन में राज्य के प्रति कुछ लोभ था, यद्यपि वे उसे प्रकट करना नहीं चाहते थे। प्रभु के द्वारा लंकेश के रूप में संबोधित होने पर विभीषण को स्वीकार करना पड़ा, 'उर कछु प्रथम वासना रही'[4] किंतु यह गुप्त मनोकामना लेकर वे प्रभु के निकट गये थे, अतः उनका मंगल ही हुआ। प्रभु से की गयी याचना यदि अपने 'परमहित' के प्रतिकूल होगी तो प्रभु उसे पूर्ण नहीं करेंगे किंतु 'ताते नास न होइ दास कर।' इस संदर्भ में मानस में वर्णित नारद-मोह प्रसंग बहुत सटीक है। अतः तुलसीदास का सिद्धांत है कि चेष्टा तो प्रभु से निष्काम प्रेम की ही करनी चाहिए किंतु यदि मन में कामना जगे ही तो उसकी पूर्ति के लिए प्रभु पर ही निर्भर रहना चाहिए और उनके निर्णय को स्वीकार कर लेना चाहिए। अपने भले के लिए जो सामान्य लोगों की खुशामद करते रहते हैं, तुलसी ने उन्हें शून्य का सहारा लेनेवाला शठ कहा है।[5] अपने लिए तुलसीदास का यही सिद्धांत था, 'यथालाभ संतोष सदा काहू सों कछु न चहौंगो।'[6] उनकी दृष्टि में भौतिक ऐश्वर्य कौड़ी बराबर था। अपनी इसी निर्लोभिता के कारण वे तेजस्वितापूर्वक कह सके, 'जाँचै को नरेस, देस-देस को कलेस करै दैहै तो प्रसन्न ह्वै बड़ी बड़ाई बौड़िये।'[7]राजा-रजवाड़े, सेठ-साहूकार जो

---

1. मानस 7/90/5
2. वही 1/156/1
3. वही 1/164
4. वही 5/49/7
5. दोहावली 491
6. विनयपत्रिका 172/3
7. कवितावली 7/25/5-6।

दे सकते थे तुलसी के लिए उसकी कुछ कीमत ही नहीं थी अतः ऐसे स्वामी यदि मुफ्त में भी मिलें तो भी वे उनके लिए व्यर्थ थे, 'ब्योम रसातल भूमि भरे नृप कूर कुसाहिब सेंतिहुँ खारे।'[1]

तुलसीदास की मान्यता थी कि 'राग-रिस' को जीत कर 'नीति पथ' पर चलना ही उचित है। कोई कितना भी तेजस्वी व्यक्ति क्यों न हो जैसे ही वह अनीति के पथ पर पाँव बढ़ाता है, उसका तेज नष्ट हो जाता है। यति का वेश बना कर सीता-हरण के लिए जब रावण चला तो उसकी मनःस्थिति का चित्रण करते हुए तुलसी ने लिखा—

सून बीच दसकंधर देखा। आवा निकट जती के बेषा॥
जा के डर सुर असुर डेराहीं। निसि न नींद दिन अन्न न खाहीं॥
सो दससीस स्वान की नाईं। इत उत चितइ चला भड़िहाईं॥[2]

जब रावण जैसे तेजस्वी की मनोदशा अनीति करते समय श्वानतुल्य हो जा सकती है तो औरों की तो बात ही क्या। इसलिए गोस्वामी जी ने इसके बाद टिप्पणी जड़ी, 'इमि कुपंथ पग देत खगेसा, रह न तेज तन बुधि बल लेसा।'[3] तुलसीदास का लक्ष्य राम-गुण-गान था, अपना गुण-गान नहीं। अपने बारे में उन्होंने बहुत कम कहा और जो कुछ कहा भी, उसमें अपने दैन्य पर ही अधिक जोर दिया। अतः उनकी तेजस्विता की अभिव्यक्ति विरल प्रसंगों में ही हो पायी है। 'अतिसंघरषन जो कर कोई, अनल प्रकट चंदन ते होई'[4] के सिद्धांतानुसार जब उन्हें लगता था कि मोह या निहित स्वार्थ के कारण श्रीराम के रूप के या लोककल्याण के मार्ग के संबंध में भ्रांति फैलाने की कुचेष्टा हो रही है अथवा अहंकारी लोग बड़बोलापन कर रहे हैं या जाति-पाँति का सवाल उठाकर हठाग्रही लोग सत्य को दंभ से दबाना चाह रहे हैं अथवा परद्वेषी, कपटी, दुष्ट जन समाज पर हावी हो रहे हैं तब उस निर्भीक, निःस्पृह संत का तेज जागता था। अन्याय के प्रतिविधान के लिए अपनी 'तेजोमयी वाक्' का समर्थ प्रयोग कर 'तेजस्विनावधीतमस्तु!'[5] (हमारी अधीत विद्या तेजस्वी हो!) की आर्ष प्रार्थना को उन्होंने चरितार्थ कर दिया। इन्हीं या इन जैसे प्रसंगों पर मानस में भी अपने पात्रों की तेजस्वी प्रतिक्रिया का चित्रण उन्होंने किया है।

तुलसीदास अपने समय की धार्मिक, सामाजिक, आर्थिक, राजनीतिक आदि परिस्थितियों पर क्षुब्ध थे। मानस के उत्तरकांड में उन्होंने कलिकाल का जो भयावह

---

1. कवितावली 7/12/2
2. मानस 3/28/7-9
3. वही 3/28/10
4. वही 7/111/16
5. तैत्तिरीय उपनिषद् 2/1/1।

चित्रण किया है, वह पूर्ववर्ती ग्रंथों की अनुगूँज मात्र नहीं है, उसमें उनके अपने अनुभवों का पुट भी है। जब समाज के पथप्रदर्शक ब्राह्मण आचार-विचार भूलकर वेद तक को बेचने लगे प्रशासक-राजागण प्रजा का रक्षण करने के स्थान पर भक्षण करने लगें, तो और सारी व्यवस्था तो विशृंखल हो ही जायेगी। तुलसीदास ने बिना किसी लाग-लपेट के उन सबको फटकारा है जो समाज को खोखला बना कर व्यक्तिगत स्वार्थ साध रहे थे। धार्मिक क्षेत्र में व्याप्त अनाचार-दुराचार पर अपनी व्यंग्य-वक्रवाणी से करारा प्रहार करते हुए उन्होंने जहाँ यह सब लिखा कि कलियुग में वही पंडित है जो गाल बजाना जाने, वही संत है जो आरंभ से ही झूठ और दम्भ में रत हो, वही ज्ञानी-विरागी है जो आचारहीन और वेद-मार्ग-त्यागी हो, आदि-आदि; वहीं यह भी लिखा कि 'बिप्र निरच्छर लोलुप कामी, निराचार सठ वृषली स्वामी।'[1] फलतः ऐसे धर्म नेताओं का तुलसी पर क्षुब्ध होना स्वाभाविक ही था, जिनके लिए महत्ता का आधार एकमात्र जाति ही थी। उन्होंने तिलमिला कर तुलसीदास की जाति-पाँति को लेकर काफी शोरगुल मचाया, उन पर तरह-तरह के आक्षेप भी किये। तुलसीदास ने समाज व्यवस्था के रूप में वर्णाश्रम का समर्थन किया था किंतु भक्ति के क्षेत्र में वे जाति-पाँति को महत्त्व नहीं देते थे। वैष्णव विनम्रता के साथ उन्होंने पहले तो यही कहा कि 'अपनी रुचि के अनुसार यदि कोई मुझे धूर्त कहे या अवधूत, राजपूत कहे या जुलाहा, तो कहा करे। मुझे किसी की जाति नहीं बिगाड़नी है, किसी की बेटी से अपना बेटा नहीं ब्याहना है। राम का गुलाम हूँ, माँग कर खा लूँगा, मस्जिद में सो लूँगा, मुझे न किसी से कुछ लेना है, न किसी को कुछ देना।'[2] इस पर भी जब लोग चुप नहीं हुए तब उन्होंने फटकार कर कह ही दिया--

मेरे जाति-पाँति, न चहौं काहू की जाति-पाँति,
मेरे कोऊ काम को, न हौं काहू के काम को।
लोक परलोक रघुनाथ ही के हाथ सब,
भारी है भरोसो तुलसी के एक नाम को।
अति ही अयाने उपखानो नहिं बूझैं लोग
साह ही को गोत, गोत होत है गुलाम को।
साधु कै असाधु, कै भलो कै पोच, सोच कहा,
का काहू के द्वार परौं जो हौं सो हौं राम को।[3]

इस पूरे छंद का तेवर देखने लायक है। खास कर इस उक्ति में तो उनकी तेजस्विता मूर्त्त हो उठी है कि लोग बहुत ही अज्ञानी हैं, इस उपाख्यान (कहावत)

---

1. मानस 7/100/8
2. कवितावली 7/106/; विनयपत्रिका 76/13-16 भी दर्शनीय
3. वही 7/107।

तक को नहीं समझते कि स्वामी का गोत्र ही सेवक का गोत्र होता है, मैं अच्छा होऊँ या बुरा, जो हूँ राम का हूँ, किसी के द्वार पर तो नहीं पड़ा हूँ।

तुलसीदास निर्गुण-निराकार का निषेध नहीं करते थे। उनका मत था कि जो प्रभु के उस रूप की साधना करना चाहें, खुशी से करें किंतु इसके लिए यह आवश्यक तो नहीं है कि वे सगुण-साकार का विरोध भी करें, वह भी उसके तत्त्व ज्ञान को बिना समझे-बूझे। जगजाहिर बात है, भक्ति साधना अपने भाव के अनुसार होती है। किसी के भाव को नष्ट करना उसका अकल्याण ही करना है। यह भी स्मरण रखना चाहिए कि तुलसीदास के युग में निराकार की उपासना शासन द्वारा समर्थित भी थी और स्वदेशी-विदेशी धर्म-प्रचारकों द्वारा आक्रामक रूप से प्रचारित भी। उस समय सगुण-साकार का पक्ष-समर्थन करना वैचारिक और व्यावहारिक दोनों क्षेत्रों में साहस का काम था। तुलसीदास ने निर्भीकतापूर्वक यही किया। सगुण-निर्गुण में तात्त्विक अंतर नहीं है, इसकी स्थापना के साथ-ही-साथ वे उन उद्धत निराकारवादियों को प्रखर उत्तर देने में प्रवृत्त हुए जो अज्ञान, अहंकार या निहित स्वार्थवश सगुण-साकार का उग्र खंडन किया करते थे। मानस के आरंभ में 'उमा-शंभु संवाद' में ऐसे लोगों की उन्होंने शिव जी के द्वारा कड़ी भर्त्सना करवायी है।[1] उनका दृढ़ विश्वास था कि ऐसे लोग सगुण-निर्गुण-विवेक से रहित और 'महामोहमद' से ग्रस्त हैं अतः उनकी बात मानने योग्य नहीं है। ऐसे ही वितंडावादी को डाँटते हुए उन्होंने कहा होगा—

हम लखि, लखहि हमार, लखि हम हमार के बीच।
तुलसी अलखहि का लखहि राम नाम जपु नीच॥[2]

तुलसी का अभिप्राय था कि केवल अहंकारपूर्वक अलख-अलख चिल्लाने से कुछ हासिल नहीं हो सकता। पहले समझना चाहिए कि 'हम' कौन हैं, 'हमारा' कौन है तथा 'हम' और 'हमारे' के बीच कौन है, यह सब समझ में आये इसके लिए विनम्रतापूर्वक राम नाम जपना चाहिए। फिर अपने भाव के अनुसार निर्गुण या सगुण की उपासना करने के लिए हर व्यक्ति स्वतंत्र है।

तुलसीदास को वे पंडितम्मन्य नहीं सुहाते थे जो मान्य ग्रंथों के मर्मार्थ की उपेक्षा कर, शब्दार्थ को लेकर ही झगड़ते रहते थे। क्या करना, क्या पढ़ना उचित है, वेदों-शास्त्रों के अध्ययन का फल क्या है, इन सबका विचार किये बिना और राम नाम को भूलकर जो केवल वाद-विवाद के द्वारा क्लेश की ही सृष्टि किया करते हैं, तुलसी के मतानुसार वे पंडित चारों वेदों, छहों दर्शनों, नवों व्याकरणों और अठारहों पुराणों के पाठ को कुकाठ की तरह व्यर्थ ही फाड़ते रहते हैं। तुलसी की स्पष्ट उक्ति है—

1. कवितावली 165/1-2
2. दोहावली 19।

कीबे कहा, पढ़िबे को कहा फल? बूझि, न बेद को भेद बिचारै।
स्वारथ को परमारथ को कलि-कामद राम को नाम बिसारै॥
बादबिबाद बिषाद बढ़ाइ कै छाती पराई औ आपनी जारै।
चारिहु को, छहु को, नव को, दस आठ को पाठ कुकाठ ज्यों फारै॥[1]

इसी तरह जो व्यक्ति राजहंस के बालकों को दूर ठेलकर उल्लुओं का पालन-पोषण करते हों, अच्छे पवित्र धान को एकत्र कर जला देते हों और फिर ऊसर में दाने बटोरते फिरते हों, मूसल बनाने के लिए कल्पवृक्ष को काटते हों अर्थात् तुच्छ स्वार्थ के लिए अपनी कल्याणमयी परंपरा को त्याग देते हों और फिर कष्ट पाते हों, ऐसे आचार-विचार-हीन व्यक्ति भले अपने ज्ञान के गुमान में फूले फिरें तुलसी उन्हें कुछ न देख-समझ पानेवाला धमधूसर मूर्ख मानते हैं—

राजमराल के बालक पेलिकै, पालत, लालत, खूसर को।
सुचि सुंदर सालि सकेलि सुबारि कै, बीज बटोरत ऊसर को॥
गुन, ज्ञान गुमान भभेरि बड़ी, कलपद्रुम काटत मूसर को।
कलिकाल बिचार अचार हरो नहिं सूझै कछू धमधूसर को॥[2]

ऐसे लोगों की न तुलसी के समय कमी थी, न अब कमी है, जो बड़ों की पगड़ी उछाल कर ही बड़े बन जाना चाहते हैं। अपने हीन आचरणों की ओर देखे बिना श्रेष्ठजनों की निंदा करना ही जिनका एकमात्र करतब है, उन पर व्यंग्य करते हुए अपने एक चुटीले कवित्त के अंत में तुलसी ने लिखा है कि कलि के कलुष ने उनके मन को इतना मलिन कर दिया है कि हाथ में मच्छर की पसली मात्र होने पर वे समुद्र पाटने का दावा करते रहते हैं, 'कलि को कलुष मन मलिन किये महत, मसक की पाँसुरी पयोधि पाटियत है।'[3]

पाखंड के द्वारा अपना बड़प्पन साबित करने की कुचेष्टा करनेवालों को दी गयी फटकार के पीछे तुलसीदास की यह मान्यता थी कि सामाजिक श्रद्धा का आधार 'आचरण' होना चाहिए वेष नहीं। यदि कोई सिंह का स्वाँग बनाकर कुत्ते की करतूत करे और फिर भी कीर्ति, विजय, विभूति पाना चाहे तो तुलसीदास मौन नहीं रह सकते। उस समय मौन रहना, उसके षड्यंत्र में शामिल होने के समान है। तुलसीदास ने ऐसे लोगों को खुले शब्दों में धिक्कारा है—

सारदूल को स्वाँग करि, कूकर की करतूति।
तुलसी तापर चाहिए, कीरति बिजय बिभूति॥[4]

---

1. कवितावली 7/104
2. वही 7/103
3. वही 7/99/7-8
4. दोहावली 412।

इसी तरह दूसरों की कीर्ति को मिटा कर जो स्वयं कीर्तिमान बनना चाहते हैं तुलसी के अनुसार उनके मुँह पर ऐसी कालिख लगेगी कि वे धोते-धोते मर जायेंगे तो भी वह नहीं मिटेगी—

तुलसी जे कीरति चहहि, पर की कीरति खोइ।
तिनके मुँह मसि लागि है मिटिहि न मरिहैं धोइ॥[1]

ऐसे बहुतेरे 'तेजस्वी' मिल जायेंगे जो सामान्य जनों की गलतियों की भर्त्सना तो उग्र स्वर में करते हैं किंतु शक्तिशालियों के कुकृत्यों को देख कर भी स्वार्थ या भय के कारण अनदेखा कर देते हैं। तुलसीदास ऐसों में नहीं थे।

उन्होंने अन्यायी राजाओं तक के विरोध में अपनी निर्भय वाणी का प्रयोग करते हुए कहा है कि जो राज्य करते हुए अकारण ही कुचाल चलते हैं, दुराचार करते हैं, वे दुष्ट राजा रावण और दुर्योधन की तरह नष्ट हो जायेंगे—

राज करत बिनु काज ही, करैं कुचालि समाज।
तुलसी ते दसकंध ज्यों जइहैं सहित समाज।
राज करत बिनु काज ही ठटहिं जे कूर कुठाट।
तुलसी ते कुरुराज ज्यों जइहैं बारह बाट।[2]

ऐसा भी नहीं हैं कि तुलसीदास को अपनी इस तेजस्विता का मूल्य न चुकाना पड़ा हो। दुष्टों ने उन्हें भरपूर डराया, धमकाया, उत्पीड़ित भी किया किंतु तुलसी अडिग रहे। शठों ने जब 'तुलसी' को कुचल कर 'सेंहुड़' लगाना चाहा था[3] तब भी प्रभु के भरोसे वे अंतर के सत्य को वाणी देते रहे। अपने बल के स्रोत पर उन्हें प्रगाढ़ विश्वास था, तभी वे कह सके थे—

तुलसी रघुबर सेवकहिं, खल डाँटत मन माखि।
बाजराज के बालकहिं लवा दिखावत आँखि॥[4]

अर्थात् ये दुष्ट मन में रोष कर श्रीराम के सेवकों को डाँटते हैं। ये नहीं जानते कि स्वयं लवा (तुच्छ पक्षी) होते हुए ये सर्वसमर्थ बाजराज (प्रभु) के बालकों को आँख दिखा रहे हैं। इसी प्रभु-निर्भरता के कारण उनकी तेजस्विता कभी अहंकार के रूप में विकृत नहीं हो पायी। अपनी संपूर्ण उपलब्धियों के बीच भी उन्हें यह सदा स्मरण रहा कि 'छार ते सँवारि के पहार हूँ ते भारी कियो, गारो भयो पंच में पुनीत पच्छ पाइ के[5]—अर्थात् प्रभु ने ही कृपा कर मुझे धूल से सँवार कर पहाड़ से भी अधिक भारी

---

1. दोहावली 389
2. वही 416, 417
3. तुलसी दलि रूँध्यो चहैं, सठ साखि सिहोरे॥—विनयपत्रिका 8/8
4. दोहावली 144
5. कवितावली 7/61/1-2।

बना दिया, उन्हीं के पवित्र समर्थन के कारण पंचों में मेरा गौरव हुआ। इस बोध के कारण उनकी तेजस्विता संयत भी रही और लोकमंगल-विधायिनी भी।

तुलसीदास ने श्रीराम तक पहुँचने के लिए हनुमान जी को अपने अवलम्ब (उपाय) के रूप में ग्रहण किया था।[1] स्वभावतः तुलसीदास की तेजस्विता पर 'हनुमत् वृत्ति' की गहरी छाप है। सीता जी के संदेह-निवारणार्थ 'कनक भूधराकार सरीरा, समर भयंकर अति बलबीरा' रूप प्रकट करने के बाद हनुमान जी ने सहज विनय के साथ कहा था, 'हे माता, मैं साधारण बानर हूँ, मुझमें विशाल बल-बुद्धि नहीं है, किंतु प्रभु के प्रताप से अत्यंत तुच्छ सर्प भी गरुड़ को खा सकता है—

सुनु माता साखामृग नहिं बल बुद्धि बिसाल।
प्रभु प्रताप से गरुड़हि खाइ परम लघु ब्याल।[2]

सीता जी के मन को संतोष देनेवाली हनुमान जी की इस वाणी को तुलसी ने 'भगति, प्रताप, तेज, बल सानी' कहा है। कोटि-कोटि भक्तों को संतोष देनेवाली तुलसी की वाणी के लिए भी यही सत्य है। सुनयना जी को समझाते हुए चतुर सखी ने कहा था, 'तेजवंत लघु गनिअ न रानी।'[3]भले ही अबुल-फ़जल ने लघु समझ कर 'आईने अकबरी' में तुलसी का उल्लेख न किया हो, इतिहास ने प्रमाणित कर दिया है कि वे लघु नहीं थे, सच्चे तेजवंत थे, सूर्य की तरह उनके तेजस्वी कर्त्तृत्व के लिए कहा जा सकता है, 'उदय तासु त्रिभुवन तम भागा।'[4]

■

1. साहेब कहूँ न राम से, तो से न उसीले/—विनयपत्रिका 32/2
2. मानस 5/16
3. वही 1/256/6
4. वही 1/256/8।

तुलसीदास का स्वान्तःसुख

श्री रामचरितमानस की रचना के प्रयोजन का निर्देश करते हुए तुलसीदास ने लिखा है—

'स्वान्तःसुखाय तुलसी रघुनाथगाथा

भाषानिबन्धमतिमंजुलमातनोति।'[1]

अर्थात् अपने अन्तःसुख के लिए तुलसीदास श्री रघुनाथ की कथा का भाषा में अतिसुन्दर विस्तृत निबन्धन करने जा रहा है। इसमें आये हुए वाक् प्रयोग स्वान्तः-सुखाय का उपयोग आधुनिक काल के स्वच्छन्दतावादी कवियों द्वारा समाज से निरपेक्ष रहकर अपनी वैयक्तिक तृप्ति के लिए लिखी गयी कविताओं के समर्थन में किया जाता रहा है। यह फिकरा इन कवियों द्वारा इतना अधिक व्यवहृत किया गया कि काव्य के प्रयोजन का निर्णय करनेवाले वैचारिक ग्रन्थों में भी इसकी चर्चा की जाने लगी। पं० रामदहिन मिश्र ने 'काव्य दर्पण' नामक अपने सम्मान्य शास्त्रीय ग्रन्थ में काव्य-प्रयोजन पर विचार करते हुए लिखा— 'डी०एच० लारेंस की भी ऐसी ही एक उक्ति है, 'कला केवल मेरे लिये है' (Art for my sake)। तुलसीदास के शब्दों में 'स्वान्तःसुखाय' इसे कह सकते हैं।[2] श्री रामधारी सिंह 'दिनकर' ने आधुनिक कवियों द्वारा अपनी रुचि की तृप्ति के लिए कविता लिखने की प्रणाली का पुरानी परम्परा से समर्थन करते हुए लिखा था, 'तब भी ऐसे कवि हुए हैं, जो यह मानते थे कि कविता चाहे सोद्देश्य ही हो किन्तु रचना उसकी स्वान्तःसुखाय ही की जाती है। ऐसे कवि गोस्वामी तुलसीदास थे जिनके यहाँ विचारों का बहिष्कार नहीं है। यद्यपि गान वे अपने ही अन्तःसुख के लिए करते हैं।'[3] श्री सुमित्रानन्दन पंत ने तो कला का प्रयोजन शीर्षक अपने निबन्ध का उपशीर्षक ही दिया, 'स्वान्तःसुखाय या बहुजन हिताय'[4] तुलसी द्वारा प्रयुक्त 'स्वान्तःसुखाय' को 'कला केवल मेरे लिये है' के साथ युक्त करना या 'बहुजन हिताय' के मुकाबले में उसे रखना तुलसीदास के मन्तव्य को विकृत करना है। पं० रामदहिन मिश्र और पन्त जी तुलसीदास की कविता में निहित सामाजिक मंगल की दृष्टि को स्वीकार करते हुए भी यदि स्वान्तःसुखाय का उल्लेख

---

1. मानस 1/ मं०श्लोक 7/3-4
2. काव्य दर्पण भूमिका, पृष्ठ 30
3. शुद्ध कविता की खोज, पृष्ठ 6
4. शिल्प और दर्शन, पृ० 160।

समाज-निरपेक्ष वैयक्तिक काव्य रचना प्रवृत्ति के द्योतन के लिए करते हैं तो वे लोग व्यक्तिवादी कवियों द्वारा अपने पक्ष में स्वान्त:सुखाय के व्यापक प्रयोग के दबाव के कारण ही ऐसा करते हैं। दिनकर जी काव्य की सोद्देश्यता को स्वीकार करने के बावजूद अपने ही अन्त:सुख के लिए काव्य रचना का समर्थन करते हुए से ज्ञात होते हैं। प्रश्न यह है कि आज के कवियों के अन्त:सुख को क्या तुलसीदास के अन्त:सुख के साथ जोड़ा जा सकता है। आज के कवियों के स्वान्त: की व्याख्या करते हुए श्री सुमित्रानन्दन पंत ने लिखा है, 'स्वान्त: का अर्थ है मन।' 'स्वान्त: मानसं मन:' जैसा कि अमरकोष कहता है। अतएव स्वान्त: से हमारा अभिप्राय है उन विचारों, भावों, धारणाओं तथा आस्थाओं से, जिनसे हमारा अन्तर्जगत् अथवा हमारी भीतरी परिस्थितियों का संसार अथवा हमारा अन्तर्व्यक्तित्व बना हुआ है।[1]

पन्त जी के इस निरूपण में मूल असंगति तो यह है कि अमरकोष में मन का पर्याय 'स्वान्तं' बताया गया है, स्वान्त: नहीं। अमरकोष की पंक्ति है, 'चित्तं तु चेतो हृदयं स्वान्तं हृन्मानसं मन:।'[2] अत: स्वान्त: का अर्थ अमरकोष के आधार पर मन नहीं किया जा सकता। मेरी सम्मति में 'स्वान्त:सुखाय' का अर्थ है--अपने अन्त:सुख के लिए। फिर भी यह ठीक है कि कुछ मान्य टीकाकारों ने अपने अन्त:करण के सुख के लिए यह अर्थ भी किया है।[3] यदि अन्त:करण के अन्तर्गत पन्त जी की व्याख्या को समाहित किया जाये तो भी तुलसीदास के अन्त:करण और आज के सामान्य व्यक्तिवादी कवि के अन्त:करण का अन्तर ध्यान में रखना होगा। तुलसीदास काव्य की उत्कृष्टता का मानदण्ड निरूपित करते हुए कहते हैं—कि कीर्ति और ऐश्वर्य के सदृश ही वही कविता श्रेष्ठ है जो गंगा के समान सबका मंगल करनेवाली होती है। 'कीरति, भनिति, भूति भल सोई। सुरसरि सम सब कहँ हित होई।'[4] इसी सन्दर्भ में उन्होंने यह भी कहा है कि विद्वज्जन यदि किसी काव्य का समादर नहीं करते हैं तो इसकी रचना करनेवाले कवियों का श्रम व्यर्थ ही है।[5] इसी तरह उनका यह भी कथन है कि विद्वानों का मत है कि कविता भले कवि के हृदय से उपजती हो किन्तु उसकी शोभा तो अन्यत्र ही अर्थात् काव्य-रसिकों के मध्य ही होती है। 'तैसेहिं सुकवि कबित बुध कहहीं। उपजहिं अनत अनत छबि लहहीं।'[6] अपनी रामकथा को 'मंगल करनि कलिमल हरनि'[7] घोषित करनेवाले तुलसीदास की उक्ति

---

1. शिल्प और दर्शन, पृष्ठ 161-62
2. अमरकोष 1/4/31
3. देखिये, पं० विजयानन्द जी त्रिपाठी की मानस पर विजय टीका एवं गीता प्रेस की टीका
4. मानस 1/14 क/9
5. वही क/8
6. वही 1/11/3
7. वही 1/10/क/छंद 1।

से समाज-निरपेक्ष व्यक्तिवादी काव्य रचना का समर्थन करना अनर्थ करना है। अपने अन्तःकरण के सुख के लिए तुलसीदास ने मानस रचा, अगर यह अर्थ लिया जाय तो भी यह स्मरण रखना चाहिए कि तुलसी सन्त थे और सन्त के हृदय का निरूपण करते हुए उन्होंने लिखा है—

सन्त हृदय नवनीत समाना। कहा कबिन्ह परि कहै न जाना॥
निज परिताप द्रवइ नवनीता। पर दुख द्रवहिं संन्त सुपुनीता॥[1]

जिस आधुनिक कवि का हृदय अपने परिताप से नहीं, दूसरों के परिताप से द्रवित होता हो अपने सुख से नहीं, दूसरों के सुख से सुखी होता है, वही तुलसी द्वारा निर्दिष्ट स्वान्तःसुखाय का उपयोग अपनी काव्य रचना के लिए करने का अधिकारी माना जा सकता है।

वस्तुतः तुलसी के स्वान्तःसुख का अर्थ अत्यन्त गम्भीर है। यह स्मरण रखना चाहिए कि अपने काव्य के आरम्भ में 'स्वान्तःसुखाय' कहनेवाला कवि काव्य का समापन करते हुए 'स्वान्तस्तमःशान्तये'[2] भी कहता है। इसका अभिप्राय यही है कि तुलसी के अनुसार अन्तः के तम के दूरीकरण से ही अन्तः सुख की प्राप्ति सम्भव है। अतः तुलसी के स्वान्तःसुख का ठीक-ठीक अर्थ समझने के लिए हमें तुलसी की दृष्टि में सुख, 'अन्तस्तम' और 'अन्तःसुख' का अभिप्राय क्या था, इसे समझना होगा।

तुलसी यह मानते हैं कि सभी जीवों को सुखमय जीवन प्रिय है। तभी उन्होंने कहा है, 'सुख जीवन सब कोउ चहत',[3] तथा 'राम कबहुँ प्रिय लागिहौ जैसे नीर मीन को। सुख जीवन ज्यों जीव को मनि ज्यों फनि को, हित ज्यों धन लोभलीन को।'[4] किन्तु वे यह भी मानते हैं कि सामान्य जीव जिसे सुख मानकर पाने के लिए लालायित रहते हैं वह सुख न होकर घोर दुःख का हेतु होता है। साधारण व्यक्तियों की मान्यता है कि जो हमें अच्छा लगता है, जो हमें इच्छित है, वही सुख है और इसके प्रतिकूल जो कुछ भी है, दुःख है।

महाभारत में इसीलिए कहा गया 'यदिष्टं तत्सुखं प्राहुः द्वैष्यं दुखमिहेष्यते'[5] इसी से मिलती-जुलती बात 'न्याय सूत्र' में कही गयी है, 'अनुकूल वेदनीयं सुखं प्रतिकूल वेदनीयं दुःखम्'[6] अधिकतर लोगों के लिए लौकिक प्रीतिकर वस्तुओं, व्यक्तियों के संयोग से उपलब्ध होनेवाला सुख ही इष्ट सुख या अनुकूल वेदनीय सुख है। तुलसी ऐसे सुखों को विषय सुख की संज्ञा देकर इन्हें परम दुःखद घोषित करते

1. मानस 7/125 क/7-8
2. वही 7/130 ख/छंद 3
3. दोहावली 170
4. विनयपत्रिका 269/1-2
5. महाभारत शांति पर्व 265/27
6. लोकमान्य तिलक कृत गीता रहस्य, पृ० 96 (1973 का संस्करण) पर उद्धृत।

हैं। उन्होंने कहा है कि जीव जिस योनि में जहाँ भी (पृथ्वी, पाताल, आकाश में) जन्म ग्रहण करता है वहाँ वह विषय सुख की कामना करता है किन्तु नियत मात्रा में ही उसे प्राप्त कर पाता है। तुलसी के अनुसार विषय सुख को प्राप्त कर अपने को सुखी मानना मोहग्रस्त होकर फटे हुए आकाश को सीने के समान ही अर्थहीन है।[1] इसीलिए उन्होंने साफ-साफ कह दिया है, 'जदपि बिषय संग सहे दुसह दुख बिषम जाल अरुझान्यो, तदपि न तजत मूढ़ ममताबस जानत हू नहिं जान्यो।'[2] इसका अर्थ यह है कि तुलसीदास शब्द, स्पर्श, रूप, रस, गंध आदि विषयों के श्रोत्र, त्वक्, नेत्र, रसना, नासिका आदि ज्ञानेन्द्रियों से होनेवाले संयोग के द्वारा मिले हुए सुख को दुःख ही मानते हैं। यहाँ वे स्पष्टतः पातंजल योगदर्शन एवं गीता का अनुसरण कर रहे हैं। पातंजल योगदर्शन में कहा गया है, 'परिणामतापसंस्कारदुःखैर्गुणवृत्ति विरोधाच्च दुःखमेव सर्वं विवेकिनः॥'[3] अर्थात् भोगकाल में स्थूल दृष्टि से सुखप्रद प्रतीत होनेवाले विषय सुख भी परिणाम, ताप, संस्कार और तीनों गुणों की वृत्तियों में परस्पर विरोध होने के कारण विवेकी पुरुषों के लिए दुःख रूप ही हैं। इसी तरह गीता में विषय और इंद्रिय के संयोग से अमृतोपम प्रतीत होनेवाले राजस सुखों को परिणाम में विष तुल्य बताया गया है।[4] गीता में वर्णित तामस और राजस सुखों को ही नहीं अभ्यासजन्य सात्त्विक सुखों को भी तुलसीदास मायाजन्य मानकर मृगजल के समान असत्य ही मानते हैं। इसीलिए उन्होंने ऐसे सुखों से सुखी होनेवाले जीवों की भर्त्सना करते हुए कहा है, 'मृग भ्रम बारि सत्य जिय जानी, तहँ तू मगन भयो सुख मानी।'[5] भेद-बुद्धि के कारण मनुष्य सुख पाने की सहज क्रिया को छोड़कर विपरीत क्रिया करते हैं और दुःख को ही सुख समझकर सुखी होने की भ्रांति से ग्रस्त रहते हैं।[6] उनका निष्कर्ष है कि 'तुलसिदास मैं मोर गए बिनु जिय सुख कबहुँ न पावै'[7]मायाजन्य बाह्य क्षणिक और दुःखरूप सुखों के स्थान पर बुद्धि, मन, चित्त, अहंकार का परित्याग कर वे विमल विचार के द्वारा उपलब्ध परम पद के निज सहज उदार सुख को प्राप्त करना चाहते हैं।

'चौथि चारि परिहरहु बुद्धि मन, चित्त अहंकार।
बिमल बिचार परमपद निज सुख सहज उदार॥[8]

---

1. विनयपत्रिका 132
2. वही 88/3-4
3. पातंजल योगदर्शन 2/15
4. श्रीमद्भगवद्गीता 18/38
5. विनयपत्रिका 136/2/2
6. मानस 6/111/19
7. विनयपत्रिका 120/10
8. वही 203/9/-10।

जो विद्वान् अन्तःसुख का अर्थ अन्तःकरण का सुख करते हैं, उन्हें इस तथ्य पर विचार करना चाहिए कि तुलसीदास मन, बुद्धि, चित्त, अहंकार अर्थात् अन्तःकरण का परित्याग कर निज सुख—स्वान्तःसुख चाहते हैं।

तुलसी के अनुसार यह सहज सुख राम की भक्ति से ही प्राप्त हो सकता है। उन्होंने डंके की चोट पर कहा है—

'गावहिं बेद पुरान सुख कि लहिअ हरि भगति बिनु।'[1]

यह सत्य हृदयंगम हो जाने पर कि क्या सच्चा सुख भक्ति से, राम का होकर जीने से प्राप्त हो सकता है, तुलसी अपने मन को तदनुकूल होने की शिक्षा देते हैं—

उपजी उर प्रतीति, सपनेहुँ सुख प्रभुपद बिमुख न पैहों।
मन समेत या तन के बासिन इहै सिखावन देहौं॥[2]

समस्त इन्द्रियों के साथ मन को श्रीरामोन्मुख करने का यह संकल्प और प्रयास साधन भक्ति के अन्तर्गत आता है। आचार्यों ने श्रीमद्भागवत के कथन 'भक्त्या संजातया भक्त्या[3]के आधार पर भक्ति को साधनरूपा भक्ति और साध्य या फलरूपा भक्ति इन दो रूपों में विभक्त किया है। भक्ति शब्द की व्युपत्ति यदि करण से की जाय तो उससे साधन भक्ति का संकेत प्राप्त होता है। 'भज्यते=सेव्यते, भगवदाकारमन्तःकरणं क्रियतेऽनया[4] अर्थात् जिसके द्वारा अन्तःकरण को भगवदाकार किया जाता है, उसे साधन भक्ति कहते हैं। साधन भक्ति करते समय भी सुख का अनुभव होने लगता है किन्तु साधक के ऊपर बीच-बीच में काम क्रोध, लोभ आदि का आक्रमण भी होता रहता है और उससे त्रुटियाँ भी होती रहती हैं। तुलसी के अनुसार इस स्थिति में राम नाम जप का अवलम्बन ग्रहण करने पर सुख और पुण्य की वृद्धि होती है तथा पाप और अमंगल का ह्रास होता है।

रुचिर रसना तू राम राम क्यों न रटत।
सुमिरत सुख सुकृत बढ़त, अघ अमंगल घटत॥[5]

नामजप मुख्यतः वाणी का साधन है। तुलसीदास ने इसे और आगे बढ़ाकर अपनी समस्त वाणी को, भाषा को, भाषिक रचना को राम समर्पित करने की प्रेरणा दी है। उन्होंने कहा—अपने अक्षरों, शब्दों और अर्थों को रामप्रेम की चाशनी में पगाकर उनसे सुन्दर कोमल मोदक बना कर यदि तू श्रीराम को अर्पित करेगा, उनके गुण

1. मानस 7/89/क
2. विनयपत्रिका 104/3-4
3. श्रीमद्भागवत 11/3/31
4. श्रीमद्भगवद्भक्ति रसायन (अनु० श्री जनार्दन पाण्डेय), पृ० 19
5. विनयपत्रिका 129/1-2।

गाकर उन्हें रिझायेगा तो उनसे मुँह माँगा वरदान पा सकेगा। तभी तेरे हृदय की बड़ी भारी जलन दूर होगी तू सुख की शय्या पर सो सकेगा और श्रीराम की कृपा से तेरे हृदय में भक्ति योग का उदय होगा।[1] वाणी के साथ ही वे निश्छल रूप से कर्म और मन को भी प्रभु को समर्पित कर उनका भक्त बनने का संकल्प करते हैं। क्योंकि उसके बिना करोड़ों उपाय करने पर भी स्वप्न में भी सुख पाना संभव नहीं है—

करम बचन मन छाड़ि छलु जब लगि जनु न तुम्हार।
तब लगि सुखु सपनेहुँ नहीं किए कोटि उपचार॥[2]

यही साधन भक्ति प्रभु कृपा से क्रमशः साध्य या फलरूपा भक्ति में रूपांतरित हो जाती है। भक्ति शब्द की व्युत्पत्ति भाव से करने पर फलरूपा भक्ति का संकेत प्राप्त होता है, 'भजनमन्तःकरणस्य भगवदाकारतारूपं भक्तिरिति'[3] अर्थात् अन्तःकरण का भगवदाकार हो जाना ही फलरूपा भक्ति है। यह भी ध्यातव्य है कि अन्तःकरण के पूर्णतः भगवदाकार हो जाने पर उसमें दुःख का होना संभव नहीं होता इसीलिए भक्त मानते हैं कि फलरूपा भक्ति द्वारा दुःख से अनछुए सुख की प्राप्ति होती है जो वस्तुतः परम पुरुषार्थ ही है। अतएव श्री मधुसूदन सरस्वती ने फलरूपा भक्ति को 'निरुपमसुखसंविद्रूपमस्पृष्टदुःखं'[4]अर्थात् निरुपम सुख की दुःख से अछूती संवित् या चेतना कहा है। यह निरुपम सुखानुभूति किसी बाह्य विषय पर निर्भर नहीं करती है। तुलसीदास जब अंतःसुख की बात कहते हैं तब वे बाह्यस्पर्श से प्राप्त होनेवाले अंतःकरण के साधारण सुखों का संकेत नहीं करते हैं। वे गीता के अनुसार यह बताना चाहते हैं कि बाह्य विषयों के स्पर्श से प्राप्त होनेवाले सुखों में जिसका अन्तःकरण आसक्त नहीं है, उसे वह सुख प्राप्त होता है जो अपने भीतर है और ऐसा ब्रह्मयोगयुक्तात्मा ही अक्षय सुख प्राप्त करता है—

बाह्यस्पर्शेष्वसक्तात्मा विन्दत्यात्मनि यत्सुखम्।
स ब्रह्मयोगयुक्तात्मा सुखमक्षयमश्नुते॥[5]

वस्तुतः तुलसी ने अन्तःसुख शब्द भी गीता से लिया है। इसी प्रसंग में गीता में कहा गया है—

योऽन्तःसुखोऽन्तरारामस्तथान्तर्ज्योतिरेव यः।
स योगी ब्रह्मनिर्वाणं ब्रह्मभूतोऽधिगच्छति॥[6]

---

1. विनयपत्रिका 224/5-8
2. मानस 2/107
3. श्रीमद्भगवद्भक्ति रसायन, पृ० 19
4. वही 1/1
5. श्रीमद्भगवद्गीता 5/21
6. वही 5/24।

जो पुरुष अन्तःसुखवाला है अर्थात् जिसे अन्तरात्मा में ही सुख प्राप्त होता है, जो अन्तरात्मा में ही रमण करता है जिसकी ज्योति उसकी अन्तरात्मा ही है वह योगी ब्रह्मभूत होकर ब्रह्म में ही निर्वाण प्राप्त करता है। इसका अर्थ यही है कि गीता के अनुसार बाहर की वस्तुओं के प्रति अनासक्त हो जाने पर ही अपने भीतर का सुख प्राप्त हो सकता है। यह आन्तरिक सुख ही सच्चा सुख है और इसकी प्राप्ति में सबसे बड़ी बाधा बाह्यवस्तुओं या व्यक्तियों का आकर्षण है। यह आकर्षण भ्रम, अज्ञान या मोह के कारण ही होता है। इसे ही गीता और रामचरितमानस दोनों में अन्धकार या तमरूप कहा गया है। गीता का कथन है कि 'अज्ञानेनावृतं ज्ञानं तेन मुह्यन्ति जन्तवः'[1] अर्थात् जीवों का विवेक अज्ञान से ढँका रहता है। इसी के अगले श्लोक में गीता कहती है कि 'ज्ञान सूर्य के समान है' जिसके प्रकाश से अज्ञान के तम से ढँकी हुई वस्तुएँ प्रकाशित हो उठती हैं। तुलसीदास इसी परम्परा के अनुसार मानस की रचना का प्रयोजन बताते हैं 'निज संदेह मोह भ्रम हरनी। करउँ कथा भव सरिता तरनी।'[2] यह संदेह, मोह भ्रम ही जीव का अन्तस्तम है। इसीलिए तुलसीदास ने 'महामोह तम पुंज', 'दलन मोहतम सो सप्रकासू'[3] जैसी उक्तियाँ बार-बार कही हैं। तुलसीदास ने मोहांधकार के दूरीकरण को भी मानस रचना का एक विशेष प्रयोजन घोषित किया है। 'विनयपत्रिका' में भी उन्होंने कहा है कि 'जब तक मन में विषय सुखों को पाने की आशा का अन्धकार है, जब तक हृदय में भगवत् प्रबोध का प्रकाश नहीं हो जाता तब तक जीव को स्वप्न में भी वास्तविक सुख नहीं मिल सकता।'

जब लगि नहि निज हृदि प्रकास, अरु बिषय आस मन माहीं।
तुलसिदास तब लगि जग जोनि भ्रमत सपनेहुँ सुख नाहीं।।[4]

मानस की रचना का प्रयोजन संदेह मोह, भ्रमरूपी स्वान्तस्तम की शान्ति के साथ-साथ अपने हृदय में 'प्रबोध' का प्रकाश करना भी है इसे भी तुलसीदास ने स्पष्टतः कहा है—

'भाषाबद्ध करबि मैं सोई। मोरे मन प्रबोध जेंहि होई।।'[5]

विधायक और निषेधक दोनों प्रयोजनों को मिलाकर ही प्रयोजन की पूर्णता होती है। इस दृष्टि से मोह-भ्रमरूपी अंधकार का निवारण और प्रबोध के द्वारा स्वान्तःसुख की प्राप्ति तुलसी का लक्ष्य है। यह प्रबोध या ज्ञान इसी तत्त्व का है कि हमारे इष्टदेव श्रीराम हमारी अन्तरात्मा ही हैं। 'स्कन्द पुराण में कहा गया है—

---

1. श्रीमद्भगवद्गीता 5/15
2. मानस 1/31/4
3. वही 1/1/6
4. विनयपत्रिका 123/9-10
5. मानस 1/31/2।

'रमते सर्वभूतेषु स्थावरेषु चरेषु च।
अन्तरात्मस्वरूपेण यच्च रामेति कथ्यते।'[1]

अर्थात् जो चर-अचर समस्त भूतों में अन्तरात्मा के रूप में रमण करता है, वही राम है। तुलसी के अनुसार यह राम सुखधाम है।[2] सुख पुंज है[3] आनन्द सिंधु सुख राशि है[4] बाहर से मिलनेवाला सुख तो पराधीन है इसीलिए नश्वर है, दुःखरूप है। श्रीराम रूपी अन्तरात्मा से सततयुक्त रहकर अनुभव किया जानेवाला सुख आत्मवश सुख है और इसीलिए सच्चा एवं स्थायी है। मनुस्मृति का कथन 'सर्वं परवशं दुःखं सर्वमात्मवशं सुखम्'[5]अपने चरम रूप में इसी सच्चे सुख का द्योतक है। स्वामी अखंडानन्द जी सरस्वती ने गीता के अन्तःसुख को समझाते हुए कहा है, 'अन्तः का अर्थ है आत्मा, प्रत्यगात्मा, अन्तरात्मा। अपना आत्मा ही सुख है, अपना आत्मा ही आराम है, अपना आत्मा ही प्रकाश है।'[6] तुलसी जैसे रामभक्तों को अपना अन्तरात्मा ही श्रीराम के रूप में अनुभूत होता रहता है। इसीलिए तुलसी ने स्पष्ट शब्दों में कहा है कि परमहितैषी राम हमसे दूर नहीं हैं, भलीभाँति देख, वह हमारे हृदय में ही हैं, 'दूरि न सो हितू हेरि हिए ही है'[7] उसी राम से अन्तःकरण का निरंतर संस्पर्श ही तुलसी का स्वान्तःसुख है, यही फलरूपा भक्ति है जो स्वतंत्र होने के कारण समस्त सुखों की खान है। तुलसी के शब्दों में 'भक्ति सुतंत्र सकल सुख खानी' है।[8] जीव की विडम्बना यह है कि आनन्द के सिन्धु में निवास करते हुए अज्ञान के कारण वह 'विषय-सुख' के मृग-जल का पान करने का प्रयास करते हुए प्यासा ही मर जाता है।[9] इस अज्ञान की निवृत्ति के साथ ही यह प्रबोध होता है कि अन्तरात्मास्वरूप श्रीराम से मिलनेवाला सुख ही सच्चा सुख है। वही सारी सृष्टि को मेरे लिए सुखमय बना सकता है। ऐसा अन्तःसुख प्राप्त करनेवाले भक्त को फिर किसी भी प्रकार का दुःख स्पर्श ही नहीं कर पाता। वह अपने भीतर से सुख निकाल कर दुःख संतप्त जगत् के प्राणियों को बाँटता रहता है और उनको भी सुखमय बनाता रहता है। तुलसीदास इसी स्वान्तःसुख की, दिव्य फलरूपा अविरल भक्ति की प्राप्ति के लिए रामचरितमानस की रचना कर गये हैं। उन्हें ऐसा सुख मिला था, इसका संकेत वे

---

1. स्कन्द पुराण, ब्रह्मखंड, चातुर्मास माहात्म्य 24/46
2. मानस 1/197/6
3. वही 1/186/15
4. वही 1/197/5
5. मनुस्मृति 4/160
6. गीता दर्शन (भाग 2), पृष्ठ 196
7. विनयपत्रिका 135/3/1
8. मानस 7/45/5
9. विनयपत्रिका 136/छं० सं० 2।

'पायो परम विश्राम'[1] कहकर दे गये हैं। उन्होंने पूर्ण विश्वास के साथ यह भी घोषित किया है कि जो इस कथा को स्नेहपूर्वक समझकर, सचेत होकर कहेंगे या सुनेंगे, पढ़ेंगे, वे भी 'कलिमलरूपी अज्ञान' से रहित होकर मंगलमय हो जायेंगे और श्रीराम के चरणों की भक्ति प्राप्त कर अंत:सुख के अधिकारी हो जायेंगे,

जे एहि कथहिं सनेह समेता। कहिहहिं सुनिहहिं समुझि सचेता।
होइहहिं राम चरन अनुरागी। कलि मल रहित सुमंगल भागी॥[2]

■

1. मानस 7/130/छं० 3/4
2. वही 1/15/5-6।

तुलसीदास की दृष्टि में विप्र और सन्त

तुलसीदास की दृष्टि में विप्र और सन्त का सापेक्ष महत्त्व क्या और क्यों था, इन प्रश्नों पर समग्र दृष्टि से विचार करना आवश्यक है। कतिपय आधुनिक आलोचकों ने तुलसीदास पर आरोप लगाया है कि वे ब्राह्मणशाही, जातिपाँति, छुआछूत आदि के प्रबल समर्थक हैं, अतः प्रतिक्रियावादी और प्रगतिविरोधी हैं। काश, वे तुलसीदास की समकालीन परिस्थितियों का सम्यक् विश्लेषण एवं तुलसी की मानसिकता का निष्पक्ष विचार कर पाते। उस स्थिति में वे भी तुलसीदास की उदार उत्तरदायित्वपूर्ण भूमिका को स्पष्टतः समझ सकते।

यह स्मरण रखना चाहिए कि तुलसी के समय भारतीय परम्परा और समाज पर वैचारिक एवं व्यावहारिक दोनों स्तरों पर प्रचंड आक्रमण हो रहे थे। आक्रान्ता धर्म के रूप में इस्लाम राजनीतिक शक्ति का दुरुपयोग कर भारतीय धर्मों को उच्छिन्न करने की सामर्थ्य भर चेष्टा कर रहा था। इस ऐतिहासिक तथ्य को प्रायः लोगों ने भुला ही दिया है कि भारतभूमि से बौद्ध धर्म का लोप शंकराचार्य या कुमारिल भट्ट के शास्त्रार्थों द्वारा नहीं, क्रूर और धर्मान्ध इस्लामी आक्रमण के कारण हुआ है। बौद्ध समाज के नेता चीवरधारी भिक्षु जिन मठों, संघारामों में संघबद्ध रूप से निवास करते थे, वे राजा-रजवाड़ों, या सेठ-साहूकारों के दान पर निर्भर थे। आक्रमणकारी तुर्कों ने न केवल भारतीय राजाओं को निश्चिह्न किया, न केवल नालन्दा, विक्रमशिला जैसे बौद्ध विश्वविद्यालयों एवं अनेकानेक मठों, संघारामों को ध्वस्त किया बल्कि उनमें रहनेवाले भिक्षुओं का बड़ी संख्या में वध भी किया। निराश्रित बचे-खुचे भिक्षु नेपाल, ब्रह्मदेश या सिंहल की ओर भाग निकले। बौद्ध समाज के नेता ये चीवरधारी भिक्षु ही थे। उनके नेतृत्व के अभाव में बौद्ध धर्म भारत से करीब-करीब लुप्त ही हो गया। कुछ बौद्ध जातियों ने इस्लाम स्वीकार कर लिया और कुछ बौद्ध जातियाँ हिन्दू समाज में समाहित हो गयीं।

हिन्दू धर्म और समाज का नेतृत्व मुख्यतः ब्राह्मणों के द्वारा और गौणतः सन्तों संन्यासियों के द्वारा किया जा रहा था। ब्राह्मण गृहस्थ होते थे और अपने घरों में अलग-अलग रहते थे, मठों एवं संघारामों में संघबद्ध रूप से नहीं। फलतः उनका पूर्ण रूप से उच्छेद करना संभव नहीं था। ब्राह्मणों की जीविका उनके प्रति जनसाधारण की श्रद्धा के कारण ही चलती थी। अध्ययन, अध्यापन ज्योतिष, कर्मकाण्ड, वैद्यक आदि के माध्यम से ब्राह्मण हिन्दू समाज के सभी स्तरों की सेवा करते रहते थे। यह ठीक है कि हिन्दू समाज-विधान में जन्मना जाति-व्यवस्था के

कारण कई क्रूर विकृतियाँ आ गयी थीं और यह भी कि उन विकृतियों के लिए मुख्यत: ब्राह्मण ही जिम्मेदार थे। इसीलिए कबीर जैसे सहृदय विचारकों ने 'पंडित बाद बदंते झूठा'[1] जैसी उक्तियों द्वारा अपना आंतरिक क्षोभ प्रकट किया था। किन्तु हिन्दू धर्म पर आक्रमण करनेवाले सभी लोगों के मन में सहृदयता ही नहीं थी। कट्टर मुल्ला मौलवी तो राजशक्ति के सहारे उसे नेस्तनाबूद करने का सपना देखते थे। इस विषम जीवन-मरण के संग्राम के समय तुलसीदास को अपने कर्त्तव्य का निर्णय करना था। वे देख रहे थे कि भारतीय समाज हताश और पराभूत है। उन्हें लगा होगा कि उनका ऐतिहासिक कर्त्तव्य है, परम्परा के जीवन-उत्स से जुड़कर अपने और अपने समाज के लिए जीवनी शक्ति संचय करना, खोया हुआ आत्मविश्वास पाना, शुष्क, क्रूर हुए बिना तपोमय जीवन जीकर भारतीय समाज को रामराज्य स्थापित करने के महान् स्वप्न को सत्य बनाने की प्रेरणा दे जाना। वे परकीय राजसत्ता से विमुख रहकर भक्ति साधना के आधार पर लोक चेतना को जगाने का काम कर रहे थे। उन्हें लगा होगा कि राजसत्ता की उपेक्षा ही नहीं उसका क्रूर कोप सहकर भी जो ब्राह्मण वर्ग वेद, उपनिषद्, रामायण, महाभारत, पुराण, तंत्र, संस्कृत साहित्य आदि भारतीय संस्कृति के आधारभूत विचारों एवं भावों के कोशों की रक्षा करने में अपने जीवन का उत्सर्ग कर रहा है, उसकी कुछ त्रुटियों के बावजूद उसके प्रति सामाजिक श्रद्धा बनाये रखना सामयिक ऐतिहासिक दृष्टि से आवश्यक है। इसी के साथ-साथ उन्हें यह भी अखरा होगा कि जन्मना जाति-व्यवस्था की हृदयहीनता के कारण बहुत से सच्चरित्र, सम्मान्य, महामानव केवल अब्राह्मण होने के कारण उपेक्षित हो रहे हैं। तुलसीदास को न तो वैदुष्य परम्परा के धारक ब्राह्मणवर्ण का दम्भपूर्ण या दुरभिसंधिपूर्ण अपमान ही उचित प्रतीत होता था, न जन्मना जाति-पाँति के नागपाश से जकड़े शूद्रवर्ण की शोचनीय स्थिति ही स्वीकार्य थी। जिस प्रकार वे ब्राह्मणत्व के प्रति श्रद्धानत थे उसी प्रकार ब्राह्मणेतर वर्णों की अभ्युन्नति भी उन्हें काम्य थी।

अत: उन्होंने एक ओर विप्रत्व की, दूसरी ओर सन्तत्व की धारणाओं का प्रतिपादन अपने युग को दृष्टिगत रखकर ही किया था। यह भी स्मरण रखना चाहिए कि तुलसीदास की भक्ति चेतना भगवत्ता की उपलब्धि पतित से पतित व्यक्ति के लिए भी संभव मानती थी, अत: उनकी दृष्टि अतीत या वर्तमान तक सीमित न रहकर भविष्य के प्रति आस्थावान थी। वे भारतीय संस्कृति की समग्रता के प्रति समर्पित थे, किसी एक वर्ण, संप्रदाय या पंथ के प्रति नहीं। इसीलिए उन्होंने अपना कोई पंथ या सम्प्रदाय नहीं चलाया। उन्होंने समग्र भारतीय जीवन को आदर्शोन्मुख करने का प्रयास किया, उसके विष को पचाकर न केवल अमृत का संधान किया बल्कि उसका मुक्तहस्त वितरण भी किया। वे ऐसा कर सके क्योंकि अपनी परम्परा से उनका रिश्ता

---

1. कबीर ग्रंथावली सं० डॉ० श्यामसुन्दरदास पदावली 40/1।

सर्जनात्मक था, अंध अनुकरणात्मक नहीं। परम्परा के प्रति श्रद्धालु होते हुए भी उन्होंने उसको 'मति अनुरूप' ग्रहण किया था—'मति अनुरूप राम गुन गावउँ',[1] 'समुझि परी कछु मति अनुसारा',[2] 'करइ मनोहर मति अनुहारी'[3] जैसी उक्तियों से यह स्पष्ट है। इन उक्तियों में विनय तो है ही अपने 'बुद्धि-विवेक' अनुकूल दृष्टि का संकेत भी है। उन्होंने परम्परा का पुनर्नवीकरण उसे भलीभाँति पहचानकर संग्रह-त्याग के आधार पर किया था। उनका प्रसिद्ध सूत्र है 'संग्रह त्याग न बिनु पहिचाने'[4] परम्परा से जुड़ने और उसे आगे बढ़ाने का अर्थ है उसके गौरवमय पक्ष को पहचान कर स्वीकारना, समकालीन जीवन के लिए अनुपयोगी पक्ष को त्यागना, चुनौतियों के अनुरूप प्रत्युत्तर देने के लिए न केवल उसका पुनर्विन्यास करना बल्कि उसमें आवश्यक नया जोड़ना भी। तुलसी की यह दृष्टि विप्रत्व और सन्तत्व के निरूपण के क्षेत्र में भी क्रियान्वित हुई है।

अपनी परम्परा के प्रति श्रद्धा के कारण ही वे सामान्यतः वर्णाश्रम व्यवस्था का समर्थन करते हैं। इसीलिए वे कहते हैं—

बरनाश्रम निज निज धरम निरत बेद पथ लोग।
चलहिं सदा पावहिं सुखहिं नहिं भय सोक न रोग॥[5]

अपने समकालीन जीवन में वर्णाश्रम का ह्रास देखकर उन्होंने कई बार खेद प्रकट करते हुए—

'बरन धरम गयो, आश्रम निवास तज्यो'[6]

बर्न-बिभाग न आश्रम धर्म, दुनी दुख दोष दरिद्र दली है'[7]

जैसी उक्तियाँ कही हैं। सामाजिक अव्यवस्था को सुधारने में राजशक्ति से कोई सहयोग नहीं मिलेगा इसका उन्हें निश्चय हो चुका था। बड़ी पीड़ा के साथ उन्होंने लिखा है कि 'साम दाम भेद आदि नीतियों का त्याग कर यवन महामहीपाल केवल कराल दण्ड के सहारे शासन कर रहे हैं'[8] और कठिन भयंकर गोले की तरह जनशक्ति को तहस-नहस कर रहे हैं।[9] फलतः अपने समाज की अस्मिता बचाये

1. मानस 1/12/9
2. वही 1/31/1
3. वही 1/36/2
4. वही 1/6/2
5. वही 7/20
6. कवितावली 7/84/1
7. वही 7/85/3
8. दोहावली 559
9. वही 515।

रखने के लिए उन्होंने समाज-नेता ब्राह्मण वर्ग के प्रति सामाजिक श्रद्धा को यथासंभव बनाये रखने का फैसला किया होगा।

तुलसीदास ने विप्र का प्रधान कार्य मोहजनित संशय दूर करना बताया है।[1] यह विद्या और तप के बल से ही संभव हो सकता है इसीलिए तुलसी एक तरफ 'बिप्र बिबेकी बेद बिद्'[2] कहते हैं तो दूसरी ओर 'तपबल बिप्र सदा बरियारा'[3] बताते हैं। विद्या और तपस्या से उत्पन्न विवेक ही किसी व्यक्ति या वर्ग को अज्ञान का निराकरण करने की क्षमता देता है। तपस्वी और विद्वान् ब्राह्मण अगर परितुष्ट रहें तो वे समाज का मंगल करते रहेंगे। यदि किसी कारणवश वे रुष्ट हो जाएँ तो उनके रोष से निश्चय ही समाज का अमंगल होगा यही सोचकर तुलसीदास ने लिखा है—'मंगल मूल बिप्र परितोषू। दहइ कोटि कुल भूसुर रोषू'[4] भगवान् की भक्ति करने के लिए भी भगवान् के नाम, रूप, लीला, धाम आदि की महिमा का ज्ञान आवश्यक है। परम्परा से चले आते हुए इस माहात्म्य ज्ञान का बोध सम्यक् रूप से विद्वान् ब्राह्मणों के माध्यम से ही हो सकता था। अत: लक्ष्मण को भक्तियोग का उपदेश करते हुए तुलसीदास ने श्रीराम से कहलवाया है, 'प्रथमहिं बिप्र चरन अति प्रीती' अर्थात् भक्तियोग प्राप्त करने के लिए उसकी परम्परा का ज्ञान प्रदान कर सकनेवाले ब्राह्मणों के चरणों में प्रेम आवश्यक है।[5] तुलसीदास यह भी मानते थे कि विद्वान् और तपस्वी ब्राह्मणों की सेवा करने में यदि संकट का सामना करना पड़े तो उससे भी विचलित नहीं होना चाहिए। वाल्मीकि जी ने चौदह प्रकार के भक्तों का वर्णन किया है। उनमें उन्होंने उनकी भी गिनती करायी है जो, 'बिप्र धेनु हित संकट सहहीं'।[6] ब्राह्मण प्राय: अभाव ग्रस्त रहते थे। ज्ञान और मान को ही अपना धन मानने के कारण वे अज्ञानी सत्ताधारियों के द्वारा अपमान की आशंका मात्र पर क्रुद्ध, क्षुब्ध हो जा सकते थे। उनके कोप का भयानक परिणाम हो सकता था। अत: उन्हें संतुष्ट रखने के लिए सम्मान के साथ-साथ उनकी जीविका का विधान करना तुलसीदास की दृष्टि में आवश्यक था। इसलिए उन्होंने ब्राह्मणों के पूजन या सम्मान की बात कही है। 'पुण्य एक जग महुँ नहिं दूजा। मन क्रम बचन बिप्र पद पूजा'[7] ब्राह्मणों की एक बड़ी दुर्बलता उत्तम भोजन के प्रति उनकी रुचि रही है। अत: कपटी मुनि प्रतापभानु को उसी उपाय के माध्यम से ब्राह्मणों को अपने वशीभूत करने का

1. मानस 1/2/3
2. वही 2/144
3. वही 1/165/3
4. वही 2/126/4
5. वही 3/16/3
6. वही 2/131/1
7. वही 7/45/7।

परामर्श देता है[1] भोजन के साथ-साथ जीविका निर्वाह के लिए ब्राह्मण को यथोचित दक्षिणा भी मिलती रहे इस ओर भी तुलसीदास सावधान हैं। अतः स्थान-स्थान पर उन्होंने मानस में, 'बिप्रन्ह पुनि दछिना बहु पाई',[2] 'दिए दान बहु बिप्र हँकारी',[3] 'बिप्र जेवाइँ देहिं बहु दाना'[4] जैसी उक्तियाँ कही हैं। प्रभु को संतुष्ट करने का सुगम मार्ग भी उन्होंने विप्रों की सेवा के रूप में निर्धारित किया है, 'हरितोषन ब्रत द्विज सेवकाई'[5] औरों की बात जाने दीजिए तुलसीदास ने स्वयं श्रीराम को ब्रह्मण्य अथवा ब्राह्मणनिष्ठ बताया है।[6] इन सबसे तुलसी का अभिप्राय यही है कि तपस्वी और विद्वान् विप्रवर्ग सन्तुष्ट होकर समाज के मंगल कार्यों में प्रवृत रहें।

शक्तिशालियों के अन्यायों का प्रतिवाद करते हुए तेजस्वी ब्राह्मण क्षुब्ध होकर शाप भी दिया करते थे। तुलसी के अनुसार प्रभु के द्वारपाल जय, विजय, इन्द्र, कबन्ध आदि विप्र शाप से दुर्गति को प्राप्त हुए थे। किन्तु कभी-कभी विप्र बिना विचारे भी शाप दे देते थे जो तुलसी को भी अनुचित लगता था। निरपराध प्रतापभानु को शाप देने पर तुलसी ने आकाशवाणी से कहलाया कि—

बिप्रहु श्राप बिचारि न दीन्हा। नहिं अपराध भूप कछु कीन्हा॥[7]

यही प्रतापभानु राक्षस बनकर ब्राह्मणों से क्रूर बदला लेता है। उसके आदेश पर उसके अनुचर, 'जेहिं जेहिं देस धेनु द्विज पावहिं। नगर गाउँ पुर आगि लगावहिं'[8]। निष्कर्ष यही है कि तुलसी ब्राह्मणों के अविवेकपूर्ण कार्य का समर्थन नहीं करते हैं। वे ब्राह्मणों को दया और कृपा की मूर्ति के रूप में देखना चाहते हैं। इसीलिए उन्होंने स्थान-स्थान पर कहा है—

'चहिअ बिप्र उर कृपा घनेरी',[9] 'द्विज दयाल अति नीति निकेता'[10]

अपने कर्त्तव्य से विच्युत ब्राह्मण की कठोर भर्त्सना करने में भी तुलसी को संकोच नहीं था, उन्होंने स्पष्ट कहा है—'सोचिअ बिप्र जो बेदबिहीना। तजि निज धरमु बिषय लयलीना'[11] कलियुगी ब्राह्मण की निन्दा करते समय वे अत्यंत क्रुद्ध हो उठे

1. मानस 1/166-169
2. वही 1/203/3
3. वही 2/8/4
4. वही 2/129/7
5. वही 7/109/11
6. वही 1/209/4
7. वही 1/174/5
8. वही 1/183/6
9. वही 1/282/4
10. वही 7/105/5
11. वही 2/172/3।

थे। उन्होंने 'द्विज श्रुति बेचक',[1] 'बिप्र निरच्छर लोलुप कामी। निराचार सठ बृषली स्वामी,'[2] 'द्विज चिन्ह जनेउ उघार तपी'[3] जैसी कठोर उक्तियों के द्वारा अपने धर्म का पालन न करनेवाले ब्राह्मणों के प्रति अपना क्षोभ प्रकट किया है। इसका अर्थ यही है कि कुछ गुणों, कुछ आदर्शों के कारण ही तुलसी की दृष्टि में ब्राह्मण पूज्य थे। सामाजिक श्रद्धा की अनुकूलता से ब्राह्मणों में वे गुण विकसित हो सकें, होते रहें तुलसीदास का यही काम्य था। आज स्वाधीन भारतवर्ष में हम विवेक के अनुसार सामाजिक पुनर्विन्यास करने में पूर्ण स्वतंत्र हैं। यह कतई आवश्यक नहीं है कि आज भी हम जन्मना जाति व्यवस्था का समर्थन कर ब्राह्मणों को विशेषाधिकार दें किन्तु तुलसीदास के कर्त्तृत्व पर निर्णय देने के पूर्व उनके समय की परिस्थितियों को ध्यान में रखना ही न्यायोचित है।

यह भी ध्यातव्य है कि तुलसीदास ने संत के माध्यम से जाति-पाँति निरपेक्ष सज्जनों की महिमा को प्रतिष्ठित किया है। उन्होंने संतों को सब गुणों की खान कहकर उनके चरित्र की तुलना कपास से करते हुए उन्हें विषयरसहीन, विशद गुणमय स्वयं दुःख सहकर दूसरे के दोषों को प्रकट न करते हुए दूर करने की चेष्टा करनेवाला बताया है। संत समाज उनकी दृष्टि में आनंद और मंगल से युक्त चलते-फिरते तीर्थराज प्रयाग के सदृश है जिसमें राम भक्ति की गंगा, ब्रह्म विचार की सरस्वती और विधि-निषेधमय कलिमलहारिणी कर्म कथा की यमुना का संगम है। मनुष्यों को सद्‌बुद्धि, कीर्ति, सद्‌गति और विभूति की ही नहीं, विवेक की प्राप्ति भी तुलसी के अनुसार सत्संग से ही होती रही है। सत्संग से शठ भी सुधर जाते हैं क्योंकि समदर्शी एवं सरल हृदयवाले संत हित और अनहित में भेद किये बिना सारे जगत् का कल्याण करते रहते हैं।[4]

तुलसी के अनुसार सन्तत्व का निर्णय भक्तिपूर्वक आचरण से होता है जाति या देश से नहीं। उन्होंने स्पष्ट लिखा है—

जदपि साधु सबही बिधि हीना। तद्यपि समता कै न कुलीना।
यह दिन रैनि नाम उच्चरै। वह नित मान-अगिनि में जरै।[5]

सब प्रकार से हीन साधु का अर्थ है जाति, विद्या, धन, पद, रूप आदि से रहित सन्त। तुलसी की दृष्टि में ऐसे संत भी कुलीनों से (जिनमें ब्राह्मण भी शामिल हैं) श्रेष्ठ हैं क्योंकि वे मान-अपमान से ऊपर उठकर रात-दिन प्रभु के नाम का जप करते रहते हैं। यह भी स्पष्ट है कि तुलसी के लिए संत, भक्त, साधु, सज्जन आदि

---

1. मानस 7/98/2
2. वही 7/100/8
3. वही 7/101/7
4. वही 1/2-3
5. वैराग्य संदीपनी 41।

समानार्थक शब्द हैं। समकालीन हिन्दी आलोचना में भ्रमवश निर्गुणिया भक्तों को संत एवं सगुण उपासकों को भक्त कहने की परिपाटी चल पड़ी है। तुलसी की दृष्टि में ऐसा भेद करना असंगत है। उनके अनुसार संतराज का लक्षण है—

'मैं तै' मेट्यो मोहतम, ऊगो आतम भानु।
संतराज सो जानिए, तुलसी या सहिदानु।[1]

अर्थात् सगुण उपासक हो या निर्गुण उपासक आत्मज्ञानरूपी सूर्य के उदय होने के कारण जिसका मैं-तू, मेरा-तेरा का अज्ञानान्धकार नष्ट हो गया हो वही तुलसी की दृष्टि में संत है। तुलसी ने संतों, भक्तों की महिमा अपने ग्रन्थों में बार-बार गायी है। श्रीराम, वाल्मीकि आदि उनके प्रधान चरित्रों ने ही नहीं प्रयोजन के अनुकूल मानस के आरंभ, मध्य और अंत में तुलसी ने स्वयं भी संतों के गुणों का विशद एवं बार-बार निरूपण किया है। तुलसी के श्री राम के अनुसार संत काम, क्रोध, लोभ, मोह, मद और मत्सर इन छहों विकारों को जीत लेनेवाले, निष्पाप, निष्काम, स्थिर बुद्धि, सर्वत्यागी, बाहर भीतर से पवित्र, सुख-धाम, असीम ज्ञानवान, इच्छारहित, मितभोगी, सत्यनिष्ठ, कवि, विद्वान्, योगी, मानप्रद, अभिमानरहित, धैर्यवान, धर्म गति में परम प्रवीण, गुणागार, संसार के दु:खों से रहित नि:संशय देह-गेह से भी अधिक प्रभु के चरण-कमलों के प्रेमी होते हैं। वे अपने गुण सुनकर संकुचित तथा दूसरों के गुण सुनकर विशेष रूप से हर्षित होते हैं। वे सम शीतल नीतिपरायण, सरल स्वभाव युक्त एवं सबके प्रेमी होते हैं। वे जप, तप, व्रत, दम, संयम-नियम में रत रहते हैं, गुरु-गोविंद तथा ब्राह्मणों के चरणों में प्रेम रखते हैं। श्रद्धा, क्षमा, मैत्री, दया, प्रसन्नता, प्रभु चरणों में निष्कपट प्रेम, वैराग्य, विवेक, विनय, विज्ञान और वेद-पुराण के यथार्थ ज्ञान से वे युक्त होते हैं। वे कभी दंभ अभिमान नहीं करते और भूलकर भी कुमार्ग पर पैर नहीं रखते। वे सदा प्रभु की लीला को गाते सुनते हैं और बिना किसी हेतु के दूसरों का हित करते रहते हैं।[2]

सन्तों की सामाजिक भूमिका के निरूपण में भी तुलसीदास सावधान हैं। तुलसीदास के अनुसार संत सब के प्रिय, सबके हितकारी, दु:ख-सुख में सम और सत्यनिष्ठ होते हैं। पर-नारियों को माता के समान और पर धन को विष के समान मानते हैं। वे दूसरों की सम्पत्ति देखकर हर्षित और विपत्ति देखकर दु:खी होते हैं। वे सबों के अवगुण छोड़कर गुण ग्रहण करते हैं। विप्र धेनु हित संकट सहते हैं, नीति निपुण होते हैं। वे गुण राम के और दोष अपने मानते हैं, जाति-पाँति, धन, धर्म बड़ाई, प्रिय परिवार और सुखद गृह भी प्रभु के लिए त्यागने में उन्हें संकोच नहीं होता है।[3] वे अपने कोमल चित्त के कारण दीनों पर सदा दया करते हैं उनका नवनीत

---

1. वैराग्य संदीपनी 33
2. मानस 3/45-46
3. वही 2/130-131।

से अधिक कोमल हृदय दूसरों के परितापं से द्रवित होता है, अपने ऊपर पड़े दुःख कष्ट के ताप से नहीं।[1] स्पष्टतः ऐसे सज्जन पुरुष ही समाज का धारण और मंगल करने में समर्थ हो सकते हैं इसीलिए तुलसीदास ने कहा है कि संत से मिलना ही इस संसार का सबसे बड़ा सुख है, 'सन्त मिलन सम सुख जग नाहीं'[2] तुलसीदास सन्त समागम को ही जीवन का सबसे बड़ा लाभ भी मानते हैं, 'गिरिजा सन्त समागम सम न लाभ कछु आन'[3] इसीलिए उनकी मान्यता है कि जिन्होंने संतों का दर्शन नहीं किया उनकी आँखें मोर पंख की आँखों के समान निरर्थक हैं, 'नयनन्हि संत दरस नहिं देखा। लोचन मोर पंख कर लेखा।'[4]

तुलसीदास के अनुसार भक्ति की प्रथम अभिव्यक्ति सत्संग के माध्यम से ही हो सकती है। इसीलिए उन्होंने कहा है, 'प्रथम भगति संतन्ह कर संगा'।[5] उनकी यह दृढ़ मान्यता थी कि राम की भक्ति और संतों की संगति भवत्रास को नष्ट करने में सर्वथा समर्थ है 'रघुपति भगति संत-संगति बिनु को भव त्रास नसावै'।[6] वे यह भी मानते थे कि राम-कृपा से ही विशुद्ध संतों की प्राप्ति संभव है—

संत बिसुद्ध मिलहिं परि तेही। चितवहिं राम कृपा करि जेही।[7]

वे संतद्रोह को अक्षम्य अपराध मानते थे। उन्होंने कहा है कि संतद्रोहियों को स्वप्न में भी सुख नहीं मिल सकता है, कल्पवृक्ष के नीचे भी उन्हें विषफल की ही प्राप्ति होगी, 'सपनेहु सुख न संत द्रोही कहँ, सुरतरु सोउ बिष फरनि फरै'।[8]

यह भी सही है कि तुलसीदास ने बड़ी पीड़ा से यह अनुभव किया था कि कलियुग में वेद-पुराणों को न माननेवाले, आरम्भ से ही झूठ को लक्ष्य बनानेवाले दम्भी व्यक्ति भी संत के नाम से प्रसिद्ध हो जाते हैं।[9] तुलसी की दृष्टि में ऐसे लोगों को संत कहना सन्तत्व का अपमान करना है।

तुलसी द्वारा निरूपित विप्र महिमा और संत महिमा का तुलनात्मक अध्ययन करने पर कुछ बड़े दिलचस्प परिणाम निकलते हैं। तुलसी ने विप्रों को पृथ्वी का

---

1. मानस 7/38/3 एवं 7/125/7-8
2. वही 7/131/13
3. वही 7/125 (ख)
4. वही 1/113/3
5. वही 3/35/8
6. विनयपत्रिका 121/10
7. मानस 7/69/7
8. विनयपत्रिका 137/10
9. मानस 7/98/4, 7/101।

देवता कहा है, 'बंदउँ प्रथम महीसुर चरना'[1] किन्तु संत को तो भगवान् के सदृश बल्कि भगवान् से बढ़कर बताया है। वे 'जानेसु संत अनंत समाना'[2] या 'संत भगवंत अंतर निरंतर नहीं, किमपि मतिमलिन कह दास तुलसी'[3] कहकर ही सन्तुष्ट नहीं हुए। स्वयं श्रीराम से उन्होंने यह भी कहलाया कि मेरी सातवीं भक्ति यही है कि जगत् भर को समभाव से मुझमें ओतप्रोत देखना और संतों को मुझसे भी अधिक करके मानना, 'सातवँ सम मोहिमय जग देखा। मोतें संत अधिक करि लेखा'[4] यह भी ध्यान देने योग्य तथ्य है कि मानस का आरम्भ करते समय तुलसीदास ने ब्राह्मणों की वन्दना सिर्फ एक पंक्ति में और संतों की वन्दना 28 पंक्तियों में की है।

कबन्ध को फटकारते समय श्रीराम द्वारा कथित, 'सापत ताड़त परुष कहंता। बिप्र पूज्य अस गावहि संता।[5] की उक्ति के आधार पर कइयों ने तुलसीदास को ब्राह्मणों का अनुचित पक्षपाती ठहराया है। इस सम्बन्ध में निष्पक्ष विचार का प्रयोजन है। यह स्पष्ट है कि इस प्रसंग के द्वारा श्रीराम एक क्रोधी किन्तु सुयोग्य ब्राह्मण ऋषि दुर्वासा का अपमान करनेवाले अभिशप्त गन्धर्व को यह समझाना चाहते हैं कि यदि कोई सात्त्विक ब्राह्मण किसी कारणवश सामयिक रूप से क्रुद्ध हो जाय तो भी उसकी मर्यादा की रक्षा करनी चाहिए। इससे अधिक खींच तान कर इस उक्ति को तुलसीदास के आधारभूत सिद्धांत के रूप में घोषित करना तुलसी की दृष्टि से अपनी अनभिज्ञता प्रमाणित करना है। यह स्मरण रखना चाहिए कि प्रबन्धकार की दृष्टि प्रबन्ध काव्य की किसी विच्छिन्न उक्ति से स्पष्ट नहीं होती, उसमें की गयी चरित्र सृष्टि से स्पष्ट होती है। रामचरितमानस में विप्र धर्म का परित्याग करनेवाले परशुराम को उपहासास्पद और रावण को वध्य चित्रित किया गया है। क्या इस तथ्य को उपर्युक्त उक्ति खारिज कर सकती है। यह भी स्मरण रखना चाहिए कि कबन्ध का उद्धार करने के तुरन्त बाद तुलसीदास श्रीराम को संतशिरोमणि शबरी जी के आश्रम में ले जाते हैं और श्रीराम से ही निरूपित करवाते हैं कि—

जाति पाँति कुल धर्म बड़ाई। धन बल परिजन गुन चतुराई॥
भगति हीन नर सोहइ कैसा। बिनु जल बारिद देखिअ जैसा॥[6]

मेरी दृढ़ मान्यता है कि इन दोनों प्रसंगों की क्रमिक अवतारणा अत्यंत तात्पर्यूर्ण है। तुलसीदास एक ही साथ ब्राह्मण द्रोहियों के दम्भ और जन्मना जाति प्रथा के अन्याय का निराकरण करने के लिए ही इन दोनों प्रसंगों को साथ-साथ उपस्थित करते हैं।

---

1. मानस 1/2/3
2. वही 7/109/12
3. विनयपत्रिका 57/18
4. मानस 3/36/3
5. वही 3/34/1
6. वही 3/36/5-7।

तुलसी की दृष्टि तथाकथित नीची जातियों को अधम अस्पृश्य बनाये रखने की नहीं थी इसीलिए वे एक ओर शबरी को श्रीराम से योगिबृन्द दुर्लभ गति प्रदान कराते हैं तो दूसरी ओर निषादराज से कहलाते हैं—

कपटी कायर कुमति कुजाती। लोक बेद बाहेर सब भाँती।
राम कीन्ह आपन जबहीं तें। भयउँ भुवन भूषन तबही तें॥[1]

यह भी स्मरण रखना चाहिए कि जो विप्रश्रेष्ठ वशिष्ठ शृंगबेरपुर में निषादराज का स्पर्श करने से कतरा जाते हैं वे ही चित्रकूट में 'रामसखा रिषि बरबस भेंटा। जनु महि लुठत सनेह समेटा'[2] के अनुरूप निषादराज को आग्रहपूर्वक आलिंगनबद्ध कर लेते हैं।

यह भी लक्षणीय है कि तुलसीदास ने परशुराम एवं रावण सदृश ब्राह्मणों के अनुरूप किसी सन्त को तिरस्करणीय अथवा दण्डनीय नहीं बताया है। न तो उन्होंने किसी सन्त के हृदय परिवर्तन का ही चित्रण किया है। उनके अनुसार सन्तत्व तो आचरण पर निर्भर करता है, जाति पर नहीं। अतः जो व्यक्ति आचरण की तुला पर खरा नहीं उतरता था उसे वे सन्त ही नहीं मानते थे। सन्तों का वेष धारण करनेवाले दुष्टों को वे अवश्य दण्डनीय मानते थे जैसा उनकी उक्ति, 'उघरहिं अंत न होइ निबाहू। कालनेमि जिमि रावन राहू।'[3] से स्पष्ट है।

यह भी स्मरणीय है कि तुलसीदास ने दिखाया है कि संत के लिए विप्र के शरीर और चाण्डाल पक्षी कौवे के शरीर में कोई अन्तर नहीं है। लोमश ऋषि के शाप से जब भुशुंडि ब्राह्मण से कौवे बन गये तो भी उन्हें न भय हुआ और न ही उनमें दीनता आयी। जिस शरीर में उन्हें राम भक्ति प्राप्त हुई वही उन्हें प्रिय लगा और इच्छा मृत्यु की सामर्थ्य होते हुए भी वे उसी शरीर में बने रहे क्योंकि बिना शरीर के भजन नहीं किया जा सकता।[4] स्पष्ट है कि संत की दृष्टि में महत्त्व भक्ति का है शरीर का नहीं। इसी चाण्डाल काक-भुशुंडि से रामकथा सुनने के लिए स्वयं शिव एवं अनेकों ब्राह्मण, ऋषि-मुनि हंस का रूप धारण कर श्रद्धापूर्वक उनके आश्रम में आया करते थे। भगवान् के वाहन गरुड़ को भी शिव जी ने मोह-नाश के लिए इसी चाण्डाल काक भुशुंडि के पास भेजा था। साफ है कि तुलसीदास का मस्तिष्क अनेकानेक संगत कारणों से विप्र के महत्त्व को बनाये रखने के पक्ष में था किन्तु उनका हृदय संत की महिमा पर बलिहारी था और सच कहा जाये तो तुलसी के निरूपण से यही प्रतीत होता है कि उनकी दृष्टि में विप्र और सन्त में सन्त ही श्रेष्ठ है।

---

1. मानस 2/196/1-2
2. वही 2/243/6
3. वही 1/7/6
4. वही 7/96/4-5।

एक बात पर और भी विचार किया जाना चाहिए। आखिर तुलसी साहित्य के अनुशीलन का फल क्या है? कोई भी निष्पक्ष विचारक यही कहेगा कि तुलसीदास पूरे समाज में सन्तत्व की भावना को उभारना चाहते थे। सन्त जिन गुणों का आधान दूसरों में करना चाहता है अपने को उनसे रहित बताकर स्वयं अपने जीवन में उनके विकास की प्रार्थना प्रभु से करता है। सन्त आजकल के राजनीतिक नेताओं की तरह दूसरों को ही अच्छा बनने का उपदेश नहीं दिया करते क्योंकि वे जानते हैं कि इसका कोई परिणाम नहीं निकलेगा। बिना स्वयं अच्छे हुए कोई दूसरा अच्छे होने का उनका उपदेश नहीं सुनेगा। तुलसीदास स्वयं सन्त थे लेकिन यह भी चाहते थे कि समाज के अधिकाधिक लोग सन्त बनें। इसीलिए उन्होंने अपना मनोरथ व्यक्त कराते हुए कहा, 'कबहुँक हौं यहि रहनि रहौंगो। श्री रघुनाथ कृपाल, कृपा तें सन्त सुभाव गहौंगो'।[1] इस पद का मथितार्य यही है कि समाज सन्त स्वभाव को वरेण्य माने। रामकथा को सुनने-पढ़ने के अधिकारी तुलसीदास की दृष्टि में वे ही थे जो द्विज सेवक होने के साथ-साथ सत्संग भी किया करते थे'—

रामकथा के तेइ अधिकारी। जिन्ह के सत संगति अति प्यारी॥
गुरु पद प्रीति नीति रत जेई। द्विज सेवक अधिकारी तेई॥[2]

तुलसी की राम कथा का अध्ययन मनन कर कोई अब्राह्मण विप्र नहीं हो सकता था क्योंकि विप्र तो तुलसी के समय जन्मना होते थे। किन्तु उनकी कथा का विश्वासपूर्वक सम्यक् अनुशीलन कर कोई भी (चाहे वह ब्राह्मण हो या अब्राह्मण) हरि भक्ति प्राप्त कर सकता है, ऐसा उनका दावा था—

मुनि दुर्लभ हरि भगति नर पावहिं बिनहिं प्रयास।
जे यह कथा निरंतर सुनहिं मानि बिस्वास॥[3]

तुलसी ने यह कथा सन्तों से सुनकर ही सुनायी थी 'संतन्ह सन जस किछु सुनेउँ तुम्हहि सुनायउँ सोइ'।[4] यह निःसंकोच जोड़ा जा सकता है कि उन्होंने यह कथा मुख्यतः संतों को और संत बनना चाहनेवालों को ही दृष्टि में रखकर लिखी थी। यह असन्दिग्ध रूप से कहा जा सकता है कि रामचरितमानस का ही नहीं, समस्त तुलसी साहित्य का लक्ष्य हरिभक्तिमय सन्तत्व का विकास करना ही है। इस पर भी यदि कोई तुलसी को ब्राह्मणशाही का प्रचारक कहे तो उसका क्या इलाज है?

■

---

1. विनयपत्रिका 172/1-2
2. मानस 7/128/6-7
3. वही 7/126
4. मानस 7/92 (क)।

चित्रकूट में तुलसीदास की साधना और उपलब्धि

तुलसीदास को चित्रकूट अत्यन्त प्रिय था। इतना अधिक कि यह प्रियता भक्ति में परिवर्तित हो गयी थी। अपनी सभी प्रमुख कृतियों रामचरितमानस, विनयपत्रिका, गीतावली, कवितावली, दोहावली आदि में तुलसी ने बार-बार भिन्न-भिन्न मनः स्थितियों, ऋतुओं और भूमिकाओं में चित्रकूट के न केवल शोभन चित्र अंकित किये हैं, [1] बल्कि यह भी प्रतिपादित किया है कि निष्ठापूर्वक चित्रकूट में रहकर राम नाम का जप करनेवालों को वहाँ सीता और लक्ष्मण के साथ सब दिन बसने वाले प्रभु उनका अभिमत प्रदान करते हैं।[2] तुलसीदास के मतानुसार यह अभिमत और कुछ न होकर राम के प्रति सच्चा स्नेह ही होना चाहिए और उसी की प्राप्ति के लिए भक्तिपूर्वक चित्रकूट का दीर्घकाल तक सेवन किया जाना चाहिए, 'तुलसी जौ राम सों सनेह साँचो चाहिए तौ सेइए सनेह सों बिचित्र चित्रकूट सों।' [3]

कुछ विद्वान् कह सकते हैं कि तुलसी ने अयोध्या और काशी के प्रति भी असाधारण भक्ति निवेदित की है। इसमें कोई सन्देह नहीं कि अपने इष्ट देव की जन्मभूमि अयोध्या और अपने 'माय बाप गुरु संकर भवानिए' [4] की नगरी काशी भी उन्हें बहुत प्रिय थी और उन्होंने उनकी प्रशस्ति में अनेकानेक छन्द लिखे हैं। किन्तु ऐसा प्रतीत होता है कि तुलसीदास उन पवित्र नगरों को भी कलिकाल के उपद्रवों के फलस्वरूप पूर्णतः निरापद नहीं मानते थे। काकभुशुंडि के प्रथम जन्म के चरित्र का वर्णन करते समय रामचरितमानस में उन्होंने विस्तार से अयोध्या में होनेवाले कलि के अनाचारों अत्याचारों का चित्रण किया है।[5] इससे संगत अनुमान किया जा सकता है कि तुलसीदास के अपने समय में भी अयोध्या की स्थिति बहुत कुछ वैसी ही रही होगी। इसी प्रकार कवितावली और दोहावली में अपने समय में कलि के द्वारा की गयी काशी की कदर्थना...दुर्दशा के भी मार्मिक चित्र उन्होंने अंकित किये हैं। बड़ी

---

1. चित्रकूट अति विचित्र, सुंदरबन महि पवित्र, पावनि पय सरित सकल मल निकंदिनी। गीतावली 43/1, देखत चित्रकूट बन मन अति होत हुलास—वही 47/1, सब दिन चित्रकूट नीको लागत। बरषा ऋतु प्रवेस बिसेष गिरि देखत मन अनुरागत। वही 50/1-2 आदि आदि
2. दोहावली 4
3. कवितावली 7/141/7-8
4. वही 7/168/8
5. देखिये, मानस 7/96से 7/104 तक।

पीड़ा के साथ उन्होंने लिखा है, 'बिस्वनाथपुर फिरी आन कलिकाल की',[1] 'कासी की कदर्थना कराल कलिकाल की'[2] आदि आदि।' इनकी तुलना में चित्रकूट उन्हें साधना के लिए बहुत निरापद लगता था क्योंकि उनकी मान्यता थी कि चित्रकूट है, 'रस एक, रहित गुन कर्मकाल, सियराम लखन पालक कृपाल'[3] अर्थात. कृपालु सीता, राम लक्ष्मण द्वारा प्रतिपालित होते रहने के कारण चित्रकूट सत्त्व, रज, तम आदि गुणों, संचित, प्रारब्ध, क्रियमाण आदि कर्मों और सत्य, त्रेता, द्वापर, कलि आदि युगों के कालों से अप्रभावित, सदा एकरस सदा राम जी की भक्ति के अनुकूल रहता है। इसीलिए उन्होंने डंके की चोट पर घोषणा की कि यदि राम के चरणों में प्रेम चाहिए तो निर्बाध, निश्छल नियमपूर्वक चित्रकूट का सेवन करो, 'तुलसी जो राम पद चहिय प्रेम, सेइय गिरि करि निरुपाधि नेम!'[4]

क्या ये सब सुनी सुनायी बातें हैं जिन्हें परम्परा से प्राप्त होने के कारण तुलसीदास ने श्रद्धावश दुहरा दिया है? नहीं, यह तुलसी का अपना अनुभव है। जब-जब उन्हें संसाररूपी सर्प डसता था (भले वे उस समय अयोध्या या काशी में ही क्यों न हों) और उन पर भी काम, क्रोध, लोभ आदि का विष चढ़ने लगता था तब तब वे नेवले की तरह भागकर सर्प विष उतारनेवाली जड़ी को सूँघ कर सचेत होकर पुनः सर्प से लड़ने की शक्ति पाने के लिए चित्रकूट चले आया करते थे। अद्‌भुत है यह दोहा—

भव भुवंग तुलसी नकुल, डसत ज्ञान हरि लेत।
चित्रकूट इक औषधी, चितवत होइ सचेत॥ [5]

मानस और कवितावली दोनों में उन्होंने चित्रकूट को 'अचल अहेरी' के रूप में चित्रित कर बताया है कि श्रीराम की आज्ञा से वह अज्ञानरूपी संसार वन के पाप समूहरूपी मोटे ताजे जंगली पशुओं का वध कर साधु, गाय, विप्रों के भय का निवारण करता रहता है।[6] अतः उसके आश्रय में रहनेवाले साधकों पर कलिकाल का जोर नहीं चलता। जिस तरह भरत जी को चित्रकूट में प्रवेश करते समय लगा था कि इस प्रदेश का राजा श्रीराम चरणाश्रित विवेक है, उसका मंत्री है वैराग्य, यम-नियम उसके योद्धा हैं, कामदगिरि उसकी राजधानी है, शान्ति और सुमति उसकी पवित्र रानियाँ हैं और वह मोहरूपी राजा को उसकी सेना के साथ जीतकर निष्कंटक राज्य

---

1. कवितावली 7/169-2
2. वही 7/182/8
3. विनयपत्रिका 23/8
4. वही 23/9
5. दोहावली 180
6. मानस 2/133/4 तथा कवितावली 7/142।

कर रहा है,[1] उसी तरह तुलसीदास का अनुभव है कि चित्रकूट समस्त चिन्ताओं, शोकों से मुक्तिदाता, कलिमलहारी और कल्याणकारी है।[2] वास्तव में अयोध्या, काशी आदि अन्य तीर्थों की तुलना में चित्रकूट में अब भी कृत्रिमता बहुत कम है। तुलसीदास के समय तो चित्रकूट भी राम के समय से करीब-करीब अपरिवर्तित, अपने स्वाभाविक रूप में ही रहा होगा। भला कामदगिरि में, मन्दाकिनी की धारा में, चारों तरफ से सुहावने वन में और चित्रकूट की पावन रज में उस समय तक क्या परिवर्तन हुआ होगा! (अब तो फिर भी बस्ती बढ़ती जा रही है और चित्रकूट का स्वाभाविक रूप लुप्त होता जा रहा है। उचित तो यही है कि चित्रकूट की स्वाभाविकता की पूर्णतः रक्षा की जाये) अतः तुलसीदास चित्रकूट को यदि अपना अभयारण्य मानते रहे हों तो आश्चर्य की क्या बात है।

इसीलिए तुलसीदास अपने मन को समझाते रहते थे, 'अब चित चेति चित्रकूटहि चलु/कोपित कलि, लोपित मंगलमग, बिलसत बढ़त मोह माया मलु'[3] लगता है। तुलसीदास का मन भी नगरों की सुविधाओं को छोड़ कर वन-पर्वत के एकान्त में आने से कभी-कभी कतराता था या हो सकता है कि उन्होंने जन साधारण की भावना को अपने ऊपर आरोपित कर ऐसा कहा हो। फिर भी यह तो स्पष्ट ही है कि वे अपने चित्त को सचेत करते रहते थे कि यदि तुम चित्रकूट नहीं गये तो क्रुद्ध कलि जैसे औरों के लिए मंगल के मार्गों को अवरुद्ध कर उनके जीवनों में मोह, माया, पाप आदि की वृद्धि कर रहा है वैसे ही कुफल तुम्हें भी भोगने पड़ेंगे। अपने इष्टदेव श्रीराम के चरण-चिह्नों से अंकित पावन भूमि और उनके बिहार स्थल सुन्दर वनों के दर्शनों का पुण्य तो चित्रकूट में ही मिलेगा और फिर कामदगिरि के शिखर के दर्शन मात्र से जन्म-मरण के दुःख से और कपट, पाखंड, दंभ आदि दुर्वृत्तियों से सदा के लिए छुटकारा हो जायेगा। अतः ओ मेरे चित्त, चल, चित्रकूट चल। इस पद की एक पंक्ति बहुत ही विलक्षण है—'न करु बिलंब, बिचारु चारुमति, बरष पाछिले सम अगिलो पलु'।[4] अर्थात् अब देर मत कर ओ सुन्दर बुद्धिवाले चित्त विचार कर कि जीवन के समस्त बीते हुए वर्षों के समान बल्कि उनकी समष्टि से भी अधिक महत्त्वपूर्ण है आने वाला एक पल। मुझे नहीं मालूम कि दूसरे किस विचारक ने आने वाले एक-एक पल को इतना महिमामंडित किया है। इसी पद की अन्तिम पंक्ति में तुलसीदास ने कहा है कि वैसे तो चित्रकूट सबों के लिए मंगलमय है किन्तु तुलसी तुझे तो विशेष रूप से समझना चाहिए कि तुझे तो एक मात्र चित्रकूट का ही विश्वास,

---

1. मानस 2/235
2. विनयपत्रिका 23/1
3. वही 24/1-2
4. वही 24/7।

प्रेम और बल है, 'तुलसी तोहि बिसेषि बूझिये एक प्रतीति, प्रीति एकै बलु।'[1]

प्रश्न उठता है कि तुलसी अयोध्या, काशी, प्रयाग आदि से भी अपने लिये चित्रकूट को अधिक महत्त्वपूर्ण क्यों मानते हैं? इसका सीधा उत्तर यही है कि चित्रकूट में ही तुलसीदास को अपने जीवन के विशिष्ट अनुभव हुए थे। सन्त अपने दिव्य अनुभवों को प्रकट नहीं करते फिर भी तुलसीदास ने भावावेग में चित्रकूट में हुए अपने दो अनुभवों की चर्चा विनयपत्रिका में की है। तुलसीदास ने साफ-साफ लिखा है कि अगणित गिरिकाननों, तीर्थों में फिरने के बाद भी मैं बिना आग के ही जलता रहा, चित्रकूट आने पर मुझे कलि की सब कुचालें दीख पड़ीं और अब मैं अपनी ओर से (या विषम भयों से) डर गया हूँ कि जिस प्रकार चोर पहचान लिये जाने पर खूँख्वार हो जाता है, उसी प्रकार कलिकाल अब मेरे ऊपर अतिशय क्रुद्ध होकर मुझे नष्ट कर देने पर आमादा हो गया है। हे नाथ, मैं सिर झुका कर हाथ जोड़ कर आपसे यह निवेदन कर निवृत्त हो गया, अब आप जो चाहे करें।[2] इसमें आये—'चित्रकूट गये लखि कलि की कुचाल सब' वक्तव्य से यह पता चलता है कि चित्रकूट में तुलसीदास को कलिकाल की समस्त कुचालों का बोध हुआ था और यह निश्चय ही एक बड़ी उपलब्धि है। कलि की असंख्य कुचालों को छोड़ कर यदि साधनों के सम्बन्ध में उसकी कुचालों पर ही विचार किया जाय तो कुछ अटपटी बातें सामने आती हैं। जो लोग संसार में ही आसक्त हैं उन्हें तो कलि काम, क्रोध, लोभ आदि से ठगता है ही किन्तु जो लोग राम से जुड़ना चाहते हैं उनको भी कलि प्रायः छल लेता है। 99.9 प्रतिशत लोग भगवान् की पूजा-अर्चना करने के बाद उनसे माँगते हैं धन, सम्पत्ति, पुत्र-कलत्र, स्वास्थ्य, अधिकार आदि ही।

क्या यह भी कलि का फल नहीं है? राम को साधन बनाकर सांसारिक वस्तुओं, स्थितियों को साध्य बनाना वास्तव में क्या साधना कहलाने के योग्य बात है? वैसे औरों से माँगने की तुलना में राम से माँगना तुलसी की दृष्टि में अच्छा है अतः अन्यों के लिए तुलसी एक सीमा तक इसे सह लेते हैं। उनका आदर्श तो यही है, 'जग जाँचिये कोउ न' किन्तु यदि बिना याचना किये काम ही न चलता हो तो 'जाँचिये जो, जिय जाँचिये जानकी जानहि रे जेहि जाँचत जाचकता जरि जाइ जो जारति जोर जहानहि रे!'[3] राम से की गयी याचना क़ा एक विचित्र सुफल यह भी है कि सारे संसार को जबर्दस्ती जलाते रहनेवाली याचकता उससे स्वयं जल जाती है। अपने लिये तुलसी का निर्णय है, 'तुलसी राम सनेह को जो फल सो जरि जाउ!' राम जी से प्रेम करने का यदि कोई फल होता हो तो वह जल जाये, मुझे राम की भक्ति करने के बदले कुछ नहीं चाहिए। यह भी ठीक है कि राम से जुड़ना चाहनेवाले सभी

---

1. विनयपत्रिका 24/12
2. वही 266
3. कवितावली 7/28/1-2।

लोग उनसे भौतिक वस्तुएँ नहीं पाना चाहते हैं। कुछ लोग उन्हीं को पाना चाहते हैं, किन्तु ऐसों में से भी अधिकांश यह मान बैठते हैं कि वे अपने साधन से, भक्ति, ज्ञान, योग या कर्म से राम को पा सकते हैं। क्या यह भी कलि का छल ही नहीं है ? क्या सीमित शक्ति सम्पन्न व्यक्ति अपने सीमित साधनों से असीम राम को पा सकते हैं? यदि नहीं, तो फिर राम को कैसे पाया जा सकता है ?

मुझे लगता है कि चित्रकूट में ही तुलसी को इस प्रश्न का सटीक उत्तर मिला था। उन्होंने लिखा है, 'तुलसी तो को कृपालु जो कियो कोसल पाल चित्रकूट को चरित्र चेतु चित्त|करि सो[1] अर्थात् कृपाल कोशलाधीश श्रीराम ने चित्रकूट में तेरे लिए या तेरे साथ जो चरित्र किया, उसे स्मरण कर और चित्त में धारण कर। सामान्यत: टीकाकारों ने इस प्रसंग में प्रचलित किंवदन्ती दुहारायी है, 'चित्रकूट के घाट पर भइ सन्तन की भीर। तुलसिदास चंदन घिसें तिलक देत रघुबीर।' इस श्रद्धाप्रसूत उक्ति को स्वीकारने में आज के बहुत से बुद्धिजीवियों को संकोच हो सकता है। मेरी धारणा है कि तुलसीदास यहाँ प्रभु की ऐसी सूक्ष्म कृपा का संकेत कर रहे हैं जिसे सचेत होकर चित्त में धारण किये रखना चाहिए। ऐसी कृपा सत्य के साक्षात्कार के रूप में ही हो सकती है। तुलसीदास को यह उपलब्धि भी चित्रकूट में ही हुई होगी कि अपने समस्त साधनों का भरोसा छोड़कर अनन्य भाव से निस्साधन होकर, दीन होकर, राम के द्वार पर जाने पर राम ही साधन बन जाते हैं राम की प्राप्ति के। तुलसीदास की उत्तरकालीन साधना इसी तत्त्व पर...आचार्यों के मतानुसार शरणागति तत्त्व पर ही अवलम्बित है। इसी तत्त्व को वे आजीवन स्मरण रखना...सचेत रूप से स्मरण रखना और चित्त में धारण किये रखना चाहते थे। तभी उन्होंने कहा था—

करमठ कठमलिया कहैं, ज्ञानी ज्ञान बिहीन।
तुलसी त्रिपथ बिहाय गो, राम दुआरे दीन।।[2]

कर्ममार्गी कहते रहें कि तुलसीदास केवल काठ की माला फेरता रहता है, कठमलिया है, ज्ञानी मुझे अज्ञानी घोषित कर दें, भक्त होने की तो पात्रता ही मुझमें नहीं है अत: तीनों मार्गों का (अर्थात् समस्त साधनों का) परित्याग कर निस्साधन होकर केवल राम के द्वार पर (अर्थात् अन्य सबों का आश्रय छोड़ कर) अनन्य होकर दीन भाव से आ बैठा हूँ। अब राम जी की जो इच्छा। यह नहीं कि तुलसीदास ने इसके पहले शरणागति तत्त्व का अध्ययन या श्रवण नहीं किया होगा, जरूर किया होगा। किन्तु उसे अनुभूत सत्य के रूप में उन्होंने प्रभु की कृपा से चित्रकूट में ही कलिमल से मुक्त, शुद्ध हृदय होकर उपलब्ध किया होगा। इसके समर्थन में

---

1. विनयपत्रिका 264/10
2. दोहावली 99।

तुलसीदास के ही द्वारा निर्दिष्ट चित्रकूट में करणीय साधना का उल्लेख किया जा सकता है।

तुलसीदास का अनुभव सिद्ध आश्वासन है—

राम नाम-जप जाग करत नित, मज्जत पय, पावन पीवत जलु।
करिहै राम भावतो मन की, सुख साधन अनयास महाफलु ॥[1]

अर्थात् चित्रकूट में जाकर नित्य राम नाम जपरूपी यज्ञ तथा मन्दाकिनी जी में स्नान और उनका जलपान करते रहने के सुखपूर्ण साधन से ही राम जी तेरी मनोकानना पूर्ण करेंगे और महान् फल प्रदान करेंगे। यहाँ यह समझ रखना चाहिए कि तुलसी के मतानुसार राम नाम का अवलम्ब ग्रहण करना राम का अवलम्ब ग्रहण करना ही है क्योंकि नाम और नामी में अभेद होता है।[2] तुलसीदास तो नाम निष्ठा के कारण मानस में खुले खजाने घोषित ही नहीं, सिद्ध कर चुके हैं कि राम जी का नाम उनके निर्गुण और सगुण दोनों रूपों से बड़ा है। इस भावना को वे अपने मन की प्रतीति, प्रीति, रुचि[3] बताते हैं। वास्तव में सिद्धान्त के स्तर पर भले नाम और नामी में अभेद हो, व्यवहार के स्तर पर तो साधकों के लिए राम नाम का अवलम्व ही सुलभ है अतः वही उनके लिए बड़ा है। गुण, कर्म और काल से निरपेक्ष एकरस रहनेवाले राम के धाम चित्रकूट में राम नाम को (अर्थात् वस्तुतः राम को ही) साधन बनाने पर जो फल मिलता है वह सांसारिक वस्तुओं, स्थितियों को प्राप्त करने के सदृश तुच्छ न होकर राम प्राप्ति सदृश महाफल ही होता है, यही इसका निष्कर्ष है।

फिर भी कुछ विद्वान् कह सकते हैं कि चित्रकूट की महिमा को अतिरंजित रूप में अभिव्यक्त करनेवाली इस उक्ति को अर्थवाद मानना चाहिए, तुलसी की साधना का प्रमाण नहीं। उनकी इस आपत्ति को निरस्त करने के लिए दोहावली का इसी भाव का दोहा उद्धृत किया जा सकता है—

चित्रकूट सब दिन बसत, प्रभु सिय-लषन-समेत।
राम नाम जप जापकहिं, तुलसी अभिमत देत ॥[4]

इस दोहे में भी तुलसी इस बात पर बल देते हैं कि चित्रकूट में सीता और लक्ष्मण के साथ श्रीराम सदा-सर्वदा बसते हैं और वहाँ रहकर राम नाम जप करने वालों का मनोरथ पूर्ण करते हैं। अवश्य ही यह मनोरथ स्वार्थपरक भी हो सकता है और परमार्थपरक भी। यह तो जापक की मनःस्थिति पर निर्भर है। तुलसी अपने

---

1. विनयपत्रिका 24/9-10
2. 'समुझत सरिस नाम अरु नामी'—मानस 1/21/1
3. **वहीं 1/23/3**
4. **दोहावली 4।**

लिए राम से प्रेम या सीधे शब्दों में राम की प्राप्ति को ही योग्य अभिमत मानते हैं, इसमें कोई दो मत नहीं हो सकता।

इसके अलावा एक पुष्ट प्रमाण और है। तुलसी ने मानस में शरभंग और सुतीक्ष्ण जी की साधना का सहृदय अंकन किया है। स्मरण रहे शरभंग और सुतीक्ष्ण तुलसी के कल्पित चरित्र नहीं हैं, वे वाल्मीकीय रामायण और अध्यात्म रामायण के माध्यम से उन्हें मिले हैं। फिर भी तुलसी ने उनकी साधना का रूप वैसा ही अंकित नहीं किया है जैसा वाल्मीकीय या अध्यात्म रामायण में चित्रित है। उन्होंने उसे एक बड़ी सीमा तक बदल दिया है। निश्चय ही यह परिवर्तन तुलसी की मान्यता को उजागर करने वाला माना जाना चाहिए अन्यथा परिवर्तन का कोई तुक ही नहीं रह जाता। अपनी बात को स्पष्ट करने के लिए मैं इन तीनों महान् ग्रन्थों में चित्रित शरभंग और सुतीक्ष्ण की साधना को साथ-साथ उपस्थित करना आवश्यक समझता हूँ।

वाल्मीकीय रामायण के पंचम सर्ग में उल्लेख है कि जब विराध का वध कर श्रीराम, सीता और लक्ष्मण के साथ शरभंग ऋषि के आश्रम के निकट पहुँचे तो उन्होंने देखा कि दिव्य रथ पर आरूढ़ और देव-गन्धर्व आदि से परिवेष्टित देवराज इन्द्र से शरभंग जी वार्तालाप कर रहे हैं। श्रीराम को अपनी ओर आते देखकर इन्द्र शरभंग जी से विदा माँग कर श्रीराम से बिना मिले शीघ्रतापूर्वक स्वर्ग सिधारे। श्रीराम, सीता और लक्ष्मण ने अग्निहोत्र में बैठे शरभंग जी के चरणस्पर्श किये तो उन्होंने बताया कि देवराज इन्द्र मुझे ब्रह्मलोक ले जाने के लिए आये थे किन्तु आपके सदृश प्रिय अतिथि से बिना मिले मैं ब्रह्मलोक नहीं जाना चाहता था अत: रुक गया। अब ब्रह्मलोक और स्वर्ग के साधनरूपी मेरे तप के फल को आप ग्रहण करें। श्रीराम के यह कहने पर कि उन लोकों को तो मैं स्वयं प्राप्त कर लूँगा आप तो हम लोगों के निवास योग्य उचित स्थान बताने की कृपा करें। शरभंग जी ने उन्हें मन्दाकिनी के किनारे-किनारे आगे बढ़ते हुए सुतीक्ष्ण जी के आश्रम तक उनसे मिलने के लिए कहा, क्योंकि वे ही उन लोगों के योग्य स्थान का निर्देश करने में समर्थ हैं। श्रीराम से दो घड़ी रुकने का निवेदन कर शरभंग ने चिता में प्रवेश कर शरीर त्याग दिया। तदनन्तर वे अग्नितुल्य कांतिमान कुमार का रूप धारण कर अग्निहोत्रियों, ऋषियों, महात्माओं, देवताओं के लोकों का अतिक्रमण कर ब्रह्मलोक को चले गये।[1]

महर्षि वाल्मीकि के अनुसार राक्षसों के अत्याचारों से संत्रस्त ऋषियों-मुनियों को आश्वस्त कर जब उन लोगों के साथ श्रीराम, सीता और लक्ष्मण सुतीक्ष्ण जी के आश्रम पहुँचे तो उन्होंने जटाजूटधारी तपोवृद्ध सुतीक्ष्ण जी को तपस्या में लीन पाया। श्रीराम ने अपना परिचय देकर जब उनका ध्यान आकृष्ट किया तो उन्होंने श्रीराम को गले से लगा कर कहा मैं आपकी प्रतीक्षा कर रहा था। आप सीता और लक्ष्मण के

1. वाल्मीकीय रामायण अरण्यकांड, पंचम सर्ग।

साथ मेरे तपोबल से जीते हुए लोकों में विहार कीजिये। श्रीराम ने उनसे भी यही कहा कि उन लोकों को मैं स्वयं प्राप्त कर लूँगा आप तो इस समय वन में हम लोगों के रहने योग्य स्थान का निर्देश करें।

सुतीक्ष्ण जी ने प्रेमपूर्वक आतिथ्य कर उन्हें उस रात अपने आश्रम में रोक रखा फिर दंडक वनवासी पुण्यशील ऋषियों के आश्रमों के निरीक्षणार्थ प्रेषित कर पुनः अपने आश्रम में आने को कहा। दस वर्षों तक विविध ऋषियों के आश्रमों में परिभ्रमण कर जब श्रीराम, सीता, लक्ष्मण पुनः सुतीक्ष्ण जी के आश्रम में आये, जब उनके पूछने पर सुतीक्ष्ण जी ने उन्हें अगस्त्य जी के आश्रम का मार्ग बतला दिया।[1]

इस प्रकार वाल्मीकीय रामायण में शरभंग और सुतीक्ष्ण मूलतः तपोबल से दिव्य लोकों को जीतनेवाले महान् महर्षि के रूप में चित्रित हैं जो श्रीराम, सीता, लक्ष्मण के प्रति अनुरागयुक्त हैं।

अध्यात्म रामायण में लक्ष्मण और सीता के साथ श्रीराम जब शरभंग जी के आश्रम में जाते हैं तो वे उठ खड़े होते हैं, भलीभाँति उनकी पूजा कर आसन पर बैठा कर उनका आतिथ्य सत्कार करते हैं। तदनन्तर वे श्रीराम से कहते हैं मैं बहुत काल से आपके दर्शनों की आकांक्षा से तपस्या कर रहा था। मुझे तपस्या के द्वारा जो बहुपुण्य प्राप्त हुआ है उस सबको आपको समर्पित कर मैं मुक्ति प्राप्त करूँगा। इस प्रकार श्रीराम को अपना महान् पुण्य फल अर्पित कर सीता सहित राम को प्रणाम कर श्रीराम, सीता, लक्ष्मण का ध्यान करते हुए, उनकी स्तुति करते हुए चितारूढ़ होकर अग्नि प्रज्वलित कर शरभंग जी ने अपने को भस्म कर दिया। तदनन्तर वे दिव्य देह धारण कर साक्षात् ब्रह्मलोक को चले गये। अपनी स्तुति में उन्होंने अवश्य ही यह कहा कि मैं अनन्य भाव से जिनका नित्य स्मरण करता था वे कृपालु श्रीराम स्वयं मेरे यहाँ पधारे। वे मुझे देख रहे हैं और मैं निष्पाप होकर ब्रह्मलोक जा रहा हूँ। मेरे हृदय में मेघ में लसित विद्युल्लता के सदृश श्रीराम और सीता विराजमान रहें।[2]

राक्षसों के आतंक से ग्रस्त ऋषियों को अभय देकर जब श्रीराम सुतीक्ष्ण के आश्रम में पधारे तो भक्तिवश उत्कंठित लोचनवाले सुतीक्ष्ण जी उन्हें लेने स्वयं आगे आये, उनका पूजन कर उनकी स्तुति करने लगे। भक्ति और ज्ञान से परिपूर्ण स्तुति के अन्त में उन्होंने प्रार्थना की कि जो ज्ञानी जन आपके देशकालादि उपाधियों से रहित चिद्घनस्वरूप को जानते हैं, वे भले वैसा जानें, मेरे हृदय में तो सदा आपका यही प्रत्यक्ष सगुण रूप विराजमान रहे। श्रीराम ने उनकी सराहना करते हुए कहा कि मुझे ज्ञात है कि मेरे अतिरिक्त तुम्हारा और कोई साधन नहीं हैं, जो नित्य निरपेक्ष और अनन्य भाव से मेरे मंत्र का जप करते हुए मेरी ही शरण में रहते हैं, मैं उन्हें नित्य

1. वाल्मीकीय रामायण, अरण्यकांड , सप्तम एवं एकादश सर्ग
2. अध्यात्म रामायण, अरण्यकांड 2/1-12।

प्रति दर्शन देता हूँ। तुम जीवितावस्था में ही सर्वथा मुक्त हो गये हो और शरीर छूटने पर निस्संदेह मेरा सायुज्य पद प्राप्त करोगे। अब मुझे अगस्त्य जी से मिलना है। इस पर सुतीक्ष्ण जी स्वयं उनके साथ अपने गुरु अगस्त्य जी के आश्रम में चलने के लिए तैयार हो गये।[1]

इस प्रकार वाल्मीकीय रामायण की तुलना में अध्यात्म रामायण में भक्ति भाव अधिक सान्द्ररूप में विद्यमान है, किन्तु यहाँ भी तपस्या और योग पर शरभंग जी का पर्याप्त बल है, वे राम जी के समक्ष चिता में शरीर को दग्ध कर ब्रह्मलोक ही जाते हैं। सुतीक्ष्ण जी की स्तुति में भक्ति के साथ ज्ञान का गहरा पुट है फिर भी उनकी अन्तिम प्रार्थना में प्रभु के सगुण रूप के प्रति उनका प्रेमपूर्ण पक्षपात अवश्य ही स्पष्ट होता है। उनकी साधना में अनन्यता और प्रभु को ही साधन मानने का भाव है, इसका स्पष्टीकरण भी श्रीराम करते हैं। सुतीक्ष्ण अपनी स्तुति में इसे सीधे-सीधे प्रकट नहीं करते।

इन दोनों उपजीव्य ग्रन्थों की तुलना में रामचरितमानस में शरभंग और सुतीक्ष्ण के प्रसंगों में पूरा बल निस्साधनता और अनन्यता पर ही दिया गया है। शरभंग जी की उक्ति है—

चितवत पंथ रहेउँ दिन राती। अब प्रभु देखि जुड़ानी छाती॥
नाथ सकल साधन मैं हीना। कीन्ही कृपा जानि जन दीना॥
सो कछु देव न मोहिं निहोरा। निजपन राखेउ जनमन चोरा॥[2]

वाल्मीकीय रामायण के महातपस्वी, महाप्राज्ञ, अपने तप: प्रभाव से अक्षय, शुभ लोकों को जीतनेवाले महर्षि शरभंग, अध्यात्म रामायण के तपोबल से बहुपुण्यलब्ध, विरक्त योगी शरभंग मानस में प्रभु से कहते हैं कि मैं सकल साधनों से हीन हूँ, आपने मुझे अपना दीनजन जान कर ही मुझ पर कृपा की है। यह मुझ पर आपका कोई विशेष उपकार नहीं है। आपने तो अपनी प्रतिज्ञा की ही रक्षा की है। यह भी स्मरण रखना चाहिए कि सकल साधनहीन होने का अर्थ, ज्ञान, भक्ति, कर्म, योग आदि से रहित होना न होकर उनके बल के अहंकार से रहित होना है।

यह भी लक्षितव्य है कि मानस के शरभंग अपना योग जप तप व्रत प्रभु को समर्पित कर उनकी भक्ति का वर माँगते हैं, उनसे मिलने के लिए (उनके धाम में जाने के लिए) तन त्यागते हैं, मुक्ति के लिए नहीं और ब्रह्मलोक न जाकर बैकुंठ सिधारते हैं।

सुतीक्ष्ण जी के प्रसंग में तो तुलसीदास ने निस्साधनता और अनन्यता की साधना को और भी चमका दिया है। सुतीक्ष्ण जी का सबसे बड़ा परिचय तुलसी की दृष्टि में

---

1. अध्यात्म रामायण, अरण्यकांड 2/25-40
2. मानस 3/8/3-5।

यह है कि वे थे, 'मन क्रम, वचन राम पद सेवक। सपनेहु आन भरोस न देवक।'[1] इसे ही अनन्यता का आदर्श कहा जा सकता है कि शरणागत मन, कर्म, वाणी से राम का चरण सेवक हो और उसे स्वप्न में भी किसी अन्य देवी-देवता का भरोसा न हो। नारदीय भक्ति सूत्र में अनन्यता का मुख्य लक्षण है, अन्याश्रयाणां त्यागोऽनन्यता।[2] श्रीराम के आगमन का संवाद सुनकर मानस में सुतीक्ष्ण जी स्थिर नहीं रह पाये, अपने आश्रम में रहकर प्रभु के आगमन की और अधिक प्रतीक्षा नहीं कर पाये, उनसे मिलने का मनोरथ करते हुए वे आतुर होकर दौड़ पड़े। उनकी भक्तिद्रवित मनःस्थिति का चित्रण बहुत सधी लेखनी से तुलसी ने किया है। वे व्याकुल होकर सोचने लगते हैं कि क्या प्रभु मेरे जैसे शठ पर दया कर मुझे अपना सेवक मान कर मिलेंगे। अपनी निस्साधनता का भावपूर्ण निरूपण करते हुए वे कह उठते हैं—

मोरे जियँ भरोस दृढ़ नहीं। भगति बिरति न ग्यान मन माहीं॥
नहिं सतसंग जोग जप जागा। नहिं दृढ़ चरन कमल अनुरागा॥[3]

भला कैसे भरोसा कर पाऊँ कि प्रभु मुझे अपना लेंगे, न मुझमें भक्ति है, न वैराग्य, न ज्ञान, न सत्संग, न योग, न जप, न यज्ञ, न प्रभु के चरण-कमलों के प्रति दृढ़ अनुराग ही। इस दुविधा भरी मनःस्थिति में उनकी दृष्टि अपनी ओर से हट कर प्रभु की ओर जाती है और वे आश्वस्त होकर कह उठते हैं—

एक बानि करुना निधान की। सो प्रिय जाके गति न आन की॥
होइहैं सुफल आजु मम लोचन। देखि बदन पंकज भव मोचन॥[4]

नहीं, नहीं, निराश होने की कोई बात नहीं है, प्रभु की तो यह जानी मानी आदत ही है कि जिसे और किसी का आसरा नहीं होता, उसे वे प्यार करते हैं। निश्चय ही मुझे उनका प्रेम मिलेगा जन्म-मरण के चक्र को नष्ट कर देनेवाले उनके मुख-कमल के दर्शन कर मेरे नेत्र आज सफल हो जायेंगे। तुलसीदास ने इस स्थल पर सुतीक्ष्ण जी के चित्त में अविरल प्रेमाभक्ति का पूर्ण प्रकाश दिखाया है। वे अपने को भूल जाते हैं, कहाँ जाना है, क्या करना है, यह भी भूल जाते हैं, कभी आगे जाते हैं, कभी पीछे, कभी गुण गा-गा कर नाचने लगते हैं। तब प्रभु स्वयं उनके हृदय में प्रकट हो जाते हैं। ध्यान रस में मग्न सुतीक्ष्ण पुलकित शरीर लिये मार्ग के बीच ही अचल होकर बैठ जाते हैं। प्रभु उन्हें जगाने के लिए अपना राम रूप छिपाकर चतुर्भुज रूप दिखाते हैं। यह भी अनन्यता की परीक्षा ही है। राम रूप का अनन्य उपासक जानकीनाथ, लक्ष्मीनाथ और परमात्मा में अभेद मानता हुआ भी राम

---

1. मानस 3/10/2
2. नारदीय भक्ति सूत्र—10
3. मानस 3/10/6-7
4. वही 3/10/8-9।

रूप को ही अपना सर्वस्व मानता है। व्याकुल होकर सुतीक्ष्ण उठ बैठते हैं, और सामने ही अपने इष्ट देव को पाकर उन्हें दंडवत् प्रणाम करते हैं। यह पूरा प्रसंग सुतीक्ष्ण जी के परम्पराप्राप्त चरित्र में तुलसी के द्वारा की गयी नयी उद्‌भावना है।

मानस में भी सुतीक्ष्ण जी श्रीराम की स्तुति करते हैं और खोजनेवालों को इसमें अध्यात्म रामायण की स्तुति की कहीं-कहीं प्रतिध्वनि मिल सकती है। किन्तु उसकी फलश्रुति के रूप में की गयी याचना अत्यन्त विलक्षण है—

'अस अभिमान जाइ जनि भोरे। मैं सेवक रघुपति पति मोरे।'[1]

इसमें 'ग्यान मान जहँ एकउ नाहीं। देख ब्रह्म समान सब माहीं।'[2] रूपी ज्ञान के लक्षण की पूरी अवहेलना कर श्रीराम को स्वामी और अपने को उनका सेवक मानने का अभिमान जीवन पर्यन्त बनाये रखने की प्रार्थना की गयी है। ज्ञान जितनी मात्रा में भक्ति का सहायक बनकर आये, उतनी ही मात्रा तक सुतीक्ष्ण जी को वह स्वीकार है, सेव्य-सेवक दोनों को ब्रह्म प्रतिपादित कर सब प्रकार के मान (फिर अभिमान की गुंजाइश ही कहाँ है) से रहित बना देनेवाला ज्ञान उन्हें प्रिय नहीं है। इसीलिए प्रभु से अविरल भक्ति वैराग्य, विज्ञान समस्त गुणों और ज्ञान के निधान होने का वरदान पाकर भी सुतीक्ष्ण जी की लालसा यही वरदान पाने की है—

अनुज, जानकी सहित प्रभु, चाप बान धर राम।
मम हिय गगन इंदु इव बसहु सदा निहकाम॥[3]

मानस के शरभंग और सुतीक्ष्ण के ये परिवर्तित, परिवर्धित प्रसंग इस तथ्य के निश्चित प्रमाण हैं कि तुलसीदास ने चित्रकूट के निकटस्थ इन दोनों सन्तों के माध्यम से अपनी प्रिय, स्वयं अपने द्वारा चित्रकूट में उपलब्ध एवं आचरित साधना पद्धति को मूर्त्त कर दिया है। यह ठीक है कि शरणागति के मूल तत्त्वों के रूप में निस्साधनता या अकिंचनता एवं अनन्यता को परम्परा से ही स्वीकार किया जाता रहा है। उदाहरण के लिए यामुनाचार्य ने अपने प्रसिद्ध आलवंदार स्तोत्र में कहा है—

न धर्मनिष्ठोऽस्मि न चात्मवेदी
न भक्तिमांस्त्वच्चरणारविन्दे।
अकिंचनोऽनन्यगतिः शरण्य
त्वत्पादमूलं शरणं प्रपद्ये॥[4]

अर्थात् न तो मैं धर्मनिष्ठ हूँ, न आत्मवेत्ता (ज्ञानी), न तुम्हारे चरण-कमलों में मेरी भक्ति ही है, हे शरण लेने योग्य प्रभु! मैं तो अकिंचन, निःसाधन हूँ, मेरा कोई

1. मानस 3/11/21
2. वही 3/15/7
3. वही 3/17
4. आलवन्दारस्तोत्रम्—25।

दूसरा आश्रय नहीं है, मैं तो केवल तुम्हारे चरण-कमलों की शरण में आ गया हूँ। पूर्वोद्धृत तुलसी का दोहा, 'करमठ कठमलिया कहैं, ज्ञानी ज्ञानबिहीन। तुलसी त्रिपथ बिहाइ गो राम दुआरे दीन।' इस श्लोक के अनुरूप ही है। किन्तु यह भाव तुलसी के लिए सुना सुनाया न होकर चित्रकूट में अनुभूत अपना जीवन सत्य है, यह भी ठीक है। यह इससे भी स्पष्ट है कि विनयपत्रिका के जिस पद में तुलसी ने कृपालु कोशलपाल द्वारा अपने प्रति (या अपने लिए) किये गये चरित्र को स्मरण करने के लिए कहा है, उसी में अपने से यह भी पूछा है कि अपने चारों नेत्रों से (दो बाह्य नेत्रों और दो ज्ञान-वैराग्य के नेत्रों से) देख कर बता कि तीनों लोकों और तीनों कालों में हरि के समान तेरा और कौन हितू है।[1] इस प्रश्न में उत्तर निहित है कि हरि के समान हितू और कोई नहीं है अतः एक मात्र उन्हीं का आश्रय लेना चाहिए। यही अनन्यता है। इसी पद में आगे वे कहते हैं, करम-धरम, स्रमफल रघुबर बिनु राख को सो होम है, ऊसर कैसो बरसो,[2] अर्थात् श्रीराम से सम्बन्ध जोड़े बिना, उनका अवलम्ब लिये बिना अपने साधन के रूप में किये गये सारे कर्मों, धर्मों (भक्ति, ज्ञान, कर्म, योग आदि समस्त उपायों) का फल केवल उनके करने में होनेवाला श्रम ही है अर्थात् वे राख में होम करने या ऊसर में वर्षा होने के समान ही निष्फल हैं। इसका मथितार्थ यही है कि अपने समस्त साधनों का अहंकार छोड़ निस्साधन हो जाना चाहिए। राम ही को (या राम के नाम को) अपना साधन बनाना चाहिए और महाफल के रूप में राम को पाना ही अपना साध्य मानना चाहिए। तुलसी चित्रकूट की इसी शिक्षा को, साधना को स्मरण कर जीवन भर के लिए चित्त में धारण कर लेना चाहते हैं।

क्या यह साधना चित्रकूट में रहकर ही की जा सकती है? इसका भी बड़ा अद्भुत उत्तर तुलसीदास ने दिया है। निश्चय ही धाम की भौगोलिक सत्ता है और उसकी भी महामहत्ता है। तभी तो तुलसीदास बार-बार चित्रकूट आते रहते थे और अन्यत्र रहने पर चित्त को समझाते रहते थे कि ओ भाई, अब सचेत होकर चित्रकूट चल। किन्तु यही अन्तिम बात नहीं है। तुलसीदास चित्रकूट का अध्यात्मीकरण कर लेने के पक्ष में भी हैं। आध्यात्मिक का अर्थ आजकल अंग्रेजी पढ़े लिखों के द्वारा स्पिरिचुअल समझा जाता है जो मेटीरियल अर्थात् भौतिक का यदि विरोधी नहीं तो उससे परे अवश्य है। अपनी परम्परा में अध्यात्म का अर्थ है आत्मनि अधि या अपने भीतर। देह के भीतर इन्द्रिय मन, बुद्धि, उनकी विविध वृत्तियाँ, उनके घात-संघात, आत्मा, परमात्मा इन सबको अपनी परम्परा में अध्यात्म सम्बन्धी या आध्यात्मिक कहा जाता रहा है। इसीलिए तुलसी ने 'दैहिक, दैविक, भौतिक तापा। राम राज नहिं

---

1. चारिहूँ बिलोचन बिलोकु तू तिलोक महँ तेरोतिहूँ काल कहु को है हितु हरि सो
—विनयपत्रिका 264/2-3

2. वही 264/20-11।

काहुहिं ब्यापा'[1] में दैहिक का प्रयोग आध्यात्मिक के अर्थ में किया है। अतः अध्यात्मीकरण का अर्थ हुआ बाहरी सत्ता को अपनी भीतरी सत्ता बना लेना। यह सब समय सबों के लिए संभव नहीं है कि वे चित्रकूट आ पायें लेकिन यह सम्भव है कि वे चित्रकूट को अपने भीतर ले आयें, चित्रकूट की आध्यात्मिक सत्ता का अनुभव करें। चित्रकूट के पर्वत, वन-जलस्रोत श्रीसीताराम के विहार स्थल रहे हैं, इसीलिए वे इतने महिमान्वित हो सके हैं। यदि कोई ऐसा उपाय किया जा सके जिससे सीताराम का विहार अपने भीतर हो सके तो अपना अन्तर ही चित्रकूट के सदृश हो जायेगा, चित्रकूट बन जायेगा। तुलसीदास के अनुसार इसका उपाय है निरन्तर राम कथा का श्रवण करते रहना। जिस प्रकार मंदाकिनी में स्नान कर शरीर और मन दोनों का मैल धुल जाता है, उसी प्रकार रामकथारूपी मन्दाकिनी के श्रवणरूपी स्नान से चित्त निर्मल होने लगता है, पवित्र होने लगता है, उसमें श्रीराम के प्रति स्नेह उत्पन्न हो जाता है। यही निर्मल, पवित्र, चारुचित्त चित्रकूट बन जाता है, उसके सुन्दर राम-प्रेम का भाव ही चित्रकूट के चारों ओर के सुन्दर वन जैसा आभासित होने लगता है, जिसमें निरन्तर सीताराम विहार करते रहते हैं। अतः तुलसी के मतानुसार चित्रकूट में रहकर या चित्रकूट का अध्यात्मीकरण कर लेने के बाद कहीं भी रहकर यह साधना अविच्छिन्न रूप से की जा सकती है। तुलसी ने सचमुच असाधारण भंगिमा में लिखा है यह दोहा—

राम कथा मंदाकिनी, चित्रकूट चित चारु।
तुलसी सुभग सनेह बन, सिय रघुबीर बिहारु॥[2]

■

1. मानस 7/21/1
2. दोहावली 195।

कथा राम कै गूढ़

श्री रामचरितमानस के उपक्रम में ही तुलसीदास ने रामकथा को गूढ़ कहा है।[1] जिस चरित के रचयिता स्वयं भगवान् शिव हों, जिसे उनकी कृपा से भगवती पार्वती ने सुना हो, रामभक्ति का अधिकारी होने के कारण जिस कथा को काकभुशुंडि ने शिव जी के अनुग्रह से (महर्षि लोमश के माध्यम से) प्राप्त कर योगी याज्ञवल्क्य को सुनाया हो, याज्ञवल्क्य से जिसे महर्षि भरद्वाज ने सुना हो, वह कथा गंभीर तत्त्वज्ञान पूर्ण हो, यही स्वाभाविक है। गुरु-परम्परा से प्राप्त उसी कथा को तुलसीदास ने 'सूकर खेत' में अपने बालपन में अपने ज्ञाननिधि गुरु से सुना था। अति अचेत होने के कारण वे उसे उस समय ठीक-ठीक समझ नहीं सके। परम उदार गुरुदेव ने जब बार-बार वह कथा उन्हें सुनायी तब वे अपनी मति के अनुसार उसे कुछ-कुछ समझ पाये। अपने मन के प्रबोधन के लिए अर्थात् अपने संदेह, मोह और भ्रम को नष्ट करने के लिए उसी कथा को अपनी बुद्धि और विवेक के सहारे एवं हरि की प्रेरणा से भाषाबद्ध करने का संकल्प उन्होंने किया, जो प्रभु कृपा से रामचरितमानस के रूप में परिपूर्ण हुआ। इसका सीधा सरल अर्थ यह है कि रामचरितमानस केवल लोकरंजन करनेवाला साधारण काव्यग्रन्थ नहीं है, वह इतने गूढ़ तत्त्वों से युक्त है कि बुधजनों को भी विश्राम प्रदान करने में समर्थ है।

गूढ़ शब्द संस्कृत के गूढ का रूपान्तर है। गूढ शब्द गूह् धातु में क्त प्रत्यय के योग से बनता है। इसका अर्थ है गुप्त, छिपा हुआ, ढँका हुआ, गहन, जिसमें कोई छिपा अर्थ या व्यंग्य हो।[2] इसी से मिलता-जुलता एक और शब्द है गुह्य जो गुह् धातु में क्यप् प्रत्यय जुड़ने पर सिद्ध होता है और जिसका अर्थ होता है छिपाने के योग्य, गुप्त, गूढ़, कठिनता से समझ में आने वाला, भेद, रहस्य आदि।[3] तुलसीदास ने गुह्य का प्रयोग तो नहीं किया है किन्तु 'रहस्य' शब्द का प्रचुर प्रयोग किया है। रहस् में यत् प्रत्यय को जोड़कर बनाये गये रहस्य शब्द के प्रमुख अर्थ हैं, वह जिसका तत्त्व सहज में सबकी समझ में न आ सके, गुप्त भेद, गोपनीय विषय...गोप्यसिद्धान्त।[4] तुलसीदास के द्वारा प्रयुक्त गूढ़ और रहस्य के विशिष्ट अर्थों पर भी थोड़ा विचार कर लेना लाभदायक होगा।

---

1. मानस 1/30 ख
2. संस्कृत शब्दार्थ कौस्तुभ 399
3. वही 399
4. वही 399।

'प्रनवों परिजन सहित बिदेहू, जाहि राम पद गूढ़ सनेहू।'[1]

'गूढ़ प्रेम लखि परे न काहू',[2] 'गूढ़ सनेह भरत मनमाहीं'[3] जैसे स्थलों पर तुलसीदास ने गूढ़ शब्द का प्रयोग गुप्त, जितना मालूम होता है उससे कहीं अधिक जैसे अर्थों में किया है। किन्तु जब गूढ़ शब्द का प्रयोग वे वचन या गिरा जैसे विशेष्यों के पूर्व करते हैं तब उसका अर्थ अभिप्रायगर्भित, रहस्यपूर्ण, गम्भीर अर्थवाला प्रतीत होता है, जैसे 'राम बचन मृदु गूढ़ सुनि उपजा अति संकोच',[4] 'कह मुनि बिहसि गूढ़ मृदु बानी, सुता तुम्हारि सकल गुनखानी'[5] 'गूढ़ गिरा सुनि सिय सकुचानी',[6] 'सुनि मृदु बचन गूढ़ रघुपति के, उघरे पटल परसुधर मति के'[7] आदि। गति, गुण या तत्त्व के पूर्व जब गूढ़ का प्रयोग किया जाता है तब उसका अर्थ रहस्यमय, कठिन, गम्भीर प्रतीत होता है, जैसे 'जाना चहहिं गूढ़ गति जेऊ, नाम जीह जपि जानहिं तेहू',[8] 'चाहहु सुने राम गुन गूढ़ा',[9] 'गूढ़उ तत्त्व न साधु दुरावहिं'[10] इन अर्थों को दृष्टिगत रखते हुए यदि 'श्रोता वक्ता ग्यान निधि कथा राम कै गूढ़' तुलसी की इस उक्ति पर विचार किया जाये तो उसका तात्पर्य प्रतीत होता है कि श्रीराम की कथा इतने गम्भीर रहस्यों और विशिष्ट अभिप्रायों से युक्त है कि उसका सम्यक् बोध ज्ञाननिधि वक्ता के प्रवचन द्वारा श्रद्धालु ज्ञानी श्रोताओं को ही हो सकता है।

श्रीराम-कथा अनेकानेक रहस्यपूर्ण तत्त्वों से युक्त है, इस स्थापना का समर्थन भगवती पार्वती की इस उक्ति से सहज ही होता है, 'औरउ राम रहस्य अनेका, कहहु नाथ अति बिमल बिबेका'[11] अर्थात् हे अत्यन्त विमल विवेक युक्त स्वामी! रामजी के और भी जो अनेकानेक रहस्य हैं उनका भी वर्णन कीजिए। इसके पहले वे उस तत्त्व का वर्णन करने का अनुरोध शिव जी से कर चुकी थीं जिस विज्ञान में ज्ञानी मुनि भी मग्न रहते हैं, भक्ति, ग्यान, विज्ञान, वैराग्य का वर्णन उनके विभागों के साथ करने की प्रार्थना भी वे कर चुकी थीं। स्पष्टतः ये सब उनकी दृष्टि में राम जी के

1. मानस 1/17/1
2. वही 1/264/3
3. वही 2/284/4
4. वही 1/53
5. वही 1/67/1
6. वही 1/234/7
7. वही 1/284/6
8. वही 1/22/3
9. वही 1/47/4
10. वही 1/110/2
11. वही 1/111/3।

रहस्य ही हैं तभी इनके अतिरिक्त भी अनेक रहस्यों का विवेचन करने की प्रार्थना संगत हो सकती है।

तुलसी ने बार-बार कहा है कि उनके द्वारा वर्णित रामकथा में घटना प्रवाह के मध्य अनेकानेक राम-रहस्य गुम्फित हैं। 'ताते नहिं कछु तम्हहिं दुरावउँ, परम रहस्य मनोहर गावउँ',[1] 'भगति, ग्यान, बिग्यान, बिरागा, जोग, चरित्र रहस्य बिभागा', 'जानब तैं सब ही कर भेदा',[2] 'तव प्रसाद मम मोह नसाना, राम रहस्य अनूपम जाना',[3] 'राम रहस्य ललित बिधि नाना, गुप्त प्रकट इतिहास पुराना',[4] 'यह रहस्य रघुनाथ कर बेगि न जाने कोइ, जो जानै रघुपति कृपा सपनेहु मोह न होइ'[5] आदि वचनों से स्पष्ट हो जाता है कि तुलसी द्वारा वर्णित रामकथा में श्रीराम के स्वरूप का एवं भक्ति, ज्ञान, विज्ञान, वैराग्य, योग, चरित्र आदि के अनेकानेक अनुपम रहस्यों का निरूपण भी हुआ है किन्तु उन्हें ठीक-ठीक समझ पाना राम कृपा या सन्त कृपा के द्वारा ही सम्भव है।

यह भी स्मरण रखना चाहिए कि भगवत्तत्व एवं भगवत्-प्राप्ति के साधनों का निरूपण जिन ग्रन्थों या प्रकरणों में किया जाता रहा है उन्हें गूढ़, गुह्य रहस्य कहने की परम्परा रही है। अध्यात्म रामायण के आरम्भ से ही पार्वती जी की जिज्ञासा के उत्तर में महादेव जी ने कहा था--

धन्यासि भक्तासि परात्मनस्त्वं
यज्ज्ञातुमिच्छा तव रामतत्त्वम्।
पुरा न केनाप्यभिचोदितोऽहं
वक्तुं रहस्यं परमं निगूढ़ं।।[6]

अर्थात् तुम धन्य हो, तुम परमात्मा की परमभक्त हो, जो तुम्हें राम का तत्त्व जानने की इच्छा हुई। इससे पूर्व इस परम निगूढ़ रहस्य का वर्णन करने के लिए मुझसे और किसी ने नहीं कहा। इसी तरह दुर्गासप्तशती के पूर्ववर्ती देवी कवच को यदि 'गुह्यतम' कहा गया है तो उसके उत्तरवर्ती प्राधानिक रहस्य, वैकृतिक रहस्य और मूर्ति रहस्य के माध्यम से भगवती की प्रधान प्रकृति का, उनकी विकृतियों (अवतारों)के ध्यान, पूजन आदि की महिमा का तथा उनकी अंगभूता छहों देवियों के

---

1. मानस 7/74/4
2. वही 7/85/7-8
3. वही 7/93/8
4. वही 7/114/2
5. वही 7/1/55
6. अध्यात्म रामायण 1/1/16।

स्वरूप का प्रतिपादन किया गया है। श्रीमद्भगवद्गीता में 'इदं तु ते गुह्यतमं प्रवक्ष्याम्यनसूयवे',[1] 'इति गुह्यतमं शास्त्रमिदमुक्तं मयानघ',[2] 'सर्वगुह्यतमं भूयः शृणु मे परमं वचः',[3] 'भक्तोऽसि मे सखा चेति रहस्यं ह्येतदुत्तमम्'[4] आदि वचनों के द्वारा श्रीकृष्ण ने अपने द्वारा प्रतिपादित भक्ति, शरणागति, ज्ञान, धर्म आदि की महिमा और गोपनीयता को संकेतित किया है। इसी परम्परा का अनुगमन करते हुए तुलसीदास ने श्रीरामकथा में निरूपित श्रीराम तत्त्व और उनकी प्राप्ति के साधनों को परम मनोहर रहस्य कहा है। उनसे संयुक्त होने के कारण रामकथा स्वाभाविक रूप से गूढ़ हो गयी है।

रामकथा की यह गूढ़ता उसमें निहित गंभीर अर्थों के कारण ही है। तुलसीदास ने अर्थ संयोजन में असाधारण कुशलता का प्रमाण दिया है। मानस के पहले ही श्लोक में 'अर्थसंघानां' का उल्लेख हुआ है। तुलसी एक ही अर्थ से सन्तुष्ट नहीं होते, उनकी दृष्टि में वाणी की विशेषता अर्थों के समूहों को एक साथ वहन करने में समर्थ होने के कारण ही है। शब्दार्थ, वाक्यार्थ अथवा वाच्यार्थ, लक्ष्यार्थ, व्यंग्यार्थ तो निश्चय ही मानस में अन्य काव्यों की तरह सुलभ हैं किन्तु मानस के अर्थगांभीर्य की इयत्ता इन्हीं तक नहीं है। रामचरितमानस-सर में चारु चौपाइयों की सघन पुरइनों के बीच खिले छन्दों, सोरठों और दोहोंरूपी कमलों के अनुपम अर्थ को उनका पराग, सुन्दर भावों को मकरन्द और सुन्दर भाषा को उनकी सुगन्ध बताना साभिप्राय है।[5] प्रश्न है, मानस के दोहों, सोरठों, छन्दों, चौपाइयों के अर्थों की अनुपमता क्या है? 'अरथु अमित अति आखर थोरे'[6] केवल भरत जी की वाणी की ही विशेषता नहीं है तुलसी की वाणी के लिए भी यही सत्य है। तुलसीदास के अभिप्रेत अर्थ समूह को ग्रहण कर पाने के लिए उनके एक और संकेत पर विचार करना आवश्यक है।

तुलसीदास ने बार-बार कहा है कि उनका रामचरितमानस-सर 'त्रिविध दोष दुख दारिद दावन'[7] है, कि जो इसमें सादर स्नान करता है अर्थात् सम्मानपूर्वक रामकथा का श्रवण करता है वह 'महाघोरत्रयताप न जरई'[8] कि रामचरितमानस-सर से निकली राम के विमल यश से भरी कवितारूपी सरयू, रामभक्तिरूपी गंगा से मिलकर आगे बढ़ी तो उसमें लक्ष्मण सहित राम जी का समर यशरूपी महानद सोन

---

1. गीता 9/1
2. वही 15/20
3. वही 18/64
4. वही 4/3
5. मानस 1/37/4-7
6. वही 2/294/3
7. वही 1/35/10
8. वही 1/38/6।

आ मिला तब यह 'त्रिबिध ताप त्रासक तिमुहानी'[1] राम के स्वरूप सिन्धु से मिलने के लिए अग्रसर हुई। अधिक उद्धरण देने की आवश्यकता नहीं, यह स्पष्ट है कि तुलसीदास की मान्यता थी कि उनकी रामकथा त्रिविध दोषों या तीनों तापों को दूर करने में समर्थ है। ये तीनों ताप आध्यात्मिक, आधिदैविक और आधिभौतिक ताप ही हैं। यह बात सर्व स्वीकृत है कि किसी ताप का निवारण समसत्ताक (अर्थात् एक जैसी सत्तावाला) होकर ही किया जा सकता है। आधिभौतिक ताप के निवारण के लिए जिस प्रकार आधिभौतिक उपाय ही समर्थ हैं, उसी प्रकार आधिदैविक और आध्यात्मिक तापों को दूर करने के लिए आधिदैविक और आध्यात्मिक साधन ही अभीष्ट होंगे। यदि एक ही कथा से इन तीनों प्रकारों के ताप दूर हो जाते हैं तो इसका अभिप्राय यही है कि इस कथा में आध्यात्मिक, आधिदैविक और आधिभौतिक तीनों स्तरों की परम्पराएँ अनुस्यूत हैं जिनसे प्रेरणा लेकर तीनों स्तरों के तापों को दूर करना सम्भव है। इस विषय का विवेचन ठीक-ठीक हो सके इसके लिए अधिभूत, अधिदैव, अध्यात्म और इन तीनों के तापों के अर्थों को स्पष्ट कर लेना आवश्यक प्रतीत होता है।

आकाश आदि पंचमहाभूतों के शब्द-स्पर्श-रूप-रस-गन्धयुक्त एवं उत्पत्ति विनाशशील समस्त कार्य अधिभूत हैं। इसीलिए गीता में कहा गया है 'अधिभूतं क्षरो भाव:'[2] अर्थात् क्षर नाशवान भाव अधिभूत है। 'पुरुषश्चाधि दैवतम्'[3] के अनुसार समस्त जगत् में ओत-प्रोत, सब प्राणियों के इन्द्रियादि करणों का अनुग्राहक, इन्द्र प्रजापति आदि समस्त देवताओं के ऊपर वर्तमान हिरण्यगर्भपुरुष अधिदैव है। व्यवहार में हिरण्यगर्भ के अंशस्वरूप सभी देवताओं को अधिदैव कहते हैं और इन्हें देहादिनित्य परिवर्तनशील पदार्थों का नियामक मानते हैं। आत्मनि अधि...अपने (शरीर के) भीतर...इस निरुक्ति के अनुसार अध्यात्म को शरीर के भीतर की इन्द्रियों, मन, बुद्धि, चित्त, अहंकार का (तथा मनोवेगों, प्रवृत्तियों आदि का भी) सूचक माना जाता है। अध्यात्म के द्वारा जब शरीर के अंतरंगतम तत्त्व का बोध कराया जाता है तो उस स्थिति में उससे जीव प्रत्यगात्मा या परमात्मा तक का अर्थ ग्रहण किया जा सकता है। 'स्वभावोऽध्यात्म उच्यते।'[4] गीता के इस कथन के अनुसार स्वभाव को ही अध्यात्म कहा जाता है। शंकराचार्य के अनुसार यहाँ स्वभाव का अर्थ है आत्मा यानी शरीर को आश्रय बनाकर उसमें रहनेवाला तत्त्व, जो परमार्थत: ब्रह्म ही है'[5] रामानुजाचार्य के मतानुसार प्रकृति ही स्वभाव है, वह अनात्मभूत किन्तु आत्मा से

---

1. मानस 1/40/4
2. गीता 9/4
3. वही 8/7
4. वही 8/3
5. गीता के 8/3 श्लोक पर शांकरभाष्य।

सम्बद्ध सूक्ष्मभूत और उसकी वासना आदि का द्योतक है। अधिकतर पारम्परिक विद्वानों के अनुसार सामान्यतः इन्द्रियों, अन्तःकरण और उसकी वृत्तियों आदि को अध्यात्म, उनके प्रकाशकों को अधिदेव और उनके विषयों को अधिभूत कहते हैं। अधिभूत प्रत्यक्ष है, अधिदैव परोक्ष और अध्यात्म अपरोक्ष है। ये तीनों प्रकृति के अन्तर्गत हैं। आत्मा इन तीनों का साक्षी है, साक्षात् अपरोक्ष तत्त्व है।

वेदान्त की मान्यता है कि जगत् के समस्त भोगों की सिद्धि अध्यात्म, अधिदैव और अधिभूत की त्रिपुटी द्वारा ही सम्भव है। उदाहरण के लिए नेत्र इन्द्रिय अध्यात्म है, नेत्र का विषय रूप अधिभूत है और नेत्र का सहायक (पुरानी भाषा में अधिपति) सूर्य अधिदैव है। स्मरणीय है कि सभी जागतिक प्रकाश सूर्य के अंशभूत माने जाते हैं, देखने की क्रिया...रूपोपभोग इनमें से किसी एक के भी अनुपस्थित रहने से सम्भव नहीं है। इसी प्रकार 5 ज्ञानेन्द्रिय, 5 कर्मेन्द्रिय (अर्थात् 10 बाह्यकरण) और 4 अन्तःकरण ये 14 मुख अपने 14 विषयों और 14 देवताओं से मिलकर जगत् का उपभोग करते हैं।[1]

सामान्य व्यक्तियों को जगत् के अनुभव सुख-दुखपरक लगते हैं। विवेकियों का मत है कि जगत् से प्राप्त ह्लाद और परिताप दोनों वस्तुतः दुःखरूप ही हैं। भोग काल में सुखप्रद लगनेवाले सांसारिक पदार्थ और कार्य भी परिणाम में दुःखजनक हैं, क्योंकि उनसे अपूरणीय तृष्णा जागती है, राग, द्वेष, हिंसा, आदि की उत्पत्ति होती है। उनके विनाश की आशंका, भोग की अपूर्णता अन्यों को प्राप्त बहुलता से उत्पन्न ईर्ष्या और विनष्ट भोगों की स्मृति ये सब दुःखद...तापप्रद ही हैं। चूँकि भोग अध्यात्म अधिदैव और अध्यात्म की त्रिपुटी द्वारा भोगे जाते हैं, अतः ताप भी अपने प्रमुख हेतु के अनुरूप आध्यात्मिक, आधिदैविक और आधिभौतिक कहे जाते हैं। वस्तुतः प्रत्येक ताप में तीनों ताप न्यूनाधिक मात्रा में मिले रहते हैं।

तुलसी को वेदान्त की यह मान्यता स्वीकार है। उन्होंने स्पष्ट लिखा है—

'बिषय करन, सुर, जीव समेता, सकल एक से एक सचेता।'[2]

अर्थात् विषय (अधिभूत), करण (इन्द्रियाँ, अध्यात्म) और उनके अधिपति सुर (अधिदैव) एक से एक अधिक सचेत हैं। इसमें ध्यान देने की बात यह भी है कि तुलसी, सुरों...देवताओं से भी जीवात्मा को अधिक सचेत और श्रेष्ठ मानते हैं। यह जीव अनुभव करता है कि यह 'हरि आश्रित जग', 'जदपि असत्य देत दुख अहई'[3] इस दुःख से छुटकारा पाने के लिए जब जीव 'जड़-चेतन' की ग्रंथि को खोलने की इच्छा से ज्ञानदीप के प्रकाश के लिए यत्न करता है तो इन्द्रियरूपी झरोखों के

1. स्वामी सत्यानन्द पुरीकृत वेदान्त विज्ञान सोपान, पृ० 23-25
2. मानस 1/117/5
3. वही 1/118/1।

अधिष्ठाता देवता इसे व्यर्थ करने के लिए बलपूर्वक अपने इन्द्रिय का झरोखा खोल देते हैं ताकि विषयरूपी वायु प्रवेश कर ज्ञानदीप को बुझा दे—

इन्द्री द्वार झरोखा नाना, तहँ तहँ सुर बैठे करि थाना।
आवत देखहिं बिषय बयारी, ते हठि देहिं कपाट उघारी।
जब सो प्रभंजन उर गृह जाई, तबहिं दीप बिग्यान बुझाई।[1]

तुलसी ने इस विघ्न सृष्टि का कारण बताते हुए लिखा है, इन्द्रिन्ह सुरन्ह न ग्यान सोहाई, बिषय भोग पर प्रीति सदाई'[2] विषय भोग की प्रीति के कारण इन देवताओं को ज्ञान अच्छा नहीं लगता क्योंकि उससे तो उनकी क्रीड़ा का स्थल यह जगत् असत्य सिद्ध होकर नष्ट हो जाता है—

देहेन्द्रियप्राणेन सुखं दुःखं च प्राप्यते।
इममाध्यात्मिकं तापं जायते दुःखदेहिनाम्॥[3]

अर्थात् देहधारी निज देह, इन्द्रिय बाह्यकरण और अन्तःकरण एवं प्राण के द्वारा जिन सुखों और दुःखों का अनुभव करते हैं, उन्हें ही आध्यात्मिक ताप कहते हैं। कभी-कभी देह की प्रधानता से आध्यात्मिक ताप को दैहिक ताप भी कह दिया जाता है। बात यह है कि देह वासना से निर्मित होती है और वासना अन्तर्वर्ती होती है। यह ठीक है कि देह का बाहरी रूप आँखों से दिखता है और वह उतनी मात्रा में प्रत्यक्ष है किन्तु अपने स्वरूप के बारे में जीव को ऐसी गहरी भ्रान्ति है कि अन्य प्रत्यक्षों की तरह हम लोग साधारणतः अपनी देह को अपने से अलग नहीं मान पाते। 'मुझको बुखार है', 'मुझे बड़ा दर्द हो रहा है' जैसे प्रयोगों से स्पष्ट है देह के बाहरी रूप को भी अपने से अभिन्न मानना ही साधारण परिपाटी है। इसीलिए तुलसीदास ने राम राज्य का वर्णन करते हुए लिखा—

'दैहिक, दैविक, भौतिक तापा, रामराज नहिं काहुहि व्यापा।'[4]

यहाँ दैहिक ताप का अभिप्राय आध्यात्मिक ताप ही है।

आध्यात्मिक ताप द्विविध होता है शारीर और मानस। वात, पित्त, कफ की विकृति से शारीरिक और काम, क्रोध, लोभ, मोह, ईर्ष्या, विषाद आदि से मानसिक ताप होता है। आन्तर हेतुओं के फलस्वरूप होने के कारण ही इन्हें आध्यात्मिक ताप कहते हैं। ये तीनों तापों में सबसे अधिक क्लेशकारक होते हैं।

देव-देवी यक्ष-राक्षस, ग्रह आदि के अनुग्रह या कोप से उत्पन्न सुख-दुःख को आधिदैविक ताप कहते हैं। इन्हीं के अन्तर्गत अतिवृष्टि, अनावृष्टि, आँधी, तूफान,

---

1. मानस 7/118/11-13
2. वही 7/118/15
3. हिन्दी दास बोध, पृ० 63 पर उद्धृत
4. मानस 7/21/1।

भूकम्प, सर्दी, गर्मी, मरने के बाद के स्वर्ग-नरक के भोग आदि की भी गणना की जाती है।

आधिभौतिक ताप उन सुख-दु:खों को कहते हैं जो चराचर भूतों, मनुष्यों, पशु-पक्षियों, स्थावर पदार्थों के निमित्त से प्राप्त होते हैं। इन्हीं के अन्तर्गत राजकीय, सामाजिक, आर्थिक, पारिवारिक आदि व्यवस्थाओं के फलस्वरूप प्राप्त होनेवाले सुख-दु:खों की भी गिनती कर ली जाती है।

तुलसी श्रद्धापूर्वक घोषित करते हैं कि आध्यात्मिक, आधिदैविक और आधिभौतिक तीनों प्रकारों के तापों और भव भय को दूर करने में समर्थ है उनकी रामकथा—'सुनु खगपति यह कथा पावनी, त्रिबिध ताप भव भय दावनी।'[1] इस घोषणा के बावजूद तुलसीदास यह भलीभाँति जानते हैं कि अधिकांश लोग सचमुच तापमुक्त होना चाहते ही नहीं, वे तो इस संसार में सुख भोग करना और दु:खों से बचना चाहते हैं। रामकथा के 'श्रोता त्रिबिध समाज'[2] के हैं, इसे वे अच्छी तरह जानते हैं। इसीलिए उन्होंने लिखा है 'सुनहिं बिमुक्त, बिरत [illegible] बिषई, लहहिं भगति, गति, संपति नई।'[3] विषयीजनों की संख्या ही अधिक है और वे धर्म-कर्म (और मानसकथा का श्रवण भी) सकाम भाव से ही करते हैं। अत: तुलसीदास ने उनके लिए विशेष रूप से लिखा—

जे सकाम नर सुनहिं, जे गावहिं। सुख संपति नाना बिधि पावहिं॥
सुर दुर्लभ सुख करि जगमाहीं। अंतकाल रघुपतिपुर जाहीं॥[4]

यह तुलसी की श्रद्धा है कि राम कथा की अपूर्व महिमा के कारण सकाम श्रोता भी अन्त में भगवान् को पा लेते हैं।

प्रश्न है कि रामचरितमानस की कथा किस प्रकार तीनों तापों से मुक्ति देती है। इसका युक्ति संगत उत्तर यही है कि रामचरितमानस के श्रद्धापूर्वक अनुशीलन से भिन्न-भिन्न तापों से मुक्ति पाने के समसत्ताक उपाय सुलभ होते हैं। इन उपायों के अनुकूल आचरण करने से ही व्यक्ति तापमुक्त हो सकता है। एक प्रसिद्ध श्लोक है—

न हस्ते यष्टिमादाय देवा रक्षन्ति साधकम्।
यं तु रक्षितुमिच्छन्ति सुबुद्ध्या योजयन्ति तम्॥[5]

---

1. मानस 7/15/1
2. वही 1/39
3. वही 7/15/1
4. वही 7/15/3-4
5. सुभाषित।

अर्थात, देवता हाथ में लाठी लेकर साधक की रक्षा नहीं करते, वे जिसकी रक्षा करना चाहते हैं, उसे सद्‌बुद्धि प्रदान करते हैं। तुलसीदास इस मान्यता से सहमत प्रतीत होते हैं। विनयपत्रिका में उन्होंने कहा है कि हरि, गुरु की करुणा से मिले विवेक से ही भवसागर पार किया जा सकता है।[1] मानस में तो भगवती सीता से उन्होंने निर्मल मति की ही याचना की है—

जनकसुता जगजननि जानकी, अतिसय प्रिय करुना निधान की॥

ताके जुग पद कमल मनावउँ, जासु कृपा निरमल मति पावउँ॥[2]

केवल निर्मल मति से ही तीनों तापों को नष्ट करने के उपाय सूझते हैं, राग-द्वेषग्रस्त मति तो तापों को और बढ़ा देती है। इसका निर्देश करते हुए तुलसी ने लिखा है, 'काल दंड गहि काहु न मारा, हरइ धर्म बल बुद्धि बिचारा'[3] अर्थात् काल किसी को लाठी लेकर नहीं मारता, वह धर्म बल, बुद्धि और विचार को हरकर जिसको चाहता है, उसको नष्ट कर देता है। निष्कर्ष यही है कि रामचरितमानस में तीनों स्तरों की समस्याओं के समाधानों के संकेत हैं, निर्मल बुद्धि से उन्हें ग्रहण कर, उनके अनुरूप आचरण कर श्रद्धालु श्रोता या पाठक तीनों तापों से मुक्ति पा सकते हैं।

यह भी समझ रखना चाहिए कि इस प्रकार त्रिस्तरीय या उनसे भी अधिक अर्थों को वहन करना ऋषियों की वाणी की विशेषता रही है। वेद मंत्रों का अर्थ निरुक्त के विद्वानों द्वारा आधिदैविक, आध्यात्मिक, आधिभौतिक और अधियज्ञीय दृष्टियों से किया जाता रहा है।[4] वाल्मीकीय रामायण की भूषण टीका में भी इन दृष्टियों से रामायण के अर्थ पर विचार किया गया है। रामायण के आध्यात्मिक अर्थ पर बल देनेवाले आचार्यों में शंकराचार्य की भी गणना की जाती है। अतः अपने मानस में आधिभौतिक, आधिदैविक, आध्यात्मिक स्तरों का निर्वाह कर तुलसीदास ने एक पुरानी परम्परा का ही हिन्दी में पुनरुज्जीवन किया है।

मानस की गूढ़ता का एक बड़ा कारण तुलसी द्वारा निरूपित श्रीराम तत्त्व की विशिष्टता है। तुलसी ने न महापुरुष श्रीराम का देवता के स्तर तक उन्नयन किया है, न मानव राम के रूप में भगवान् विष्णु के अवतरण का ही अंकन किया है। उनके राम तो 'बिधि हरि संभु नचावनिहारे'[5] हैं, हरि या विष्णु के ही अवतार नहीं। तुलसी का चमत्कार यह है कि उन्होंने 'ब्रह्म' राम को अपना इष्ट देव बनाया है, जो निर्गुण होते हुए भी सगुण हैं और भक्तों के प्रेमवश, मानवीय मर्यादा के

---

1. विनयपत्रिका 115/9-10
2. मानस 1/18/8
3. वही 6/37/7
4. वेदत्रयी परिचय, प्रस्तावना, पृ० 4
5. मानस 2/127/1।

निरूपणार्थ तथा पतितों के उद्धार के लिए अवतार की भूमिका में मानव रूप का धारक भी है। वह मानव हो या इष्टदेव या निर्गुण ब्रह्म, वह प्रत्येक स्थिति में पूर्ण है, सकल विकाररहित और भेदातीत है। फिर भी वह इन रूपों में लीला करता है, और जब जो रूप धारण करता है तब तदनुकूल आचरण करता है। जो सबको नचाता है, वह उनके साथ खुद भी नाचता है। और इस खूबी से नाचता है कि बड़े-बड़े ऋषि-मुनि भ्रान्त हो जाते हैं। उसका पक्का सिद्धान्त है 'जस काछिअ तस चाहिअ नाचा'।[1] इसीलिए रामचरितमानस में पार्वती, गरुड़, भरद्वाज सबका प्रमुख प्रश्न यही है कि राम कौन है? श्रीराम की त्रिस्तरीय भूमिका को जो जिस मात्रा में समझता है रामकथा को उसी मात्रा में समझ सकता है।

राम की इस त्रिस्तरीय भूमिका के अनुरूप ही रामकथा के भी आधिभौतिक, आधिदैविक और आध्यात्मिक पक्ष हो जाते हैं। आधिभौतिक दृष्टि से रामकथा ऐतिहासिक सत्य है। राम का मानव रूप मर्यादा की स्थापना के द्वारा मानव समाज के लिए जीवन्त शिक्षा का आदर्श बनता है। श्रीमद्भागवत में स्पष्ट रूप से कहा ही गया है—

'मर्त्यावतारस्त्विह मर्त्यशिक्षणं, रक्षोवधायैव न केवलं विभोः'[2]

अर्थात् हे प्रभो (श्रीराम) आपका मनुष्यावतार केवल राक्षसों के वध के लिए नहीं है, इनका मुख्य उद्देश्य तो मनुष्यों को शिक्षा देना है अर्थात् व्यक्तिगत स्वार्थों को तिलांजलि देकर 'सब कर हित' की दृष्टि से स्वधर्मपालन करते हुए लोक की उपासना करने का आदर्श प्रस्तुत करना है। तुलसी के राम अपने आचरण से तो शिक्षा देते ही थे, समय-समय पर अपने विशिष्ट जनों को गम्भीर उपदेश भी देते थे। राज्याभिषेक के बाद अपनी समस्त प्रजा को बुला कर उन्होंने 'बड़े भाग' से मिले 'मानुष तनु' को सार्थक बनाने के लिए सुगम 'भगति-पथ' पर चलने का अमृतमय उपदेश दिया था।[3] उसे सुनकर प्रजाजन कह उठे थे, 'असि सिख तुम्ह बिनु देइ न कोऊ, मातु पिता स्वारथरत ओऊ'[4] राजा प्रजा दोनों के द्वारा उच्चतम आदर्श को व्यवहार में उतारने के कारण ही राम राज्य को आदर्श राज्य माना जाता है।

समस्त मानवीय संबंधों के निर्वाह में जिस सूत्र को हमें ध्यान में रखना चाहिए, तुलसी ने भरत जी से चित्रकूट में उसका संकेत यों दिलाया है—

राखि राम रुख धरमुब्रत, पराधीन मोहि जानि।
सबके संमत, सर्वहित, करिअ पेमु पहिचानि॥[5]

---

1. मानस 2/127/8
2. श्रीमद्भागवत 5/19/5
3. मानस 7/43-46
4. वही 7/47/4
5. वही 2/293।

अर्थात् हम लोगों को श्रीराम के रुख और धर्मव्रत की रक्षा करते हुए अपने को उनके अधीन मानते हुए प्रेम को पहचान कर सबकी राय से वही करना चाहिए जिसमें सबका हित हो। सुगम लगती हुई यह वाणी सम्यक् अर्थबोध की दृष्टि से अगम-सी है, भावात्मक दृष्टि से मृदु-मंजु होते हुए व्यवहार की दृष्टि से कठोर है, थोड़े से अक्षरों में असीम अर्थ छिपाये हुए है। कुछ विद्वान् समझते हैं कि रामकथा की गूढ़ता केवल सगुण-निर्गुण या भक्ति-ज्ञान आदि के निरूपण में ही है। वास्तविकता यह है कि प्रत्येक स्तर पर वह निर्मल होते हुए भी अतल गांभीर्य से युक्त है।

'सब कर हित' के सन्दर्भ में सामाजिक निर्णय करने की कसौटी भी तुलसी की एकांगी नहीं है। उनके वशिष्ठ जी ने इसके लिए एक अद्भुत सूत्र दिया है, 'करब साधुमत, लोकमत, नृपनय निगम निचोरि'[1] अर्थात् सामाजिक निर्णय करते समय साधुमत, लोकमत, राजनीति और वेद-शास्त्र इन चारों के सार को ध्यान में रखना चाहिए।

इस पर भी ध्यान जाना चाहिए कि करुणा (जिस पर बौद्धों ने बहुत अधिक जोर दिया है) और अहिंसा (जो जैनों की दृष्टि में सर्वोपरि मूल्य है) को पर्याप्त मान देते हुए भी तुलसीदास ने औपनिषदिक दृष्टि के अनुसार 'सर्वहित (या परहित) को व्यवहार में सबसे बड़ा धर्म और परपीड़ा को ही सबसे बड़ा पाप माना है, 'परहित सरिस धर्म नहिं भाई, पर पीड़ा सम नहिं अधमाई।'[2] इसीलिए उनकी दृष्टि में सच्चे सन्त वही हैं जो परहितनिरत हैं, वंचक धर्म-ध्वजियों को तो उन्होंने कस कर फटकारा है। जो परद्रोही या परपीड़क हैं, वही उनकी दृष्टि में 'निसिचर' या राक्षस हैं[3], किंभूतकिमाकार प्राणियों को राक्षस के रूप में चित्रित करना बालबुद्धिवालों का अनुरंजन करना मात्र है। मानस का निश्चित मत है कि रावण यदि शरीरधारी और अपनी राक्षसी सेना एवं उत्पीड़क नीतियों के द्वारा सारे संसार को आधिभौतिक कष्ट दे रहा है तो उस ताप के शमन के लिए शरीरधारी राम को वानर भालुओं की सेना जुटा कर उसे युद्ध में परास्त कर उसका वध करना पड़ता है। आधिभौतिक दुखों का सबसे बड़ा रूप उनकी दृष्टि में दारिद्र्य था,[4] अतः उसे भी उन्होंने रावण ही कहा, 'दारिद दसानन दबाई दुनी दीनबन्धु'।[5] उसे नष्ट करने के लिए न्यायोचित संघर्ष का वे समर्थन करते हैं। आधिभौतिक बाधाओं-कष्टों को दूर करने के लिए उनका समुचित प्रतिविधान भौतिक स्तर पर ही राम को स्मरण कर अपराजित हृदय से

1. मानस 2/258
2. वही 7/41/1
3. वही 1/183-184
4. नहिं दरिद्र सम दुख जग माहीं—मानस 7/121/13
5. कवितावली 7/97/7।

साहसपूर्वक करने का निर्देश तुलसी ने दिया है, 'राम सुमिरि साहसु करिय, मानिय हिये न हारि'[1] भौतिक उत्कर्ष चाहनेवालों को श्री रघुवीर के समर-विजय-चरित्र का श्रवण (एवं तदनुकूल आचरण) करने की प्रेरणा देते हुए तुलसी ने लिखा है—

समर बिजय रघुबीर के चरित जे सुनहिं सुजान।
बिजय, बिबेक, बिभूति नित तिन्हहिं देहिं भगवान॥[2]

इसमें यह संकेत भी निहित है कि विजय और विभूति के लिए 'धर्मरथ' पर आरूढ़ होकर विवेकयुक्त परिश्रम करना राम के अनुगामी का धर्म है। जो अन्यायमूलक व्यवहार से विजय-विभूति प्राप्त करते रहते हैं वे रावण के पक्षधर होते हैं, राम के नहीं। अधिक विस्तार में जाना यहाँ सम्भव नहीं है किन्तु इन दो तीन प्रसंगों से भी यह स्पष्ट है आधिभौतिक स्तर पर भी तुलसी की रामकथा अपने में अतुलनीय गांभीर्य समाहित किये हुए है।

आधिदैविक स्तर पर तुलसी ने ब्रह्म के इष्टदेवत्व पर बल दिया है। यह ठीक है कि प्राचीन भारतीय मान्यता के अनुरूप उन्होंने स्थूल आधिभौतिक जगत् की ही तरह सूक्ष्म आधिदैविक लोकों को भी स्वीकारा है जिसमें ब्रह्मा, विष्णु, महेश, इन्द्र, सूर्य, शक्ति गणेश आदि अनेकानेक देव-देवियाँ हैं। इनकी सत्ता सूक्ष्म है और ये परोक्षप्रिय हैं। इनके अनुग्रह-निग्रह का प्रभाव भौतिक जगत् पर और उसके अधिवासियों पर भी पड़ता रहता है। इनकी उपासना के द्वारा.......यज्ञयागादि या पूजन-अर्चन के द्वारा इनके दोष का निवारण और अनुग्रह का सम्पादन किया जा सकता है। अधिदैवस्तर पर रावण-कुंभकर्ण कभी विष्णु के पार्षद जय-विजय हैं, कभी नारद के द्वारा अभिशप्त हरगण, कभी ब्राह्मणों से अभिशप्त प्रतापभानु और अरिमर्दन हैं जिनका वध करने के लिए भगवान् विष्णु रामरूप में अवतार लिया करते हैं। तुलसी ने इस परंपरा को भी नकारा नहीं है। किन्तु उनका अपना वैशिष्ट्य यही है कि उन्होंने मनु-शतरूपा के तप से द्रवित हुए साक्षात् ब्रह्म को अपनी आदिशक्ति और अंशों के साथ राम, सीता, भरत, लक्ष्मण, शत्रुघ्न आदि के रूप में अवतरित दिखाया है। यह स्मरणीय है कि मनु-शतरूपा को वर देने के लिए 'बिधि, हरि, हर, तप देखि अपारा' बहुत बार आये थे किन्तु परमधीर मनु-शतरूपा उनके वरों के प्रलोभन से विचलित नहीं हुए थे। वे तो 'अगुन, अखंड, अनंत, अनादी, जेहि चिंतहिं परमारथवादी। नेति नेति जेहि बेद निरूपा, निजानंद निरुपाधि अनूपा। संभु, बिरंचि, बिष्णु भगवाना, उपजहिं जासु अंस ते नाना। ऐसेउ प्रभु.......[3] साक्षात् ब्रह्म को सेवा से वश में कर उन्हें लीलातनुग्रहण करने के लिए बाध्य करने

1. रामाज्ञा प्रश्न 5/1/3
2. मानस 6/121 क
3. वही 1/144/4-7।

पर तुले हुए थे। उनकी एकनिष्ठ भक्ति साधना पर रीझकर 'भगत बछल, प्रभु, कृपानिधाना, बिस्वबास प्रगटे भगवाना।'[1] ब्रह्म का यही रूप भक्तों का सर्वस्व है, तुलसी का परम इष्ट है। राम-लक्ष्मण जब जनकपुर में धनुषयज्ञ में पधारे तो 'हरि भगतन देखे दोउ भ्राता, इष्टदेव इव सब सुखदाता'।[2] या काकभुशुंडि के शब्दों में 'इष्टदेव मम बालक रामा, सोभा बपुष कोटि सब कामा'[3] लिखकर ही तुलसी को सन्तोष नहीं हुआ। उन्होंने श्रीराम के वनगमन के समय 'कबि अलखित गति बेषु बिरागी, मन, क्रम, बचन राम अनुरागी'[4] तापस को उपस्थित कर लिखा कि वह—

'सजल नयन तन पुलकि निज इष्ट देउ पहिचानि,
परेउ दंड जिमि धरनितल दसा न जाइ बखानि॥[5]

इस सन्दर्भ में पं० विजयानन्द त्रिपाठी ने अपनी टीका में 'कबि अलखित गति' का अर्थ किया है, 'गूढ़ गति कवि' अर्थात् स्वयं तुलसीदास। इस प्रसंग को क्षेपक माननेवाले विद्वान् भी इस पर सहमत हैं कि भले ही बाद में तुलसी ने इस प्रसंग को जोड़ा हो किन्तु अपनी जन्मभूमि राजापुर के निकट पहुँचे हुए प्रभु को प्रणाम करने के लिए अपने को तापस के रूप में प्रस्तुत करने की भावना का संवरण वे नहीं कर पाये।

'इष्ट देव' पर थोड़ा और विचार होना चाहिए। सामान्यत: 'इष्' धातु से बने इष्ट शब्द का अर्थ इच्छित, प्रिय आदि कर इष्ट देव का अर्थ सर्वाधिक प्रिय देवता किया जाता है। यज् धातु से बने इष्ट का अर्थ पूज्य के रूप में कर इष्ट देव को सर्वाधिक पूज्य भी बताया जाता है। किन्तु यज् धातु से बने इष्ट (और इष्टि) का अर्थ अग्निहोत्र, यज्ञ भी होता है। हिन्दुओं का अन्तिम संस्कार 'अन्त्येष्टि' कहलाता है। जीवन का लक्ष्य यज्ञ माननेवाले आर्यों के मतानुसार मृत्यु के अनन्तर अपने शरीर की आहुति अग्नि में देकर किये जानेवाले अन्तिम यज्ञ को अन्त्येष्टि कहते हैं। पूज्य स्वामी अखंडानन्द सरस्वती का मत है कि 'इष्ट देव' को ही 'यज्ञदेव' मान कर भक्त अपने अस्तित्व की आहुति उन्हीं में दे देता है। उसका अपना अलग कोई अस्तित्व नहीं रह जाता। इष्ट देव की उपासना की यही चरम परिणति है। मुझे लगता है कि तुलसीदास राम को सर्वाधिक प्रिय और पूज्य मानने के साथ-ही-साथ उन्हीं में अपना विलय कर देने तक की स्थिति को सिद्धान्ततः स्वीकार करते थे। व्यवहार में भी उनकी मान्यता राम के सेवक के रूप में ही अपने को उपस्थित करने की रही है, अपना कोई अलग परिचय देने की नहीं। सुतीक्ष्ण जी के साथ एक होकर

1. मानस 1/146/8
2. वही 1/242/5
3. वही 7/75/5
4. वही 2/110/8
5. वही 2/110।

उन्होंने कहा है, 'अस अभिमान जाइ जनि भोरे, मैं सेवक रघुपति पति मोरे।'[1] किन्तु त्रिकालदर्शी वाल्मीकि से उन्होंने यह भी कहलाया है, 'सोइ जानइ जेहि देहु जनाई, जानत तुम्हहि तुम्हइ होइ जाई'[2] इसकी व्याख्या करते हुए पं० विजयानन्द त्रिपाठी ने लिखा है, 'ब्रह्मवेद ब्रह्मैव भवति' ब्रह्म को जाननेवाला ब्रह्म ही हो जाता है। 'यमेवैष वृणुते तेन लभ्य:' जिसे वह वरण करता है, उसी से वह प्राप्य है, अर्थात् तुम्हें जानना कृपा साध्य है, क्रिया साध्य नहीं है, भजन करनेवाले पर भगवान् कृपा करते हैं। निर्गलितार्थ यह है कि भजन करने से भगवान् प्राप्त होते हैं। और भक्त को अपना ज्ञान करा देते हैं और ज्ञान हो जाने पर भक्त-भगवन्त में भेद नहीं रह जाता[3] इसके समर्थन में, 'जानेसु संत अनन्त समाना'।[4] संत-भगवंत अन्तर निरन्तर नहीं किमपि मति-मलिन कह दास तुलसी।[5] जैसी तुलसी की अनेक उक्तियाँ उद्धृत की जा सकती हैं, सीधे अपने लिए यह बात तुलसी नहीं कह सकते थे, अपनी विनयशीलता के कारण, लेकिन उनके भक्ति-निरूपण से यह स्पष्ट है कि और सबों से सम्बन्ध तोड़ कर इष्ट देव से ही नाता और नेह जोड़ना तथा उन्हें ही अपना पूरा का पूरा 'छर भार' सौंप देना ही उन्हें अभीष्ट है।[6]

रामचरितमानस की रचना में कोई आधिदैविक, आधिभौतिक बाधा न आ जाये इसके लिए उन्होंने अन्यों के साथ देवी-देवताओं की वन्दना भी की है।[7] ब्रह्मा के परामर्श के अनुसार रामावतार के समय देवताओं ने राम की सेवा के लिए वानर-भालू का रूप धारण किया था, तुलसी इसका भी उल्लेख प्रभु की आकाशवाणी के बाद करते हैं। इसी तरह विनयपत्रिका के आरम्भ में गणेश, सूर्य, शिव, शक्ति आदि से विनती कर राम भक्ति की याचना भी उन्होंने की है किन्तु सच यही है कि राम (और सर्व प्रधान रामभक्त होने के कारण भगवान् शिव) को छोड़ कर और किसी देवी-देवता पर उनकी विशेष आस्था नहीं थी। उन्होंने देवताओं को 'सदा स्वारथी', 'कुचाली', 'जड़', 'ऊँच निवास नीचि करतूती, देखि न सकिहिं पराइ विभूति'[8] कह कर उनके प्रति भरपूर अवज्ञा प्रकट की है। देवराज इन्द्र को तो उन्होंने कुत्ता तक कह डाला है। 'सरिस स्वान मघवान जुबानू'।[9] इन देवताओं से उन्होंने पुष्पवर्षा और

---

1. मानस 3/11/21
2. वही 2/127/3
3. रामचरितमानस की विजयाटीका (द्वितीय भाग) पृ० 183 प्र० सं०
4. मानस 7/109/12
5. विनयपत्रिका 57/18
6. वही, पद संख्या 104
7. मानस 1/76
8. वही 2/12/6
9. वही 2/303/8।

स्तुति कराने का ही काम लिया है।

पिछले जन्मों के पुण्य के बल पर भोग करनेवाले और अपनी स्थिति को सुरक्षित रखने के लिए न्याय-अन्याय का विचार किये बिना अच्छी बुरी चेष्टाएँ करनेवाले देवताओं के प्रति उनकी कोई श्रद्धा नहीं थी। स्वर्ग के प्रति भी उन्हें कोई आकर्षण नहीं था। सिद्धान्त के स्तर पर वे स्वर्ग-नरक को मोह या अज्ञान-जन्य मानते थे।[1] और व्यवहार के स्तर पर 'स्वर्गउ स्वल्प अंत दुखदायी'[2] कह कर उसे उपेक्षणीय बताते थे। अतः आधिदैविक स्तर पर पुरानी मान्यताओं का निषेध किये बिना उन्होंने उनका महत्त्व काफी घटा दिया। यह ठीक है कि उनकी रामकथा में आधिदैविक क्रियाकलाप चलते ही रहते हैं किन्तु आधिभौतिक और आध्यात्मिक स्तरों की तुलना में वे बहुत फीके लगते हैं। जैसा कहा जा चुका है इस क्षेत्र में उनकी सर्वाधिक महत्त्वपूर्ण स्थापना इष्टदेव श्रीराम की सेवक सेव्य भाव से भक्ति करना ही है। उनकी अनन्यता और निष्कामता अन्य देवी-देवताओं की अधिक चर्चा करने का अवकाश ही उन्हें नहीं देती।

आध्यात्मिक स्तर पर तुलसी ने अपनी रामकथा में अत्यन्त गूढ़ सत्यों का समावेश किया है। जो ब्रह्मांड में है; वही पिंड में है तुलसीदास इस मान्यता के पक्ष में थे, तभी उन्होंने विनयपत्रिका में 'बपुष' ब्रह्मांड सो'[3] लिखा था। इस धारणा के अनुसार रावण की सत्ता 'मोह' या अज्ञान के रूप में अपने भीतर ही विद्यमान है। प्रत्येक व्यक्ति के भीतर राम-रावण युद्ध चल रहा है। जो इस भीतरी युद्ध में रावण के साथ है, वह बाहर भले ही दिखावे के लिए राम भक्त का बाना धारण कर ले, होता वह अधर्म का ही साथी है। अतः यह आवश्यक है कि व्यक्ति अपनी आध्यात्मिक सत्ता में चलते रहनेवाले राम-रावण के द्वन्द्व के वास्तविक स्वरूप को पहचाने, अपने को राम के पक्ष में रख कर रावण के पक्ष को पराजित करने की आप्राण चेष्टा करे और प्रभु-कृपा से उसमें सफल हो। इसे हम रामकथा का आध्यात्मिक पक्ष कह सकते हैं।

यह भी स्मरण रखना चाहिए कि रामकथा के माध्यम से 'अध्यात्म निरूपण की दो परिपाटियाँ रही हैं। एक के अनुसार कथा क्रे विशिष्ट प्रसंगों में प्रमुख अधिकारी पात्रों के द्वारा अध्यात्मज्ञान संबंधी उपदेशों, स्तुतियों आदि का संयोजन किया जाता है, दूसरी के अनुसार रामकथा के प्रमुख चरित्रों को ही आध्यात्मिक तत्त्वों का प्रतीक बना दिया जाता है। पहली परिपाटी का प्रमुख उदाहरण सुप्रसिद्ध 'अध्यात्म रामायण' है जिसके अन्तर्गत 'रामरहस्य', 'रामगीता' आदि के उपदेशों में अध्यात्म तत्त्व का निगूढ़ ज्ञान निरूपित किया गया है। यहाँ अध्यात्म तत्त्व का अर्थ केवल

---

1. मानस 2/92/7-8
2. वही 7/44/1
3. विनयपत्रिका 58/3।

अन्तःकरण और उनकी वृत्तियाँ तक ही सीमित न रहकर आत्म-तत्त्व और ब्रह्म-तत्त्व तक व्यापक है, दूसरी परिपाटी का द्योतन शंकराचार्य के इस प्रसिद्ध श्लोक द्वारा होता है।

तीर्त्वा मोहार्णवं हत्वा रागद्वेषादि राक्षसान्।
योगी शान्तिसमायुक्त आत्मारामो विराजते॥[1]

अर्थात् मोहरूपी सागर को पार कर, राग-द्वेष आदि राक्षसों का वध कर आत्माराम योगी शान्ति (सीता) से संयुक्त हो सुशोभित है। यहाँ रावण, कुंभकर्ण आदि को राग-द्वेष का, राम को आत्मा का और सीता को शान्ति का प्रतीक बना दिया गया है।

तुलसीदास ने इन दोनों परिपाटियों को स्वीकार किया है। मानस में स्वयं श्रीराम, लक्ष्मण, शंकर, वाल्मीकि, काकभुशुंडि आदि विभिन्न स्थलों पर आध्यात्मिक ज्ञान का उपदेश देते हैं। वेद ब्रह्मा, विविध देवताओं, ऋषियों आदि की स्तुतियों में भी आत्मज्ञान ओतप्रोत है। दूसरी परिपाटी के अनुरूप तुलसी ने बालकांड में नाम वन्दना के प्रसंग में, उत्तरकांड में तमसाच्छन्न जड़-चेतन की ग्रन्थि को खोलने के लिए प्रकाश के संधानार्थ ज्ञान दीपक और भक्ति चिन्तामणि के विवेचन क्रम में, मानसरोगों के निरूपण में तथा विनयपत्रिका के अट्ठावनवें एवं एक सौ इक्कीसवें पदों में मुख्य रूप से एवं अन्य अनेक प्रसंगों में उपमा, उत्प्रेक्षा, आदि के माध्यम से गौण रूप से रामकथा का आध्यात्मिक पक्ष उद्घाटित किया है।

संक्षेप में तुलसी के अनुसार व्यक्ति का शरीर ही ब्रह्मांड है, संसार के प्रति प्रवृत्ति ही लंका दुर्ग है, जिसका निर्माता अपना मनरूपी मय दानव है, इस शरीर के अन्नमय, प्राणमय, मनोमय, विज्ञानमय और आनन्दमय कोष ही इस लंका के सुन्दर महल हैं, सत्त्व, रज और तम ये तीनों गुण ही रावण के प्रचंड सेनापति हैं, देहाभिमान ही सागर है, रागद्वेष आदि उसके मगर, घड़ियाल आदि हैं, मनोरथ और विषयासक्ति के संकल्प ही उस सागर की लहरों के विलास हैं, मोह (अज्ञान) ही रावण, अहंकार ही कुंभकर्ण, काम ही मेघनाद, लोभ ही अतिकाय, मत्सर ही महोदर, क्रोध ही देवान्तक, द्वेष ही दुर्मुख, दंभ ही खर, कपट ही अकंपन, दर्प ही नरान्तक, मन ही शूलपाणि एवं इन्द्रियाँ ही राक्षसियाँ हैं। इन दुष्टों के उपद्रवों से जीवरूपी विभीषण संत्रस्त और चिन्ताग्रस्त है। यम-नियमरूपी दसों दिग्पाल रावण के अधीन अत्यन्त भयभीत हैं। कर्माङ्ग ज्ञानरूपी दशरथ और भक्तिरूपी कौशल्या के माध्यम से प्रकट होकर बोधैकराशि प्रभु भक्त के हृदयरूपी वन में प्रवेश कर मोक्ष के साधनरूपी वानरों और विवेकरूपी सुग्रीव के द्वारा पुल बनवायें, प्रबल वैराग्यरूपी हनुमान के द्वारा विषय-वन को भस्म करवायें, दुष्ट रावणरूपी मोह का नाश उसके

1. आत्मबोध 50।

पूरे वंश के साथ करें तभी जीवरूपी विभीषण की रक्षा संभव है।[1]

इसी तरह तुलसी ने मानस के बालकांड में ब्रह्मांड में हुए रामावतार के साथ पिंड में हुए नामावतार की तुलना कर नाम की महिमा प्रतिपादित की है। राम ने नर देह धारण कर अत्यन्त संकट सह कर साधुजनों को सुखी बनाया था किन्तु नाम के जपमात्र से भक्तगण अनायास मंगलमय हो जाते हैं। राम तो एक ही ऋषि पत्नी अहल्या का उद्धार कर सके थे, नाम तो करोड़ों दुष्टों की कुमति का सुधार करता है। विश्वानित्र के यज्ञ की रक्षा के लिए राम ने ताड़का, उसके पुत्र और उसकी सेना का विनाश किया था, नाम तो अगणित भक्तों की दुराशाओं और उनसे उत्पन्न दोषों, दुःखों का नाश कर देता है। राम ने शिव जी का धनुष तोड़ा था, नाम का प्रताप भव भय का भंजन करता है, राम ने दंडकवन को सुहावना बनाया था, नाम अमित जनों के मनों को पवित्र बना देता है, राम ने राक्षस समूह का वध कर शबरी, गीध आदि सुसेवकों को सद्गति दी थी, नाम सकल कलि-कलुष का उन्मूलन कर असंख्य खलों का उद्धार करता है, राम ने सुग्रीव, विभीषण को शरण दी थी, नाम अनगिनत गरीबों पर कृपा करता है, राम ने वानर भालुओं की सहायता से सेतु का निर्माण श्रमपूर्वक किया था, नाम के स्मरण मात्र से भवसिंधु सूख जाता है। राम ने कुल सहित रावण का वध करने के अनन्तर सीता के साथ अवध का शासन सूत्र सँभाला था, नाम का सप्रेम स्मरण कर भक्तजन बिना श्रम के ही प्रबल मोहदल को जीतकर स्नेह मग्न और शोकरहित होकर आत्मसुख प्राप्त कर लेते हैं। इस तरह अनन्त आध्यात्मिक क्षेत्रों में सक्रिय होने के कारण राम का नाम राम से कहीं अधिक बड़ा है।[2]

इसका अभिप्राय यही है कि मोह, अहंकार, काम आदि वृत्तियाँ साक्षी-भास्य अपरोक्ष—होते हुए भी विकृतिमूलक हैं, संसार में फँसानेवाली हैं क्योंकि इनका विषय अधिभूत है। इनके निवारण के लिए साक्षी-भास्य संस्कृत अपरोक्ष वृत्तियों का अर्थात् राम विषयक भक्ति, श्रद्धा, वैराग्य यम-नियम आदि का प्रयोजन है। ये शुभ वृत्तियाँ प्रभु कृपा से ही सुलभ होती हैं। इस बात को मानस रोग के प्रकरण में तुलसी ने भलीभाँति समझाया है। मोह या अज्ञान ही इन विकृतिमूलक वृत्तियों की जड़ है जिससे कामरूपी वात, कफरूपी लोभ और पित्तरूपी क्रोध आदि मानस रोग होते हैं। इनका निराकरण राम कृपा से इस प्रकार सम्भव है। सद्गुरुरूपी वैद्य के वचनों पर विश्वास कर, विषयों की आशा के परित्यागरूपी संयम और श्रद्धा के अनुपात के साथ यदि रघुपति की भक्तिरूपी संजीवनी बूटी का सेवन किया जाये तो ये सभी मानस रोग आसानी से दूर हो सकते हैं, अन्यथा करोड़ों यत्नों से नहीं जाते।[3] आध्यात्मिक

1. विनयपत्रिका 58
2. मानस 1/24-25
3. वही 7/121/-122।

विकृतियों के लिए आध्यात्मिक सुसंस्कृत वृत्तियाँ ही औषधियों का कार्य कर सकती हैं। अतः उन्हीं का अवलम्बन ग्रहण करना चाहिए। उन्होंने यह भी स्पष्ट कर दिया है कि इनमें भक्ति ही सर्वोपरि वृत्ति है जो मानस रोगों की अमोघ ओषधि है। तुलसी का यह मत भी प्रतीत होता है कि आधिदैविक और आधिभौतिक तापों के बहुलांश का निवारण भी आध्यात्मिक संयम से किया जा सकता है। बहुधा हमारे मानसिक विकार ही बाहर अनेक अनिष्टों के रूप धारण कर लेते हैं। अतः अपने ही कल्याण के लिए हमें 'अध्यात्मवित्' अपने भीतर के यंत्र के कार्यकलाप का ज्ञाता होना चाहिए। यदि हमें पता चल जाये कि इस समय कौन सा मानस रोग या मानसराक्षस प्रबल हो रहा है तो हम उसका प्रतिषेध एक सीमा तक कर सकते हैं। अंतिम फलाफल तो प्रभु के ही हाथों में है।

अध्यात्म तत्त्व के जिन गूढ़ रहस्यों का प्रतिपादन तुलसी ने अपने प्रमुख पात्रों के उपदेशों के द्वारा किया है उनमें प्रमुख है निर्गुण तत्त्व के सगुण और साकार होने की अविकृत क्षमता, अवतार तत्त्व, भक्ति, ज्ञान, विज्ञान, योग, वैराग्य, कर्म आदि का निरूपण। उन सब पर विचार करना इस लेख में सम्भव नहीं है, इसलिए उनका स्मरण मात्र करा देना ही उचित लगता है।

आध्यात्मिक, आधिदैविक और आधिभौतिक स्तरों के युगपत् निर्वाह के कारण और इन सबसे परे अत्यन्त गूढ़ रामतत्त्व के निरूपण के कारण रामकथा में गूढ़ता स्वाभाविक रूप से अन्तर्निहित है। तुलसी ने इस गूढ़ता को यथा सम्भव सरल करके समझाने का प्रयास किया है क्योंकि उनकी दृष्टि में 'सरल कविता'[1] ही समादरणीय थी। उन्होंने स्पष्ट कहा है कि राम के प्रेम से अनुप्राणित हो जाने पर मन, वचन, क्रिया समस्त विधियाँ सूधी सरल हो जाती हैं—

सूधे मन, सूधे बचन, सूधी सब करतूति।
तुलसी सूधी सकल बिधि रघुबर प्रेम प्रसूति ॥[2]

रहस्यमय गूढ़ विषयों को तुलसी की सीधी सरल वाणी कितना हृदयंगम कराने में समर्थ हुई है, देखने की बात तो यह है। कोई भी निष्पक्ष विचारक यही निर्णय देगा कि हिन्दी में तो इस क्षेत्र में तुलसीदास अप्रतिद्वन्द्वी हैं।

■

1. मानस 1/14 क
2. दोहावली 152।

कबीरदास और तुलसीदास का आंतरिक साम्य

कबीर और तुलसी का विरोध इतना अधिक उछाला गया है कि दोनों दो विरोधी खेमों के नायक प्रतीत होते हैं, एक ही धारा के वैविध्य के उन्नायक नहीं। कुछ क्षेत्रों में कबीर-तुलसी को सराहने-कोसने में जितना उत्साह दिखाया जाता है, उतना यदि उनको समझने में भी दिखाया जाता तो, शायद ऐसा न होता। इसमें कोई सन्देह नहीं कि कबीर-तुलसी की सामाजिक दृष्टियाँ एक-दूसरे से कहीं-कहीं टकराती हैं, उनकी साधनिक दृष्टियों में भी थोड़ा अन्तर है, किन्तु यह अपेक्षाकृतरूप से बाह्य वैषम्य उन दोनों के उस आन्तरिक साम्य के समक्ष गौण है, जिसकी समन्वित चर्चा बहुत कम की गयी है।

कबीर के आधुनिक प्रशंसकों की दृष्टि में वे ऐसे क्रान्तिकारी थे, जिन्होंने दलित वर्ग के आक्रोश को व्यक्त करते हुए जाति-पाँति, छुआछूत जैसी सामाजिक विषमताओं के विरुद्ध जेहाद छेड़ा था, ईश्वर की साकार भावना, मूर्तिपूजा, अवतारवाद, कर्मकांड जैसी धार्मिक मान्यताओं का खंडन किया था, हिन्दू-मुस्लिम एकता का मार्ग प्रशस्त किया था, रहस्यवादी काव्यधारा का हिन्दी में प्रवर्तन किया था। कबीर की भक्ति-साधना ऐसे लोगों के लिए बहुत कम महत्त्व रखती है, अत्युत्साही भौतिकवादियों की दृष्टि में तो वह उनका अन्तर्विरोध ही है। इसी तरह के कुछ विचारकों ने (जिनमें कबीर के कुछ प्रशंसक भी हैं) तुलसीदास को प्रतिक्रियावादी करार देते हुए उन पर धार्मिक-सामाजिक रूढ़ियों के अर्थात् ब्राह्मणशाही के समर्थक, स्त्री-शूद्र-विरोधी, भाग्यवाद के प्रचारक सामंतवादी आदि होने के मनमाने आरोप लगाये हैं। स्पष्टतः इन लोगों के लिए तुलसी की भक्ति का कोई विशेष मूल्य नहीं है। जिन प्रगतिशील विचारकों ने तुलसीदास का समर्थन किया है, उनके लिए भी उनकी भक्ति उच्च कोटि का मानवतावाद या लोकवाद ही है। तुलसी की प्रशंसा भी उनके नैतिक बोध, लोकनायकत्व, पारिवारिक आदर्श, सामाजिक मंगल विधान, रामराज्य की कल्पना, उत्कृष्ट काव्य गुण आदि के लिए आधुनिक विचारक अधिक करते हैं। कुछ कट्टर सगुण-साकारवादियों की दृष्टि में कबीर की उक्ति 'दसरथसुत तिहुँ लोक बखाना, राम नाम का मरम है आना' का करारा जवाब देकर सगुण-साकार राम की प्रतिष्ठा करना ही तुलसी का सबसे बड़ा काम है। तुलसी की व्यापक भक्ति दृष्टि 'निर्गुण' को हृदय में स्थान देती थी, लगता है कि यह सत्य इन लोगों के लिए अप्रासंगिक है।

मैं यह तो मानता हूँ कि प्राचीन कवियों और उनकी कृतियों को आधुनिक दृष्टियों की कसौटी पर भी कसना चाहिए, इससे उनके नये पहलू उजागर होते हैं, किन्तु ऐसा करते समय उनकी मूलभूत निष्ठा को विस्मृत कर देना उचित नहीं है। ऐसा हुआ तो हम अन्तरंग की उपेक्षा कर बहिरंग को ही प्राधान्य दे देंगे। आखिर इस पर तो विचार करना ही चाहिए कि कबीर और तुलसी बुनियादी तौर पर क्या थे? क्या उनकी पहली पहचान समाजसुधारक, लोकनायक आदि हो सकती है? सच्चाई यही है कि कबीर और तुलसी दोनों मूलतः और प्रथमतः भक्त थे, दोनों परम तत्त्व से अपना सम्बन्ध निष्काम प्रेम के द्वारा जोड़ना चाहते थे। दोनों की वास्तविक निकटता या दूरी इसी मुद्दे के ऊपर प्रकट किये गये उनके भावों, विचारों से तै की जा सकती है। मेरा नम्र निवेदन है कि इस क्षेत्र में दोनों में अस्सी प्रतिशत से भी अधिक साम्य है। जीवन निर्वाह सम्बन्धी दोनों के विचारों में भी आश्चर्यजनक रूप से समानता है। इस सच्चाई को बड़े विद्वानों ने चाहे आँखों से ओझल कर दिया हो, सामान्य हिन्दी जनता ने सहज ही स्वीकारा है। इस बात से कौन इनकार कर सकता है कि हिन्दी बोलने-समझनेवाली साधारण जनता के हृदय के सबसे निकट दो ही कवि हैं—कबीर और तुलसी, जो उनकी बोलचाल से लेकर दृष्टिभंगी तक को प्रभावित करते हैं। सोचने की बात है कि दो नितान्त परस्पर विरोधी विचारों-भावों वाले कवियों को एक ही जनता, एक ही साथ, करीब-करीब एक जैसा प्यार कैसे कर सकती है! यह तथ्य ही दोनों की आधारभूत एकता का अखंडनीय प्रमाण है। इसके बावजूद दोनों की सामाजिक-साधनिक दृष्टियों में जो आंशिक टकराव है, उसका कारण यह है कि भक्ति को स्वीकार करने के पूर्व दोनों की सामाजिक स्थिति और साधनिक पृष्ठभूमि भिन्न थी। कबीर सद्यःधर्मान्तरित मुस्लिम जुलाहा कुल में पैदा हुए थे और जाति-पाँति के हृदय हीन अन्याय के खुद शिकार थे। उनके कुल पर और उन पर भी नाथ सिद्धों की साधना का गहरा प्रभाव था। अतः उन्हें विरासत में ईश्वर के साकार रूप, अवतार, मूर्तिपूजा, वर्ण व्यवस्था, कर्मकांड आदि का उग्र विरोध प्राप्त हुआ था, उनके अक्खड़ स्वभाव और व्यावहारिक अनुभव ने जिसे और पैना, और आक्रामक बना दिया था। तुलसी-स्मृति-पुराण की परम्परा को माननेवाले ब्राह्मण कुल में जन्मे थे। अतः भक्ति के अविरोधी पारम्परिक तत्त्वों के प्रति सहनशील थे। हाँ, उसके जो तत्त्व भक्ति-विरोधी थे, उनका समर्थन उन्होंने नहीं किया है, जाति-पाँति की बाधा को भक्ति के क्षेत्र में उन्होंने भी कतई स्वीकार नहीं किया है। स्वभाव से भी शायद कबीर अधिक तेजस्वी तुलसी अधिक सौम्य थे। जो हो, कबीर-तुलसी के भेदों की चर्चा काफी हो चुकी है, कुछ चर्चा उनमें विद्यमान अभेद की भी होनी चाहिए।

परम तत्त्व के परात्पर निर्गुण, निराकार तथा सगुण निराकार विभावन कबीर और तुलसी दोनों को मान्य हैं। पहला विभावन तो तत्त्वतः आवङ्मनसगोचर है,

के प्रति ही हो सकती है, यह धारणा निराधार है। श्रीमद्भगवद्गीता के बारहवें अध्याय में और श्रीमद्भागवत के तृतीय स्कन्ध के कपिल-देवहूति-संवाद में अव्यक्त उपासना निराकार के प्रति भक्ति-भावना (जिसे व्यवहार में निर्गुण भक्ति कहा गया है।) की स्पष्ट स्वीकृति है। इस स्तर पर भी कबीर और तुलसी सहमत हैं। किन्तु इसके आगे जाकर उस तत्त्व को साकार मानने या उसके अवतार के रूप में प्रकट होने की बात कबीर को अस्वीकार्य और तुलसी को स्वीकार्य है। इस पहलू के औचित्य-अनौचित्य पर विचार किये बिना यह मान लेना काफी है कि कबीर और तुलसी की साधनिक दृष्टियों में यहाँ निश्चित भिन्नता है। कबीरदास के नाथ सिद्ध सूफी इस्लामी संस्कार के लिए साकार रूप की धारणा संभव नहीं थी। उस परम तत्त्व को कभी उन्होंने योगियों के अनुसार ज्योति रूप में, नाद या शब्द के रूप में, कभी बौद्धों के अनुसार शून्य रूप में और कभी सूफियों के अनुसार नूर रूप में भी वर्णित किया है किन्तु प्रधानतः और पुनः-पुनः वैष्णव संज्ञाओं और विशेषणों से ही उसे सम्बोधित किया है। यह वस्तुगत तथ्य भी उनके वास्तविक विश्वास को उजागर करने में सहायक है।

कबीर और तुलसी दोनों मानते हैं कि प्रभु राम में असंख्य गुण हैं। कबीर यदि कहते हैं कि 'गोविन्द के गुण बहुत हैं, लिखे जु हिरदे माँहि'[1] तो तुलसी का कहना है 'समुझि-समुझि गुन ग्राम राम के उर अनुराग बढ़ाउ।'[2] दोनों राम को सर्वोपरि समर्थ मानते हैं। कबीर के अनुसार यदि राम की माया के 'पुत्र तिन भयऊ ब्रह्मा विष्णु महेश नाम धरेऊ'[3] तो तुलसी के मत से भी राम 'बिधि, हरि, संभु नचावनि हारे'[4] हैं। राम की सर्वोपरिता सिद्ध करने के लिए दोनों ने आश्यर्चजनक रूप से एक शैली का अनुगमन किया है। यदि कबीर का दृढ़ निश्चय है कि—

जौ जाचों तो केवल राम। आन देव सूँ नाहीं काम।
जाके सूरिज कोटि करें परकास। कोटि महादेव गिरि कविलास॥
ब्रह्मा कोटि बेद ऊचरें। दुर्गा कोटि जाके मरदन करें।
कोटि चंद्रमा गहैं चिराक। सुर तेतीसुं जी मैं पाक॥
नौ ग्रह कोटि ठाड़े दरबार। धरम कोटि पौली प्रतिहार॥
कोटि कुमेर जाके भरे भंडार। लछमी कोटि करे सिंगार॥
कोटि पाप पुनि व्योहरे। इंद्र कोटि जाकी सेवा करें॥'[5]

आदि-आदि।

1. कबीर वाङ्मय—खंड-3 साखी (सं० डॉ० जयदेव सिंह, डा० वासुदेव सिंह) 50/7
2. विनयपत्रिका 100/19
3. कबीर वाङ्मय, खंड 1, रमैनी 1/3
4. मानस 2/126/1
5. कबीर ग्रन्थावली (गुप्त) पद 8-15।

तो तुलसीदास का भी निष्कर्ष यही है कि—

रामु काम सत कोटि सुभग तन। दुर्गा कोटि अमित अरि मर्दन॥
सक्र कोटि सत सरिस बिलासा। नभ सत कोटि अमित अवकासा॥
मरुत कोटि सत बिपुल बल, रबि सत कोटि प्रकास।
ससि सत कोटि सुसीतल, समन सकल भव त्रास।
सारद कोटि अमिट चतुराई। बिधि सत कोटि सृष्टि निपुनाई॥
बिष्नु कोटि सम पालन कर्ता। रुद्र कोटि सत सम संहर्ता॥
धनद कोटि सत सम धनवाना। माया कोटि प्रपंच निधाना॥[1]

आदि-आदि।

किन्तु राम के सामर्थ्य-माहात्म्य का बोध मात्र भक्ति नहीं है, वह तो उस बोध के बाद उत्पन्न होनेवाला उनके प्रति अमृतस्वरूप परम प्रेम है।[2] इसीलिए कबीर और तुलसी राम को केवल परब्रह्म, **कर्त्ता**, जगदीश आदि ही नहीं समझते, अपना परम प्रियतम भी मानते हैं। मिलन-**सुख** का अनुभव करते हुए यदि कबीर कह उठते हैं, 'बहुत दिनन थे में प्रीतम पाये। भाग बड़े घरि बैठे आये।'[3] तो तुलसी की सुविचारित वाणी है, 'राम से प्रीतम की प्रीतिरहित जीव जाय जियत।'[4] कैसे अपूर्व सुन्दर हैं ये प्रियतम। कबीर और तुलसी दोनों एक सी बात कहते हैं, 'कंदर्प कोटि जाके लावन करे'[5] तथा 'कंदर्प-अगणित-अमित-छबि, नवनील नीरज-सुंदरं।'[6] न केवल वे सुन्दर हैं, बल्कि परम स्नेही भी हैं। वे जितना प्यार जीवों को करते हैं, उतना कोई नहीं कर सकता और वह भी तब जब जीव उनको प्यार नहीं करते, उनको नहीं भजते। कबीर की साखी है, 'कबीर हरि सबकों भजे हरि को भजे न कोइ।'[7] कबीर अपने उस स्नेही से मिलने के लिए बेचैन हैं, 'कब देखों मेरे राम सनेही। जा बिन दुख पावे मेरी देही।'[8] तुलसीदास की भी पक्की धारणा है कि 'जानत प्रीति-रीति रघुराई। नाते सब हाते करि राखत, राम सनेह-सगाई।'[9] ठीक ही है जो और सब नाते-रिश्तों को दूरकर केवल स्नेह का नाता रखता हो, वास्तव में

---

1. मानस 7/91, 92 के अंश
2. नारदीय भक्ति सूत्र 2, 3
3. कबीर ग्रन्थावली (गुप्त) पद 1/2/1-2
4. विनयपत्रिका 132/1
5. कबीर ग्रन्थावली (गुप्त) पद 8/15/17
6. विनयपत्रिका 45/23
7. कबीर वाङ्मय 3—साखी 45-40
8. कबीर ग्रन्थावली (गुप्त), पद 3/22/1-2
9. विनयपत्रिका 164/1-2।

वही प्रीति की रीति जानता है एवं ऐसा राम के सिवाय और दूसरा कौन है ?

फिर कितने कृपालु हैं प्रभु। जो नितान्त असमर्थ हैं, वे भी उनकी कृपा से वंचित नहीं होते। कितने आश्वस्त हैं कबीर कि गर्भगत शिशु की रक्षा करनेवाला कृपालु प्रभु भला अपने भक्तों का प्रतिपालन क्यों नहीं करेगा, 'कृसन कृपाल कबीर कहि, हम प्रतिपाल न क्यों करे।'[1] ऐसी ही है तुलसी की मान्यता, 'है तुलसिहिं परतीति एक प्रभु मूरति कृपामई है।'[2] अतः यह स्वाभाविक ही था कि राम के गुणों पर मुग्ध कबीर और तुलसी दोनों राम को अपना इष्टदेव मान लेते। इष्ट के बल से बलीयान होकर कबीर कह उठे थे, 'राम नाम सो दिल मिला, जम सो परा दुराइ। मोहि भरोसा इष्ट का, बंदा नरक न जाइ।' और तुलसी ने तापस के रूप में अपना ही चित्रण करते हुए इष्टदेव श्रीराम के प्रति अपनी प्रेम विह्वलता को इस प्रकार अंकित किया है, 'सजल नयन तन पुलकि निज इष्टदेव पहिचानि। परेउ दंड जिमि धरनि तल, दसा न जाइ बखानि।'[3]

कबीर और तुलसी दोनों ने एक स्वर से घोषित किया है कि राम की भक्ति ही मानव जीवन का चरम साध्य है। कबीर के शब्दों में, 'जा नरि राम भगति नहीं साधी। सो जनमत काहे न मूवो अपराधी॥'[4] सुन्दर से सुन्दर सुरूप से सुरूप व्यक्ति भी कबीर के लिए 'राम भगति बिन कुचिल करूप'[5] था। कबीर के मतानुसार राम के अतिरिक्त कुछ और है ही नहीं, अतः बड़े भाग्य से मिलनेवाले मानव शरीर की परम गति यही है कि राम भक्तों की संगति में रहा जाये, 'न कछुरे न कछु राम बिना। सरीर धरे की इहे परम गति साध संगति रहना।'[6] इसी तरह तुलसीदास कहते हैं कि जीवन का परम लाभ है राम के चरणों में पावन प्रेम 'रामचरन जनम लाहु परम।'[7] उनका निर्देश है, 'दुर्लभ देह पाइ हरिपद भजु करम, बचन अरु ही ते ।'[8] राम-भक्ति रहित संसार के सारे सुख तुलसी के लिए निस्सार हैं, जो राम का न हुआ वह जीवन जल जाये, 'सब फोकट साटक है तुलसी, अपनो न कछू सपनो दिन द्वै। जरि जाउ सो जीवन जानकीनाथ जिये जग में तुम्हरो बिनु ह्वै।'[9]

---

1. कबीर वाङ्मय 3—साखी 35/1/6
2. विनयपत्रिका 170/14
3. मानस 2/110 (का संख्यारहित दोहा)
4. कबीर ग्रन्थावली (गुप्त), पद 1/124/1-2
5. वही, पद अन्तिम पंक्ति
6. वही, पद 16/2/1-2
7. विनयपत्रिका 131/1
8. वही 198/2
9. कवितावली 7/41/3-5।

इन दोनों भक्तों ने भक्ति को किसी विशिष्ट सम्प्रदाय, दर्शन या विधि-विधान से नहीं बाँधा है। इन दोनों की रचनाओं में ऐसा कथन कहीं नहीं मिलता कि किसी विशेष प्रकार का छापा तिलक लगाकर या किसी सम्प्रदाय में दीक्षित होकर ही राम को पाया जा सकता है। आश्चर्य की बात है कि दोनों ने अपने गुरुओं के प्रति परम भक्ति निवेदित करते हुए भी 'गुरु गोबिन्द तो एक है'[1] तथा 'बंदौ गुर पद कंज कृपा सिंधु नर रूपहरि'[2] कहते हुए भी उनका नामोल्लेख नहीं किया है। दोनों प्रभु के असंख्य नामों में सर्वप्रमुख राम नाम को ही मानते थे, जो उन्हें अपने गुरु से प्राप्त हुआ था। 'राम नाम के पटंतरे देबे को कछु नाहिं। क्या ले गुरु संतोषिए, हौंस रही मन मांहि॥'[3] यदि कबीर की कृतज्ञ स्वीकारोक्ति है, तो तुलसी का कथन है, 'गुरु कह्यो राम भजन नीको मोहिं लगत राज डगरो सो'।[4] यह राम नाम दोनों का परम आधार था। 'राम कहे भल होइगा नहिं तर भला न होइ',[5] 'तत तिलक तिहुँ लोक में राम नाम निज सार'[6] यदि कबीर का विश्वास था तो तुलसी की मान्यता थी, 'अपनो भलो राम नामहिं ते तुलसिहिं समुझि परो',[7] 'राम नाम सब धरम मैं जानत तुलसीदास।'[8] तुलसी तो राम नाम को ब्रह्म के निर्गुण एवं सगुण दोनों स्वरूपों से बड़ा मानते थे।[9]

भक्ति की आधारभूत विशेषताएँ भी दोनों की दृष्टि में एक सी हैं। 'निरबैरी, निहकामता, साईं सेती नेह। विषया सो न्यारा रहे संतनि का अंग एह'[10] तथा 'साईं सेती सांच चलि औराँ सौ सुध माइ। भावे लंबे केस करि भावे घुरडि मुडाइ[11] कहकर कबीर ने जिस प्रकार आडम्बरहीन, निर्वैर, विषय-विकाररहित राम के प्रति शुद्ध, निश्छल, निष्काम प्रेम को भक्ति माना है, तुलसी ने उसी प्रकार संसार के प्रति समता तथा 'सत्य बचन मानस बिमल, कपट रहित करतूति'[12] के साथ 'रागरिस' को जीत कर नीति पथ पर चलते हुए राम से प्रीति करने को ही संतों के मतानुसार 'भगति की

1. कबीर वाङ्मय, खंड 23, साखी 1/26/1
2. मानस 1/0/5-1
3. कबीर वाङ्मय, खण्ड 3, साखी-1/4
4. विनयपत्रिका 173/10
5. कबीर वाङ्मय, खण्ड 3, 2/1/2
6. वही 2/3/1
7. विनयपत्रिका 226/12
8. दोहावली 29/2
9. मानस 1/23/1-2
10. कबीर वाङ्मय, खण्ड 3, 29/1
11. वही 24/11
12. दोहावली 87, 94।

रीति'[1] कहा है। भक्ति राम के प्रति निष्काम, अहैतुक प्रेम है, लौकिक विषयों की बात तो जाने ही दीजिये, मुक्ति या बैकुंठ की कामना भी भक्ति को मलिन करती है, कबीर-तुलसी दोनों का यही मत है। 'जब लगि भगति सकामता, तब लग निष्फल सेव',[2] 'जब लग है बैकुंठ की आसा। तब लग नहीं हरि के चरन निवासा'[3] यदि कबीर ने कहा है तो तुलसी की वाणी है, 'चहौं न सुगति, सुमति, संपति, कछु, रिधि-सिधि बिपुल बड़ाई। हेतु रहित अनुराग राम पद बढ़ौं अनुदिन अधिकाई।'[4]

यह निष्काम प्रेम उत्तरोत्तर प्रगाढ़ होता जाय, इसके लिए राम से कोई व्यक्तिगत सम्बन्ध जोड़ना आवश्यक है। कबीर ने राम से दो मुख्य सम्बन्ध जोड़े थे, पहला सेवक-सेव्य का, दूसरा कान्ता-कान्त का 'उस संम्रथ का दास हौं, कदे न होइ अकाज'[5] तथा 'मैं गुलाम मोहि बेचि गुसांई'[6] जैसी उक्तियों में यदि उनका दास्य भाव झलका है, तो 'हरि मोर पीव मैं राम की बहुरिया'[7] और 'बाल्हा आव हमारे ग्रेह रे'[8] जैसी पंक्तियों में कान्ता भाव। तुलसीदास यह तो मानते थे कि प्रभु से अनेकानेक नाते हो सकते हैं, किन्तु अपने लिए उन्होंने 'सेवक-सेव्य' का नाता ही चुना था। 'तुलसी सरनाम गुलाम है राम को',[9] 'सेवक-सेव्य भाव बिनु भव न तरिअ उरगारि'[10] जैसी पंक्तियों से यह स्पष्ट है। दोनों इस पर एकमत हैं कि राम से नाता दृढ़ तभी होगा, जब इस शरीर के अन्यान्य नातों की आसक्ति त्याग दी जाये। 'प्राणी प्रीति न कीजिए इहि झूठे संसारो रे'[11] तथा 'कबीर प्रीतड़ी तौ तुझ सो, बहुगुणियाले कंत जो हंसि बोलों और सो तो नील रंगाऊ दंत'[12] यदि कबीर के उद्‌गार हैं, तो तुलसी की घोषणा है, 'नातो नेह नाथ सों करि, सब नातो नेह बहैंहों'[13] तथा 'यहि जग में जहँ लगि या तनु की प्रीति-प्रतीति-सगाई, ते सब तुलसिदास प्रभु ही सों होहु सिमिटि एक ठाई।'[14]

---

1. दोहावली 86
2. कबीर वाङ्मय, खण्ड 3, 11/10
3. कबीर ग्रन्थावली (गुप्त), पद 1/24/4
4. विनयपत्रिका 103/3-4
5. कबीर वाङ्मय, खण्ड 3, 11/17-1
6. कबीर ग्रन्थावली (गुप्त), पद 1/112/1
7. कबीर बीजक (सं० डॉ० शुकदेव सिंह) शब्द दा 35/1
8. कबीर ग्रन्थावली (गुप्त), पद 5/8/1
9. कवितावली 7/106/3
10. मानस 7/119 क-1
11. कबीर ग्रन्थावली (गुप्त), पद 16/1/5
12. कबीर वाङ्मय, खण्ड 3, 11/1
13. विनयपत्रिका 104/7
14. वही 103/7-8।

बड़ा कठिन है शरीर के अहंकार या उसके सम्बन्धों की आसक्ति को तोड़ पाना। मैं-मेरा, तू-तेरा की भावना शरीर को केन्द्रित कर इतनी दृढ़ हो गयी है कि छुड़ाये नहीं छूटती। माया की सूक्ष्म दार्शनिक व्याख्याएँ भले अलग-अलग हों या हार कर उसे अनिर्वचनीय कह दिया जाये, किन्तु व्यवहार में उसका सब से प्रकट रूप इसी 'मैं-मेरा, तू-तेरा' में व्यक्त होता है। अतः कबीर और तुलसी दोनों ने इसी को विनाश का मूल अथवा माया कह दिया है। 'जब लग मैं-मैं मेरी करे, तब लग काज एक नहीं सरे',[1] 'मोर तोर में सबे बिगूता, मोर, तोर महँ जर जग सारा'[2] तथा 'मैं, मैं मेरी जिनि करै, मेरी मूल बिनास'[3] यदि कबीर की मान्यता है, तो तुलसी कहते हैं 'तुलसिदास मैं मोर गए बिनु जिय सुख कबहुँ न पावे'[4] तथा 'मैं अरु मोर तोर तैं माया, जेहिं बस कीन्हे जीव निकाया।'[5] कबीर और तुलसी दोनों यह मानते हैं कि माया के कारण ही जीव अपने स्वरूप को भूल कर विषयासक्त हो दुःख पा रहा है। दोनों माया को राम की शक्ति, त्रिगुणात्मिका और सृष्टिकर्त्री मानते हैं। यह जरूर है कि तुलसी माया के विद्या और अविद्या दो भेद कर विद्या (सीता) के सहारे राम से जुड़ पाना संभव मानते हैं, जब कि कबीर ऐसा भेद नहीं करते, सीता की कल्याणमयी भूमिका को स्वीकार नहीं करते। उनके लिए माया एक ही है और वे उसका सर्वथा परित्याग करना चाहते हैं। काम, क्रोध, लोभ, मोह, मद, मत्सर जैसे विकारों को दोनों ने माया के प्रमुख अंगों के रूप में स्वीकार किया है और यह भी माना है कि मनुष्य का मन जब तक इन विकारों से कलुषित रहता है, तब तक वह सच्ची भक्ति नहीं कर पाता है। विषय-ग्रस्त मन के अनुसार आचरण करने से मनुष्य का सर्वनाश हो जाता है, यह कबीर और तुलसी दोनों का मत है। 'काया देवल मन धजा, विषय लहरि फहराइ। मन चाले देवल चले ताका सर्वस जाइ'।[6] कबीर के इस कथन के अनुरूप ही तुलसी की उक्ति है, 'विषय-वारि मन-मीन भिन्न नहिं होत कबहुँ पल एक। तातें सहिय बिपति अति दारुन जनमत जोनि अनेक।'[7] कबीर यदि 'मैमंता मन' को मार कर ज्ञान के अंकुश से वशीभूत करना चाहते हैं, तो तुलसी भी अपने 'मूढ़ मन' को 'सिखावन' देते रहते हैं कि 'हरि पद बिमुख' को कभी सुख नहीं मिलता। मनोविजय की साधना कबीर और तुलसी दोनों ने की है, किन्तु दोनों का अनुभव यही है कि माया से बँधा हुआ जीव ऐसा प्रायः नहीं कर पाता।

---

1. कबीर ग्रन्थावली (गुप्त), पद 8/24/3
2. कबीर वाङ्मय 1, रमैनी 84/5-7
3. वही 3, 12/61
4. विनयपत्रिका 120/10
5. मानस 3/15/2
6. कबीर वाङ्मय 1, 13-28
7. विनयपत्रिका 102/5-6।

सवाल है जीव को कैसे मुक्ति मिले, इस माया के बन्धन से! समस्या और उसके संभावित समाधानों की ओर संकेत करते हुए कबीर कहते हैं—'बहु बंधन से बाँधिया एक बिचारा जीव। की बल छूटे आपने, किया छुड़ावे, पीव'[1] अपने बल छूटने का अर्थ है कर्म, योग, ज्ञान या भक्ति आदि साधनों में से किसी एक का अवलम्बन कर स्वप्रयास से मुक्त होना। इनमें कर्म को कबीर और तुलसी दोनों गौण सहायक के रूप में ही स्वीकारते हैं। ऊपर दिखाया जा चुका है कि आचरण की पवित्रता तो दोनों के अनुसार 'संतन का अंग' या 'भगति की रीति' के अन्तर्गत ही है। कथनी-करनी की एकता पर दोनों ने समानरूप से बल दिया है। कबीरदास ने यदि कहा है कि 'जैसी मुख तें नीकसै, तैसी चाले चाल। पारब्रह्म नियरा रहे, पल में करे निहाल'[2] तुलसी ने भी इसकी पुष्टि की है, 'जो कछु कहिय, करिय, भवसागर तरिय बत्स पद जैसे।'[3] कर्मफल भोग का सिद्धान्त भी दोनों को साधारण रूप से मान्य है, जैसा कि जो जस करिहै सो तस पइहै राजा राम नियाई[4] (कबीर) तथा 'काहु न कोउ सुख दुख कर दाता। निज कृत करम भोग सबु भ्राता'[5] (तुलसी) से स्पष्ट है। फिर भी दोनों कर्म का भरोसा नहीं करते, क्योंकि व्यावहारिक और सैद्धान्तिक दोनों स्तरों पर उन्हें जीवकृत कर्म अपर्याप्त लगते हैं। व्यवहार की दृष्टि से निरन्तर सत्कर्म (पुण्य) करते रहना बड़ा कठिन है, अनचाहे, अनजाने दुष्कर्म (पाप) होते ही रहते हैं। 'कहता कहि गया, सुनता सुणि गया, करणी कठिन अपार'[6] यदि कबीर का अनुभव है, तो तुलसी भी पाते हैं कि सुकृत (पुण्य) के नाखूनों से पाप के जंगल के वृक्ष समूहों को काटना असंभव है।[7] सिद्धान्त की दृष्टि से दोनों को लगता है कि करनेवाला तो वास्तव में परमात्मा ही है, जीव क्या कर सकता है। यदि कबीर का विश्वास है, 'साँई सो सब होत है, बंदे ते कछु नाहिं'[8] तो तुलसी की धारणा है कि 'मेरी न बने बनाए मेरे कोटि कलप लौं, राम रावरे बनाए बने पल पाउ मैं।'[9]

योग के लिए कबीर के मन में गहरी श्रद्धा है। उनकी आरंभिक साधना में (भक्ति भावना में भी) योग का बहुत बड़ा दान है। कुंडलिनी योग तथा शब्द सुरति

---

1. बीजक (शु), साखी दा 211
2. कबीर वाङ्मय 3, 18/2
3. विनयपत्रिका 118/3
4. कबीर ग्रन्थावली (गुप्त), पद 2/46/2
5. मानस 2/92/4
6. कबीर ग्रन्थावली (गुप्त), पद 2/46/4
7. विनयपत्रिका 96/2
8. कबीर वाङ्मय 3, 38/12
9. विनयपत्रिका 261/1-2।

योग सम्बन्धी उनकी अनेकानेक उक्तियाँ इसके प्रमाणस्वरूप उद्धृत की जा सकती हैं। फिर भी ऐसा लगता है कि बाद में वे योग से कहीं अधिक भक्ति पर निर्भर हो गये थे। कहे कबीर योगि औ जंगम, फीकी उनकी आशा। रामहि राम रटै ज्यों चातक, निश्चय भक्ति निवासा॥'[1] तथा 'हिरदे कपट (हरि) सू नहिं सांचौ, कहा भयो जो अनहद नाच्यो[2] जैसी उक्तियों के आधार पर यह संगत अनुमान किया जा सकता है कि भक्तिरहित यौगिक प्रक्रियाओं के प्रति उनकी आस्था नहीं रह गयी थी। 'गोरख जगायो जोग, भगति भगायो लोग'[3] का हवाला देकर कुछ विद्वानों ने तुलसी को योग विरोधी बताना चाहा है। वास्तव में तुलसीदास यहाँ उस अतिरेक का विरोध कर रहे हैं, जो भक्ति को नकारता था। राम-भक्ति और रामकथा के प्रदाता स्वयं शिव को महायोगी के रूप में तुलसी ने मानस में बार-बार ससम्मान चित्रित किया है, 'संकर सहज सरूप संभारा। लागि समाधि अखंड अपारा',[4] 'हमरे जान सदा सिव जोगी। अज अनवद्य अकाम अभोगी'[5] आदि। ध्यान योग का अत्युच्च अंग है और भक्ति में भी उसका परम समादर है। तुलसीदास तो प्रभु के ध्यान को अपने लिए कल्पवृक्ष के समान मानते हैं, 'राम बाम दिसि जानकी, लषन दाहिनी ओर। ध्यान सकल कल्यानमय सुरतरु तुलसी तोर।'[6] तुलसीदास भक्ति अविरोधी योग का सम्मान करते हैं, किन्तु स्वयं योगमार्गी नहीं हैं। उन्होंने स्पष्ट कहा है, 'जोग न बिराग जप जाग तप त्याग ब्रत, तीरथ न धर्म जान बेद बिधि किमि है।'[7]

ज्ञान के प्रति कबीर और तुलसी दोनों आस्थावान हैं, दोनों मानते हैं कि माया के बन्धन को छिन्न-भिन्न कर देने में ज्ञान समर्थ है। कबीर की अनुभूति है 'संतौ भाई आई ग्यान की आंधी रे। भ्रम की टाटी सबे उड़ांणी माया रहे न बांधी।'[8] मानव जीवन की सार्थकता के लिए ज्ञान विचार को अनिवार्य माननेवाले कबीर ने क्षोभपूर्वक लिखा है, 'जिहि कुलि पुत्र न ग्यान बिचारी। वाकी विधवा काहे न भइ महतारी'।[9] इसी तरह तुलसीदास की भी मान्यता है कि 'भव संभव खेद' को हरने में ज्ञान भी समर्थ है।[10] वे स्वीकारते हैं कि जो ज्ञान मार्ग का निर्विघ्न निर्वाह कर

---

1. बीजक (शु०) शब्द दा 26/7-8
2. कबीर ग्रन्थावली (गुप्त), पद 4/17/4
3. कवितावली 7/84/5
4. मानस 1/58/8
5. वही 1/90/3
6. दोहावली 1
7. कवितावली 7/71/1/2
8. कबीर ग्रन्थावली (गुप्त), पद 1/16/1/2
9. वही पद 1/124/4
10. मानस 7/115/13।

लेता है, 'सो कैवल्य परम पद लहई'[1] लेकिन कबीर और तुलसी दोनों दृढ़तापूर्वक यह भी प्रतिपादित करते हैं कि भक्ति के बिना ज्ञान में भी पूर्ण सुरक्षा नहीं। कबीर की साखियाँ हैं—

ग्यानी तौ नीडर भया, माने नाहीं संक।
इन्द्री केरे बसि पड़ा, भूंजे बिखे निसंक।
ग्यानी मूल गँवाइया, आपे भये करता।
तातें संसारी भला, मन में रहे डरता।[2]

इसी के समानान्तर तुलसी ने लिखा है—

जे ज्ञान मान बिमत्त तब भव हरनि भगति न आदरी।
ते पाइ सुर दुर्लभ पदादपि परत हम देखत हरी।।[3]

तथा—'सोह न राम प्रेम बिनु ग्यानू। करनधार बिनु जिमि जलजानू।'[4] कर्म, योग, ज्ञान की तुलना में भक्ति अधिक सरल और सुरक्षित है, इसको मानते हुए भी कबीर और तुलसी दोनों यह भी स्वीकारते हैं कि अपने बूते पर मायाबद्ध जीव भक्ति भी नहीं कर सकता। तर्क के लिए कोई कह सकता है कि भक्ति का सार 'सुमिरन' करते रहने में भला क्या कठिनाई हो सकती है, किन्तु कबीर जानते हैं कि पापिनी माया ने हरि से 'हराम' करने के लिए लगा दी है, 'मुखि कड़ियाली कुमति की, कहत न देई राम।'[5] अतः उनका निष्कर्ष है, 'कबीर कठिनाई खरी, सुमिरतां हरि नाम। सूली ऊपर नट विद्या, गिरे त नाहीं ठाम।'[6] भक्ति के लिए तो आपा मिटाना पड़ता है, निष्काम होना पड़ता है और विरह ज्वाला से जलना पड़ता है, अतः तलवार की धार पर चलने में समर्थ कोई सूरमा ही भक्ति कर सकता है। कबीर के शब्दों में 'भगति दुहेली राम की नहिं कायर का काम। सीस उतारे हाथि सों (तब) लैसी हरि का नाम।'[7] तुलसीदास भी मानते थे कि 'सब सुख खानि भगति' इतनी दुर्लभ है, 'जो मुनि कोटि जतन नहीं लहहीं। जे जप जोग अनल तन दहहीं।'[8] उन्होंने भी कहा है 'रघुपति भगति करत कठिनाई। कहत सुगम, करनी अपार, जाने सोइ जेहि बनि आई।'[9] इस कठोर सत्य के साक्षात्कार से अपने बल से माया के बंधन

1. मानस 7/119/2
2. कबीर वाङ्मय 3, 20/26-27
3. वही 7/13/छं० 10/11
4. वही 2/276/5
5. कबीर वाङ्मय 3, 16/4
6. वही 2/29
7. वही 45/24/26
8. मानस 7/85/3-4
9. विनयपत्रिका 167/1-2।

से छूटने का विकल्प कबीर और तुलसी दोनों को अपने लिए अर्थहीन लगता है।

इस स्थिति में एक ही संभावना शेष रह जाती है कि 'पीव' ही कृपा कर जीव को माया के बंधन से मुक्त कर दे। कबीर और तुलसी दोनों ने प्रभु से इसके लिए विकल प्रार्थना की है। 'बाबा करहु कृपा जन मारगि जावो, ज्यूँ मो बंधन खुटे'[1] 'कहे कबीर करणांमय आगे, तुम्हरी कृपा बिना यहु बिपति न भागे'[2] यदि कबीर की बिनतो है, तो तुलसी की विनय भी यही है 'तुलसिदास यह जीव मोह-रजु जेइ बांध्यो सोइ छोरे'[3], 'तुलसिदास प्रभु मोह शृंखला छूटिहि तुम्हारे छोरे',[4] 'तुलसिदास हरि कृपा मिटे भ्रम, यह भरोस मन माहीं।'[5]

प्रभु की कृपा किस पर, कब, क्यों, कैसे होगी, यह नहीं कहा जा सकता। वैसे संतों की तो धारणा है कि कृपा सब पर समान रूप से बरस रही है। अभागा जीव अपने ही अभिमान, सम्बल या छलकपट आदि के आवरण के कारण उससे वंचित रह जाता है। संतों का अनुभव है कि जीव जब अपने उपायों की व्यर्थता का अनुभव कर, हारकर, थककर, दीन होकर, निश्छल भाव से सर्वसमर्पण कर प्रभु की शरण में जाता है, तब उनकी कृपा उसे समस्त बन्धनों से मुक्त कर अपना लेती है। भक्ति साधना की यह चरम परिणति कबीर और तुलसी दोनों में समान रूप से दृष्टिगोचर होती है।

तुलसीदास की दीनता तो विख्यात है ही, किन्तु अक्खड़, उग्र, आक्रामक माने जानेवाले कबीर की दीनता उन लोगों को विस्मयकारिणी लग सकती है, जो उन्हें केवल क्रान्तिकारी के रूप में देखना पसन्द करते हैं। सिद्धान्त निरूपित करते हुए कबीर कहते हैं, 'दीन गरीब दीन को, दुंदर को अभिमान। दुंदुर दिल विष सूँ भरी, दीन गरीबी राम।'[6] अर्थात् विनम्र (दीन) को प्रभु ने गरीबी (दीनता) दी और द्वंद्वरत (दुंदुर) को अभिमान दिया, दुंदुर के दिल में विष है, तो दीन के हृदय में है राम। जो स्वामी रहित (निगुसावां) है, उसका कोई वास्तविक आश्रय (थाघी) नहीं है, वह बह जायेगा, उसी की रक्षा हो सकती है, जो दीन गरीबी के साथ बंदगी करता है, 'निगुसांवा बहि जाएगा, जाके थाघी नहिं कोइ। दीनगरीबी बंदगी करतां होइ सु होइ'।'[7] व्यवहार में कबीर अपने को प्रभु का कुत्ता (जिसका प्यार का नाम मोतिया—मोती है) मानते हुए कहते हैं कि मेरे गले में राम की रस्सी पड़ी हुई है,

---

1. कबीर ग्रन्थावली (गुप्त), पद 2/27/1
2. वही पद 3/21/5
3. विनयपत्रिका 102/10
4. वही 114/10
5. वही 11610
6. कबीर वाङ्मय 3, 41/12
7. वही 41/21।

वे जिधर खींचते हैं, उधर ही जाता हूँ, प्रेम से बुलाते हैं तो उनके पास जाता हूँ, दुरदुराते हैं तो हट जाता हूँ, जैसे रखते हैं, वैसे रहता हूँ जो देते हैं सो खाता हूँ—

कबीर कुत्ता राम का, मोतिया मेरा नाउँ।
गले राम की जेवड़ी, जित खेंचे तित जाउँ॥
तो तो करे त बाहुडो, दुर दुर करे तो जाउँ।
ज्यों हरि राखे त्यों रहों, जो देबे सो खाउँ॥[1]

केवल प्रभु के निकट ही नहीं, प्रभु भक्तों के निकट भी कबीर अत्यन्त दीन हैं, उनके शिष्य हैं, दासानुदास हैं, उनके पाँवों तले की घास हैं, 'कबीर चेरा संत का दासनि का परदास। कबीर ऐसा ह्वै रहा ज्यों पावां तलि घास।'[2]

तुलसी भी त्रिपथ का त्याग कर 'राम दुवारे दीन'[3] होकर जा बैठे हैं। उन्हें तो लगता है, 'माधव, मो समान जग माहीं। सब बिधि हीन, मलीन, दीन अति लीन विषय कोउ नाहीं।'[4] उनका दृढ़ विश्वास है, 'तुलसी तिलोक तिहूँ काल तो से दीन को। राम नाम ही की गति जैसे जल मीन को।'[5] राम भक्तों के समक्ष तुलसी भी कबीर के समान ही विनत हैं। भक्त तो उनके लिए भगवान् के समान ही हैं। धोखे से भी जिसके मुँह से राम नाम निकल जाता है तुलसी अपने चमड़े से उसकी जूती बनाने के लिए तैयार हैं, 'तुलसी जाके बदन तें धोखेउ निकसत राम, ताके पग की पगतरी, मेरे तनु को चाम।'[6]

इसी दीनता ने उन दोनों को यह बोध दिया था कि अपने बल-बूते पर अपना भला करने की चेष्टा में ही बात बिगड़ती चली गयी है। अपनी अक्षमता की निष्कपट स्वीकृति है कबीर के इन शब्दों में, 'ना कछु किया न करि सका, न करने जोग सरीर'[7] जिसकी और घनीभूत वेदना की प्रतिकृति-सी लगती है तुलसी की यह पंक्ति, 'कियो न कछू, करिबो न कछू, कहिबो न कछू मरिबोई रहो है।[8] यदि कबीर का अनुभव है कि राम की सहायता के बिना ऊपर उठने के लिए उन्होंने जिस-जिस डाल पर पाँव रखा, (जिस-जिस साधन का अवलंब ग्रहण किया) वही-वही डाल झुक गयी (वे सारे साधन व्यर्थ हो गये) 'कबीर करनी क्या करे, जे राम न करे

---

1. कबीर वाङ्मय 11/14-15
2. वही 41/13
3. दोहावली 99
4. विनयपत्रिका 114 (1-2)
5. वही 8/9-10
6. वैराग्य संदीपनी 37
7. कबीर वाङ्मय 3,38/1
8. कवितावली 7/91/4।

सहाइ। जिहि जिहि डाली पग धरे, सोई नइ नइ जाइ।'[1] तो तुलसी ने भी यही पाया है कि 'बाप आपने करत मेरी घनी घटि गई।'[2] इसी स्थिति में जैसे कबीर कह उठे हैं 'कहे कबीर सुनहुँ रे संतो थकित भया मैं हारया'[3] वैसे ही तुलसी ने गुहार लगायी है, 'हौं हारयो करि जतन बिबिध बिधि।'[4]

जिस तरह कबीर इस मर्म तक पहुँचे हैं कि जिस दिन और कोई सहारा, भरोसा नहीं रह जाता उसी दिन राम की सहायता मिलती है, 'जा दिन तेरे कोई नाहीं ता दिन राम सहाई'[5] उसी तरह तुलसीदास भी यह समझ गये हैं कि राम को छोड़कर औरों की आशा, विश्वास या भरोसा जीवन की जड़ता मात्र है और इसे दूर करने की प्रार्थना भी उन्होंने राम से ही की है, 'यह बिनती रघुबीर गुसाईं' और आस बिस्वास भरोसो हरो जीव-जड़ताई।'[6]

जिस प्रकार निस्साधन होकर भव-भय से डरे हुए कबीर प्रभु की शरण में आये हैं, 'कहा करों, कैसे तिरों, भौ जल अति भारी। तुम्ह सरनागति केशवा, राखि राखि मुरारी।',[7] 'कहै कबीर नहीं बस मेरा, सुनिये देव मुरारी। इत भैभीत डरौ जम दूतनि आये सरनि तुम्हारी',[8] उसी प्रकार तुलसीदास ने भी उनकी शरण गही है, 'अब रघुनाथ सरन आयो जन भव भय-बिकल डरयो।'[9] 'मूड़ मारि हिय हारि के हित हेरि हहरि अब चरन-सरन तकि आयो।'[10] शरण-ग्रहण करते समय दोनों ने इस बात पर बल दिया है कि प्रभु अब तुम्हें छोड़कर हमारा कुछ नहीं है, जो कुछ है सो तुम्हारा है और एकमात्र तुम हमारे हो। इसे ही सर्व समर्पण कहते हैं, जिसके बिना शरणागति नहीं सधती।

अपने को पूर्णतः निःस्व कर प्रभु को समर्पित कर देने की कबीर की यह निश्छल सरल वाणी समूचे हिन्दी भक्ति साहित्य में बेजोड़ है—

मेरा मुझ में कुछ नहीं, जो कुछ है सो तेरा।
तेरा तुझ को सौंपता क्या लागे है मेरा॥[11]

---

1. कबीर वाड्मय 3, 38/10
2. विनयपत्रिका 252/1
3. कबीर ग्रन्थावली (गुप्त), पद 3/14/10
4. विनयपत्रिका 89/7
5. कबीर ग्रन्थावली (गुप्त), पद 1/121/2
6. विनयपत्रिका 103/1-2
7. कबीर ग्रन्थावली (गुप्त), पद 2/26/1-2
8. वही (गुप्त), पद 4/5/7-8
9. विनयपत्रिका 91/8
10. वही 276/10
11. कबीर वाड्मय 3, 11/3।

इसी तरह 'मन, वचन, करम से राम के होकर',[1] 'तुम ही सब मेरे प्रभु गुरु मातु पिते हौं'[2] तथा 'जानकी-जीवन की बलि जैहौं' कहते हुए अपना सारा दायित्व तुलसी ने प्रभु को सौंप दिया है, 'यह छरभार ताहि तुलसी जग जाको दास कहैहौं।'[3]

प्रभु से नाता जोड़कर उनकी शरण ले लेने पर स्वभावतः कबीर और तुलसी दोनों यह आश्वासन चाहते हैं कि प्रभु ने उन्हें अपना लिया। प्रभु विरह की तीव्र अनुभूति से छटपटाते उन दोनों भक्तों में प्रभु के साक्षत्कार का, उनकी लीला में अंश ग्रहण करने का चाव बढ़ता चला जाता है। आतुर होकर कबीर कह उठते हैं कि तुम्हारी शरण लेने पर भी तुमने किस प्रकार मुझे ग्रहण किया कि मुझमें विरह की ज्वाला और भभक उठी है। धूप (सांसारिक दुख-कष्टों) से झुलसा हुआ प्राणी वृक्ष (प्रभु) की छाया में शान्ति के लिए आता है, लेकिन यदि तरुवर से भी ज्वाला निकले तो कोई कहाँ जावे? जलते हुए जंगल (संसार) से भागकर जल (प्रेमाभक्ति) की शीतलता के इच्छुक को यदि जल में भी (प्रभु विरह की) अग्नि से दग्ध होना पड़े, तब तो कोई दूसरा उपाय नहीं। हे तारण-तरण देव, मैं और किसी दूसरे को नहीं मानता, तुम्हारी शरण आया हूँ तुम्हीं मुझे अपनाकर कृतार्थ करो) यह पूरा पद अत्यन्त मार्मिक है—

गोव्यंदे तुम्हथे दरपों भारी।
सरणाई आयो, क्यूं गहिये, यहु कौन बात तुम्हारी॥ टेक॥
धूप दाझते छांह तकाई, मति तरवर सचु पाऊँ।
तरवर मांहै ज्वाला निकसे, तो क्या लेह बुलाऊँ॥
जे बन जले त जल कौ धावे, मत जल सीतल होई।
जल ही मांही अग्नि जो निकसे, और न दूजा कोई॥
तारण तिरण, तिरण तू तारण और न दूजा जानूं।
कहै कबीर सरनाई आयो, आन देव नहीं मानूं॥'[4]

तुलसीदास ने भी 'बारक कहिये कृपालु। तुलसिदास मेरो'[5] जैसी विनम्र प्रार्थना तथा 'सील सिंधु ढील तुलसी की बार भई है',[6] जैसे शिष्ट उलाहनों से काम बनता न देखकर प्रभु के द्वार पर धरना देकर मचला बन कर प्रभु से प्रकट नहीं तो मन में ही अपनाये जाने का बाल हठ किया है—

---

1. कवितावली 7/79/5
2. विनयपत्रिका 27/06
3. वही 104/1-8
4. कबीर ग्रन्थावली (गुप्त), पद 1/111
5. विनयपत्रिका 78/12
6. वही 180-18।

प्रन करि हौं हठि आजु तें राम द्वार पर्‌यो हों।
'तू मेरो' यह बिन कहे उठिहौं न जनम भरि प्रभु की सौं करि निबर्‌यो हों।
दै दै धक्का जम भट थके, टारे न टर्‌यो हों।
उदर दुसह सांसति सही, बहु बार जनमि जग, नरक निदरि निकर्‌यो हों।
हों मचला लै छाड़िहों जेहि लागि अर्‌यो हों।
तुम दयालु बनिहै दिए बलि, बिलंब न कीजिए जात गलानि गर्‌यो हों।
प्रगट कहत जो सकुचिए, अपराध भर्‌यो हों।
तो मन में अपनाइए तुलसिहिं कृपा करि, कलि बिलोकि हहर्‌यो हों।'[1]

कबीर और तुलसी दोनों को प्रभु-विरह की मर्मन्तुद वेदना के कारण मृत्यु आसन्न लगती है, इसीलिए दोनों का आर्त्त आग्रह है कि प्रभु अब शीघ्र दर्शन दो। कबीर की विकल विरहिणी की कातर उक्ति है—'बिरहिन ऊठे भी पड़े, दरसन कारनि राम। मूवां पीछे देहुगे, सो दरसन किहि काम।'[2] इसी तरह तुलसी की विरह विह्वल प्रार्थना है, 'कृपा सिंधु, सुजान, रघुबर, प्रनत-आरति-हरन। दरस-आस-पियास तुलसीदास चाहत मरन।'[3]

यह ठीक है कि कान्ता भाव के उपासक कबीर जहाँ अपने प्रियतम से 'एकमेक' होकर प्रेम क्रीड़ा करना चाहते हैं, वहाँ दास्य भाव के साधक तुलसी प्रभु की क्रीड़ा के उपकरण...सेवक बनकर ही सन्तुष्ट हैं। दोनों का अधिकार अलग-अलग है। कबीर की मान भरी बिनती है, 'बाल्हा आव हमारे गेह रे। तुम्ह बिन दुखिया देह रे। सब को कहै तुम्हारी नारी मो को इहै अंदेह रे। एक मेक ह्वै सेज न सोवे तब लग कैसा नेह रे।'[4] प्रभु-प्रिया का मनोरथ है कबीर के शब्दों में, 'वै दिन कब आवेंगे माइ। जा कारनि हम देह धरी है मिलिबो अंगि लगाइ॥ हौं जानूं जे हिलमिल खेलूँ तन मन प्रान समाइ। या कामना करो परिपूरन समरथ हौ राम राइ।'[5] मर्यादावादी तुलसीदास अपने जी की बात प्रभु को बताते हुए उनसे यही चाहते हैं, 'सो कीजै, जेहि भांति छांड़ि छल द्वार परो गुन गावों'[6] यदि वे प्रभु की लीला के क्षुद्र सहचर-अनुचर बन सकें, तो वे कृतकृत्य हो जायेंगे। तुलसी जैसे विनम्र सेवक की लालसा यही हो सकती है, 'खेलिबे को खग, मृग तरु किंकर ह्वै रावरो राम हौं रहि

1. विनयपत्रिका 267
2. कबीर वाङ्मय 3, 3/7
3. विनयपत्रिका 218/9-10
4. कबीर ग्रन्थावली (गुप्त), पद 5/8/1-4
5. वही, पद 5/7/1-4
6. विनयपत्रिका 232/8।

हों। यहि नाते नरकहुँ सचु पैहों, या बिनु परम पदहुँ दुख दहिहौं।'[1]

धन्य भाग्य थे कबीर-तुलसी के, दोनों की कामना प्रभु ने पूर्ण की थी। कबीर के घर राजा राम पति के रूप में पधारे, अविनाशी पुरुष से विवाह[2] के बाद कृतज्ञ और उत्फुल्ल कबीर ने इसका सारा श्रेय श्री राम को देते हुए कहा, 'हमहिं कहा, यह तुमहिं बड़ाई। कहे कबीर मैं कछु न कीन्हां। सखी सुहाग राम मोहि दीन्हा।'[3] प्रियतम के मन से मन मिला देने के बाद सुख-सागर को प्राप्त कर कबीर अमर हो गये, उनकी सीधी घोषणा है, 'हरि मरिहैं तो हमहूँ मरिहैं। हरि न मरे हम काहे कुं मरिहैं। कहे कबीर मन मनहि मिलावा। अमर भये सुख सागर पावा।'[4] प्रेमाद्वैत की स्थिति में पहुँच कर कबीर को लगता है 'अब मन रामहिं ह्वै रहा, सीस नवावों काहि।'[5]

तुलसी की प्रार्थना सुनकर उन्हें कर्म के कठिन बन्धन से 'आरत-अनाथ-नाथ कौसल पाल कृपाल' ने छुड़ा कर अपना लिया था, 'सो तुलसी कियो आपनो रघुबीर गरीब निवाज।'[6] उन्होंने गद्‌गद स्वर में स्वीकारा कि यद्यपि तीनों लोकों और तीनों कालों में तुलसी के सदृश कोई कुटिल और मंदमति खलतिलक नहीं हुआ तथापि प्रभु ने करुणा के वशवर्ती हो, 'नाम की कानि पहिचानि जन आपनो ग्रसन कलि व्याल राखो सरन् सोऊ।'[7] तुलसी की विनयपत्रिका पर प्रभु की स्वीकृति सूचक सही पड़ी तो अनाथ तुलसी की सब भाँति बात बन गयी, 'मुदित माथ नावत बनी तुलसी अनाथ की परी रघुनाथ सही है।'[8] श्री राम की शक्ति से शक्तिमान होकर तुलसीदास ने कलिकाल तक को फटकार कर कह दिया कि मुझे तुमसे कुछ लेना-देना नहीं है, मैं राम का सेवक हूँ, यह समझ कर ही मुझ पर जोर-जबर्दस्ती करने की बात सोचना, परिणाम में तुम्हें ही पछताना होगा, मैं तुमसे नहीं डरूँगा, 'मोको न लेनो न देनों कछू कलि, भूलि न रावरी और चितैहौं। जानि के जोर करो परिनाम तुम्हें पछितैहौ पे मैं न भितैहों।'[9] जो प्रभु एक बार प्रणाम करने पर अपने भक्त को सब प्राणियों से अभय कर देते हैं, उन्हीं का सेवक कह सकता है, 'तुलसिदास रघुबीर-बाहुबल सदा अभय काहू न डरै।'[10]

---

1. विनयपत्रिका 231/5-6
2. कबीर ग्रन्थावली (गुप्त), पद 1-1
3. वही, पद 1/2/5-6
4. कबीर ग्रन्थावली (गुप्त), पद 1/43/5-6
5. कबीर वाङ्मय 3, 2/8
6. विनयपत्रिका 76/7-9 तथा 191/18
7. वही 106/12
8. वही 279/6
9. कवितावली 7/102/2-3
10. विनयपत्रिका 137/12।

केवल साधना के क्षेत्र में नहीं, जगत्-व्यवहार के क्षेत्र में भी कबीर-तुलसी की दृष्टि बहुत मिलती-जुलती है। दोनों जगत् की बाहरी चमक-दमक से प्रभावित नहीं होते। दोनों को लगता है कि राम को भूल कर इस जगत् के प्रति अनुरक्त होना अपने वास्तविक लक्ष्य से भटकना है। 'कबीर काजल केरी कोठरी तैसा यह संसार'[1] मान कर सबको सचेत करते हैं कि इसमें प्रवेश कर वही निष्कलंक रह सकता है, जो राम का आश्रित हो, 'काजल केरी कोठरी, काजल ही का कोट। बलिहारी ता दास की जो रहे राम की ओट।'[2] तुलसीदास भी इस संसार को कपट-आगार मानते हैं और हरि के बल पर ही इस निस्सार, संसार से आबद्ध न होने का भरोसा रखते हैं, 'मैं तोहि अब जान्यो संसार। बाँधि न सकहि मोहिं हरि के बल प्रगट कपट आगार। देखत ही कमनीय, कछू नाहिन पुनि किए बिचार। ज्यों कदली तरु मध्य निहारत कबहुँ न निकसत सार।'[3]

ऐसी मान्यता का परिणाम यही हो सकता था कि कबीर-तुलसी भौतिक दृष्टि से सफलता पर नहीं, पारमार्थिक दृष्टि से मानव जीवन की चरितार्थता पर बल देते। मध्यकाल में भौतिक सफलता का चरमोत्कर्ष समृद्ध और शक्तिशाली राजा होना ही माना जाता था। कबीर-तुलसी दोनों ने भक्तिहीन राजा की तुलना में निःस्व भक्त के जीवन को श्रेष्ठ ठहराया है। कबीर की स्पष्टोक्ति है, 'अर्ब खर्ब लों द्रव्य है, उदय अस्त लों राज। भक्ति महातम ना तुले ई सभ कौने काज।'[4] 'है गे वाहन सघन धन, छत्र धुजा फहराइ। ता सुख तें भिख्या भली हरि सुमिरत दिन जाइ।'[5] तुलसीदास भी इसी मत के हैं, उनका प्रसिद्ध सवैया है—

राज सुरेस पचासक को बिधि के कर को जो पटो लिखि पाए।
पूत सुपूत, पुनीत प्रिया, निज सुंदरता रति को मद नाए॥
संपति सिद्धि सबे तुलसी, मन की मनसा चितबें चित लाए।
जानकी जीवन जाने बिना जग ऐसेऊ जीव न जीव कहाए॥[6]

यह भी लक्षितव्य है कि विषयासक्तों के सांसारिक जीवन को धिक्कारने का अर्थ यह नहीं है कि कबीर-तुलसी जग-जीवन को सर्वथा निराशापूर्ण और दुःखमय मानते थे। उन दोनों ने इस बात पर बल दिया है कि मरने के बाद के स्वर्ग-बैकुंठ आदि के लोभ से नहीं, भक्तों का आनन्दमय जगजीवन भला लगने के कारण ये अपने जीवन को उसी प्रकार ढालना चाहते हैं। कबीर को इस जीवन का वही दिन श्रेष्ठ

---

1. कबीर वाङ्मय 3, 26/18
2. वही 28/12
3. विनयपत्रिका 188/1-4
4. बीजक (शुक), दा 228
5. कबीर वांङ्मय 3/30/4
6. कवितावली 7/45।

लगता है, जिस दिन उन्हें कोई सच्चा संत मिलता है, जिसका आलिंगन करने मात्र से सारे पाप नष्ट हो जाते हैं, 'कबीर सोई दिन भला, जा दिन संत मिलाहिं। अंक भरे भरि भेंटिए, पाप सरीरो जाहि।'[1] राम का भक्त कबीर के मन को भाता है, क्योंकि वह आतुर नहीं होता, उसके मन में सत्य, सन्तोष और धैर्य होता है, उसे काम, क्रोध और तृष्णा नहीं जलाती, वह आनन्द से प्रफुल्लित हो गोविन्द का गुण गाता है, उसे परनिन्दा नहीं भाती, वह असत्य नहीं बोलता, वह काल की कल्पना को मिटाकर प्रभु के चरणों में चित्त लगाता है, दुविधा छोड़कर वह सदा समदृष्टि और शीतल रहता है। कबीर का संत सम्बन्धी आदर्श इस पद में मूर्त्त हो उठा है—

राम भजे सो जाणिये, जाके आतुर नाहीं।
सम, संतोष लीये रहे, धीरज मन माहीं॥ टेक॥
जन को काम क्रोध व्यापे नहीं, त्रिश्ना न जरावै।
प्रफुलित आनंद में गोव्यंद गुण गावै॥
जन को पर निंदा भावे नहीं, अरु असति न भाखे।
काल कल्पना मेटि करि, चरनूं चित राखे॥
जन सम द्रिष्टि शीतल सदा दुबिधा नहीं आने।
कहै कबीर ता दास सूं मेरा मन माने॥'[2]

इन्हीं संतों की रहनी का अनुकरण करने के फलस्वरूप इसी दुःख दग्ध संसार में, इसी जगजीवन में कबीरदास को परमानन्दस्वरूप प्रभु मिले थे और उनका मन आनन्द से भर उठा था, 'कहे कबीर मनि भया अनंद। जग जीवन मिलिंयौ परमानंद।'[3]

'संत मिलन सम सुख जग नाहीं'[4] माननेवाले तुलसीदास ने भी डंके की चोट पर कहा था, कौन जाने कौन नरक जायेगा, कौन स्वर्ग, कौन बैकुंठ, मरने के बाद क्या होगा, इसे कौन सोचता है, मुझे तो राम के सेवकों का इसी जग का जीवन बहुत अच्छा लगता है, 'को जाने को जैहैं जमपुर, को सुरपुर परधाम को। तुलसिहिं ब्रहुत भलो लागत जगजीवन राम गुलाम को।'[5] राम की भक्ति और संतों की संगति ने उनके भवत्रास को नष्ट कर उन्हें यह बताया था कि यह अविचारित रमणीय संसार वास्तव में बहुत भयंकर है, किन्तु समता, सन्तोष, दया और विवेक से यह व्यवहार में सुखकारी हो जाता है—

---

1. कबीर वाङ्मय 3/28/6
2. कबीर ग्रंथावली (गुप्त), पद 9/2
3. कबीर ग्रंथावली 11/5/5
4. मानस 7/121/13
5. विनयपत्रिका 155/9-10।

अनबिचार रमनीय सदा, संसार भयंकर भारी।
सम, संतोष, दया बिबेक तें ब्यवहारी सुखकारी॥
तुलसिदास सब बिधि प्रपंच जग जदपि झूठ श्रुति गावे।
रघुपति भगति संत संगति बिनु को भवत्रास नसावे॥[1]

अतः तुलसीदास का स्वाभाविक मनोरथ है, श्री राम की कृपा से संत स्वभाव को अपनाने का, जिसके पुण्य प्रभाव से वे यथालाभ सन्तुष्ट रहेंगे, किसी से कुछ नहीं माँगेंगे, निरन्तर परहित करेंगे, मन, कर्म, वाणी की एकता निभायेंगे, दुःसह कठोर वचन की आग से नहीं जलेंगे, अहंकार त्याग कर मन को सम और शीतल रखेंगे, दूसरों के गुण कहेंगे, दोष नहीं, देह की चिन्ता छोड़ कर समबुद्धि से सुख-दुःख सहेंगे और इस पथ पर रह कर अविचल हरि भक्ति प्राप्त करेंगे—

कबहुँक हौं यहि रहनि रहौंगो।
श्री रघुनाथ-कृपालु-कृपा तें संत सुभाव गहौंगो।
जथा लाभ संतोष सदा काहू सों कछु न चहौंगो।
परहित-निरत निरंतर मन क्रम बचन नेम निबहौंगो॥
परुष बचन अति दुसह स्त्रवन सुनि तेहि पावक न दहौंगो।
बिगतमान, सम शीतल मन, पर-गुन, नहिं दोष कहौंगो॥
परिहरि देह जनित चिंता दुख सुख सम बुद्धि सहौंगो।
तुलसिदास प्रभु यहि पथ रहि अबिचल हरि भक्ति लहौंगो।'[2]

कबीर और तुलसी दोनों अनासक्त भाव से समाज में ही रहे थे, वनवासी नहीं हो गये थे। कबीर यदि उन लोगों में से थे, जिन्होंने घर और वन को समान कर लिया था 'घर वन तत सम जिनि कीया'[3] तो तुलसी भी घर और वन के आकर्षण से हटकर 'राम प्रेम पुर' के निवासी थे 'तुलसी घर बन बीच ही राम प्रेमपुर छाइ।'[4] गुण अपने में और दोष दूसरों में बतानेवाली सांसारिक मानसिकता से भिन्न दोनों की धारणा थी कि गुण तो सब राम के हैं और दोष मेरे हैं, 'करता केरे बहुत गुन, अवगुन कोई नांहि। जे दिल खोजों , आपनो सब औगुन मुझ मांहि'[5] यदि कबीर की साखी है, तो तुलसी का दोहा है, 'निज दूषन, गुन राम के, समझे तुलसीदास। होय भलो कलिकाल हूँ उभय लोक अनयास।'[6] गुणकृत अहंकार से बचना और दुर्गुणकृत दोषों

1. विनयपत्रिका 121/7-10
2. वही 172
3. कबीर ग्रंथावली (गुप्त), पद 5/1/3
4. दोहावली 256
5. कबीर वांङ्मय 3/56/3
6. दोहावली 77।

से जूझ कर उनसे मुक्त होना, इसी दृष्टि के द्वारा संभव है। कबीर और तुलसी दोनों उन धर्मशास्त्रियों से अलग हैं, जो छोटे-छोटे पापों के लिए भी बड़े-बड़े प्रायश्चित्त बताते रहते हैं। पाप न हों, इसके लिए भले भय प्रदर्शन कुछ लाभदायक हो, किन्तु पाप हो जाने के बाद उसका हौवा खड़ा करना साधक में कुंठाएँ भर कर उसे निराश करना ही है। कबीर-तुलसी राम की कृपालुता का भरोसा देकर बीती को बिसार कर आगे की सुधि लेने को कहते हैं, 'कबीर भूलि बिगाड़ियां, (तू) ना करि मैला चित्त। साहिब गरबा चाहिए नफर बिगाड़े नित्त।'[1] अज्ञानवश दास से तो बात बिगड़ती ही है, पर गौरवशाली स्वामी उसे सुधार लेता है, अतः हताश मत हो। यही मत तुलसी का भी है, 'बिगरी जनम अनेक की, सुधरे अबही आजु होहि रामको, नाम जपु, तुलसी तजि कुसमाज।'[2] यह विस्तारपूर्वक दिखाया जा सकता है कि कबीर और तुलसी दोनों ने यह आश्वासन दिया है कि श्रद्धा-विश्वासपूर्वक निष्कपट एवं अनन्य भाव से राम का भरोसा करनेवालों का जीवन काम-क्रोध आदि विकारों तथा संशय, निराशा आदि निषेधक वृत्तियों के उत्पीड़न से मुक्त हो आनन्दमय हो जायेगा।

कबीर और तुलसी दोनों ने अपने समय के समाज में व्याप्त विषमता, अनाचार, अत्याचार और पाखंड का विरोध किया था। यह जरूर है कि कबीर का कार्यक्षेत्र अधिक व्यापक एवं स्वर अधिक उग्र है। हिन्दू-मुसलमान दोनों समाजों की विकृतियों पर उन्होंने प्रहार किया था। जहाँ हिन्दुओं में व्याप्त छुआछूत, जातिभेद, वाममार्गी अतिचार आदि का उन्होंने खंडन किया था, वहीं मुसलमानों की हिंसा और हठवादिता की भर्त्सना की थी। तुलसीदास ने हिन्दू-मुसलमान का नाम नहीं लिया है। कबीर की ही तरह भक्ति का उनका सन्देश भी सार्वभौम है। इस क्षेत्र में उन्होंने भी जाति-पाँति या छुआछूत को अस्वीकारा है, किन्तु समाज-संगठन की दृष्टि से वे वर्णाश्रम के उस उदाररूप का समर्थन करते हैं, जिसमें राम के प्रताप से विषमता नहीं रह गयी थी। गरीबों के प्रति कबीर-तुलसी दोनों की अकृत्रिम सहानुभूति थी। दोनों खुद गरीबी के शिकार थे। यदि कबीर ने पीड़ा के साथ कहा है कि 'निर्धन आदर कोई न देई'[3] तो तुलसी का अनुभव है कि 'नहिं दरिद्र सम दुख जग माही।'[4] नारी के प्रति दोनों की उक्तियों को वास्तव में कामिनी या काम के प्रति मानना चाहिए। पुरुष साधक के रूप में काम का उद्रेक नारी के द्वारा होने के कारण काम के प्रति दोनों का रोष नारी पर ही उतरा है। इस क्षेत्र में कबीर तुलसी से कहीं अधिक कटु हैं। कबीर की एक बड़ी सीमा यह है कि वे समाज का समन्वित आदर्श रूप नहीं उभार पाये हैं, मुक्तकों के रूप में कथित उनकी विधायक उक्तियाँ प्रायः

---

1. कबीर वाङ्मय 3/56/2
2. दोहावली 22
3. कबीर ग्रंथावली (श्या), परिशिष्ट पद 130/1
4. मानस 7/121/13।

अत: उसे प्रेम का ही नहीं, ज्ञान का विषय भी बनाना कठिन है। इसीलिए उसका संकेत नेति-नेति के द्वारा, मौन के द्वारा किया जाता है। वह ज्ञान का विषय न होकर ज्ञानस्वरूप है, अत: उसका ज्ञान जिसको होता है, वह वही हो जाता है। कबीर के शब्दों में वह तत्त्व है—

अलख निरंजन लखै न कोई। निरभै निराकार है सोई॥
सुनि असथूल रूप नहीं रेखा। द्रिष्टि अद्रिष्टि छिप्यो नहीं पेखा॥
बरन अबरन कथ्यो नहीं जाई। सकल अतीत घट रह्यो समाई॥
आदि अंति ताहि नहीं मधे। कथ्यो न जाई आहि अकथे॥[1]

तथा

अबिगत अपरंपार ब्रह्म ग्यान रूप सब ठांम।
बहु बिचार करि देखिया, कबीर, कोइ न सारिख रांम॥[2]

तुलसी भी द्विधाहीन शब्दों में इसका समर्थन करते हैं—

सोइ सच्चिदानंद घन रामा। अज बिग्यान रूप गुन धामा॥
ब्यापक ब्याप्य अखंड अनंता। अखिल अमोघ सक्ति भगवंता॥
अगुन, अदभ्र गिरा गोतीता। सबदरसी, अनवद्य अजीता॥
निर्मम, निराकार, निर्मोहा। नित्य निरंजन सुख संदोहा॥
प्रकृति पार प्रभु सब उर बासी। ब्रह्म निरीह बिरज अबिनासी॥[3]

तथा

निरुपम न उपमा आन राम समान रामु निगम कहे।[4]

कबीर को वह तत्त्व 'ग्यान बिबर्जित ध्यान बिबर्जित'[5], लगता है तो तुलसीदास भी उसे 'ज्ञान गिरा गोतीत'[6] कहते हैं।

इस तत्त्व को प्रेम के आलम्बन के रूप में मानवग्राह्य बनाने के लिए अर्थात् मन, वाणी का विषय बनाने के लिए इस पर गुणों का आरोप करना पड़ता है। ये गुण न प्राकृतिक (अर्थात् सत्त्व, रज, तमपरक) हैं, न लौकिक (अर्थात् सीमित एवं दोषस्पृष्ट)। ये तो दिव्य और असीम प्रेम, सौन्दर्य, ऐश्वर्य, सामर्थ्य, क्षमा, करुणा, कृपा आदि हैं, जिनके कारण वह तत्त्व श्रेय के साथ-साथ प्रेय बनता है और उससे एक व्यक्तिगत सम्बन्ध जोड़ा जा सकता है। यह जरूरी नहीं है कि इसके लिए उस तत्त्व को सगुण के साथ-साथ साकार भी माना जाय। भारतीय भक्ति साधना साकार

---

1. कबीर ग्रन्थावली (डॉ० माताप्रसाद गुप्त)—रमैनी 3/3/1-4
2. वही, रमैनी—6/1
3. रामचरितमानस (सं० विश्वनाथप्रसाद मिश्र)7/72/3-7
4. वही 7/92/छं० 1
5. कबीर ग्रन्थावली (गुप्त)—पद 3/18/5
6. मानस 1/199।

व्यक्ति परक हैं। तुलसी ने रामकथा के माध्यम से परिवार, समाज, राज्य की उज्ज्वल छवियाँ भी दी हैं। नारी के विविध रूपों को बड़ी सहृदयता और सहानुभूति के साथ अंकित किया है। रामराज्य की उनकी कल्पना भारतीय समाज का आदर्श है। मेरा विश्वास है कि कबीरदास भी यदि आदर्श समाज का विस्तृत रूप अंकित करते, तो वह तुलसी के रामराज्य से मिलता-जुलता होता। कबीर भी ऐसा ही समाज चाहते थे, जिसमें कोई दरिद्र, दुःखी, दीन, अबुध और लक्षणहीन न हो, सब सुन्दर, नीरोग, गुणज्ञ, ज्ञानी और कृतज्ञ हों, सर्वोपरि 'राम भगति रत नर अरु नारी। सकल परम गति के अधिकारी।'[1]

कबीर और तुलसी भक्तिरूपी एक ही मूल की दो शाखाएँ हैं। दोनों में निश्चय ही अपनी-अपनी विशिष्टताएँ हैं, जिन्हें कोई चाहे तो भिन्नताएँ कह ले, पर उनके आधार पर उनके मूलभूत साम्य को नकारना गहरी भ्रान्ति को प्रचारित करना है। कबीर की वाणी ऐसे लोगों को सचेत कर रही है 'मूल गहे ते काम है, तैं मत भर्म भुलाए।'[2]

■

1. मानस 7/21/4
2. कबीर बीजक (शुक), साखी दा 90/1।

तुलसीदास और रवीन्द्रनाथ की विनय भावना

विनय भावना का यहाँ अर्थ है, भगवान् से विनय या प्रार्थना करने में निहित मनोभाव! इसमें संदेह नहीं कि तुलसीदास और रवीन्द्रनाथ दोनों उच्चकोटि के भक्त और कवि थे। दोनों ने व्यक्तिगत रूप से अपने मन की भिन्न-भिन्न स्थितियों में प्रभु से अनेकानेक प्रार्थनाएँ की हैं जो साधना और काव्य दोनों क्षेत्रों में बहुप्रतिष्ठित हैं। प्रार्थना के द्वारा भक्त भगवान् से अपना सीधा संबंध जोड़ता है। व्यक्ति जैसा होता है, उसकी प्रार्थनाएँ वैसी ही होती हैं अत: तुलसी और रवीन्द्रनाथ के विनय काव्य का विवेचन करने के लिए दोनों की भूमिकाओं पर थोड़ा विचार कर लेना लाभदायक होगा।

तुलसी मूलत: और मुख्यत: भक्त थे, काव्य उनके लिए अपने मन में उठनेवाले भक्ति भावों को छंदों, लयों में बाँधकर प्रभु के चरणों में अर्पित कर पाने का साधन मात्र था। जबकि रवीन्द्रनाथ मूलत: और मुख्यत: कवि थे, काव्य उनका साध्य था, अपने मन में उठते रहनेवाले असंख्य भावों-विचारों को तदनुकूल भाषा-छंद-शिल्प में अभिव्यक्त कर पाना उनकी प्राथमिक चरितार्थता थी। तुलसी 'निज गिरा पावन करन कारन' अपनी वाणी को पवित्र करने के लिए अपार रामचरित का गान करते थे, जीवन-भर वही करते रहे, अपने को साधन-हीन मान कर प्रभु की कृपा की याचना के लिए विनय के पद रचते रहे। रवीन्द्रनाथ के साठ-पैंसठ वर्ष के कवि-जीवन में कुल दस-बारह वर्षों का कालखंड ऐसा है जबकि भगवत्प्रेम उनकी काव्य-सर्जना का प्रमुख प्रेरक तत्त्व रहा है, अन्यथा प्राकृतिक सौंदर्य, मानवीय प्रेम एवं करुणा से ही मुख्यत: अभिप्रेरित होकर वे काव्य-रचना करते रहे। तुलसी के लिए भक्ति ही सब कुछ है, राम से जुड़ना ही उनके लिए चरम पुरुषार्थ है, अन्यों से भी वे राम के माध्यम से ही जुड़ना चाहते हैं, 'नाते नेह राम के मनियत सुहृद् सुसेव्य जहाँ लों'। रवीन्द्रनाथ में संसार को त्याग कर प्रभु से जुड़ने का आग्रह नहीं है, प्रभु को अपना चिर साथी मानकर भी उनकी कामना यही है कि मर्त्य के बंधन तो नष्ट हों किन्तु यह विराट विश्व अपनी भुजाएँ पसार कर उन्हें अपना ले—'विराट विश्वबाहु मेलि लय'। उन्हें बराबर लगता रहा—'स्थले जले तोरे आछे आह्वान, आह्वान लोकालये'। धरती और सागर में, नगरों और गाँवों में उनकी पुकार है, जिसे वे अनसुना नहीं कर सकते। इसका मतलब यह है कि रवीन्द्र की तुलना में तुलसी की भक्ति अधिक सांद्र और एकोन्मुख है। भक्ति के अंतर्गत तुलसी का मुख्य भाव दास्य है जबकि रवीन्द्रनाथ को किसी परंपरागत भक्ति भाव में सीमाबद्ध नहीं किया जा सकता। उनमें दास्य भी है, सख्य भी है और माधुर्य भी—और इन सबके परे अद्‌भुत वैचित्र्य भी। इसीलिए तुलसी मर्यादा के प्रति बहुत जागरूक हैं, दैन्य ही उनका मुख्य संबल है।

उनका मनोरथ भी मुक्ति पाने का नहीं 'जनम जनम रति रामपद' का वरदान पाने का है, प्रभु की लीला का उपकरण बन कर रहने का है जिसके बिना परम पद प्राप्त करके भी वे दु:खी रहेंगे, 'खेलिबे को खग मृग, तरु किंकर ह्वै, रावरो राम हौं रहिहौं, यहि नाते नरकहु सचु पैहौं या बिनु परम पदहुँ दुख दहिहौं।' रवीन्द्रनाथ में मर्यादा अंतर्निहित है, लीला का रसविलास उभर आया है, अपने प्राणसखा बंधु के साथ तूफानी रात में अभिसार की कामना उनके मन में जागती है, द्वार पर वसंत के आगमन पर उन्हें लगता है उनके 'सुन्दर वल्लभ कान्त' उन्हें गंभीर स्वर में पुकार रहे हैं। सूखी मुक्ति उन्हें भी नहीं चाहिए उनकी साध है—'मेरे जीवन में प्रभु के आनंद का महा संगीत बज उठे', 'एई मोर साध येन ए जीवन माझे, तब आनंद महा संगीत बाजे।' फलत: रवीन्द्रनाथ में दैन्य का कातर स्वर अपेक्षाकृत रूप से कम है, विरह की आर्त्ति तो है किंतु आत्मावमानना नहीं है।

तुलसी और रवीन्द्र दोनों ही व्यक्तिगत प्रार्थनाओं में भी लोकमंगल को नहीं भूलते। दुरित दारिद्रय और दु:ख के दु:सह त्रिताप से तपी हुई दुनिया को मोद और मंगल से पूर्ण करने की प्रार्थना तुलसी ने की और अपनी आस्था के सहारे यह मान लिया कि आर्त्तों की पीड़ा दूर करनेवाले प्रभु ने करुणावारि से पृथ्वी को सींच कर रामराज्य की स्थापना कर दी और इस प्रकार पुण्य की हारती हुई सेना जीत गयी। 'समरथ बड़ो सुजान सुसाहिब सुकृत सेन हारत जितई है, सुजन सुभाव सराहत सादर अनायास साँसति बितई है।' रवीन्द्रनाथ ने भी हिंसा से उन्मत्त नित्य निठुर द्वंद्व में रत, लोभ के बंधन से जकड़ी घोर कुटिल पंथ पर चलनेवाली पृथ्वी के कातर प्राणियों की ओर से प्रार्थना की थी कि हे करुणाघन, प्रेम-पद्म को खिलाकर सबका त्राण करो, धरती को कलंकशून्य करो, 'शांत हे, मुक्त हे, हे अनंत पुण्य, करुणाघन धरणी तल कर कलंक शून्य'। किन्तु तुलसी की तरह उनके लिए यह मान लेना असंभव है कि धरती पर रामराज्य आ गया। उनका आधुनिक मन क्रूर यथार्थ की इतनी उपेक्षा भावलोक में भी नहीं कर सका। चारों तरफ प्रतिकारहीन शक्ति के अपराधों के कारण तरुणों को पत्थरों पर माथा पटक मरते देख वे सबको क्षमा करने, सबको प्यार करने का उपदेश स्वीकार करने में अपने को असमर्थ पाते हैं, उल्टे प्रभु से ही पूछ बैठते हैं कि जो तुम्हारी वायु को विषाक्त बना रहे हैं, तुम्हारे प्रकाश को बुझा रहे हैं, तुमने क्या उनको क्षमा कर दिया है, तुमने क्या उनको भी प्यार किया है, 'जाहारा तोमार विषाइछे वायु, निभाइछे तब आलो, तुमि कि तादेर क्षमा करियाछो, तुमि के बेशेछो भालो?' तुलसी और रवीन्द्र के बीच काल का जो व्यवधान है, यथार्थवादी सामाजिक चिंतन के कारण जो पार्थक्य आ गया है, वह इस प्रश्न में स्पष्ट परिलक्षित होता है।

तुलसीदास की विनय भावना में प्रभुनिर्भरता बहुत अधिक है। शिशु जिस प्रकार पूर्णत: माता-पिता पर अवलंबित रहता है, उसी तरह तुलसीदास भी प्रभु पर आश्रित

रहते हैं, 'तुलसी सुखी निसोच राज ज्यों बालक माय बबा के'। व्यक्तिगत या सामाजिक, भौतिक या आध्यात्मिक संकट आने पर वे प्रभु से ही रक्षा करने की गुहार लगाते हैं, दीन होकर उन्हीं की कृपा की बाट जोहते रहते हैं, 'नाथ कृपा को ही पंथ चितवन दीन हौं दिन राति, होइधों केहि काल दीनदयालु जानि न जाति!' रवीन्द्रनाथ भी प्रभुनिर्भर हैं किंतु उनकी भूमिका वयस्क पुत्र या सहयोगी सखा की-सी है, असहाय शिशु की-सी नहीं। इसीलिए उनकी प्रार्थना यह नहीं है कि हे प्रभु, विपत्ति से मेरी रक्षा करो, उनकी प्रार्थना उस शक्ति को प्राप्त करने की है जिसके सहारे वे विपत्ति से डरें नहीं, दु:खताप को जीत सकें, भले ही किसी दूसरे की सहायता न मिले, अपना बल अटूट रहे, प्रवंचित होने पर भी मन में विकृति न आ पाये, 'सहाय मोर ना यदि जुटे निजेर बल ना जेन टूटे, संसारेते घटिले क्षति लभिले शुध बंचना निजेर मने ना जेन मानि क्षय'। रवीन्द्रनाथ पारंपरिक भक्ति अर्थात् ध्यान और पूजा के माध्यम से प्रभु को पाने का उत्साह नहीं दिखाते क्योंकि उन्हें विश्वास है कि देवता किसानों-मजदूरों के साथ स्वयं कार्यरत हैं। अत: उनका संकल्प है कि वे भी कर्मयोग के द्वारा पसीना बहाकर उनसे युक्त हो सकेंगे, 'कर्मयोगे तार साथे एक हये, धर्म पड़ुक झरे।' तुलसी भी 'रामकाज कीन्हें बिना मोंहि कहाँ विश्राम' की भावना का जयगान करते हैं किंतु कर्त्तव्य का गौरव स्वयं नहीं लेते, प्रभु को ही देते हैं, 'तुलसी की बाजी राखी राम ही के नाम, न तु भेंट पितरन को न मूड़ हूं में बारु है।'

अपने व्यक्तिगत विकास के लिए तुलसी और रवीन्द्र दोनों ने प्रभु से विनय की है। दोनों के आदर्शों में बहुत मेल होते हुए भी वही अन्तर है जो संत और गृहस्थ की भावना में होता है। तुलसी यथालाभ संतोष और निष्काम वृत्ति चाहते हैं, निरंतर परहित निरत रहते हुए मन, वाणी और कर्म की एकता पर जोर देते हैं, गेह-देहजनित चिंताओं को छोड़कर दु:ख-सुख को समबुद्धि से सहने की साधना में श्रीराम की कृपा से उत्तीर्ण होना चाहते हैं, उनका विश्वास है, 'तुलसिदास प्रभु यहि पथ रहि अबिचल हरि भक्ति लहौंगो।' रवीन्द्रनाथ की प्रार्थना है कि प्रभु, मेरे अन्तर को विकसित करो, निर्मल उज्ज्वल और सुन्दर करो, उसे जाग्रत, उद्यत, निर्भय निरलस, नि:संशय एवं मंगलमय बनाओ। यह ठीक है कि वे भी अपने चित्त को प्रभु के चरण-कमलों में अर्पित कर देना चाहते हैं किंतु उसी के साथ-साथ यह भी चाहते हैं कि संकीर्ण बंधनों से मुक्त कर प्रभु उन्हें सब के साथ संयुक्त करें, उनके समस्त कर्मों में अपने शांत छंद का संचार करें—

युक्त करो हे सबार संगे, मुक्त करो हे बंध,
संचार करो सकल कर्मे, शान्त तोमार छंद।

तुलसी की विनयपत्रिका यदि भक्ति का कविता को दान है तो रवीन्द्र की गीतांजलि भक्ति को अर्पित कविता का अर्घ्य है। ■